KAPSTADT KAUFT KÜHE

Literaturwettbewerb 2020/21
der Erik-Neutsch-Stiftung

Texte von Preisträgerinnen und Preisträgern

neues leben

Mit freundlicher Unterstützung
der Rosa-Luxemburg-Stiftung und
der Erik-Neutsch-Stiftung

Inhalt

Evelin Wittich

Vorwort
zur Publikation ausgewählter Beiträge zum
Erik-Neutsch-Literaturwettbewerb 2020/2021
für junge Autorinnen und Autoren

Der vorliegende Band enthält die durch die Jury prämiierten und für die Publikation ausgewählten Beiträge des 2. Literaturwettbewerbs für junge Autorinnen und Autoren der Erik-Neutsch-Stiftung. *WENDEpunkte* in heutigen gesellschaftlichen Prozesse und Umbrüche, wie sie junge Menschen erleben und betreffen, wie sie sie sehen und bewerten, wie sie sie mitunter beeinflussen – das war der inhaltliche Rahmen für die einzusendenden Texte.

1960 veröffentlichte der 29jährige Erik Neutsch seine Erzählung »Die Regengeschichte« in der Literaturzeitschrift *ndl* (Neue deutsche Literatur). Daraufhin erhielt er umgehend einen Brief von Anna Seghers, der international anerkannten Schriftstellerin. Sie schrieb: »So etwas sollte man nicht verschweigen in einer Zeit, in der viel krampfhaftes und langweiliges Zeug geschrieben wird.« Das war für den sowieso schreibsüchtigen Neutsch aufregend und stark motivierend. Diese Begebenheit war ganz offensichtlich auch ein Grund für ihn, diesen Wettbewerb junger Schreibender zu initiieren und die Förderung junger Schreibender zu einem Zweck der Stiftung zu bestimmen. Mit Nachdruck brachte er den 1. Literaturwettbewerb 2011 auf den Weg, mit großer Neugier darauf, was junge Menschen bewegt, wie sie Gesellschaft erleben, wie sie das Erlebte für ihr Leben verarbeiten und welche literarischen Ausdrucksmittel sie dafür einsetzen. Über die eingesandten Texte war er zum großen Teil erschüttert. Die Erzählungen und Erlebnisberichte der 26 damals 20- bis 30jährigen Beteiligten reflektierten interessante, schwierige, erschütternde und zum Teil katastrophale Entwicklungswege. Die damals mit einem 1. Preis ausgezeichnete Autorin Daniela Steinert schilderte in ihrer Erzählung »Herbst« die Gefühlslage vieler ihrer Generation: »In jeder Hinsicht sind wir Zwischenkinder. ... Die Entscheidung ist jetzt die zwischen dem Sprung ins Leben mit dem Risiko des Versagens und dem Verharren in der Zwischenzeit. ... Mit uns wächst eine Generation heran, der Frustration und Rückzug näher liegen als Rebellion, Tränen und Verzweiflung näher als Wut, Erstarren vor Furcht und Versagensangst näher als ein selbstbestimmtes Leben. Es endet, bevor es anfängt, so scheint es. ...«

Die Preise für den 1. Literaturwettbewerb im Jahr 2012 verlieh Erik Neutsch noch selbst. Es war sein letzter öffentlicher Auftritt. Über den Wettbewerb 2020/2021 hätte er sich besonders gefreut. Die Resonanz auf die Ausschreibung übertraf jene von 2011/12 deutlich. 84 Autorinnen und Autoren bewarben sich mit Prosabeiträgen und 20 Lyrikerinnen und Lyriker reichten ihre Arbeiten ein. Ein Lyrik-Preis war zunächst nicht ausgeschrieben. Diesbezüglichen Anfragen gegenüber war die Jury sehr aufgeschlossen, die finanziellen Ressourcen dafür waren jedoch nicht geplant. Der Wettbewerb fiel in die Zeit der Corona-Pandemie mit ihren gravierenden Einschränkungen, auch für die Arbeit der Jury, die keine Präsenzberatungen durchführen konnte. Sie traf sich lediglich im Zoom-Konferenzraum: neun Mal. Das erste persönliche Treffen der Jurymitglieder fand zur Preisverleihung statt. Doch für die Beratungen der Jury war Geld eingeplant, das wir nun für den Lyrik-Preis zur Verfügung hatten. So kam es zur erneuten, erweiterten Ausschreibung auch für Lyrik-Beiträge. Das war zweifellos ein Gewinn für den Wettbewerb, denn offenbar ist es unter jungen Autorinnen und Autoren wieder interessant, sich in prägnanten lyrischen Formen zu artikulieren. Nach Meinung von Laudatorinnen und Laudatoren sind diese, von einigen Bewerberinnen und Bewerbern gewählten Formen auch neuartig, keineswegs immer identisch mit klassischer Lyrik.

In den zehn Jahren zwischen dem ersten und dem 2. Literaturwettbewerb junger Autor*innen hat sich ganz offensichtlich die Gesellschaft verändert. Die eingereichten Beiträge widerspiegeln das durch ihre Themen, die sich in dem gestellten Rahmen bewegen, die Art der Bearbeitung, aber auch durch die Anzahl der Bewerbungen, die die Breite der Sichten auf Gesellschaft und Privates ermöglicht.

Den ersten Prosa-Preis erhielt Thomas Lipsky für seine Geschichte »Kapstadt kauft Kühe«, in der er das Abenteuer eines schicken Fahrrads beschreibt, einer Sonderanfertigung einer niederländischen Fahrradfirma, das eingangs einem deutschen Touristen gehört und nach einem Diebstahl mehrfach den Besitzer wechselt. Die Leserinnen und Leser können die Besitzerwechsel und die Lebenssituationen der neuen Eigentümer mit Spannung verfolgen. Es ist auch eine unkonventionelle Geschichte über Rassismus, ausgehend von den einst Unterdrückten in Südafrika. Wunderbar das Ende. Das Fahrrad gelangt zurück zum ersten Besitzer, zumindest vor dessen Augen. Die Wildnis (in Gestalt eines Löwen) verhöhnt die Menschen mit all ihrem verbissenen Streben nach Besitz.

Ganz privat wird in ostdeutschen Familien mit DDR-Geschichte umgegangen. Rike Lorenz beschreibt in ihrer Erzählung »Das gute Geschirr« die Oma der Erzählerin, eine alte Genossin, die mit ihrer Sicht auf das eigene gelebte Leben die Familie mitunter irritiert. Die Enkelin geht damit liebevoll, aus der Sicht der eigenen Lebenswelt, analytisch und durchaus auch mit Witz um. Sie bekam dafür den 2. Prosa-Preis.

Der dritte Preis in Prosa ging an zwei Bewerber*innen. Miou Sascha Hilgenböcker geht in der Geschichte »Der Lauf der Dinge« einem Geheimnis ihrer Großmutter nach, verknüpft die Verhältnisse in der Kleinstadt, in der die Großmutter Bürgermeisterin war, mit der großen Politik. Der Tod der Großmutter und das Auftauchen der Polizei in der Kleinstadt bringen die Geschichte ins Rollen. Spannend erzählt Hilgenböcker, wie eng doch die Welt der Großmutter mit der politischen Praxis der Enkelin heute verknüpft ist.

Den dritten Preis erhielt auch Tom Aschman für »Zusammenfassender Bericht zum anstehenden Jahrhundertwechsel an jene danach von einem davor«. Die Gesellschaften auf unserem Planeten haben sich grundlegend verändert. Das geschah nicht, weil die Menschen von sich aus klüger wurden und aus der Geschichte gelernt hätten, sondern weil das alte System an seinen eigenen Grenzen zerbrach. Kriege, soziale Spaltung, Klimazerstörung, Geschlechterungerechtigkeit und urbane Destruktion sind überwunden. Es gibt ein neues Weltparlament und eine neue Weltregierung mit Beteiligung der überwiegenden Mehrheit aller Länder, die demokratisch über die Geschicke der Menschheit entscheiden. Eine schöne, interessante Utopie.

Für die Gedichte »Die Saat des Widerstandes«, Gegen Symbolpolitik« und »Dialektik der Revolution« vergab die Jury den 1. Lyrik-Preis an Philip Dingeldey, Jahrgang 1990, Philosoph an der Universität Greifswald.

Der 2. Preis wurde geteilt und zum einen an die junge Lehramtsstudentin Laura Antonia Leschke für »Das, was am Ende bleibt« vergeben. Sie schrieb mit 19 Jahren diesen eindrucksvollen lyrischen Text über heutige Kriege.

Velibor Baćo, Jahrgang 1985, als Jurist Case Manager in der Wiener Wohnungslosenhilfe, erhielt ebenfalls einen 2. Preis für seine Lyrik. »Der Klang, der mir noch fehlte« ist ein Liebesgedicht, doch auch viel mehr.

Unter den nicht prämiierten in diesem Band abgedruckten literarischen Arbeiten geht es um sehr unterschiedliche Themen, die verschieden literarisch bearbeitet wurden. Immer aber gewähren sie einen Blick in die Lebenswelt junger Menschen in aller Differenziertheit ihrer Herkunft und bisherigen Lebenserfahrung.

Dem 3. Buch »Wenn Feuer verlöschen« aus dem Romanzyklus »Der Friede im Osten« hat Erik Neutsch ein Zitat von Karl Marx aus einem Brief vom 25. März 1868 an Friedrich Engels vorangestellt: »Es geht in der Menschengeschichte wie in der Paläontologie. Sachen, die vor der Nase liegen, werden prinzipiell, durch a certain judicial blindness (eine gewisse, durch vorgefasste Meinung verursachte Blindheit, K. H.), selbst von den bedeutendsten Köpfen nicht gesehn. Später, wenn die Zeit angebrochen, wundert man sich, dass das Nichtgesehne allüberall noch seine Spuren zeigt.« Klaus Höpcke bezog das in seinem Vorwort zur Publikation des 1. Literaturwettbewerbes auf Literatur, indem er schrieb: »Ehe das Nichtgesehene allüberall seine Spuren zeigen kann, arbeitet Literatur, wenn sie gut ist, daran, solche Spuren zu erkunden.« Er bescheinigte dieses Spuren-Freilegen den Autorinnen und Autoren von 2011/12. Die jungen Literaten 2020/21, zu denen auch (wieder) Geflüchtete zählen, erweitern das Spektrum der gesellschaftlichen und privaten Realitäten, mit denen sie sich auseinandersetzen und in denen sie bisher nicht beachtete Spuren freilegen. Und das geschieht mit einem beachtlichen Selbstbewusstsein.

Danksagung

Mein Dank gilt den Mitgliedern der Jury, die sehr engagiert, mit großem Einfühlungsvermögen und kritisch-kooperativ die anspruchsvolle und aufwendige Arbeit leisteten. Immerhin mussten mehr als tausend Seiten gelesen und beurteilt werden. Die Laudatorinnen und Laudatoren gingen mit Empathie und durchaus hohem Anspruch an die Bewertung der ihnen anvertrauten Arbeiten und deren Autoren. Dafür vielen Dank!

Die Rosa-Luxemburg-Stiftung unterstützte diesen Preis von Anfang an bis zu der beeindruckenden Veranstaltung der Preisverleihung in den Räumen der Stiftung am 8. August 2021. Besonders Jannine Hamilton und Ulrike Hempel gilt der Dank der Erik-Neutsch-Stiftung.

Susa AbdulMajid

Drei Kohlblätter für Afrika

Drei Kohlblätter für Afrika
in Gold, Schwarz
   und Magenta
   Für das, was ich bin und war –
frei von Sühne
   hoch verschuldet
Selten erschüttert,
   oft verballert.

– Kaum noch Teppich in der Wohnung –
Und die Mehrzahl sucht nach neuer Manier
   Architektonisches Kleinod im Kopf einer jungen Frau
Malerisch inszeniert
   durch die mutige, neue Welt.

Susa AbdulMajid

Babylon in Blau

Nun töne Lied in altem Feuer,
Denn du bist älter, du bist neuer.
      Johann lag bequem, in wasserfesten Ruinen.
Beispielhafte Episoden plastisch vorgestellt.
Erzählstoff
      Schönheit und ein erhabener Gehstock.
Noah war ein Spieler, glaube ich.
Und Erzählung bleibt, trotz mancher Lücken
      Urbedürfnis
Urbedürfnis
Ur
Ur
Mit ganz viel Kult
Sozusagen alles. Also *kull**.
Ich rede nur von ihr,
      Denn sie trägt. Kull.
Uneinheitliche Tradition.
Ninivitische Version.
Neuedition auf dem Mac.
Tontafeln im Hause Ashurbanipal.
    Mein Kopf dreht sich.
Chumbaba ruft mich.
      Und ich verlaufe
mich im Zedernwald.

*kull, arabisch: alles

Nora Sophie Aigner

Wildfang

Sie hat Beine – so dehnbar – sie kann aus dem Stand
   'nen Spagat.
Sie hat Augen, die funkeln wie Edelstein Zweikarat.
Sie hat Finger, die 'ne Oktave locker greifen,
und Wellen, die bis zum Gesäß 'runterreichen.

Sie hat Lippen, deren Abdruck man sich auf 'nem
   Briefumschlag wünscht,
Wangenknochen so hoch, dass jede Frau die Nase rümpft.
Sie hat 'nen Blick so scharf wie ein Kameraobjektiv,
man sagt, dass ein Jüngling, der sie sah, tagelang nicht
   schlief.

Sie hat 'nen Gang so elegant, dass man glaubt, sie schwebt.
Ein kindliches Lächeln, dem man schwer widersteht.
Sie hat 'ne Haut, von der Sonne geküsst zart wie Nougat –
grau ist sie nur vom Versteck bei der Zugfahrt.

Sie hat 'ne Stimme, so warm wie Sonnenlicht,
'ne Schicht Eis um ihr Herz, die niemals bricht.
Sie ist ein Zigeunermädchen, unbändig lebendig,
schlüpft durch Zaun-Maschendrähte, ist zart und wendig.

Sie ist ein Rebell, trägt kein Chanel,
nur Second Hand – am liebsten Flanell,
am Kopf ein schwarzes Bandana,
die Haare gefärbt mit Henna.

Sie ist ein Wildfang,
für jeden Mann von Anfang an ein Blickfang,
doch wer kann, der sieht sie besser nicht an,
denn nicht in hundert Jahren lässt sie wen an sich 'ran.

Sie ist nicht frisiert, rasiert, oder gepierct,
dennoch zivilisiert und kultiviert.
Sie ist 'ne Regenbogenkriegerin, 'ne insgeheime Siegerin.
Sie hinterlässt nichts außer aufgewirbelten Staub,
kämpft allein, weil sie niemandem vertraut.

Sie hat 'ne Stimme, so warm wie Sonnenlicht,
'ne Schicht Eis um ihr Herz, die niemals bricht.
Sie ist ein streunendes Mädchen, unbändig lebendig,
baut Scheunen aus Stäbchen, ist stark und wendig.

Sie läuft immer barfuß, denn sie hat keine Schuhe.
Ihre Wertsachen schützt sie in 'ner hölzernen Truhe.
Sie schmückt sich mit Federn, Schnüren und Maschen,
ihr Gewand, das geht sie am Flussufer waschen.

An ihren Knöcheln klappern Muscheln beim Gehen,
sie trägt Schellen und Ringe an ihren Zehen.
Sie malt sich mit Asche 'nen Mond auf die Stirn,
ihre Kleider flickt sie mit Rohfaser-Zwirn.

Ein Mandalamuster ziert ihren Nabel,
selbst tätowiert mit 'ner Sicherheitsnadel.
Sie flicht ihr Haar zu endlosen Zöpfen,
scheppert und kläppert mit blechernen Töpfen.

Sie trägt Ringe im Ohr, mit dem Radius einer Orange.
Oft meditiert sie und begibt sich in Trance.
Sie ist in ihrem Element, sagt nie, was sie denkt.
Schade, dass niemand sie wirklich kennt.

Sie tanzt auf Seilen und jongliert mit Fackeln,
wirft Pfeile von Pferden, die sie nicht sattelt.
Mit Kunststücken im Freien verdient sie ihr Geld,
sie springt auf Waggons und reist um die Welt.

Sie hat 'ne Stimme, so warm wie Sonnenlicht,
'ne Schicht Eis um ihr Herz, die niemals bricht.
Sie ist ein feuriges Mädchen, unbändig lebendig,
fährt von Städtchen zu Städtchen, ist unabhängig.

Ihre Geschichte, die möchte sie niemandem sagen,
wenn Leute sie nach ihrer Herkunft fragen.
Da gibt es Menschen, die sie in ihrem Land bedrohen,
ihretwegen ist sie aus der Heimat geflohen.

Man wollte sie nicht haben, hat sie einfach vertrieben.
Seither ist sie nirgendwo länger geblieben.
Sie ist heimatlos, nomadenhaft, an Härte gewöhnt.
Furchtlos, taff und so sagenhaft schön.

Sie ist niemals sesshaft, nein sie lässt sich nicht nieder.
Sie weiß, ihren Platz findet sie nie mehr wieder.
Die Straße ist ihr Zuhause, ihr Bett der Asphalt
und die Schicht Eis um ihr Herz, die bleibt immer kalt.

Sie ist ein trauriges Mädchen, ihr Kummer beständig,
ihr Horizont schier unendlich, doch die Welt ihr Gefängnis.

Von Zeit zu Zeit, wenn es ein Städtchen verlassen will,
fragt sich das großgewordene Straßenkind,
wozu es eigentlich Beine hat, die aus dem Stand 'nen Spagat
    machen
oder Augen, die wie Edelstein Zweikarat lachen…
Wozu hat es denn Finger, die 'ne Oktave locker greifen
und Haare, die fast schon am Boden streifen,
wozu, fragt sich das ungeheure Mädchen, wozu,
wenn sie zu nichts dienen?
Es naht der nächste Zug und es schielt zu den Schienen…

So gern hätte sie mal 'ne Ballettschule besucht,
so gern hätte sie mal 'ne Klavierstunde gebucht,
Ja, sie wollte unbedingt mal 'nen Blick
durch die Linse eines Kameraobjektivs werfen,
an einem Ort,
wo Freiheit und Friede herrschen.

Aber das Leben ist nun mal kein Schlaraffenland,
dafür besitzen zu viele Menschen 'nen Waffenschrank.
Der Zug nähert sich, sie zappelt zögerlich.
Die Sirene dröhnt. Das Mädchen stöhnt.
Sie atmet und wartet. Sie wartet und atmet … aus,
hält inne und springt auf!

Wenn du sie eines Tages irgendwo findest,
hoff' ich, dass du dich an sie erinnerst.
Du erkennst sie an den Ringen mit dem Radius einer
    Orange.
Nimm sie doch auf und gib ihr 'ne Chance.

Tom Aschman

Zusammenfassender Bericht
zum anstehenden Jahrhundertwechsel
an jene danach von einem davor

Berlin, am 27. Dezember 2099

Am 1. Januar 2100 soll mit der größten je dagewesenen Feier der Beginn der größten je dagewesenen Regierung eingeleitet werden.

Vier Tage bis dahin.

Zeit genug für den Blick zurück, von hier aus, von mir aus, einem sogenannten Zeitzeugen. Jahrgang 2020.

Warum ich das tue?

Nicht, weil ich glaube, meine Erinnerungen und Gedanken förderten noch neue Erkenntnisse zutage. Wirklich neue Erkenntnisse gibt es, meiner Meinung nach, schon lange nicht mehr. Es gibt lediglich jene, die uralt sind, und vergessen wurden, oder welche, die verformt, anders verpackt und dargestellt wurden.

Die berühmte alte Suppe.

Natürlich wird immerfort neues Fachwissen generiert, von Computern für Computer, aber damit können wir Hominiden so gut wie gar nichts mehr anfangen. Es übersteigt unsere Auffassungsgabe. Das ist auch gar nicht weiter schlimm, denn alles fachgebundene Problemlösen wurde seit den 2030er Jahren in die Virtualität ausgelagert. Mathematikerinnen und Mathematiker wurden ersetzt durch Quantenrechner. Informatikerinnen und Informatiker wurden ersetzt durch Simulationen von Informatikerinnen und Informatikern. Ingenieurinnen und Ingenieure wurden ersetzt durch – mir fällt der Name nicht ein. Irgendwelche anderen Superrechner. Dieser ganze Techniksschnickschnack war nie so meins, die Details erscheinen mir unwichtig. Hauptsache es funktioniert und sieht annehmbar aus.

Kürzlich las ich, dass damals, als die ersten persönlichen Rechner auf den Markt kamen, in den 1970er Jahren, die Käufer und Benutzerinnen noch ziemlich viel verstehen mussten, um die Dinger bedienen zu können. Das änderte sich recht schnell, die Benutzeroberflächen wurden so freundlich, dass sie mit dir redeten, und die Geräte konnten benutzt werden wie Äpfel, die man von Bäumen pflückt und isst, also benutzt, ohne zu verstehen, wie sie entstanden sind, oder woraus sie im Inneren bestehen.

Wo war ich nochmal?

(Wahrscheinlich werde ich öfter ausschweifen, was nur bedingt an meinem fortgeschrittenen Alter liegt, meine Abneigung gegenüber jeglicher Geradlinigkeit spielt da auch mit.)

Ach ja, mein Antrieb zu diesem Bericht.

Ich schreibe dies nicht, weil ich denke, ein besonderes Leben geführt zu haben, von dem andere sich inspirieren lassen könnten, oder über das zu lesen andere amüsieren würde. Nein, ich schreibe für mich, um mich zu erinnern. Um die neunundsiebzig Jahre meiner bisherigen Existenz und die Gesellschaft, in die sie eingebettet war, mir selbst noch einmal vor mein geistiges Auge zu rufen. Fragmentarisch und protokollarisch.

Ob sich Langeweile, Einsamkeit, Geltungsdrang und so weiter als antreibende Kräfte dazu mischen? Das kann und will ich nicht ausschließen.

Kurz zu mir, da ich weiß, dass das Persönliche für viele immer noch am meisten wiegt, die oder der hinter der Sache mehr als die Sache an sich. Ich bin zu alt, um mich noch zu fragen, ob das gut oder schlecht ist. Wahrscheinlich sowohl als auch, sowieso.

Ich, Kaali, bin kein angesehener Intellektueller, kein Schriftsteller oder Journalist, kein Lehrstuhlinhaber oder Dozent, sondern lediglich ein interessierter Mensch, der einiges gelesen, belauscht, beobachtet und viel nachgedacht hat.

Mein berufliches Leben war unstet, ich habe viele unterschiedliche und letzten Endes untereinander austauschbare Dienstleistungen erbracht, nicht in Bezug auf die konkrete Tätigkeit, sondern zu der ihr gleichermaßen innewohnenden Sinnlosigkeit.

Worüber es sich nicht weiter zu berichten lohnt.

Längere Zeit hatte ich gar keinen formalen Beruf, sondern reihte mich ein als Konsumglied ins Zahnrad der spätkapitalistischen Marktwirtschaft.

Ich richtete meinen Lebensstil nach dem jeweils geltenden Grundeinkommensbetrag, und kann von Glück sprechen, dass meine Herkunft aus bescheidenen Verhältnissen es mir eher leichtgemacht hat, nicht mehr zu wollen. Mit meinem Profil etwas hinzuzuverdienen – schwierig. Wenn ich gebraucht wurde, dann immer nur kurz und für haltungsschädigende Aufgaben.

Ich wurde hineingeboren in die erste große Pandemie dieses auslaufenden Jahrhunderts. Hineingeworfen in eine Welt des Chaos. Sohn überforderter Eltern, Schüler dauergestresster Lehrkräfte, Altersgenosse leistungsorientierter Kinder, Kumpel selbstverliebter Jugendlicher. Hineingeworfen in ein System, das wirtschaftliches Wachstum fetischisiert und über alles stellt, über die Moral, über die Bewahrung des Planeten, über die Ästhetik, über das wohlwollende Miteinander. So war es halt, entweder man ordnete sich ein oder nicht.

Ich versuchte beides – mit mäßigem Gelingen.

Als ich ein Alter erreichte, in dem ich begann, auch die Welt außerhalb meiner eigenen wahrzunehmen, so um den achtzehnten Geburtstag herum, war gerade das Rentensystem in sich zusammengefallen. Wie ein Kartenhaus. Es gab zu viele Rentnerinnen und Rentner und zu wenig beitragzahlende Erwerbstätige. Ich wurde oft als introvertiert beschrieben, von manchen ohne Wertung, von den meisten mit. Samstags verschlang ich in der Stadtbibliothek archivierte wöchentlich erschienene Zeitungen aus der Zeit vor meiner Geburt. Es interessierte mich, wie es sich damals so lebte.

Von Artikeln und Reportagen, die mich auf die eine oder andere Art besonders bewegten, fertigte ich Kopien an, die ich wiederum in meiner kleinen Wohnung archivierte. Hunderte Ordner stapeln sich heute um mich, dazu Bücher, die ich für den Preis von einem Brötchen auf Flohmärkten kaufte, weil ich mir die neu erschienenen erstens nicht leisten konnte und sie mich zweitens weniger interessierten. Diese wurden ja geschrieben aus der jeweils jetzigen Zeitperspektive, und die bekam ich ja selbst mit. Nicht die vor meiner Geburt. Hier vor mir auf dem Schreibtisch liegt eine Vorhersage aus den 1990ern bezüglich der Entwicklung des Rentensystems, der demographischen Entwicklung. Das beruhigte mich damals, als ich es in der Bibliothek zum ersten Mal las und es tatsächlich so kam, wie prophezeit. Das gab mir das Gefühl, die Dinge laufen genauso, wie sie bestimmt waren, sonst wäre ja versucht worden, dem etwas entgegenzuwirken. Der Souverän wirkte auf mich, einen Milchbuben, souverän.

Das Gesundheitssystem blickte bereits vor meinem Geburtsjahr in den Abgrund, ein kleines Virus mit Kronenaura schubste es die letzten Millimeter über die Kante. Ich verlor zwei meiner Großeltern, einen Onkel und einen anstrengenden Nachbarn.

Da wir schon beim Thema sind, eine meiner liebsten Lektüren sind Bücher von Ärztinnen und Ärzten und medizinische Lehrbücher aus der ersten Hälfte des zwanzigsten Jahrhunderts. Damals bestand die ärztliche Tätigkeit noch darin, Menschen mit Gesundheitsproblemen ausführlich auszufragen, anzuhören und körperlich mit den eigenen Händen und Sinnen zu untersuchen. Meine Eltern erinnerten sich noch an diese Zeiten. Wenn ich das heute jemandem so beschreibe, treffen mich ungläubig schmunzelnde Blicke.

Ärztinnen gibt es immer noch, ich habe erst gestern eine besucht. Nur hat sich das Berufsbild, wie das bei den Ärzten und den meisten anderen, nahezu bis zur Unkenntlichkeit im Vergleich zur Urform gewandelt. Nach dem kontaktlosen Eintreten in die Praxis schaute ich in eine Kamera und nickte, um die per Gesichtserkennung identifizierten und genannten, tatsächlich zu mir gehörenden Personalien zu bestätigen. Im zweiten Raum legte ich mich in den Vermessungsroboter. Ein Pieks ins Ohr, Kapillarblut, Manschette um den Arm, Blutdruck, Puls, Temperatur, Ganzkörper-MRT, EEG, EKG, EMG, NLG, und so weiter. Während die Untersuchung vonstattenging, musste ich dem Computer Fragen beantworten.

»Haben Sie Schmerzen, wenn ja, wo, wie stark auf einer Skala von eins bis zehn und seit wann?«

»Ja, Hodenboden, ungefähr vier, seit dem letzten Schaltjahr.«

Die weiteren Fragen überspringe ich des Anstandes wegen. Eine halbe Stunde später erhielt ich den Befund in meine digitale Akte: Hodenkrebs mit exzellenten Heilungschancen. Unterschrieben von einer Ärztin, die ich nie sah, und deren einzige Aufgabe es ist, mit ihrer Person für die Richtigkeit der algorithmusbasierten Diagnose zu bürgen.

Diese Angewohnheit älterer, dem Ende entgegenschauender Menschen wie mir, in Krankheitsbetrachtungen abzudriften – entschuldigen Sie mir die bitte. Zurück zur bevorstehenden Feier:

Über vierzig Jahre lang hatten die transnationalen Verhandlungen angedauert, die schließlich bald in den sogenannten Weltstaat münden werden. Wobei der Begriff täuscht und natürlich nur als Blick- und Gehörfang gedacht ist. Nur achtzig der aktuell existierenden hundertzehn Nationen kündigten an, den Vertrag unterschreiben zu wollen. Immerhin. Weltstaat geht auch lockerer von der Zunge als Transnational Nearly-Universal Agreement for Common Governmental Policies (TNUACGP).

Die Idee eines solchen Monsterstaates ist natürlich uralt, nur wurde sie zuvor meist von autokratischen Narzissten und deren Vasallen hervorgebracht, die in ihrer Person nie dagewesene Mächte bündeln wollten.

Ich will versuchen zusammenzufassen, wie es überhaupt zum Beginn der Verhandlungen kam.

Der sogenannte Kapitalismus hatte den Anschein erweckt zu funktionieren, so lange wie es Erst-, Zweit- und Drittweltländer gab. Für lange Jahrhunderte war die Konstellation diese: Unternehmer in den Erstweltländern verbrauchten die Ressourcen aus den Zweit- und Drittweltländern zu Spottpreisen, um Produkte dort herzustellen, wo die Löhne und Kontrollen am niedrigsten waren, ohne für die sozialen und ökologischen Kollateralschäden aufzukommen, um diese Produkte zuerst der eigenen Bevölkerung anzudrehen. Danach, da sie ja wachsen mussten, eroberten sie alle Märkte, die es zu erobern gab.

Die goldene Ära. Der Euro rollte. Der Dollar flitzte. Von hier nach dort. Von unten nach oben. Irgendwann war leider auch der letzte potentielle Angehörige einer Mittel- und Oberschicht erreicht, eingedeckt, ja geradezu übersättigt mit Essen, Kleidern, Technikspielzeug, elektronischen *gadgets* zur Unterhaltung, Kosmetik und so weiter, und trotzdem im tiefsten Inneren doch unerfüllt.

Es dauerte, bis auch die letzten Zweifler einsahen, dass etwas falsch lief.

Aber es passierte.

Dazu mehr, später, falls ich es nicht vergesse. Wegen der hartnäckigen Tradition, den materiellen Status zur Identitätsausdifferenzierung und -gestaltung zu benötigen, wurde nie wirklich ausprobiert, was passieren würde, wenn auch die sogenannten Unterschichten mehr Finanzen für ihren Konsum hätten.

Die Nachfrage ging einfach zurück.

Parallel dazu wurden die Ressourcen immer knapper und dadurch teurer, irgendwann so knapp, dass es sich für viele Unternehmen schlicht nicht mehr lohnte, einfach mal etwas herzustellen und dann zu versuchen es durch aggressives, grenzüberschreitendes Marketing Käufern aufzudrängen.

Um die knappen Ressourcen konkurrierte schließlich die ganze Welt. Zehn Milliarden Menschen im Jahr 2050, und die besonders raren und gefragten Ressourcen waren irgendwann nicht mehr auf finanziellem oder diplomatischem Wege zu erlangen.

Nein, es mussten Kriege dafür geführt werden.

Das Problem aber war, dass die meisten Staaten sich keine Kriege mehr leisten konnten. Die Kosten der Kriegsführung wurden bis dato stets gegenfinanziert, indem beim Sozialstaat, im Bildungs- und Gesundheitswesen eingespart wurde. Da diese Bereiche überall nach und nach privatisiert worden waren, war dort nichts mehr zu holen. Die zu Monopolen gewachsenen Schul-, Universitäts-, Krankenhaus- und Pflegeheimbetreiber gaben schließlich nur symbolische Steuerbeträge ab. Die Moneten flossen an die Aktionäre und Vorstände. Mit jeder Wirtschaftskrise – die ungefähr alle zehn Jahre auftrat, vorhersehbar wie Neumond – wuchsen die Schulden, und man wusste nicht anders auf die Krisen zu antworten als dadurch, Geld zu schöpfen, indem es als

Kredit vergeben wurde: Zahlen auf Bankkonten ohne realen Gegenwert – außer dem des Vertrauens auf spätere Tilgung. Wenn nicht der Immobilienmarkt blähte, dann der Aktienmarkt. Und *vice versa*.

Das ging herrlich schief, auch schon davor, aber irgendwann wurde aus der Schräge eine Vertikale und auf einmal befand sich alles im freien Fall. Die Staaten gingen alle nacheinander pleite und ein bankrotter Staat ist ein schlechter Krieger.

Die Staaten waren also erst mal 'raus, aus dem Kriegsgeschäft.

Die Söldner, die von vielen Unternehmen eingesetzt wurden, um an die Rohstoffe zu kommen, waren zwar billiger als reguläre Soldatinnen und Soldaten, aber eben auch nicht kostenlos. Überraschenderweise war es gerade ein durch einen Personalwechsel hervorgerufener Paradigmenwechsel in der Gewerkschaft der Söldnerinnen und Söldner, der letztere ermutigte, mehr Lohn und Rechte für ihre lebensgefährliche Arbeit einzufordern.

Das wurde mit der Zeit so teuer, dass es sich nicht mehr rechnete.

Die Unternehmer waren also auch 'raus aus dem Kriegsgeschäft.

Der letzte große Ressourcenkrieg war der Neodym-Konflikt in Asien im Jahr 2059, übrigens.

Danach einigte sich ein Großteil der Nationen – einige mit knirschenden Zähnen – auf ein Friedensabkommen und Kooperation in der Sache: *Gerechtere Verteilung der unnatürlich ungerechten und unausgewogenen Verteilung von Ressourcen.*

Das war eine zähe Geschichte, wie Sie sich denken können, aber auch der Beginn des großen Staatenbündnisses, innerhalb dessen seitdem viele weitere Abkommen ausgehandelt wurden. Es dauerte ein paar Jahrzehnte, bis es soweit ging, dass der Vorschlag einer demokratischen Weltregierung kein Raunen und Entsetzen mehr durch alle Länder und Klassen hervorrief.

Wie kam es dazu?

Das versuche ich morgen zu rekapitulieren.

Berlin, am 28. Dezember 2099

Was gab den Anstoß für die Konzeption eines Weltstaates?

Ich kann hier nur meine eigene These äußern, und verweise für andere auf andere Berichte.

Zum einen sorgte der seit den 1970ern sehnsüchtig erwartete Klimawandel für erhebliche Unannehmlichkeiten und nagte am Futternapf der vorher stets wohlgenährten Wohlstandsbürger der ersten Welt. Die meisten Postindustrie- und Postkolonialmachtstaaten stellten längst fast keine eigenes Nahrung mehr her, sondern ließen auf Riesenplantagen in der Ferne anbauen und schifften oder flogen das Getreide, den Reis, das Obst und Gemüse ein. Wirbelstürme, Fluten, Hitzewellen, Dürren, Heuschrecken- und andere Ungezieferplagen dezimierten die Ernte vor Ort. Die Bauern und Bäuerinnen bunkerten die Erträge lieber selbst, statt sie für Spottpreise zu verkaufen, um sich dann einen Teil wieder zurückzukaufen. Völlig nachvollziehbar.

Aus totalem Eigeninteresse inspirierten sich immer mehr Länder an Landwirtschaftskonzepten der Vergangenheit, als es noch keine Cargoflieger und Überseetanker gab und Lokales und Saisonales angebaut und gefuttert wurde. Hier erwies sich der Temperaturanstieg als Vorteil: Sogar im Winter kam mehr als Kohl- und Kartoffelsuppe mit Brotbeilage hinter die Zähne. Außerdem wurden so unzählige sinnstiftende Beschäftigungsverhältnisse geschaffen.

In den allermeisten Ländern wurden dennoch die internen sozialen Unruhen und Verwerfungen so stark, dass keine

Regierung sich mehr traute, die Spirale der Ausbeutung weiter *ad absurdum* zu treiben.

Es ging ja auch nicht weiter, das Renteneintrittsalter lag bei siebenundsiebzig Jahren, die Lebenserwartung war wieder auf einundachtzig Jahre gesunken. Das Gesundheitssystem war teuer, sehr teuer, und nur die fünf Prozent der reichsten Bürger konnten sich ein längeres Leben leisten.

Schützte früher Sicherheitspersonal diese Reichen vor den Armen, konnten sich das mit der Zeit nur noch die Superreichen leisten, nicht aber die Mittelreichen. Inflation und zu viele Börsencrashs hatten ihr Kapital geschrumpft. Die Unsicherheit der Mittelreichen wurde so groß, dass bald niemand mehr mittelreich sein wollte. Es war lebensgefährlich.

Die Gesellschaft war grob in drei Klassen aufgeteilt: Superreiche – Arbeiterinnen und Arbeiter – Arbeitslose.

Die Arbeitenden mussten hart schuften in langweiligen, nervtötenden und gesundheitsschädigenden Berufen. Sie taten all das, was entweder nicht durch Computer oder Roboter erledigt werden konnte, oder wo der Betrieb und Unterhalt der Computer und Roboter teurer war als der Lohn für die Beschäftigten. Da blieben schon noch ziemlich viele Aufgaben übrig. Auch ging über die Hälfte ihres Einkommens für die Miete in größtenteils heruntergekommenen Wohnungen in Ballungsräumen drauf. Der Rest für Konsum, private Altersvorsorge und Krankenkassen zweiter Klasse.

Die Arbeitslosen arrangierten sich mit dem Grundeinkommen, von dem auch sie den Bärenanteil für Miete, Konsum und Versicherungen dritter Klasse ausgeben mussten.

Der Großteil der Menschen konnte eins und eins zusammenzählen, und bemerkte, dass die Rechtsrucke der Vergangenheit als Antwort auf ihre finanzielle Misere ihre Situation eher verschlechtert als verbessert hatten. Sie ließen sich nicht mehr vom Fingerzeig auf heraufbeschworene Sündenböcke aus Minderheiten vom eigentlichen Problem ablenken. Dieses Bonbon war schlichtweg bis zur totalen Geschmacklosigkeit abgelutscht.

Das erinnert mich ans Essen, bis morgen.

Berlin, am 29. Dezember 2099
Mir fiel gestern im Halbschlaf noch etwas zur Politikverdrossenheit ein.

Für die allermeisten Menschen war längst aus den Zeitungsartikeln über Politik, aus Politikerinterviews und Talkshows so etwas wie ein zwar lästiges, aber gut zu ignorierendes Hintergrundrauschen geworden. Viele bezogen ihre Informationen eher aus Satiresendungen als aus den eigentlichen Nachrichten.

Das Politikschauspiel, es diente sich selbst. Wie emsige Schauspieler lebten die Akteure in ihrer Parallelwelt für eine imaginierte Audienz.

Da auch die Reichen mit jeder Wirtschaftskrise im Verhältnis etwas weniger reich wurden, konnten sie sich keinen Lobbyismus und keine andersartige Bestechung der Politikerdarsteller mehr leisten. Ihre Interessen wurden zu dem, was sie waren: den Interessen einer Minderheit.

Die gewählten Herrschenden begannen aus heiterem Himmel, ziemlich nüchtern und sachlich über alle möglichen gesellschaftspolitischen Themen zu diskutieren und abzustimmen mit der ehrlichen Absicht, die Bedingungen für das größtmögliche Wohl der größtmöglichen Masse zu schaffen. Natürlich wurde das auch vorher teilweise versucht, mehr oder weniger, aber die Haltung war eine andere. Zuvor vertraten Menschen Ideologie X, und waren ehrlich überzeugt, dass diese die beste für alle war. Leider ohne alle so wirklich zu fragen. Die Mitte wurde definiert und nicht eruiert. Das änderte sich schleichend, und es wirkte auf einmal nicht mehr träumerisch, eine gemeinsame, neue Ideologie herauszuarbeiten.

Ich habe es erlebt und es tat gut.

Daran, dass es ideologiefreie und ideologische Politik gäbe, glaubte übrigens niemand mehr. Das war nur ein Trick und Totschlagargument von Ideenverfechtern gewesen, um ihre persönliche Ideologie auf einer Metaebene über andere zu erhöhen. »Wenn das, was ihr wollt, ideologisch ist, meine Agenda aber ideologiefrei, dann basiert meine auf dem gesunden Menschenverstand, und eure auf dem ungesunden.« Dies war ab Mitte des zwanzigsten Jahrhunderts ein weitverbreitetes und wenig hinterfragtes Dogma.

Die Repräsentantinnen und Repräsentanten des Staatenbündnisses aber fragten sich nicht mehr: Was sind unsere Werte, unsere Ziele, unsere Wege? Sondern sie fragten sich: Was wollen wir, dass unsere gemeinsamen Werte sind? Welche Werte und Moralvorstellungen wollen wir erschaffen, welche Ziele wollen wir gemeinsam aushandeln?

Religiosität wurde nicht verachtet, sondern zu dem uminterpretiert, was sie seit jeher war: eine im Ursprung gleiche Deutungssehnsucht mit unterschiedlichen Resultaten und unterschiedlichem Ausleben: Buddha hier, Jesus, Mohammed und andere dort wurden zur sich nicht widersprechenden Inkarnation eines gemeinsamen, existenziellen Wunschdenkens und Strebens.

Der unipolare, allwissende, absolutistische Gott war tot, und aus dessen Asche stieg ein neues, universelleres, polymorphes Wesen hervor, das man Gott nennen kann, aber nicht muss.

Aus diesen Gründen, und wahrscheinlich noch vielen anderen, wurde im Staatenbündnis begonnen, gemeinsame politische Ziele oder auch Ideologien zu erarbeiten. Mit Argumenten und Gegenargumenten. Unter Anhörung derer. um die es ging, durch alle Länder, alle Milieus, durch alle Klassen.

Ich entschuldige mich, mein Telefon klingelt. Das wird meine Tochter sein.

Berlin, am 30. Dezember 2099
Am schwierigsten war es, sich auf eine gemeinsame Wirtschaftsform zu einigen.

Aber es gelang.

Diese neu entwickelte Wirtschaftsideologie war der Idee des Kommunismus verwandt, nicht mehr und nicht weniger. Sie hatte aber nichts zu tun mit dem Realsozialismus, mit dem Titoismus, Maoismus, Trotzkismus, Stalinismus und so fort des zwanzigsten Jahrhunderts.

Vielmehr entstand eine neue Wirtschaftsordnung aus jahrzehntelangem Diskutieren und Abwägen, auf Basis der Auswertung tausender Datensätze der Vergangenheit und mit Hilfe computerbasierter Systemsimulationen. Es hatte sich gezeigt, dass die Mehrzahl der Wirtschaftskrisen durch Spekulation am Immobilien- und Aktienmarkt entstanden waren und dies unterm Strich, auf ein Jahrhundert und pro Kopf berechnet, mehr Elend als Glück provoziert hatte.

Es wurde in der Summe mehr Wohlstand vernichtet als erschaffen.

Spekulationshandel in Form von Aktien, Immobilien und Rohstoffen wurde daraufhin verboten.

Die Entkoppelung des Geldes vom Goldwert wurde rückgängig gemacht. Durch einheitliche Steuergesetze und digitale Finanzaufsichtsprogramme wurde Steuerflucht massiv eingeschränkt, was den Staatskassen auf einmal beträchtliche Zusatzeinnahmen bescherte.

Auf der anderen Seite konnten astronomische Summen eingespart werden dadurch, dass die nationalen Armeen abgeschafft wurden.

Die gemeinsame Armee des großen Staatenbündnisses wurde 2070 gegründet und dient allein der Verteidigung und Krisenbewältigung. Sie kam bisher nur in Naturkatastrophen, Pandemien, bei Verteilung von Ressourcen, Entwicklungshilfe, Infrastrukturaufbau und -unterhalt zum Einsatz. Militärisch betrachtet, hat sie nur einen symbolischen Zweck, denn die dreißig Staaten außerhalb des Bündnisses sind militärisch zu schwach, um dem Riesen gefährlich zu werden.

Zudem hat man sich im Staatenbündnis vor etwa zwanzig Jahren auf ein einheitliches Gesundheitssystem mit Abschaffung der Dreiklassenmedizin geeinigt. Es hatte sich nämlich ergeben, dass viele Gesundheitsausgaben gar nicht der menschlichen Gesundheit, sondern dem wirtschaftlichen Wachstum dienten. Da ein Großteil der Ausgaben zur Behandlung von Zivilisationskrankheiten aufgebracht werden musste, wurde verabredet, diese durch Prävention so weit wie möglich auszurotten statt sie wie vorher als praktische Melkkühe zu sehen. Heute kann man nur über die Verirrung der Menschheit lachen, die den perfekten ökonomischen Kreislauf zur Profitmaximierung hatte entstehen lassen, und für legitim befand: Die einen Unternehmen verdienten gut am Verkauf von mit Fett, Salz und Zucker angereichertem pappigen Essen, andere an Unterhaltungsprogrammen, die zur »Sitzhaftigkeit« anstifteten, und die hieraus entstehenden Krankheiten konnten noch andere Firmen mit Abnehmpillen, Antidiabetika, Antidepressiva und Fettsenkern konterkarieren, wodurch drei Wirtschaftszweige anstatt (k) eines einzigen daran verdienten. Die Mitte fand das gut wegen der Arbeitsplätze, die es schuf.

Im Weltstaat hingegen verursachte das bevormundende Dogma der Arbeitsplatzerhaltung nur noch Spott und Gelächter. Jeder wusste, dass es für die Gesellschaft auf längere Sicht lukrativer ist, Menschen eine Weile Arbeitslosen- oder Lehrgeld zu geben und sie auf andere Berufe und Aufgaben umzuschulen, anstatt Arbeitsplätze zu erhalten, die sowieso früher oder später dem Untergang geweiht wären. Oder deren Fortführung auch Fortführen von Umweltzerstörung bedeutete.

Weiteres Geld konnte dadurch eingespart werden, dass es nicht mehr alle zehn Jahre Milliarden an Steuergeldern brauchte, um Großkonzerne und Banken vor der Pleite zu bewahren. Es wurden nur noch Konzerne staatlich unterstützt, die ein nachhaltiges Wirtschaftskonzept hatten, im ökonomischen und im ökologischen Sinne.

Banken wurden zu schlichten Kontenverwaltern, denn das Herumzocken an der Börse war ja abgeschafft worden.

Da Immobilienspekulationshandel verboten wurde, sanken die Mieten drastisch, wodurch den Grundeinkommensempfängern weniger ausgezahlt werden musste, um ihre Existenz zu sichern. Privatwohnungen, die aus keinem ersichtlichen und zu rechtfertigenden Grund länger als sechs Monate unbewohnt blieben, gingen über in Gemeinschaftseigentum.

Das galt auch für Unternehmen, die der Staat mit Steuergeldern während Wirtschaftskrisen über Wasser gehalten hatte.

Es wurde endlich begonnen, psychische Leiden genauso ernst zu nehmen wie organische. Der Zusammenhang zwischen Depressionen, Angst- und Zwangserkrankungen mit dem brutalen spätkapitalistischen Wettbewerbsdenken wurde im großen Stil öffentlich angeprangert und nicht mehr nur von einer Minderheit kritischer Geister.

Es zahlte sich auf so vielen Ebenen aus, den vorherigen *Status quo* zu hinterfragen, dass irgendwann nur noch sehr wenige Reaktionäre und Ewiggestrige daran festhielten. Die wurden zur anachronistischen Skurrilität, deren Gesinnung man in psychischen Gefilden verortete, für die sie vielleicht selbst wenig konnten. Die Mehrheit reagierte mit Mitleid statt Wut auf altbackene Ansichten, auch weil diese Minderheit keine politische Kraft mehr hatte.

Dass dies zum Beginn des Wandels anders war, nämlich, dass es Wut brauchte, um Dinge in Bewegung zu bringen, kann ich gut verstehen.

Das Gleiche passierte mit dem Patriarchat.

Nur noch wenige widersprachen der feministischen Kritik an den vorherigen Machtverhältnissen seit der zweiten Hälfte dieses einundzwanzigsten Jahrhunderts – aus Mangel an Argumenten. Es war schließlich nur noch lächerlich, auf seinen alten Privilegien sitzend, herumzuschreien und sie mit Gewalt verteidigen zu wollen. Das sorgte auch eher für Mitleid als für Wut, denn es waren zu wenige geworden, die sich noch so verhielten. Solche Ansichten wirken heutzutage karikaturesk.

Das Staatenbündnis bestand aus derart vielen unterschiedlichen Kulturen und Ethnien, dass unausweichlich ein für alle Mal klar wurde, dass alle Beteiligten der gleichen Spezies angehören, unabhängig vom Geschlecht, der Hautfarbe, der Sprache, den Essgewohnheiten, dem Kleidungsstil und so weiter. Xenophobie, Sexismus und Rassismus werden heute genauso sozial geächtet und strafrechtlich verfolgt wie Kindesmisshandlung. Umfragen zufolge gingen diese Straftaten in den letzten Jahrzehnten auch im Privaten deutlich zurück. Um sie noch weiter zu verringern, darüber laufen unentwegt neue Studien und Präventionskampagnen.

Die Landflucht hat sich zur Stadtflucht umgedreht. Städte waren schon immer menschenfeindlich, aber es wurde einfach zu weit getrieben. Die meisten mussten in der ersten Hälfte des einundzwanzigsten Jahrhunderts so viel und lange für kleine Wohnungen und einen bescheidenen Lebensstil arbeiten, dass sie gar nicht vom Angebot der Großstädte Gebrauch machen konnten. Die, die es sich noch leisten konnten, waren für ihren Genuss des Kultur-, Dienstleistungs- und sonstigen Freizeitangebots auf die Mittel- und Niedriglöhner angewiesen, die es dort nicht mehr gab, denn sie lebten nun auf dem Land, wo sie sich selbst versorgten statt für andere zu kochen, Kaffee zu brühen oder zu putzen. Die Stadt wurde also auch für die gehobene Mittel- und Oberschicht immer weniger lebenswert.

Der größte Teil der Menschen im Staatenbund organisierte sich neu in kleineren und mittelgroßen Städten auf der ganzen Welt.

Der Individualverkehr wurde weitestgehend abgeschafft.

Industrielle Tierhaltung verboten.

Privatschulen, Privatuniversitäten, Privatkliniken auch.

Bildung, Wohnen, Ernährung und Gesundheit wurde zum unantastbaren Grundrecht für alle.

Die mittlerweile von Ärztinnen und Ärzten als seelische Krankheit attestierte *exzessive Mediennutzung*, der übermäßige Fernseh-, Internet- und Telefongebrauch, ist heute ähnlich gesellschaftlich tabuisiert wie früher der Alkoholismus. Es gibt Präventionskampagnen und kostenlose Behandlungskonzepte.

Das hat den positiven Nebeneffekt, dass sehr, sehr viel Strom gespart wird und der Büchermarkt eine neue Blütezeit erfährt.

Überhaupt der Strom. Da viel weniger Unnützes hergestellt wird und die Leute mehr spazieren gehen, lesen, miteinander reden und miteinander schlafen statt »Medien« zu konsumieren – was auch als Skurrilität vergangener Zeit betrachtet wird – sank der Energieverbrauch.

Der immer noch nötige Strom wird lokal generiert – je nach Lage der Siedlung mit Wind-, Sonnen- oder Geoenergie.

Zwar gibt es keine Nationen mehr innerhalb des Staatenbündnisses, aber wohl noch unterschiedliche Regionen, die sich durch verschiedene Kulturen, Sprachen oder Dialekte, Lebensweise, kulinarische und modische Gewohnheit und so weiter auszeichnen.

Mit einem Schlag wurden alle separatistischen Motivationen obsolet.

Das Ungleichgewicht, das früher durch den Kolonialismus und andere Formen der Ausbeutung hervorgerufen worden war, wurde im Detail historisch neu aufgearbeitet – und soweit es ging – versucht rückgängig zu machen, zumindest unter finanziellem Aspekt.

Die wenigsten fühlen sich heute noch in ihrer Identitätswahrnehmung gekränkt, wenn Leute anderer Kulturausprägung behaupten, die ihre sei die bessere. Das passiert sowieso immer weniger, denn die meisten wissen, dass sie eben in eine bestimmte Kulturregion hineingeboren wurden, die sie sich nicht aussuchten, und dass andere in andere Kulturregionen hineingeboren wurden, die sie sich auch nicht aussuchten.

Was man sich aussuchen kann, ist die Haltung dazu, und hier wurde die gesellschaftliche Norm zu einer der Offenheit und (Ab)Wertungsfreiheit.

Beim passlosen Herumreisen innerhalb des Bündnisses gehört es sich einfach, sich in anderen Regionen für die dort herrschenden Sitten und Gebräuche zu interessieren, sie zu respektieren und einfach mit Neugierde wahrzunehmen.

Es braucht keine einheitliche Weltsprache, weil Sprachassistenten »in Echtzeit« in jede beliebige Sprache übersetzen können.

So viel hat sich geändert, dass ich nicht all diesen Veränderungen gerecht werden kann in diesem Bericht. Vielleicht im nächsten. Und ich will ja auch nicht mit meinem Wissen hier angeben. Angeben und sich durch Abwertung anderer erhöhen wurde nämlich zum gesellschaftlichen Tabu. Kindern erklärt man geduldig und einfühlsam, warum sich so ein Verhalten für niemanden lohnt. Wenn Erwachsene es dennoch tun, gehört es sich heutzutage, freundlich und bestimmt die Situation zu beschreiben, und nachzufragen, was denn das eigentliche Problem ist.

Berlin, am 31. Dezember 2099

Morgen wird das große Staatenbündnis zum Weltstaat. Die Parlamentswahlen dauerten dieses ganze Jahr über, und die erste Tagung der dreitausend Abgeordneten im digitalen Parlament findet morgen statt.

Im realen Leben ändert sich zunächst nicht viel für uns, die Veränderungen, die ich gestern und vorgestern beschrieb, bahnten sich ihren Weg schließlich über mehrere Jahrzehnte: Progressive Umbrüche, die nicht durch das Unterzeichnen diplomatischer Verträge entstanden sind. Fundamentale Veränderungen und Verbesserungen, entstanden im Verhalten und in den Köpfen, nicht auf dem Papier.

Dennoch ist der morgige Tag enorm wichtig. In der ersten Sitzung des Weltparlaments wird über die offizielle Konstitution abgestimmt, der, wovon auszugehen ist, alle zustimmen werden, und die damit in Kraft tritt.

Sie bildet vor den höchsten Gerichten den Rahmen des politischen, wirtschaftlichen und sozialen Zusammenlebens. Wenn das von achtzig bisher parlamentarisch unabhängigen Nationalstaaten unterschrieben wird, dann ist das schon ein dickes Ding.

Nur innerhalb dieses Rahmens gibt es Gestaltungsmöglichkeiten für unterschiedliche politische Richtungen, die nach wie vor durch lokale Wahlen bestimmt werden.

Ich bin froh, diesen Moment erleben zu dürfen, und wenn ich auf die Zeit davor zurückblicke, auch auf die Zeit vor mir selbst, dann wird deutlich, dass es oft nicht so aussah, als sei eine solche transkulturelle Übereinstimmung und Einigung auf eine gemeinsame Verfassung realistisch.

Aber sie ist es.

Dies vor Augen zu haben scheint mir wichtig, denn es wird unvermeidbar sein, dass in Zukunft wieder am neuen Status quo gerüttelt werden wird, vielleicht zum Besseren, aber vielleicht auch wieder zum Schlechteren.

Nicht alle Menschen leben nun zufriedener und fried-licher zusammen als vorher, denn hierfür spielen individual-psychologische Faktoren weiterhin eine wichtige Rolle. Aber dadurch, dass ein Großteil der vorher mit Füßen getretenen Menschen nun einen verfassungsmäßig verankerten Respekt genießt, auf einem Territorium, das zwei Drittel der noch bewohnbaren Fläche des Planeten Erde ausmacht, hat sich der Wandel im Großen und Ganzen mehr als gelohnt.

Passt aufeinander auf und bleibt wachsam,

Kaali

Velibor Baćo

Der Klang, der mir noch fehlte

Der Erde entrissen,
der braunen Augen Blick,
vom Himmel gefallen,
ihrer Zwinker Blitz.
Dem Winde entwehte
ihre Stimme, die bebte,
Du,
der Klang, der mir noch fehlte.

Und Augen nicht glauben,
kann man es denn sehen?
Das Herz so rasend,
bleibt es doch kurz stehen?
Im Winde des Herbstes,
muss ich mich drehen,
Oh, Duft der Liebe,
wer kann dir widerstehen?
Das Herz sich sehnte,
der Klang, der mir noch fehlte.

Stuf' um Stuf',
der steigende Ton,
entfacht das Feuer,
das brannt' in mir schon,
und zu löschen vermag,
dich, süß' Schicksalsschlag,
nur brennende Lust,
und dein lieblich' Kuss.
Die Schmerzen der Liebe,
mit Schwertern die Hiebe,
des Herzens Narben,
schreien sie schon,
aus heiterem Himmel,
Du,
lieblicher Ton.
Der Klang, der mir noch fehlte,
ein Tauber ich wohl war,
will dich nicht mehr missen,
ich liebe dich schon.

Joshua Clausnitzer

Immer wider Rechts!

Rechts, wieder widerlich.
Immer wider Rechts!
Erst recht(s) nichts gelernt!
Immer wider Rechts!

Recht(s)lich gesehen, skandalös!
Immer wider Rechts!
Du has(s)t ja Recht(s)!
Immer wider Rechts!

Womit? Mit Recht!
Immer wider Rechts!

Francisca Csáky-Pallavicini

Unkunst

Schreiben. Irgendetwas Interessantes wollte ich damals schreiben. Und weil fünf angefangene Gedichte und drei schlechte Kurzgeschichten kein Schwein interessieren, war ich so naiv zu denken, es müsse schon etwas dahinter stecken, ich müsse erst etwas erleben und erfahren, um darüber schreiben zu können.

Es sei doch ganz klar, sagte ich mir, dass aus solch einem glücklichen und behüteten Leben wie dem meinen kein Tropfen Kunst herauszuquetschen sei. Leid heraufzubeschwören schien mir dennoch etwas extrem. Und so erdachte ich eine Art von Experiment, wollte sozusagen anekdotischen Enthüllungsjournalismus betreiben. Ich hatte mehrere Ideen, von denen einige nicht sehr spannend verliefen. Ja, so sehr gingen die teilweise in die Hose, dass ich mich sogar schäme, sie jetzt aufzuschreiben. Und das, wo ich hier doch gleich mein größtes Geheimnis lüften möchte.

Eines dieser Projekte – ein bloßer Versuch – war es, die Kunstindustrie hereinzulegen. Ich konnte nicht länger bescheiden behaupten, ich sei einfach nicht künstlerisch genug veranlagt, würde den Sinn und die Genialität hinter Farbklecksen, leeren Bildern oder schlichtweg hässlichen Farbflächen wohl nicht verstehen. Schon für mich selbst musste ich herausfinden, ob die ganze Kunstindustrie log. Und wenn ja, wie sie sich darauf einigte, aus einem Verrückten einen Künstler zu machen und zwanzig andere zu ignorieren. Oder versuchte es vielleicht einfach kein anderer mit Farbklecksen?

Sich innerlich schieflachen, wenn vermeintliche Weinliebhaber ihr feinstes Kennervokabular auspacken, um sich den Tetrapackwein nach intensiver Analyse schönzureden, weil man ihnen diesen in einer teuren Flasche serviert hatte – das ist zwar auch mal eine inspirierende Erfahrung, aber eben nicht ausreichend für eine Story.

Wenn Sie meine Kunst kennen, dann ist bei Ihnen längst der Groschen gefallen.

Ja, so ist es. Ich möchte nicht behaupten, dass es mir direkt beim ersten Mal gelang, aber – Künstlernamen sei Dank – hatte ich ja mehrere Versuche. Tatsächlich waren es nicht die wahllosen Farbkleckse auf weißer Leinwand und auch nicht die groben Züge mit dem Farbroller vom letzten Wandanstrich.

Erfolg brachten die einfachen Strichkombinationen mit einem Stück Kohle auf weißem Papier – sofern man es noch weiß nennen kann, was da mit Bleichmittel für Töne erschaffen werden. Man muss sich schon fragen, ob die Hersteller nicht absichtlich besonders hässliches Kopierpapier fabrizieren, nur um etwas teurer auch halbwegs ansehnliche Weißtöne verkaufen zu können.

Na, jedenfalls kam ich mit dieser erschütternd klischeehaften Mischung banalen Materials mit abstraktem Simplizismus (wenn man es so sehen will, ich selbst wüsste nämlich nicht, was da abstrahiert worden sein soll) an mein Ziel. Auch hätte man es mir leichter nicht machen können. Ich musste nur die Blätter wie vergessen in einem Hörsaal platzieren, so dass ich sicher sein konnte, jemand Bestimmtes würde sie in der nächsten Vorlesung – deren Titel mir so fremd war, dass ich mich nicht einmal mehr daran erinnern kann – entdecken. Das Entdecken war für das Ego eines eingesessenen Kunstprofessors selbstverständlich das ausschlaggebende Element. Er war es, der die Papiere hervorzog, er war es, der die Signatur entzifferte und so war es auch er, der, wenn auch schon selbst nicht aktiv künstlerisch tätig, zumindest die Genialität besaß, das nächste Genie zu entdecken, indem er mich auf einer Ausstellung stolz präsentierte.

So weit so gut – tatsächlich hatte ich es mit meiner Fake-Kunst also in eine Galerie geschafft. Bezahlt wurde ich zwar nicht, doch nach drei Glas Gratis-Champagner war ich mit meiner Leistung höchst zufrieden und sollte jetzt noch ein Kunstkenner eines meiner hohlen Werke kaufen – dann wäre mein Experiment gelungen und ich hätte einen wunderbar zynischen Artikel darüber veröffentlichen können.

Wenn Sie wissen, wer ich bin – und sofern Sie die letzten zwei Jahre nicht hinter dem Mond verbracht haben, wissen Sie es bestimmt – dann wissen Sie auch, dass es nicht so kam: Nicht ein Bild wurde verkauft, sondern alle. Und für das Geld konnte ich mir nicht – wie erhofft – einen netten Abend machen, sondern ein halbes Jahr Miete im Voraus überweisen. Die Anfragen für weitere Ausstellungen ließen nicht lange auf sich warten. Es verlief genau so, wie Sie es sich sicherlich schon längst zusammengereimt haben: Das Geld war gut. Der Ruhm kam ganz anders als erhofft, doch das machte es nicht weniger reizvoll. Meine Kunst hätte ich massenhaft produzieren können, aber um sie rar und glaubhaft tiefgängig zu halten, veröffentlichte ich nur von Zeit zu Zeit ein Meisterwerk. Und die Angst, man könnte merken, wie wenig ich meine eigenen Kritzeleien ernst nahm und dass die ganze Arbeit bei den Kritikern lag, die sich die verrücktesten Interpretationen ausdachten, verschluckte das Leben im Jetset schnell. Mal sitzt man eines Abends in einem Pariser Hotelzimmer und fragt sich, woher das ganze

Geld für die paar Striche? Doch der Gedanke verfliegt rasch. Ein anderes Mal sieht man die Menschen in Teheran anstehen, um ebendiese Striche zu sehen und man schämt sich ein klein wenig, doch auch der Gedanke ist schnell weg, denn es geht weiter nach London und die Kritiker machen das, was mir an Geist fehlt, im Akkord wett. Als würden sie sich darum reißen, nach jeder Vernissage und nach jedem Interview den allereinfältigsten Bericht zu schreiben. Überhaupt machen die Kritiker die ganze Arbeit für einen und es ist nichts leichter, als sich trotz all des Trubels mysteriös und bescheiden zu geben, wenn man selbst weiß, es gibt nichts darüber zu erzählen und es gibt nichts, mit dem man sich rühmen könnte. Keine traumatische Kindheit, keine politische Message. Weder postkoloniale Konsumkritik noch posthumanistischer Feminismus. Es sind nur ein paar Kohlestriche und trotz all der Analyse fällt euch nicht auf, dass mein einziges Ziel dabei ist, noch irgendwie Variation hineinzubringen, ohne meinem angeblichen Stil untreu zu werden.

Unglaublich ist das, werden Sie sagen. So unglaublich, ich habe es schon des Öfteren selbst gar nicht glauben können. Nun muss ich aber gestehen, solche Anwandlungen kamen praktischerweise immer dann über mich, wenn ich gerade ein Projekt abgeschlossen, Interviews dazu gegeben, einen Preis gewonnen hatte: Es ist so weit, du hast es bewiesen. Man kann die gesamte Kunstindustrie täuschen. Alle lieben sie deine Bilder, alle sehen sie darin Sachen, die du selbst nicht mal denken kannst, so fern liegen dir diese Konzepte, es ist Zeit, deinen Plan umzusetzen. Du hast alles erreicht, nun halte dieser Welt den Spiegel vor, als der dieses Experiment gedacht war, und beende es.

Genau in diesen Momenten kommen die Zweifel. Selbstzweifel, auch wenn die Ihnen vielleicht anders geläufig sind:

Bin ich vielleicht wirklich ein Genie? All das, was diese gro-ßen Künstler da sehen, muss das nicht wirklich in meinen Bildern stecken? Wo soll es denn sonst herkommen, dass man mich von Kapstadt bis nach Sankt Petersburg, von Tokio bis San Francisco zu verstehen glaubt, mir die tiefsten Impressionen und die intensivsten Expressionen zuschreibt, ohne dass ich je etwas davon verspürt hätte? Kunst liegt doch immerhin im Auge des Betrachters und wenn eine Schar von Experten nie zuvor gesehene Formen surrealen Illusionismus' in meinen Blättchen sieht, dann müssen die ja verdammtnochmal irgendwie dahingekommen sein?!

Und so beschließe ich weiterzumachen. Weiter Kunst-werke zu produzieren, die es nicht sind, oder vielleicht eben gerade deshalb doch – wer bin ich, der geborene Kunst-banause, denn, den anderen zu sagen, sie seien im Unrecht, wenn sie mein Genie erkennen? Irgendetwas müssen meine Bilder doch haben.

Aber das haben sie eben nicht. Nichts lässt mich gleichgül-tiger als diese Striche. Nichts von mir steckt darin, keine Gedanken oder Emotionen beeinflussen ihre Entstehung. Es sind einfach nur Striche, bei deren Kreation ich höchs-tens darüber nachdenke, ob sie auch sicher nicht einem bereits vorhandenen Werk zu sehr gleichen. Schließlich bekomme ich ordentlich Geld für jede dieser sorgfältig da-hingeschmierten Kritzeleien. Und im Gegensatz zu meinen Hausaufgaben, die mir des Öfteren von der Lehrerin direkt zurückgeworfen wurden, gilt hier: Wenn sie etwas zerknit-tert ankommen, wenn irgendwo ein kleiner Fleck darauf ist, umso besser. Das wundert mich nicht. Wenn ich ganze Feuilleton-Seiten füllen müsste, indem ich über Werke 105 bis 146 schreibe, die alle genauso nichtssagend sind wie ihre 104 Vorgänger – dann würde ich mich über die eine oder andere Falte oder einen Kaffeefleck auch nur so hermachen.

Da würde ich mir auch die wüstesten Drogenexperimente, geheime Zusammenkünfte der Künstlerszene und Einflüsse anderer Kunst zusammenreimen. Kunst, die ich – wohl gemerkt – selbst nie gesehen habe, soll mich ja zu so manchem Zug inspiriert haben, so ist man sich in Expertenkreisen einig. Auch scheint es dem Kunstkritiker ganz offensichtlich, dass meine sinnfreien Striche Zustände kritisieren, von denen ich mitunter überhaupt erst in den Artikeln über eben diese Werke erfahre.

Ich wende mich nun an Sie, um mir Rat zu erbitten, ja vielleicht wäre eine Art Therapie hilfreich?

Falls Sie selbst erst neulich stirnrunzelnd, nachdenklich und mit ihrer Kunstaffinität höchst zufrieden vor einem meiner Werke – oder Produkte, wie ich sie nenne – standen, dann bitte ich Sie, sich nicht beleidigt oder gar verhöhnt zu fühlen. Wenngleich ich solche Absicht in Bezug auf die Grundidee meines Experimentes nicht abstreiten kann, möchte ich Ihnen versichern, dass dieser Brief keineswegs die Intention hat, sich über irgendjemanden lustig zu machen. Vielmehr möchte ich Ihre Schweigepflicht nutzen, um dieses verrückte Leben, in dem ich seit zwei Jahren stecke, mit irgendwem besprechen zu können.

Selbst meine Freunde und Familie halten mich für ein Genie, auch wenn ich von ihnen ganz genau weiß, dass sie nicht gerade zu tiefsinnigen Spaziergängen durch moderne Kunstgalerien geboren sind. Obwohl sie selbst bis vor kurzem fast genauso wenig vom Großteil moderner abstrakter Kunst hielten wie ich, hat inzwischen so manch einer von ihnen auf Wunsch ein Strichkonstrukt von mir stolz im eigenen Wohnzimmer hängen. So traue ich mich erst recht nicht, mich jemandem anzuvertrauen, und fürchte nun langsam um meine mentale Stabilität.

Schon allein dieses Schreiben an Sie erleichtert mich und falls ich mal – ja vielleicht sogar regelmäßig? – zu Ihnen auf einen Kaffee kommen dürfte, würde ich mich großzügig erkenntlich zeigen. Wenn Sie auf meine Bitte eingehen und mir einen der heiß begehrten wöchentlichen Termine in Ihrem vollen Ordinationsplan frei machen, so könnte schon bald ein noch nie ausgestelltes Original von mir Ihre Praxis schmücken.

Mit der Bitte um strenge Geheimhaltung und baldige Antwort verbleibe ich mit freundlichen Grüßen,

Philip J. Dingeldey

Die Saat des Widerstandes

Von Walter Benjamin lernen wir,
Lesen wir ihn genau,
Dass die reine Gewalt, die negative,
Die göttliche Gewalt sei.
Das ist der Widerstand,
Der das Alte, das Falsche
Einfach zerstören will –
Ohne es durch eine neue Gewalt zu ersetzen.
Sei Sand im Getriebe von Ungleichheit und Unterdrückung!
Hoffnung auf Positives gibt es doch
Nur um der Hoffnungslosen willen.
So heißt es.

Doch irgendwann müssen wir das Negative
Endlich verlassen können.
Sand im Getriebe der Hoffnungslosigkeit
Reicht nicht mehr aus.
Wir dürfen die Rettung erhoffen,
Aber nur durch unsere Tat.
Das Gerechte muss wachsen, sich kultivieren.
Wir dürfen nicht nur Sand sein,
Wir müssen das Saatkorn sein,
Das Korn zwischen den Mühlensteinen.

Die Saat muss wachsen!
Die Saat muss gedeihen!
Sein Korn wird sich
Von den Maschinen nehmen,
Was es will.
Wir müssen die anarchische Natur der Gerechtigkeit
die ganze Mühle überwuchern lassen.

Dialektik der Revolution

Wo die Gefahr wächst, zwischen den Mühlensteinen
    der Gesellschaft
zermalmt zu werden,
Würde man auch gern die Saat der Hoffnung
und der Rettung wachsen sehen.
So stimmte doch Foucaults Idee, dass dort,
Wo Unterdrückung herrscht,
sich auch der Keim des Widerstandes regt.

Doch wann dürfen wir auf Rettung hoffen?
Und wann kann die Wurzel der Freiheit
Ihr Blattwerk dem Himmel entgegen recken?
Wann bringt man die Mühle zum Stehen und sich zum
    Florieren?
Leben wir doch in finsteren Zeiten, ach, in denen
Arglose Worte so töricht sind. Fällt uns die Freundlichkeit
Doch immer schwerer.

Das ist paradox: Das Saatkorn der Freiheit,
Es erblüht unter dem Druck der Mühlensteine.
Hölderlin durfte es erleben;
Den Sturm auf die Bastille, den Sturm der Freiheit,
Er macht es vor:
Wo die Maschinerie alle Hoffnung stiehlt,
Wo die Schwärze alles schluckt,
Da bricht der Zorn des Gerechten auf.
Erst sein Unwetter lässt
Die Knospe der Freiheit
Auf dem Schutt des Alten unwiderstehlich wachsen.

Gegen Symbolpolitik
frei nach Bertolt Brecht

Wirklich, ich lebe in finsteren Zeiten!

Das euphemistische Wort bleibt töricht. Die glatte Stirn
Von Politik und Wirtschaft deutet auf mangelnden Geist
Und erfrorene Herzen in Zeiten globaler Erderwärmung hin.

Was sind das für Zeiten, wo
Ein Gespräch über Bäume fast eine Pflicht ist,
Da die Wälder unter dem tierischen Fleisch der Eliten-Egos
    verbrennen?
Es bleibt kein Raum für Ästhetik.
Es bleibt aber auch im Widerstand kein Raum mehr für
    Symbolik,
Denn sie sprengt keine Tore.
Das Einzige, was bleibt, ist der Überlebenskampf.

Der Kampf ums Leben ist das letzte Gefecht.
Die Natur sieht uns ohne Geduld.
Wir schlittern in eine unbewohnbare Welt,
beherrscht von kapitalistischen Neofeudalisten,
Doch der Widerstand reicht nicht für mehr
Als Demos von Schülern. Nette Symbolik,
Aber mit zu viel Hoffnung.
Es gibt nur Unrecht und keine echte Empörung.
Es gibt keine konkreten Kämpfe, keine Alternativen.

Bald wird es keine *Future* mehr nach den *Fridays* geben.
Es sind nicht Hoffnung oder Schönheit,
Die den fundamentalen Bedrohungen
Mit radikalen Antworten begegnen.
Die Bastille wurde nicht gestürmt,
Weil die Menschen Hoffnung hatten,
Sondern weil sie nichts hatten.

Bald haben wir weniger als Nichts –
Nicht einmal einen Planeten.
So verging meine Zeit,
Die auf Erden mir gegeben war.

Sollte es einmal soweit sein
Und der letzte Kampf tatsächlich gewonnen werden,
Sodass der Mensch dem Leben ein Helfer und zorniger
    Anwalt ist
Gedenkt unserer Symbolpolitik,
Die in der Flut untergehen wird,
Ohne Nachsicht.

Ist die deutsche Lyrik am Ende?

Die deutsche Lyrik ist am Ende.
Seit Schiller, Heine, Brecht und Celan ist zu viel Zeit
Vergangen.
Es scheint, wir haben
Neben dem Denken auch das Dichten verlernt.

Einst war Lyrik mal das dichte Feld,
In dem Gefühl, Satire und Kritik wild sprossen.
Doch nun ist es oft ein verengter Zirkus,
Voller Regentropfen und bewunderter Bäume in einer
    heilen Welt.
Pseudotiefsinniges Wohlfühlen!

Und nun gegenüber dem Ganzen – dies:
Eine abstrakte Literaturform, die alles sein kann,
Nur nicht beschnitten.
Sie wird in konsumierbare Häppchen gewürfelt,
Powered by poetry slam
Thanks to Kulturindustrie.

Es scheint, der Lyrikhipster ist der neue Biedermeier,
Verwechselt Wortwitz mit Talent
Dabei wissen wir doch seit Adorno:
Nach Auschwitz sollte es das nicht mehr geben.
Haben wir Lyriker versagt?
Sind Herz, Biss und Witz in Watte erstickt?

Was das Gedicht und seine feine Szene braucht:
Erneut den Finger in unsere Wunden zu legen.
Die Bravheit muss der Liebe, dem Zorn, wenigstens aber
Der desillusionierten Hoffnungslosigkeit weichen.

Die Losung lautet: Macht Poesie wieder groß!
Und mit der Aufschrift auf dem Jutebeutel ist's noch
   nicht getan.

Das Amt

Antreten! Ausfüllen
Abtreten! Anstellen!
Artig! Abstand halten!

Nummer ziehen!
Hopphopp! bist Du schon dran,
Nach nur zwei Komma drei fünf Stunden.
Jetzt musst Du mal 'ran.
Wirst schließlich nicht vom Job geschunden!

Tritt vor, Subjekt! Ach, nur keine
Falsche Bescheidenheit,
Jetzt bist Du mit Dir alleine
Aus mit der Höflichkeit.

Zeig die Ware, los, zeigt dein Gebiss!
Oder hast du vor mir Schiss?!
Willst nicht arbeiten, bei der Statur?
Das ist wieder mal Faulheit pur!

Bei Arbeitsverweigerung kein Geld!
Na, was sagst du jetzt, du fauler Held?
Ich glieder' dich doch wieder ein;
Steck dein Geld in mein'n Koffer 'rein.

Paul Fehlinger

Auschwitz Today
Ein Bericht

Sonntag

Leichte Verspätung. Mein Mund ausgetrocknet vom Tabakrauch. Eine Kleinstadt in Schleswig-Holstein. Mitte März.
Meine Hände zittern. Die unbarmherzige Kälte des Rest-
winters. Eine Seitenstraße für Reisebusse. Ich stehe etwas abseits von drei mir unbekannten Mädchen, die hier ebenfalls
mit Koffern warten. Die drei blicken ganz schön arrogant
drein und kauen genervt Kaugummis. Endlich kommt der
Bus. Ich schüttle dem Reiseplaner die Hand. Er sieht aus wie
ein Gründungsmitglied der Grünen. Er trägt ein Hemd mit
einem dunkelroten Pullover von *Lacoste* darüber, dazu eine
Hornbrille. Haare sind bei ihm noch auf dem Kopf, nur werden sie weniger und grauer.
    »Klaus«, stellt er sich vor.
    »Niko«, antworte ich.
    Ich sitze mit etwa dreißig Leuten im Bus. Ich kenne nie-
manden davon. Ich fühle mich unwohl. Ich muss dringend
pinkeln und kann unerklärlicherweise nicht auf der Bus-
toilette. Unsicherer Blick nach vorn, dann nach hinten.
Dreißig nichtssagende Gesichter. Ich würde mich am liebsten vollständig isolieren, doch ich besinne mich. Ganz ohne
Kontakt geht es wohl nicht. Das würde alles nur noch unan-
genehmer machen. Beim nächsten Haltestopp freunde ich
mich also mit den Rauchern an. Eine bewährte Taktik für
mich in solchen Situationen. Ich schaue meine provisorisch-

neuen Freunde an. Ich bin definitiv kein Menschenkenner, doch ich erkenne auf den ersten Blick, dass der Junge mit der dunkelgrünen Umhängetasche kifft, und dass jenes Mädchen neben mir magersüchtig ist oder war. Das macht sie beide sympathisch. Sie drehen beide, wie ich auch, Zigaretten. Er heißt Sami, sie heißt Lana.

Ich blättere um. Dünndruck. Dostojewski. Der Spieler. Die Kugel rollt. Die Spielsucht entfremdet ihn schrittweise von seiner großen Liebe. Wir passieren gerade Berlin. Das Reiseziel? Auschwitz. Es handelt sich um ein Wahlpflichtseminar der Diakonie, in dem die Absolventen eines Freiwilligen Sozialen Jahres ihre ursprüngliche Seminargruppe (wie zum Beispiel den FSJ-Kindergarten) verlassen und aus etwa fünfzig Angeboten das für sich Passende oder Interessante heraussuchen. Dabei werden die Freiwilligendienstler dann neu durchmischt, sodass sich nur wenige untereinander kennen und ich keinen einzigen. Sei es drum. Als ich vor einigen Monaten das Angebot für Auschwitz/Oświęcim im Flyer der Diakonie sah, war mir klar, dass ich dahin müsste. Das Themenfeld Judentum, Antisemitismus, Holocaust, Zionismus, Israel war mir in den letzten Jahren eine Herzensangelegenheit geworden. Nichts interessiert mich in der Politik oder in der Geschichte mehr.

Klaus teilt während eines Pausenendes eine Broschüre zum Thema Auschwitz aus. Sätze wie »Oh Gott!« oder »Das ist aber schrecklich!« schwirren durch den Bus, als die ersten anfangen, die Broschüre zu lesen. Doch plötzlich übertönt eine Jungenstimme schreienderweise das Ganze:

»Diese Wichser, die haben mir noch nicht mal Servietten eingepackt!«

Verhaltenes Lachen. Ich schaue nach links. Der Junge brüllt weiter seine Papiertüte von McDonalds (»Einmal zum Mitnehmen!«) an. Ich weiß nicht, was ich davon halten soll, von ihm und dem hier sitzenden Rest.

Nach vierzehn Stunden tuckern wir auf den Parkplatz der internationalen Jugendherberge. Zweiundzwanzig Uhr. Hätte sich dieses eine Auto nicht überschlagen, wären wir anderthalb Stunden früher angekommen. Sei es drum. Mit ausgelaugten Gelenken drängen wir in den Speisesaal. Sami sitzt neben mir in der letzten Tischreihe. Leere Teller. Warum bin ich gegenüber fremdem Essen immer so skeptisch? Sami und ich kriegen durch einen Zufall doch ein Doppelzimmer, das eigentlich für die Mädchen gedacht war. Ich atme tief aus. Glück gehabt. Ich brauche immer einen Rückzugsort für mich allein. Ein Dreier- oder Viererzimmer käme für mich gar nicht in Frage. Ich nehme mir doch noch von der kalten Pasta.

»Weißt du was Tilidin ist?«, frage ich Sami beiläufig beim Auspacken der Koffer. Da er mit »natürlich« antwortet, zeige ich ihm meine sechs Tabletten, versteckt in einer Taschentuchpackung. Sami grinst und holt einen Grinder 'raus.

»Hast du was mit?«, frage ich ihn.

»Nee, ich nicht, aber Lana schon.« Einen Moment später klopft es. Ich öffne die Tür. Es ist Lana.

Ich betrachte die eingerahmten Nachdrucke moderner Kunst. Dann betrachte ich die weißen Wände. Währenddessen baut Lana, auf Samis Bett sitzend, einen Joint. An unserem Zimmer gibt es nichts zu bemängeln. Zwei Betten, zwei kleine Nachttischte mit Steckdosen in der Nähe, zwei Nachttischlampen und ein Bad mit warmer Dusche, Waschbecken und Toilette. Auch die Jugendherberge an sich ist schön. Sie liegt zentral und ist dennoch von vielen Grünflächen umgeben. Die Innenarchitektur sei als Gegensatz zum Lager zu verstehen. Hell und farbenfroh, mit verwinkelter Bibliothek. Die Schlafbereiche abgetrennt von dem Hauptgebäude, wo sich auch die Rezeption, der Speisesaal, die Cafeteria, und ein großer Freizeitraum mit Tischkicker und Tischtennisplatte befindet.

Gerade mal zehn Minuten hier, sage ich mir, und schon ist der erste Joint gebaut. Ist das verwerflich? Wir verlassen das Zimmer. Lanas Streichhölzer-Beine stolzieren zaghaft vor uns durch den Rasen und das Geäst zu einem Basketballplatz. Lana ärgert sich darüber, dass sie nur Adiletten trägt. Ganz unauffällig kiffen wir hinter einem kleinen Busch, der neben dem Basketballfeld, nicht weit von der Jugendherberge entfernt, liegt. Aber anscheinend sieht uns niemand.

Ich lege mich wieder auf die andere Seite. Wenig später befinde ich mich in der ursprünglichen, seitlichen Lage. Meine Beine sind zu lang für dieses Bett. Zudem ist diese Matratze mir fremd. Viel zu weich. Ich wechsele noch etliche Male die Schlafposition. Schließlich schlafe ich mit Kopfhörern in den Ohren ein.

Montag

Frisch geduscht. Frühstück. Schinkenbrötchen. Kurz allein im Zimmer. Ich suche ein paar unwichtige Sachen. Ich denke mir »egal« und nehme eine zerkaute Tili (hundert Milligramm).

»Thema Alkohol – es gilt das Gleiche wie auf den normalen Seminaren. Also trinken dürft ihr nur Bier und Wein. So Branntweingeschichten sind natürlich nicht erlaubt. Ich hab' gesehen, hier, in der Jugendherberge, wird Desperados verkauft, was ja auch strenggenommen ein Bier-Branntweingemisch ist. Das ist also ebenfalls nicht erlaubt. Illegale Sachen wie Haschisch oder so synthetischer Kram sind selbstverständlich auch tabu. Ich hoffe, ihr habt sowas nicht mit ... «, belehrt uns Klaus. Seine Stimme ist immer so ruhig. Ich kann mir beim besten Willen nicht vorstellen, dass er schreien kann. Ich spüre langsam die Wärme des Opiats aufkommen. Klaus redet weiter über die Regeln und die

Hausordnung. Ich lächle vor mich hin und merke, wie mein Körper leichter wird. Oder wird er schwerer? Ich bin mir nicht sicher.

Stadtführung. Eigentlich ist Oświęcim eine charmante Kleinstadt, wenn man nicht ständig daran denken müsste, dass hier zigtausende und abertausende Menschen starben, und obwohl man die Stadt auch nicht darauf reduzieren will, erwischt man sich immer wieder dabei, dass man es tut und es vielleicht zwangsläufig tun muss. Ein Graffiti. Wir stehen unter einer Brücke und schauen auf die bunte Reklame für ein Festival, das besonders die kulturelle Lebensfreude Oświęcims verdeutlichen will, da der Schatten der Vernichtung noch viel zu präsent ist. Ich schüttle den Kopf. Niemand aus unsrer Gruppe kennt den kleinen Inder auf dem Graffiti. Es ist Mahatma Gandhi. Ich melde mich und gebe die ersehnte Antwort. Unsere deutsche Stadtführerin, die hier auch einen Freiwilligendienst leistet, nickt zufrieden. Schon traurig.

Auf meinem Kopf liegt eine hellblaue Kippa. Ich fühle mich sehr wohl damit. Vor mir Jungs mit Kapuzen auf. In Oświęcim selbst lebt kein einziger Jude mehr. Doch so ganz stimmt das nicht: Die Praktikantin, die dort momentan arbeitet, ist Jüdin. Die Einzige. Sie sitzt etwas abseits von uns an der Seite. Irgendwie sehr eindrucksvoll. Nein, ich glaube nicht an Gott, aber etwas Schönes begann in mir zu werkeln, als ich in diese vier Wände eintrat. Schon immer war mir das Judentum sympathisch, doch ich glaube, erst jetzt steht der Glaube mir wirklich nah.

»Ist es nicht schwer, sie nicht zu verlieren?«, fragt mich irgendjemand, dessen Namen ich immer wieder vergesse und der statt einer Kippa lieber seine Kapuze aufsetzte.

»Eigentlich nicht, wenn du weißt, wie du deinen Kopf bewegen musst«, antworte ich und lege die Kippa beim Verlassen zurück.

Das Mittagessen. Nicht lecker, aber auch nicht abscheulich. Die zweite Tablette Tilidin. Ich zweifle, ob das wirklich eine gute Idee ist, noch weitere hundert nachzulegen. Wird schon schiefgehen, murmle ich beim Schlucken vor mich hin.

Das Stammlager (Auschwitz I) war ein Lagerkomplex und ist jetzt eine Art Anhäufung von kleinen Museen. Fast jedes Gebäude ist frei zugänglich und das Innere mit einer Ausstellung versehen. Alles ist so, wie ich es mir anhand von Textbeschreibungen und Bildern vorgestellt habe. Die große Ansammlung von Schuhen. Teilweise Kinderschuhe. Die industrielle Verwertung des Menschen bis auf das Letzte. Menschenhaare, die man für irgendwas Profanes benötigte. Die Häftlingskleidung. Das alles zu sehen, schockiert mich nicht wirklich, irgendwie waren die Bilder in mir schon immer da. Was mich aber schockiert, sind die Gesprächsfetzen von Leuten aus meiner Freiwilligengruppe. Im Rausch seiner Sensationsgeilheit, von jeder Grausamkeit ein Foto zu machen, ist ja die eine Sache, aber die letztlich völlige Respektlosigkeit die andere. Man muss auch nicht todtraurig und todernst da 'rumlaufen, aber es gibt sogenannte »Witze«, die macht man nicht und vor allem nicht an diesem Ort. Der widerliche Höhepunkt: »Mann, sieht der hässlich aus, kein Wunder, dass der vergast wurde.«

Ich balle schon die Faust. Doch in diesen Hallen, auf diesem Boden kann ich beim besten Willen keinen zusammenschlagen. Auch habe ich nicht die Arme dafür.

Block Zehn. Ausstellung zur »medizinischen Forschung« der Nazis. Sami zeigt mir ohne jeglichen Bezug oder Kontext ein Foto von weiblichen Brüsten. Ich zische ihn an, dass es schön für ihn sei, er mir sowas aber bitte woanders zeigen solle, wenn überhaupt. Er erkennt, dass ich leicht wütend bin. »Sorry.« Ja schon gut. Bin ich zu schnell nachsichtig und letztlich gleichgültig?

Meine Augen flackern und neigen dazu, sich zu verschließen, obwohl ich den Kurzfilm sehen möchte. Das Tilidin macht sie müde. Niemand merkt, dass ich weg und durch bin, denn alle sind durch. Ein anstrengender Tag. Wir latschen zurück. (Eigentlich bin ich auf Tilidin manchmal konzentrierter und kompakter vom Ausdruck als nüchtern, aber die körperliche Anstrengung, gemischt mit dem Opiat, ermüdet mich wohl zu sehr.)

Jemand klopft an der Tür. Ich meine, gehört zu haben, dass die Stimme an der Tür »Hier ist Klaus.« sagte. Lana, Sami und ich blicken uns ziemlich ratlos und nervös an. Sami geht langsam zur Tür, während Lana die Longpapes, den Grinder und die Bauunterlage unters Bett schiebt.

»Wer ist da«, fragt Sami halb verwirrt, halb genervt. Diesmal höre ich ganz deutlich das Wort »Klaus« und schon wird die Tür aufgeschlossen. Sami guckt ihn gekonnt ahnungslos an.

»Ihr habt euch grad eingeschlossen? Hat das irgendeinen Grund? Ich mein', sowas macht man doch nicht einfach so«, spricht Klaus in das Zimmer hinein. Hoffentlich riecht er nichts.

»Nee, eigentlich nicht, wir wollen einfach nur Privatsphäre. Hier kommen einfach Leute reingestürmt, ohne anzuklopfen und das nervt uns einfach.«

»Hm, ja okay, kann-ich-verstehen. Und sonst alles gut bei euch?«, fragt uns Klaus und schaut dabei besonders Lana an, als würden Sami und ich sie gegen ihren Willen bei uns haben. Wir drei bestätigen, dass alles in bester Ordnung sei. Klaus schöpft keinen Verdacht oder hat keine Lust, der Sache nachzugehen. Zumindest verschwindet er wieder.

Alle im Raum grinsen und verkneifen sich ein Lachen. Ich auch. Innerlich runzle ich aber mit der Stirn. Ich fand das Abschließen an sich viel zu auffällig und pubertär. Vor allem, wenn man bedenkt, das direkt vor unserer Zimmertür ein paar Tische und Stühle stehen, wo man Klaus öfter mit seinem Laptop sieht.

Sami und Lana sind sechzehn. Drei Jahre jünger als ich und sind vielleicht auch deswegen manchmal zu dumm, um Drogen zu nehmen. Überall stören sie sich an den Kameras, die es wirklich reichlich in Polen gibt, oder es sind ihnen »zu viele Menschen« (ein einziger Fahrradfahrer) unterwegs. Wenn man es nicht zu provokant macht, juckt es keinen, wenn wir hier kiffen. Aber ich sage nichts. Höchstens ziehe ich bei manchen Aussagen die Augenbrauen hoch. Wir wollen nur kiffen und sind schon einen knappen Kilometer, vielleicht noch viel mehr, entfernt von der Jugendherberge. Lana trägt wieder nur Adiletten. Meine Beine sind schon so fertig von der Stadtführung und dem ersten Auschwitzbesuch. Wir erblicken eine große, moderne, überdachte, hellbeleuchtete Bank, die schon fast einen Halbkreis darstellt. Sami und Lana sind überzeugt, dass es der Spot, genau der ideale Spot zum Kiffen sei. Wir setzen uns. Wir erblicken die Kamera schrägoben. Plötzlich ist es ihnen in ihrer Müdigkeit doch egal. Sicherheitshalber sollen Sami und ich dabei eine Kippe rauchen, die dann mit dem Joint wechselt, damit es möglichst nur nach »normalem Rauchen« aussieht. Das hat in meinen Augen keinen Sinn. Egal.

Tischtennis. Eine Sportart, die ich liebe. Nur habe ich es ewig nicht mehr gespielt. Klack. Klack. Ich kenne diese Spielweise unter dem Namen »Runde«. Zwischen drei und acht Leute stehen anfangs um die Platte versammelt. Man spielt den Ball hinüber zum Mitspieler, rennt danach selbst 'rüber und stellt sich an, bis man wieder dran ist. Wenn jemand einen Fehler macht, ist er draußen. Bleiben nur noch zwei Spieler übrig, kommt es zum Finale, wo man in der Regel bis drei spielt. Obwohl ich müde und dicht bin, gelange ich recht häufig ins Finale und gewinne es teilweise auch. Ich freue mich, dass es ich es noch so gut kann. In den kurzen Augenblicken, in denen ich stehe und nicht laufe oder spiele, fallen meine Blicke auf ein hübsches Mädchen aus unserer Gruppe. Sie heißt Jenny. Persische Wurzeln. Heute trägt sie offene Haare. Viel bekam ich von ihr noch nicht zu hören, aber das, was ich bisher hörte, war verhältnismäßig angenehm.

Dienstag

Völlig fertig war ich gestern eingeschlafen. Problemlos eingeschlafen, nicht wie am Sonntag. Um sieben Uhr wache ich auf. Der Telefonwecker klingelt.

Etwas außerhalb von Oświęcim. Kurz mit dem Bus gefahren. Birkenau (Auschwitz II). Vernichtungslager. Hier starben über eine Million Menschen. »Der Tod ist ein Meister aus Deutschland.« Immer wieder geht mir die Zeile durch den Kopf. Eine Fläche von mehreren Fußballfeldern, umzäunt von Stacheldraht. Über dem Eingang hängt das Schild »Arbeit macht frei«. Eisenbahngleise. Noch viel größer und weitläufiger, als erwartet. Das Gebiet sumpfig. Holzwege führen teilweise zu den Baracken. Früher mussten sich die Menschen durch den Schlamm quälen. Schlamm, der damals bis zu den Knien ging.

Was bin ich für ein Idiot? Am Eingang war eine Toilette. Ich habe zwar meine Brieftasche vergessen, aber die zwei Złoty wären schon mit ein bisschen Kommunikation kein Hindernis gewesen. Aber ich musste wieder vermeintlich bequem sein, was das menschliche Miteinander betrifft, und redete mir ein, dass ich das schon schaffen werde. So lange wird die Führung wohl nicht gehen. Falsch. Seit anderthalb Stunden gehen wir schon von Baracke zu Baracke. Ich muss so dringend, dass ich nicht richtig zuhören kann. Ich schäme mich. Was bin ich für ein Idiot? Ich sehe es schon kommen, dass ich mich einpisse. Mich einpisse in Auschwitz. Grandios. Zudem ist es viel zu kalt auf die Dauer. Gestern konnte ich nachts mit Pulli 'rausgehen. Heute trage ich Handschuhe, meine Winterjacke und spüre trotzdem kaum noch meinen Körper. Ab und zu glaube ich zu fühlen, dass ein Tropfen in meine Unterhose fällt, aber ich kann mich auch täuschen. Was bin ich für ein Idiot? Wir stehen auf den Platten der Gedenkstätte. Hier wäre mein Urin noch unpassender. Ich muss immer dringender. Aber will nicht peinlich auffallen. Alles oder nichts. Vielleicht schaffe ich es doch irgendwie, aber ich zweifle. Ich meine, wieder einen fallenden Tropfen zu spüren. Wir verlassen den eigentlichen, eingezäunten Lagerkomplex und gehen einen Waldweg entlang. Ich sehe ein paar Bäume, hinter die ich könnte. Aber auch das wäre irgendwie unpassend, denn das hier ist Birkenau. Ich traue mich auch nicht zu fragen. Ich gehe als letzter der Gruppe, damit man meinen verkümmerten, leicht breitbeinigen Gang nicht wahrnimmt. Hitze auf meiner Stirn. Neben mir ist Ralf, der uns neben Klaus ehrenamtlich begleitet.

»Kommt bald eine Toilette?«, frage ich ihn schließlich dann doch.

Gleich komme eine Lichtung, wo ein Toilettencontainer stehe, versetzt er, ohne die Not zu bemerken.

Ich taue auf. Bin ich nicht betrunken, kann ich nur im Sitzen pinkeln. Nach zwei Minuten ist mein Körper samt Blase endlich aufgetaut. Leises Plätschern. Pure Erleichterung. Nie war Pinkeln so schön. Ich trockne mir die Hände ab und komme mir beim Verlassen des WC wie neugeboren vor. Mein Kopf funktioniert wieder und ist geistig aufnahmefähig. Also nichts passiert.

Die Ruinen der Krematorien. Um mich herum, im Kreis versammelt, diskutieren Leute über die Oberweite von Person XY. Hauptsächlich ist es Klaas, der da »diskutiert«. Er ist ein Vollidiot, der mir gestern schon mehrmals negativ aufgefallen ist. Hier flogen Ascheschwärme in den Himmel.

Je mehr ich ungewollt der Diskussion folge, desto asexueller werde ich, als ich es so schon bin. Warum lachen die mit? Sami zwar nur verhalten, Lana auch nur verhalten, Jenny lächelt nur, worüber auch immer, aber zwei, drei gesichtslose Jungs prusten regelmäßig vor Lachen über die primitivsten Witze. Warum fahren die freiwillig nach Auschwitz? Geht doch surfen!

Die sogenannte »Sauna« des Lagers. Damals wurde hier die Kleidung entkeimt. Die einzige Räumlichkeit der Besichtigung, die beheizt ist. Ich vermisse meine Badewanne und die Lesestunden im heißen Wasser. Ich denke kurz drüber nach und verfluche mich als verweichlichtes Wohlstandkind.

Das Mittagessen stagniert. Ich weiß gar nicht, was genau sich da auf meinem Teller befindet. Warum bin ich immer so krüsch und allem entfremdet? Zu Fuß in der Stadt. Allein in der Stadt. Ich habe noch zwei Stunden Freizeit, bis die Auswertung des Auschwitzbesuches ansteht. Ich bin furchtbar nervös. Gestern habe ich mich nicht getraut. Als ich mit meinem engsten Freund in Katowice war, hatte er immer das Präparat mit Codein gekauft, das in Polen legal war und immer noch ist. Er ging einfach mit dem Telefon in die Apotheke (Apteka), zeigte ein Bild von dem kleinen Hustensaft vor und bekam es einfach so in die Hand gedrückt. Für umgerechnet drei Euro. Damals hatten wir durch einen Zufall davon erfahren. Ein Fläschchen hat aber nur hundertfünfzig Milligramm, doch das reicht, um für ein paar Stunden (plus/minus einen halben Tag) zu turnen.

Die werden nicht die Cops rufen. Auch nicht bei einem bleichen Touristen wie mir. Es ist ja legal. Aber was ist, wenn an der Kasse eine Mutter steht, die ihre Tochter durch Drogen verloren hat, und diese Mutter an der Kasse genau weiß, dass ich die Substanz nur missbrauchen will, und sich dadurch berufen fühlt, die Cops zu rufen, auch wenn sie das nicht darf und dann nehmen mich kurzfristig doch die Cops fest und Klaus bekommt das mit und meine Eltern auch und mein Freiwilligendienst endet und mein Lebenslauf ist ruiniert und alles geht den Bach runter? Ich merke, dass das Kiffen mir nicht gut tut. Diese ekelhafte Paranoia. Eigentlich kiffe ich gar nicht mehr, weil ich es psychisch nicht mehr abkann. Warum ich in Polen eine Ausnahme mache? Ich weiß es nicht. Ich schmeiße meine Kippe in den Mülleimer und reiße mich zusammen. Vorsichtshalber öffne ich schon mal das Bild auf dem Handy. Ein leuchtendes neongrünes Kreuz. Es klingelt, als ich eintrete.

»Do you have this one«, frage ich mit schlechtem Englisch und deutschem Akzent die Verkäuferin, während ich mit dem rechten Zeigefinger auf das Smartphone deute.

»Thiocodin…, Syrup?.« Erst verstehe ich nichts und antworte einfach instinktiv mit »yes«.

Als ich die Apteka verlasse, die inmitten eines Wohnblockes (mindestens acht Stockwerke) eingepflanzt wurde, strahle ich wie ein kleines Kind am Geburtstag. Beim nächsten Supermarkt kaufe ich noch eine Fanta.

Mein Zimmergenosse schläft noch. Leise reiße ich die quaderförmige Verpackung auf und lasse den ganzen Flascheninhalt in die dreiviertelvolle Fanta laufen. Sie schmeckt dadurch noch süßer als sonst.

Obgleich oder gerade weil das Codein kickt, leiste ich gute Beiträge. Ich erinnere zum Beispiel daran, dass es nichts bringen würde, allein der toten Juden zu gedenken, wenn man die lebenden außer Acht lasse.

»Und vielleicht fliegt jetzt gerade eine Rakete auf den jüdischen Staat, der wie kein anderer Staat um seine Existenz kämpfen muss. Vielleicht trifft die Rakete einen Kindergarten oder eine Schule und wir sitzen hier in Auschwitz. Dieser Gedankengang und dann dabei die Krematorien zu sehen, das war für mich der traurigste Moment«, erläutere ich in langsamem Tempo. Die Gruppe an sich hat nicht viel zu sagen. Auch recht traurig. Und diejenigen, die versuchen, etwas beizutragen, paraphrasieren sich gegenseitig.

Das Abendessen. Vor mir steht nur eine kleine Schüssel Cornflakes. Alles andere sieht ungenießbar aus.

Ich warte nur darauf, dass sie offene Haare trägt. Aber Jenny lässt ihren Zopf so. Trotzdem macht das Tischtennis Spaß. Sami und ich lachen uns tot über jede Kleinigkeit. Jenny sieht damit nur so verwirrend »assihaft« aus, was sie doch gar nicht ist. Oder doch? Ein paar Seiten Dostojewski und ich falle, vom Gras benebelt, in einen tiefen Schlaf.

Mittwoch

Es riecht nach frischem Teer und neuer Farblackierung. Die Krakauer Straßen. Unsere heutige Stadtführung wartet nicht auf uns, sondern stürmt los, und wenn drei, vier Personen von uns sie eingeholt haben, fängt sie schon an, abgehackt zu erzählen. Wie soll man da etwas mitbekommen? Die Führung dauert schon eine Stunde und ich weiß rein gar nichts über diese schöne Stadt. Endlich sind wir mal alle auf einem Fleck versammelt, aber ich verstehe wieder nichts, da zwei Jungs sabbeln. Klaus ermahnt sie in seinem freundlich-bittenden Tonfall, der auch jetzt nicht böse klingen kann, und meint, dass es zu offensichtliches Desinteresse sei. Eine halbe Minute später sabbeln sie wieder.

Die Marienkirche. Alles strahlt, funkelt und glänzt mich an. Hier und da sieht man Sicherheitsmänner. Wir sind zwar schon längst in der Kirche, und trotzdem plagt mich die Angst vor einer Kontrolle. Ich knacke mit den Finger-knochen. Erst mit der linken Hand die Fingerreihe einmal durch, dann die rechte. In meinem Rucksack befinden sich mehrere Tabletten Tilidin, eine leere Flasche Codein, ein paar Plastikverpackungen von Süßigkeiten und ein Band Dostojewski. Das sagt vielleicht schon alles über meine Persönlichkeit aus. Ein bisschen Schweiß, ein bisschen Zittern, ein bisschen innere Unruhe, doch nichts geschieht. Ob wir die Treppe erkennen, fragt uns die Stadtführerin. Ich gebe den Klugscheißer, denn niemand scheint es zu wissen. Es sei die Treppe aus Schindlers Liste, wo der kleine jüdische Junge mit Mütze Mutter und Kind versteckt, erkläre ich fachkundig, zudem seien die nachgestellten Ghettoräumungen Krakaus auch dort gefilmt worden.

Zehn Minuten Freizeit, um über den alten, jüdischen Marktplatz zu schlendern. Bringe ich irgendwem ein Souvenir mit? Ich sehe eine Kette mit schwarzem Band und einem Davidstern, gefertigt aus hellem Metall. So eine wollte ich schon immer haben. Was bin ich manchmal für ein kleines Kind? Unterstütze ich grad mehr oder weniger Holocaust-Tourismus? Ich umkreise dreimal den Budenkreis des Markplatzes. Allerhand Schnickschnack. Sowjetmützen mit Pelz, inklusive Hammer und Sicher, gelbe Judensterne zum Selbstannähen (Was zur Hölle?, dachte ich mir), aber auch schöne Sachen, wie eben diese Kette. Zwiespalt, aber der Herr hinter dem Stand sieht sympathisch aus. Ich drücke ihm dreißig Złoty in die Hand. Die Kette sitzt eng am Hals, vielleicht etwas zu kurz, aber sie könnte mit dem passenden Pullover bestimmt gut aussehen. Oder schenk ich sie einer Freundin? Plötzlich eine assoziative Erinnerung. Gänsehaut. Zittern. Ich hängte ihr die überaus kitschige Yin-Yang-Kette um den Hals, während die Mai-Sonne kraftvoll auf die Nebenstraße schien. Wir beide betrunken. Ich wurde so stark geblendet, da ich keine Sonnenbrille trug, dass erst nach unzähligen Versuchen die Kette an ihrem bleichen, knutschbefleckten Hals lag. Ich bestand wie ein Dummkopf darauf, sie ihr selbst anzulegen. Wir lachten, als ich es geschafft hatte. Wie lange das schon her ist?

Der große Marktplatz. Der größte Marktplatz Europas. Denkt man sich die ganze Technik weg, wäre hier tiefstes Mittelalter. Die Stadtführung endet. Aus Höflichkeit klatscht jeder. Zwei Stunden Freizeit. Alle wollen zu »Mcssssss« (McDonalds). Ich will Pizza und allein sein. Anfangs gehe ich gemeinsam die Straße mit 'runter. Sami, Lana, Jenny, Klaas und zwei weitere Gesichtslose neben mir. Als sie alle eintreten, gehe ich einfach weiter. Es fällt niemandem direkt auf. Das ist irgendwie meine Art zu verschwinden. Hundert Meter weiter finde ich eine Pizzeria. Ich bestelle. Anscheinend führt eine Frau allein die Küche plus Service. Ob das dauern wird? Ich muss pinkeln. Um die Toilette nutzen zu können, muss man nach einem Schlüssel fragen. Ich sitze da und warte. Immer wieder gleiten meine Tagträume in Heiratsphantasien ab, was mir eigentlich nie passiert, und bin peinlich irritiert von mir selbst. Es ist nur der erloschene Glanz vergangener Tage. Hand in Hand vor dem Standesamt. Ich sehe die Küsse aus der Vogelperspektive. Ein schlichter, schöner Anzug, das Gesicht meines Doppelgängers schön und rein, nicht wahllos gerötet und verpickelt. Eine Prinzessin in einem weißen Prinzessinnenkleid. Das schönste Lächeln der Welt. Meine Prinzessin. Meine große Liebe. Bah. Ich schüttle mich. Manchmal ist mir meine Phantasie wirklich peinlich. Gut, dass man sie meist für sich behält …

Die Pizza kommt. Ich verzehre nicht mal die Hälfte, obwohl ich großen Hunger habe, bzw. zu haben glaubte. Irgendwie noch fettiger als sonst. Gesättigt frage ich nach dem Schlüssel.

Zielstrebig suche ich nach der nächsten Apteka. Zwei Ecken weiter und ich besitze zwei Flaschen von dem »guten Hustensaft«. In einer kleinen Gasse packe ich eine davon aus und kippe den ganzen Inhalt in die Fanta. Schon wieder dicht, ach Mann. Die andere ist für einen Freund.

Ist diese Fahrt geeigneter Stoff für eine Erzählung? Ich weiß es nicht. Ja und nein. Mein Kopf spuckt den Titel »Auschwitz Today« aus. Angelehnt an den Adorno-Aufsatz »Spengler today«, den ich mir seit Ewigkeiten vornehme zu lesen, und das seit zwei Jahren. Nur komme ich nie dazu. Generell sollte ich wieder mehr Adorno lesen, doch mein Kopf gähnt in den letzten Monaten schon zu sehr. Vielleicht zu viel Input von allen Seiten der unendlichen *smartphone*-Kultur.

Ich lese »Der ewige Ehemann«. Bald fahren wir zurück.

»Ach, hier bist du.« Meine »Gruppe« hat mich wieder gefunden. Belangloser Smalltalk. Irgendwie kann ich mein Grüppchen heute nicht ausstehen.

Wieder in der Jugendherberge. Lana lacht. Marko (unser Busfahrer) hatte sie gefragt, ob ich auf Tabletten sei, ich würde so krank aussehen, bzw. verwirrt wirken. Lana lacht weiter. Ich schmunzle etwas hilflos. Tatsächlich fühle ich mich fiebrig, doch ich ahne, warum. Vor ein, zwei Stunden nahm ich noch eine Tilidin. Mir wurde nicht »flauschig«, ich wurde nicht in »Watte gepackt«, wie man es in Drogen-Foren liest, mir wurde einfach nur heiß und schwindlig. Liegt das am Naloxon, das vielleicht die Restwirkung vom Codein blockiert? Oder steigere ich mich in etwas 'rein? Auf jeden Fall war es eine blöde Idee. Und trotzdem gehe ich mit kiffen.

Keine Ahnung, wo die anderen sind. Ich irre von Regal zu Regal, aber finde keinen Multivitaminsaft. Die polnischen Wörter verschwimmen vor meinen Augen. Ich will allein sein, damit die anderen nicht merken, wie durch ich bin, aber ich will nicht allein sein, weil ich der Paranoia verfalle, auch wenn es dazu keinen Anlass gibt. Nirgends Multivitaminsaft. Dann halt nur Süßigkeiten. Die anderen stehen schon an der Kasse. Alles noch viel zu hell. Der Supermarkt schließt gleich. Lana beruhigt mich:

»Du musst nicht paranoid sein, Niko. Es gibt doch gar keinen Grund dafür und wir sind ja gleich wieder da.«

Ich spiele viel schlechter Tischtennis. Ich spiele viel schlechter als an den letzten Tagen. So macht das keinen Spaß.

Den Wecker auf sechs Uhr gestellt. Komatöser Schlaf. Wird schon klappen mit dem Aufstehen, murmele ich noch im Halbschlaf.

Donnerstag

Sechs Uhr. Der Wecker dröhnt durch die Kopfhörer. Ich werde wach. Ich stelle ihn aus. Ich will aufstehen und duschen, aber schlafe sofort wieder ein.

»Seid ihr schon wach«, fragt uns eine Stimme, nachdem es an unsere Zimmertür geklopft hat. Ich schaue verschlafen zu Sami rüber. Unterbewusst und mit halbem Ohr bekam ich noch mit, wie er gestern bekifft und besoffen ins Zimmer 'reingetorkelt kam. Nun liegt er da mit seinen Klamotten und schnarcht. Ab und zu redet er unverständlich im Schlaf. Eine grüne Cargohose, eine schwarze Bomberjacke, ein Cap von Nike auf dem Kopf. Selbst die weißen Sneakers hat er noch an. Ich antworte bemüht verständlich, dass zumindest ich wach sei und wir gleich kommen würden. Mit Widerwillen stehe ich Unausgeschlafener auf. Ich klatsche mit den Händen und sage zu der Schnarchnase: »Aufstehen, aufstehen, wir haben verpennt.«

Hektisch suchen wir nach halbwegs frischen Klamotten. Ein wenig Deo und Parfüm. Sprintend treffen wir im Rezeptionsbereich ein, wo die meisten von uns schon warten. Immerhin sind wir nicht ganz die letzten. Klaas und sein versoffener Zimmergenosse eilen herbei. Jetzt sind wir vollständig. Ohne Frühstück, ohne Dusche quält sich mein Körper den Weg entlang. So ausgetrocknet. Zwei Kilometer sind es bis zum Stammlager (Auschwitz I). Heute können wir uns ganz individuell die Ausstellungen anschauen, also ganz ohne Guide. Lana hat eine Zigarette für mich. Sami meint, ich sehe aus, wie nach einer Schicht Zwangsarbeit. Ich bin noch zu fertig, um tadelnd den Kopf zu schütteln, wahrscheinlich hat er auch recht.

Kaltes Wasser. Ich sehe mich selbst im Spiegel, wie ich aus dem Wasserhahn trinke. Meine viel zu langen Haare sitzen gar nicht. Nicht mal ansatzweise ist auf dem Kopf eine ansehnliche Struktur zu erkennen. Ich trinke bestimmt einen halben Liter aus dem Hahn. Langsam komme ich zu mir. Unsere Gruppe hat als erste Station die Toiletten aufgesucht. Wenigstens hat keiner sich übergeben.

Geringes Interesse wäre ein Euphemismus. Einzig Jennys Augen zeigen geringfügig Wissbegier. Ich bleibe beim Rundlauf in ihrer Nähe. Sie scheint es ganz in Ordnung zu finden. Wir beide unterhalten uns über geschichtliche Parallelen. Jenny regt sich über die werdende Diktatur in der Türkei auf. Ich kann ihr nur zustimmen. Ihr Zorn lässt sie noch etwas schöner erscheinen. Ich lache durch die Nase. Ich schüttle den Kopf. Ich kann mir beim besten Willen keine Hoffnungen machen.

Gestern rasierte ich mein nervendes Bärtchen weg, aber auch so ist mein Äußeres schlimm, wenn nicht schlimmer geworden, denn man sieht dadurch viel besser den vernarbten und verpickelten Bereich rund um das Kinn und gerade jetzt, ungeduscht und zu lang nicht beim Friseur, sehe ich wahrscheinlich so eklig aus, wie ich mich fühle. Keine Hoffnung.

Deprimierend. Nach einer knappen Stunde sind wir bereits auf dem Rückweg. Viel zu wenig gesehen. Eigentlich hätten wir bis zu vier Stunden Zeit für die Länderaustellungen. Alle zu fertig, ich inklusive, aber ich wäre gern noch länger geblieben. Allein hätte ich mich sicherlich verlaufen. Mein Orientierungssinn ist eine Katastrophe.

KFC. Wir schwänzen das Mittagessen in der Jugendherberge. Irgendwie traurig, doch ich will Essen, das mir
schmeckt. Ich hole mir so einen Bucket mit Chicken Stri-
pes und Pommes. Recht scharf. Ich futtere es in mich rein,
jedoch bleibt der große Appetit aus, es schmeckt mir auch
nicht so. Die Hälfte ist noch im Bucket. Ich schäme mich.

»Ist ja unser letzter Tag hier, also können wir auch Haus-
verbot bekommen«, meint Klaas. Ich bin wehrlos gegen
diese pragmatische Dummheit. Wir nehmen die KFC-Bu-
ckets mit in den McDonalds 'rein, wo der Rest unserer
Gruppe Platz genommen hat. Klaas und Sami stellen ihren
Bucket dreist und unverfroren auf den Tisch, essen ab und
zu einen Happen, und ich halte meinen etwas verdeckter in
der Hand. Etwas unter dem Tisch, etwas abgeschirmt von
der Jacke. Macht es das besser?

In meinen Bauch passt nichts mehr 'rein. Ich will den Bucket eigentlich mitnehmen. Als Abendessen. Doch irgendwie will ich das Ding aus den Augen haben. Ich schmeiße
den Bucket samt Inhalt in den Mülleimer, der hier auf dem
Parkplatz von McDonalds steht. Was für eine dumme Ver-
schwendung. Ich bin mir manchmal selbst unerklärlich,
komplett unerklärlich. Ich zünde mir eine Zigarette an.
Nach dem ersten Zug vergeht mir die Lust, aber ich rauche
trotzdem bis zum Filter.

Eine Krücke. Zweiundneunzig Jahre. Ein hellblaues Jackett, darunter ein weißes Hemd. Eine weite schwarze Cord-
hose, die locker an den abgemagerten Beinen sitzt, an den
Füßen schwarze Rentnerlatschen. Er war im polnischen
Widerstand. Absolvierte geheime Militärschulungen in kon-
spirativen Wohnungen. Dann verhaftet und nach Birkenau
gebracht. Bei der Evakuierung des Lagers konnte er fliehen.
Er hat Auschwitz überlebt. Nur noch wenige Zeitzeugen
sind übrig geblieben. Er wurde Professor für Geschichte und
schrieb Bücher über diese schreckliche Epoche. Aus Respekt

vor ihm und zwecks voller Konzentration bin ich ausnahmsweise stocknüchtern. Er schließt die Augen. Er beginnt zitternd zu erzählen. Polnischer Akzent. Oft verheddert er sich in begrifflichen Kleinigkeiten. Doch ein Umriss entsteht trotz der abgehackten Wörter. Nach zehn Minuten Erzählung braucht er zehn Minuten Pause. Verständlich in dem Alter. Unsere zweite Reisebegleitung (Ralf) erzählt mir flüsternd, dass er ihn schon zum dritten Mal zu Gesicht bekomme. Sein Gedächtnis und seine Konzentration würden Mal für Mal schwinden, sodass es für uns schon recht schwierig sei, etwas mitzubekommen, bzw. zu verstehen. Er sei auch etwas stur und weigere sich strikt, Notizen oder Stichpunkte zu machen. Vielleicht kann er nur noch frei sprechen.

Die Hemdknöpfe wollen zuerst nicht nachgeben. Ob er Hilfe bräuchte. Nein. Er möchte es allein schaffen und erinnert dabei an ein bockiges Kind. Der erste Hemdärmel hat schließlich Erbarmen und geht aus dem Weg. Die Tätowierung, also die Häftlingsnummer, wird sichtbar. Alle im Raum glotzen darauf, als wären sie im Zoo. Sehr langsam schleicht er mit seiner Krücke durch den Raum. Er dreht eine Runde mit angewinkeltem Arm durch das Innere unseres Stuhlkreises und alle glotzen auf ihn und die schwarzen Zahlen, als wäre er ein außergewöhnliches Tier. Bin ich der einzige, der diese Situation/Atmosphäre furchtbar unangenehm findet? Fehlt nur noch, dass jemand sein Telefon 'rausholt und für *Snapchat* ein Bild macht, natürlich mit traurigem Filter! (Kein Witz, wie gesagt, in Auschwitz I wurde fast jeder Winkel des Mörderlagers fotografiert und auf den sozialen Medien geteilt. Frei nach dem Motto: »Es ist ja eine Urlaubsattraktion wie jede andere«).

»Gibt es Fragen?« Peinliche Stille. Uns wurde extra eine Stunde Vorbereitungszeit gegeben, in der wir uns Fragen für den Zeitzeugen notieren sollten. Da sich immer noch keiner meldet, gebe ich mir einen Ruck. Ich solle mich direkt neben ihn auf den Stuhl setzen, da er aus nächster Nähe am besten hören könne. Wir geben uns die Hand. Dünn und schrumpelig, aber nicht abstoßend. Kurze weiß-graue Haare. Vom Aussehen könnte er mein Uropa sein. Ich hoffe, meine Hand riecht nicht so sehr nach Tabakrauch. Ich lächle freundlich.

»Das Leben und das Miteinander im Lager«, frage ich ihn mit voller Konzentration, »war es unter den Häftlingen eher ein Zusammenhalten, sofern es den Häftlingen möglich war, oder herrschte eher das Bestreben, die eigene Haut zu retten, also dass man sich selbst am nächsten war?«

»Ja … also … das war so … unterschiedlich … die Polen … die Polen halfen sich viel … die halfen sich viel untereinander … dieselbe Sprache … dieselbe Herkunft … bei den Juden war anders … viele Sprachen … verstehen sich nicht untereinander … Jiddisch … Polnisch … Deutsch … Russisch … meist kleine Gruppen unter sich… bei den Nazis … äh Entschuldigung … bei den Zigeunern war es nochmal anders … ja … und das war die Antwort auf Ihre … auf Ihre Frage«, antwortet er mir klapprig und doch irgendwie nachvollziehbar. Er hatte im Lager zum Beispiel in der Kanalreinigung gearbeitet und somit Gelegenheit, viele Bereiche vom Lagerkomplex zu sehen, die den »normalen« Häftlingen verwehrt blieben.

»Wie war es denn im Zigeunerlager«, möchte ich wissen. Er bekommt die Frage nicht richtig mit. »Vorurteile … Vorurteile gab es auch … gab es auch unter den Häftlingen … die Zigeuner nicht so … nicht so beliebt unter den Häftlingen … unter den Häftlingen selbst … und das war … das war die Antwort auf ihre Frage«, gibt seine raue Stimme wieder. Trotzdem bin ich sehr zufrieden und nach meinem ersten Schritt melden sich auch endlich andere. Mal keine vollständige Blamage.

Die Auswertung. Am besten fand ich tatsächlich den Besuch in der Synagoge. Ich bemängle noch ein paar Dinge,

wie zum Beispiel das inhaltlich Dünne mancher Aufberei-
tungen und das Essen, aber bewerte die Fahrt im Großen
und Ganzen als gut. Währenddessen Juckreiz. Ich streichele
langsam durch mein Haar. Die Tili drückt mich weg. Ein
kleiner Zicken-Krieg droht neben mir zu entflammen, von
dem ich kaum etwas mitbekomme. Ich denke wieder viel zu
vertieft an meine Erzählungen und meinen Prosakram. Es
geht hin und her. Verbales Ping-Pong. Wer ist hier respekt-
los? Wer ist hier spießig? Wer ist hier unfreundlich? Wer
hört hier immer laute Musik? Wer ignoriert hier wen? Fragen über Fragen. Klaus grätscht dazwischen und schließt die
Auswertung mit einem Appell:

»Ja, ich hoffe, ihr denkt über das alles nochmal in Ruhe
nach. Ich hoffe, ihr konntet etwas mitnehmen und gerade
in diesen Zeiten muss ich nochmal darauf hinweisen, wie
wichtig es ist, wählen zu gehen, und sich politisch zu enga-
gieren und zu informieren.«

Ob es wirklich gut wäre, wenn diese noch tief in der
Pubertät Verankerten wählen gehen? Bin ich zu pessimistisch gegenüber meiner Generation? Wahrscheinlich ja,
und wahrscheinlich liege ich damit richtig. Doch ist diese
Gruppe wirklich repräsentativ für meine Generation?

Ein bisschen sehr verschwommenes Blickfeld. Wohl ein
paar zu viele Züge vom Joint. Ich stehe vor der Zimmertür, genauer vor dem Zimmerschloss und überlege. Rechts
oder links rum? Ich bemerke dabei Klaus, der vier Meter
entfernt von mir an seinem Laptop etwas tippt. Seine Hornbrille. Seine Haare. Seine Art. Seine Ansprachen. Er wählt
bestimmt die Grünen oder zumindest irgendwas mitte-links
Staatstragendes. Es interessiert mich, wie er politisch eingestellt ist, und ob ich damit recht habe. Klaus ist insge-
samt eine komische, eher negative Verkörperung des Wortes
»weltfremd«, obwohl er sich bemüht, nicht weltfremd zu
sein, und bleibt es doch viel zu sehr, obgleich er sich nicht

dafür hält. Irgendwie geht die Zimmertür auf. Was wollte ich eigentlich holen? Mir fällt es nicht mehr ein. Ich wasche mir die Hände mit Seife. Die Hände sollen ja nicht nach Gras riechen. Mir brennt die Frage auf der Zunge. Spiegel. Meine Augen rot, doch nicht zu rot, nicht zu auffällig rot, eine alltägliche Rötung, wie durch ein-, zweimal Reiben.

Die ersten Sekunden schaut er mich etwas irritiert an. Dann nimmt Klaus' Gesicht wieder den neutralen Sozialarbeiterblick an, den er immer trägt. Er sei eher sozialdemokratisch orientiert. Wir reden über linke Parteien und bleiben trotz kleiner Hoffnungen eher pessimistisch…

Freitag

Rechtzeitig wach. Koffer gepackt. Schlecht geschlafen. Doch Schlaf kann man im Bus nachholen. Ganze zwölf Stunden werden wir fahren, wenn wir einigermaßen gut durchkommen. Meine Beine sind viel zu lang für diese Sitze. Sie tun jetzt schon weh.

Ich gehe in mich. Meine ganz persönliche Reflexion. Noch näher dem Judentum, als ich es sowieso schon war. Das allermeiste war ungefähr, wie ich es erwartet hatte. Allmählich schlage ich die Augenlider wieder auf. Ich schaue mich um. Ich scanne nochmal jedes Gesicht, jeden Hinterkopf und denke nach. Manche haben nahezu fünf Tage durchgesoffen und saufen auch jetzt noch Bier und Schnaps. Manche haben kein einziges Wort gesagt, außer in der Vorstellungsrunde, wo sie dann Sätze wie »Ja, das Thema interessiert mich wirklich sehr.« von sich gaben. Scheinbar waren sie so sehr interessiert an der Thematik Auschwitz/Holocaust, dass sie für vier Tage das Reden verlernt haben. Dann gibt es die drei, vier Mädchen, die die ganze Zeit ausschließlich unter sich blieben und viel untereinander redeten, aber nie mit anderen. Bloß nicht! Ich rede ja auch nicht gern, vor allem nicht über so Banales, aber eine gewisse Höflichkeit bewahre ich schon. Und der Rest? Der Rest kennt kaum eine Beschäftigungsmöglichkeit außer dem Smartphone. Wenn diejenigen mal miteinander reden, dann nur, um ein unlustiges Video mit stumpfer Pointe zu zeigen; zum Beispiel zwei Lokomotiven einer bekannten Kinderserie, die sich paaren.

»Meine Generation ist ein Miststück.«

Zu müde, um lesen zu können. Die polnischen Straßen zu holprig zum Schlafen. Ich höre Musik. Mein Kopf nickt mit. Als ich mich so langsam an das Holprige gewöhne, wird die Autobahn wieder sehr glatt und ebenerdig. Kein Ruckeln mehr. Keine Straßenschäden. Endlich schlafen. Zum Glück habe ich einen Zweisitzer für mich allein. Ich drehe mich mit dem Rücken zur Fensterseite, lege meine Jacke mit Fütterung gegen den oberen Teil des Sitzes, nutze sie als Kopfkissen und schlage meine Beine übereinander. Wie heißt die Haltung nochmal? Zumindest ist es recht bequem.

Ich stolpere auf Opiaten durch einen Regenwald. Die Hitze, die hohe Luftfeuchtigkeit und die Wärme der bösen Tabletten lassen mich pro Minute einen gefühlten Liter Körperflüssigkeit ausschwitzen. Die Kleidung hab ich längst weggeworfen. Nackt stolpere ich weiter durch die grüne, menschenleere, zugewucherte Natur. Ich höre irgendwie schon das Platschen und Fließen des Wasserfalls, obwohl er so weit entfernt ist. Ich blinzle. Irgendetwas hat mich geweckt. Halb die Traumlandschaft, halb den Vordersitz vor Augen, summe ich das Lied nach, das durch meine Kopfhörer schallt:

»Willst du Leiden oder Langeweile? Dieses Leben ist zu kurz für die meisten seiner Einzelteile.«

Ich will weiterschlafen. Ich vernehme Geräusche und Getuschel. Es riecht merkwürdig. Ein stechender Geruch mischt sich mit der Klimaanlagenluft. Ich öffne die müden

Augen ganz. Alle sind wach. Ich schaue nach links, woher auch die Geräusche kommen. Es klingt, als würde gerade jemand erbrechen. Vorsichtig drehe ich mich weiter nach links. Ich will nicht hinsehen, aber etwas in mir muss hinsehen. Das eine Mädchen vom Zweierplatz schrägüber, also direkt neben meinem Zweierplatz, reihert eine Plastiktüte voll. Das andere Mädchen neben ihr hatte gestern, bzw. heute in ihren Geburtstag 'reingefeiert. Die haben wohl etwas zu viel getrunken. Überall sind Stückchen. Auf dem ausklappbaren Plastiktisch, den jeder Sitz im Bus hat, auf dem Laminatboden unter den Sitzen, auf dem Teppichboden des Flurs, sogar auf der schwarzen Schlafmaske des Geburtstagskindes. Was für ein prächtiges und überwältigendes Geschenk zum Tagesanfang. Doch ein Lachen ist mir nicht vergönnt, wie ich erschrocken feststelle – meine Jeans haben auch einige unschöne Spritzer abbekommen und dazu haben mich noch zwei, drei kleine Stückchen erwischt. Erst zwei Stunden gefahren und schon passiert sowas.

Klaus ist unser Retter. Er teilt zwar nicht die Wasser, aber er organisiert am nächsten Rastplatz zwei Putzeimer mit Spülwasser, die uns netterweise von der Tankstelle zur Verfügung gestellt werden. Das Mädchen selbst solle es sauber machen, wenn es denn könne, sagt Klaus. Währenddessen gehe ich zu McDonalds mit einer leicht angekotzten Hose. Schnurstracks geht es zum WC. Zum Glück keiner am Waschbecken. Meine sich vegan ernährenden Freunde meinen immer, dass das einzig Gute an McDonalds das »kostenlose Klo« sei, doch ich merke: Auch die modernen Waschbecken sind ganz nützlich. Ich überblicke kurz die Lage. Alles auf dem linken Bein verteilt. Ich winkle es an und verkrampfe fürchterlich. Ich versuche eine andere Position. Ein ganzes Bein befindet sich im und partiell über dem Waschbecken. Es sieht fast so aus, als würde ich gleich den Spiegel eintreten. Irgendwie kriege ich den Geruch und die

Flecken weitestgehend 'raus. Die ersten Auftritte der gnädigen Frühlingssonne beginnen, die Jeans zu trocknen.

Mein stets überpünktlicher Vater steht schon da. Ich erkenne seinen neuen, funkelnden Wagen. Es ist abends kurz vor neun, als der Bus an dieser Station stoppt.

Stephan Gräfe

Wespen im Bauch

Mit Klappern und Klirren den rauen Asphalt hinunter. Die
Vibration drang in seinen Bauch ein, ein Wespenschwarm in
den Eingeweiden, so kam es ihm vor, und das musste an der
Sonne liegen, die ihm in den roten Nacken knallte, schon
den ganzen Vormittag das Hirn zerkocht hatte. Ein Stück
weiter lehnte er sich noch vor, sicherlich war er bei vierzig
Stundenkilometern, und setzte vorsichtig die abgewetzte
Gummisohle des rechten Fußballens auf, manövrierte den
Einkaufswagen von der geparkten Autoreihe mit ihren ge-
fährlichen Seitenspiegeln weg. Es war wie beim Wasserski,
die ganze Spannung ging von der Bauchmuskulatur aus, wie
einen Bogen musste man sich anspannen, sonst riss es einen einfach weg. Da wird der menschliche Körper ein paar
Sekunden zur Puppe, das glaubt keiner, der es noch nicht
gesehen hat. Die Autodächer zogen wie glitzernde Wellen-
kämme vorüber. Vor ihm im Wagen wurden drei Müllsäcke
verschiedenster Flaschen durchgeschüttelt, bestimmt an die
fünfzig Euro, was für vier Stunden Arbeit ganz in Ordnung
war.

Früher hatte er einmal in einem sozialen Kaufhaus ausgeholfen, aber die Bezahlung war miserabel gewesen und befördert werden konnte man auch nicht. Seine damalige Kollegin
Gerda, eine, wie er sie oft nannte, wenn er über sie sprach,
untersetzte Sechzigirgendwas mit eisernem Blick, hatte ihm
einmal erzählt, dass sie dort nun schon seit vierzehn Jahren
Kasse machte – die schmale Rente aufbessern. Das war ihm

unbegreiflich gewesen. Von einem Wochenendausflug mit der Tochter berichtete sie wie von einer Weltreise. Ein zweitägiger Urlaub in der Lüneburger Heide war kein Urlaub, hatte er gedacht, sondern praktizierte Selbstaufgabe. In den drei großen Bücherregalen der Ladenfläche tauchten immer wieder Ratgeber für beruflichen und finanziellen Erfolg auf. Einige von ihnen hatte er sich durchgelesen, doch am ergiebigsten waren die Vlogs und Anleitungen, die man online finden konnte. Die Sätze sickerten nach und nach in ihn ein, mehr noch, er sog sie geradezu auf, bis sie Bestandteil seines Denkens und Sprechens wurden. Er war der Überzeugung, dass die einzigen Voraussetzungen, die ein Mensch heutzutage brauchte, um erfolgreich zu sein, ein Internetzugang und Zeit waren. Seine Aushilfsstelle hatte er irgendwann gekündigt, um mehr Geld zu verdienen, eine finanzielle Rücklage bilden zu können, *denn schon mit kleinstem Kapital, richtig investiert, lassen sich gewaltige Erfolge erzielen.* Von allen recherchierten Einnahmequellen, die einem selbstbestimmtes Arbeiten ermöglichten und keine höheren Bildungsabschlüsse oder Ausbildungen voraussetzten, sah er im Flaschensammeln das größte Potenzial; völlig Schwachsinnige, wälzte er den Gedanken umher, schafften es mit der richtigen Routine, an die achthundert Euro im Monat umzusetzen. Wenn er es strategisch klug anging, sollte er den Gewinn sicherlich um ein Drittel erhöhen können. Er arbeitete einen über achtzehn Monate angelegten Finanzplan mit realisierbaren Etappenzielen aus, die als Motivationsboost dienen sollten, denn eine Grundvoraussetzung des Erfolgs war nach dem *Havard Buisness Plan, möglichst konkret und klar zu sein, ohne über die eigenen Möglichkeiten hinaus zu spekulieren –* »zwei Kilo« abnehmen ist besser, als »etwas« abnehmen. Ein exakter Zeitplan, der das eigene Zubettgehen auf dreiundzwanzig Uhr festlegt, lässt keinen Raum zur Interpretation darüber, was zu tun ist, oder ob das Ziel tatsächlich erreicht wurde. Und als er nach all der Vorarbeit schließlich mit dem Flaschensammeln begann, lief es sofort hervorragend – achthundertdreiundzwanzig Euro sechsundfünfzig im ersten Monat.

Nur die Art, mit der ihm die Öffentlichkeit begegnete, verdarb ihm diesen Erfolg etwas: dass die Menschen intuitiv davon ausgingen, er sei obdachlos, habe ein Alkoholproblem und so weiter. Das andere Extrem war natürlich genauso unausstehlich, diese Asozialen-Romantik von Leuten, die *White Trash Culture* aus den Staaten glorifizierten, sich *Vice*-Reportagen über *Bareknuckle Fights* anschauten, Richard-Billingham-Bildbände besaßen, kurzum: Menschen, die Leute wie ihn über den Umweg einer positiven Verkehrung doch wieder in mittelalterlicher Tradition zur allgemeinen Unterhaltung als Anomalen stilisierten. Dabei war alles ganz gewöhnlich: Fünf Tage die Woche ging er seiner Arbeit nach wie andere Leute auch, es gab geregelte Strukturen, Pläne und Pausen, seine Tätigkeit war von der einer Finanzberaterin, eines Gas-Wasser-Installateurs oder Kassierers nicht sonderlich verschieden, sein Tagesablauf von der gleichen kleinteiligen und unaufgeregten Mental-Bürokratie durchdrungen. Eigentlich konnte er sogar von sich behaupten, in seiner Profession ambitionierter als die meisten, besser als die meisten zu sein. Er führte Buch: Jeden dritten Tag musterte er seinen Einkaufswagen aus und beschaffte sich einen neuen, da sich die Rollen lockerten und die Plaste zu sehr abgescheuert wurde – *es braucht die neuesten, funktionalsten Arbeitsgeräte, um einen reibungslosen »material flow« zu gewährleisten.* Nur einmal war er eine Woche mit demselben Wagen unterwegs gewesen und als er die zweite Anhöhe hinter der Parkanlage zum Supermarkt hinunterraste, brach ihm eine der Rollen, er stürzte und schoss sicherlich acht Meter über die Kreuzung, dabei hatte er das Gefühl, ihm würde das Fleisch bis zum Hüftknochen abgeschabt. Ganz so dramatisch war es nicht gewesen, aber eine größere Narbe, die ein bisschen wie der italienische Stiefel aussah, hatte er zurückbehalten, nicht in der Kategorie *schlimm* wie die Berufsverletzungen derer, die in der Industrie angestellt waren. Sein Onkel hatte beispielsweise in einer Fabrik für Fensterrahmen am Zuschnitt gearbeitet, dem fehlten der halbe linke Zeigefinger und der komplette rechte kleine Finger, »Zwei linke Hände und alles Daumen!« sagte er immer und lachte danach brachial, aber eigentlich war das die Norm. Die meisten seiner Kollegen hatten zumindest schon eine Fingerkuppe verloren. Zu glauben, dass irgendein lohnenswertes Ziel sich ohne Opfer oder Anstrengungen erreichen ließe, erhöht nach Studien der *University of Wyoming* signifikant die Wahrscheinlichkeit, an seinen Aufgaben zu scheitern. Am besten war es daher, man trainierte sich die Einstellung eines optimistischen Realisten an: Insofern war er bei dem Unfall noch ganz gut weggekommen. Und seit er regelmäßig die Wagen wechselte, war auch nichts mehr passiert. Gut drei Stunden konnte das manchmal dauern und darüber wusste niemand Bescheid, dachte er oft, wenn er wieder unterwegs war, weil die Leute sich ja gern in die Vorstellung flüchteten, dass es noch echte Außenseiter gäbe, die einfach so in den Tag hinein lebten, obwohl diese Idee schon mit *Easy Rider* oder Bukowskis Romanen völlig verramscht worden war. Dafür besuchte er oft mehrere Supermärkte, denn den richtigen Wagen auszuwählen, war keine Entscheidung, die man gedankenlos traf. Erst einmal gab es viele Einkaufswagen, an denen zusätzliches Gestänge verarbeitet wurde, die irgendeine Art Designanspruch illustrieren sollten, es aber oft unmöglich machten, unten, über den hintersten Rollen, seine Füße wie in einen Steigbügel einzuhaken, was bei den Abfahrten aber enorm wichtig war. Auch die klassischen Baumarktwagen kamen nicht in Frage, da sie keinen Korb hatten, sondern nur über ein Fach und diese große, tiefe Ablagefläche verfügten. Darüber hinaus musste man noch auf die Griffstange achten, oft montierten die Hersteller den Münzkasten zu nahe an der Mitte oder gleich direkt im Zentrum, was bei der Arbeit einfach nicht praktikabel war, da man sich bei der Fahrt sehr weit vorlehnte und dementsprechend den Bauch auf der Griffstange ablegen musste, um bei kleinen Erschütterungen nicht hinten überzukippen. Die alten, runden gingen zwar, aber optimal waren in der Mitte abgeflachte Griffstangen, die, wo sie oft unter einem Plastsichtfenster kleine Werbebanner anbrachten. Hatte sich ein solcher Wagen gefunden, mussten noch die Rollen kontrolliert werden, ob sie schlackerten oder der ganze Wagen in eine Richtung zog. Das taten nicht alle Flaschensammler, die wie er mit dem Wagen unterwegs waren, aber ihm war es immer sehr wichtig. Dafür suchte er sich eine ebene Bahn, manchmal zeichnete er sie mit Kreide an, und dann stieß er einen nach dem anderen Wagen diese Bahn entlang, bis er einen gefunden hatte, der gerade die Spur hielt. Alle drei Tage wiederholte er dieses Procedere. Worüber er noch Buch führte, waren natürlich die Routen und Zeiten, *denn Selbstkontrolle ist ungemein wichtig – der eigene Wille muss wie ein Muskel regelmäßig trainiert werden.* Es gab kaum noch einen Flaschensammler, der keine festen Arbeitszeiten und -bezirke hatte. Die meisten Routen mussten dann auch saisonal abgeändert werden. In den Grünanlagen beispielsweise war im Winter natürlich nicht viel zu holen, im Sommer hingegen waren sie die beste Anlaufstelle, obwohl sich dort oft auch die unausstehlichsten Gestalten von der Sonne bräunen ließen. Auch wenn er ab und an ein paar Schimpfwörter an den Kopf geworfen bekam und einmal fast von ein paar besoffenen Halbstarken verprügelt worden wäre, konnte er mühelos behaupten, dass die Studenten die widerlichsten Menschen waren. Wenn sie ihn aus der Ferne sahen, klaubten sie hin und wieder schon einige Flaschen zusammen, überreichten ihm manchmal sogar eine bereits gefüllte Tüte, doch ihr gut gemeintes Grinsen dabei war menschenverachtend. Wenn er sie am darauffolgenden Tag beim Einkaufen oder ähnlichen Gelegenheiten wiedersah, erkannten sie ihn nicht, weil sie es für ausgeschlossen hielten, dass er derselbe war, nicht mit schwerem Alkoholdunst in einer Bruchbude oder Sozialwohnung hockte, sondern sich mit ihnen zusammen im selben Raum befand und den gleichen Bio-Hochland-Käse kaufte. Wer dem Geschäft professionell nachging, und das taten mittlerweile die meisten, musste einen Sinn für die gesamte Stadtplanung entwickeln, das ging über die Kenntnis von Taxifahrern weit hinaus, umfasste selbst kleinste Gassen, versteckte Grünflächen, wo sich die Schüler am Wochenende betranken, Stadtplätze und die Routen und Eigenarten sämtlicher Kollegen, von denen es im Wesentlichen drei Typen gab: diejenigen, die zu Fuß unterwegs waren, die auf Fahrrädern und seine Gruppe, welche die seltenste war, die mit den Einkaufswagen. Das war noch eine Art Geheimtipp, den er sich von den Flaschensammlern in North Vancouver abgeguckt hatte. Von den Amerikanern konnte man etwas lernen, die hatten ja alle Geschäftsinnovationen etabliert, die hierzulande erst verspätet ankamen: Spekulationsmärkte, *Homeoffice*, *Homeshopping*, *Coworking Spaces*, *Think Tanks*, *Spikey Leader*, *Afterworkpartys*, firmenintegrierte Fitnessstudios und *Lifecoachings*. *Wer in Europa erfolgreich sein will, adaptiert amerikanische Modelle, sobald sie aufkommen* – das hatte er getan. Dort gab es eine Flaschensammlerszene, die sich darauf spezialisiert hatte, mit Einkaufswagen schnelle und enorm ertragreiche Pfandtouren zu fahren, teilweise preschten sie die Straßen dabei mit sechzig Stundenkilometern hinunter ins Valley. In Norddeutschland brachte einem das natürlich nichts, es waren schon gut geteerte Straßen und eine Stadt, die ein geeignetes Gefälle aufwies, nötig. Es ging darum, das bisherige System des Flaschensammelns – der geeigneten Plätze, Zeiten, Routen – sinnvoll mit den topografischen Gegebenheiten zu kombinieren. Es hatte ihn Monate gekostet, eine ideale Strecke zu planen, die am kleinen Glockenturm der Baptistenkirche begann, größtenteils bergab und möglichst effektiv entlang wichtiger Punkte verlief und schließlich auf dem Rewe-Parkplatz im Gewerbegebiet endete, sodass er seinen Wagen innerhalb von vier bis viereinhalb Stunden komplett füllen konnte. Dafür war es enorm wichtig, die Flaschen richtig zu stapeln, in drei verschiedenen Müllbeuteln: ganz vorn die Glasflaschen, so eine Bierflasche wog schließlich – das hatte er schon einmal geprüft – rund dreihundertundachtundachtzig Gramm; bei den etwa fünfzig Flaschen dieser Art, die er in einem Durchgang ansammelte, waren das schon neunzehn Komma vier Kilo. Dieses Gewicht war nötig, um den Wagen vorn stabil zu halten. Für die ersten Kilometer legte er sich, um das noch fehlende Gewicht etwas zu kompensieren und die Geschwindigkeit zu erhöhen, drei in eine Decke eingeschlagene Ziegelsteine vorn rein. Der zweite Beutel, der die hintere Hälfte einnahm, war für Hartplast und Dosen reserviert, Weichplast, generell die großen Anderthalb- oder Zwei-Liter-Flaschen kamen dann ganz obenauf und wurden notfalls mit Bohnenband fixiert. Es waren diese Kleinigkeiten, auf die es ankam, *erfolgreiche Geschäftsmänner wie Zuckerberg zeichnen sich gerade dadurch aus, dass sie es nie gut sein lassen, auch nach Jahren noch kleinste Stellschrauben finden, durch deren Feinjustierung sie ihre Bilanz noch optimieren können.* Monate hatte er investiert, damit alle Elemente perfekt zusammenkamen: strategische Überlegungen, Kartenansichten, die Recherche, Auswahl des Wagens und Technik, ihn kontrolliert zu fahren. Früher hatte er dafür sechs bis sieben Stunden lange Touren mit dem Fahrrad fahren müssen, manchmal riss dann eine der unzähligen an den Lenkern hängenden Tüten, nachdem sie einem zuvor schon stundenlang gegen das Knie gestoßen war, alles verteilte sich mit diesem hohlen unerträglichen Plastgepolter, der Verkehr staute sich und man musste unter parkende Wagen kriechen, wenn Dosen und Flaschen darunterrollten. Er war jetzt in einer anderen Liga angekommen, das bemerkten die anderen und einige seiner Konkurrenten versuchten natürlich es ihm nachzumachen – hauptsächlich die Rumänen oder Polen, die nur zum Flaschensammeln für einige Monate über die Grenze kamen – aber sie verfügten nicht über seine Spezialkenntnis, fuhren falsche Strecken mit den falschen Wagen und der falschen Technik. Nach wenigen Tagen verunglückten sie alle, einer war bei der Kollision mit einem Lkw sogar gestorben.

Das Schwirren in seinen Eingeweiden legte sich langsam, gleich würde er unten beim Parkplatz ankommen und dann, nachdem er die Flaschen abgegeben hatte, träfe er sich mit Juri. Der hatte es richtig gemacht, in englischen Brocken bei ihm nach einem *Job Interview* gefragt. Acht Monate wollte er mit dem Flaschensammeln in Deutschland Geld verdienen und er habe ihn beobachtet, gesehen, dass er es viel schneller und besser mache als alle anderen. Wenn es beim Gespräch gut für ihn liefe, hatte er Juri zugesichert, würde er es ihm beibringen und mehr noch, für eine faire Abgabe von 33 Prozent seiner Einnahmen würde er ihm auch bei der Wohnungssuche, Arztbesuchen und allem, was anfiel, helfen, *denn eine persönliche und unverzichtbare Bindung zu den Angestellten aufzubauen, ist für einen erfolgreichen Unternehmer enorm wichtig, es schützt einen davor, dass die Angestellten den Chef als distanziertes Feindbild etablieren können.* Der Schweiß lief seine tiefrote Stirn herunter und ihm war ein wenig schwindelig. Auf den Pflastersteinen kam sein Einkaufswagen zum Stillstand und während er kurz darauf die Flaschen und Dosen mit routiniert gelassenen Bewegungen in den immer gährenden Gestank hauchenden Fließbandschlund steckte, dachte er, dass er nur noch zwei dieser Ausbildungsdeals abschließen müsste, dann könnte er sich zu Hause zurücklehnen und nur noch die Organisation übernehmen. Wer wusste, was sich noch daraus entwickeln könnte. Sollten doch die anderen mit zerkochten Köpfen und Wespen im Bauch den Asphalt hinunter jagen.

Roland Grohs

Die Seligen

Erster Eintrag

Es war ein dumpfer Tag. Die Sonne stand tief, als ich einsam durch die Straßen streifte. Die Fassaden waren grau, die Fenster verhangen. Autos fuhren im steten Gleichklang an mir vorüber, und der dröhnende Lärm der Stadt hallte in meinem Kopf.

Es zog mich eine enge Gasse entlang, an deren Ende sich eine Tür auftat. Gedankenlos trat ich ein, um der hektischen Betriebsamkeit zu entfliehen. Ich folgte einem hellen, fensterlosen Gang. Eine obskure Neugierde ergriff von mir Besitz. Aus dem Raum auf der gegenüberliegenden Seite drang Musik.

Nach wenigen Schritten fand ich mich in einem großzügigen Foyer wieder. Der Boden schimmerte in weißem Marmor. Die geschwungenen Messingluster tauchten den Saal in warmes Licht. Mein schweifender Blick fiel auf die Dame hinter dem Empfang. Da kam mir zu Bewusstsein, dass ich in einem äußerst exklusiven Hotel gelandet war.

»Den Namen, bitte!«, erkundigte sie sich höflich, als ich mich näherte.

»Richard Berger.« Die Worte kamen mechanisch, das Resultat lang erprobter Routine. Sie hatte mich überrumpelt.

»Herzlich Willkommen, Herr Berger! Unterzeichnen Sie bitte hier.«

Ihre Stimme war sanft. Sie lächelte mich an und streckte mir Dokument und Kugelschreiber entgegen.

»Das ist ein Missverständnis«, versuchte ich ihr zu erklären und betrachtete aus dem Augenwinkel mehrere Details. Goldgerahmte Stillleben zierten die Wände, breite, lederbezogene Stühle standen in kleinen Nischen beisammen und prunkvolle Vasen flankierten den Einlass zum Stiegenhaus.

»Aber wir müssen Sie doch einchecken«, gab sich die Dame unnachgiebig. »Eine Unterschrift genügt.«

»Sie verstehen nicht … Ich möchte gar nicht in Ihr Hotel.«

Überrascht, aber nicht fordernd sah sie mich an.

»Geben Sie uns doch eine Chance, Herr Berger. Sie werden mit unserem Service bestimmt zufrieden sein. Wir bieten jede Annehmlichkeit.«

Ich verstand ihren Eifer, nach Gästen zu buhlen, und doch befremdete mich diese Vehemenz. Ich versuchte ihr klar zu machen, dass ich mich bloß verlaufen hatte.

»Aber Herr Berger«, sagte sie, ohne die Stimme zu heben. »Es ist schon spät. Wo wollen Sie denn hin?«

Auf die Frage konnte ich ihr keine Antwort geben. Schlafwandlerisch unterzeichnete ich das Schriftstück, und ein Page führte mich zu den Aufzügen. Er trug ein rotes Jackett mit passender Mütze, dazu eine elegante hellgraue Hose.

»Bitte, treten Sie ein!«, forderte er mich auf und deutete in die leere Kabine. Seine Augen leuchteten freundlich.

Verwundert stellte ich fest, dass der Lift nur zwei Knöpfe aufwies. Ein Pfeil zeigte nach oben, ein anderer nach unten. Keine Etagennummern. Der Page betätigte den Schalter viermal und viermal setzte sich der silbern glitzernde Kasten in Bewegung.

Oben angelangt, führte er mich durch lange Gänge mit goldenem Plafond und feinen Stuckaturen. Wir nahmen etliche Biegungen und stießen auf mehrere Gäste. Mein Begleiter grüßte höflich. Manche nickten ihm zu, andere zogen ungerührt an uns vorüber.

Das Hotel erweckte einen riesenhaften Eindruck. Es war ein prachtvoller, verwinkelter Bau. Liebliche Düfte strömten aus unsichtbaren Poren und wohin man den Blick auch wandte, man fand keinen Makel.

Plötzlich dämmerte mir, dass ich für den Aufenthalt gar nicht ausgerüstet war, schon gar nicht in einem so vorzüglichen Haus.

»Ich habe kein Gepäck«, bemerkte ich aufgeregt, doch der Page wirkte kaum überrascht.

»Das ist kein Problem, Herr Berger. Sie finden alles Nötige in Ihrem Zimmer. Hygieneartikel und eine Auswahl an geeigneter Kleidung liegen schon bereit.«

Das Zimmer war ausgesprochen großzügig. Ein breites Bett und eine geschmackvolle Garnitur mit zwei Stühlen befanden sich auf der linken Seite. Rechts führte neben dem Badezimmer ein mit rotem, golddurchwirktem Tuch verhangenes Fenster hinaus zur Stadt. Der Kleiderschrank war – wie versprochen – gut sortiert.

Ich machte mich frisch und wechselte meine Kleidung. Die neuen Sachen wirkten edel und passten wie angegossen. Weder war ich besonders groß noch besonders klein, was mir dabei augenscheinlich zugutekam. Obwohl es bereits spät sein musste, fühlte ich mich nicht erschöpft, sondern vielmehr von einer inneren Unruhe ergriffen.

Ich suchte vergeblich nach einer Uhr. Als ich meine Taschen durchwühlte, stellte ich fest, dass ich mein Telefon verloren hatte, und nahm es stoisch zur Kenntnis.

Ich beschloss, mich umzusehen.

Zweiter Eintrag

Im Hotel brannte immer Licht. Es schlief niemals. Die emsige Belegschaft schwebte geräuschlos durch die Säle und Gänge – jederzeit bereit, zu Diensten zu sein. Es waren hagere, bleiche Gestalten. Eine sah aus wie die andere. Sie waren stets zuvorkommend, niemals verstimmt. Alle sprachen im Flüsterton, so, als wollten sie sich keinesfalls aufdrängen. Bereitwillig nahmen die Bediensteten jeden Wunsch entgegen und zögerten nie, ihn zu erfüllen.

Als ich am Abend meiner Ankunft durch das Gebäude schlich, lernte ich mehrere Gäste kennen, die sich in einer der zahllosen Bars die Zeit vertrieben: die fröhliche und gelegentlich sogar recht alberne Frau Plum, den schweigsamen Tom Kaparo. Einige waren namenlos, blieben im Hintergrund, als gehörten sie zum Inventar. An jenem Abend traf ich zum ersten Mal Julia, die – ebenso wie ich – erst seit kurzem im Hotel residierte.

Bei einem Drink fragte ich sie beiläufig, was es wohl mit den Uhren auf sich hatte.

»Was meinen Sie?«, gab sie verdutzt zurück.

»Nun, es gibt keine. Weder hier noch in meinem Zimmer. In der Lobby habe ich auch keine gesehen.«

»Seltsam«, murmelte sie. Mehr hatte niemand dazu zu sagen.

Abgesehen von dem Fehlen jeder ordnenden Struktur fiel mir bald auf, dass sich im ganzen Gebäude weder Greise noch Kinder aufhielten. Alle Gäste waren meiner Einschätzung zufolge zwischen fünfundzwanzig und dreißig. Dennoch wirkten einige wie ziellose Schatten. Sie saßen verträumt in ihren Stühlen oder schleppten sich tief versunken durch die teppichbezogenen Flure.

Meine ersten Begegnungen waren ohne nennenswerten Inhalt. Ich zog mich bald darauf in mein Zimmer zurück –

obwohl ich dort keinen Schlaf fand – und harrte dem nächsten Morgen entgegen.

Nachdem man mich zum Frühstück mit den erlesensten Speisen verwöhnte und mir in einer nicht abreißenden Prozession eine Köstlichkeit nach der anderen vor die Nase setzte, machte ich mir allmähliche ernsthafte Gedanken wegen der Rechnung.

»Verzeihung!«, reklamierte ich mit dünner Stimme, während mich die übrigen Gäste mit vollen Mündern anstarrten. »Das habe ich nicht bestellt.«

Der Kellner machte eine besorgte Miene.

»Ist etwas nicht in Ordnung? Dürfen wir Ihnen etwas anderes bringen?«

Mit errötetem Gesicht erklärte ich dem Mann, dass ich mir solche Extravaganz wohl nicht leisten könne. Sofort fiel die Anspannung von ihm ab.

»Aber Herr Berger, Sie haben doch schon bezahlt. Machen Sie sich bitte keine Sorgen. Darf ich Ihnen noch einen Kaffee bringen?«

Ich war verblüfft.

»Dabei muss es sich um ein Missverständnis handeln.«

»Keineswegs. Es ist alles bezahlt.«

Ich versuchte ihn von dem Irrtum zu überzeugen, doch er beharrte. Alles habe seine Richtigkeit. Es dauerte nicht lange, bis ich mich mit dem Gedanken, dass mich der luxuriöse Aufenthalt nichts kosten würde, anfreundete.

»Nun gut«, bemerkte ich. »Ich werde Ihre Gastfreundschaft ohnehin nicht länger in Anspruch nehmen. Es wird Zeit aufzubrechen.«

Der Ober wirkte erneut aufrichtig betroffen und bat mich zu bleiben. Es schien, als klammerte sich das Hotel an jeden einzelnen Gast. Jeder Mann war Fürst, jede Frau eine Königin.

»Ich nehme gern noch einen Espresso«, gab ich klein bei und lehnte mich entspannt zurück. Ich lauschte den Unterhaltungen meiner Nachbarn und beobachtete, wie flinke Kellner mit silbernem Service geschmeidig zwischen den Tischen und Stühlen umherschwirrten – allesamt adrett gekleidet.

Herr Kaparo saß stumm vor seinem Ei. Lethargisch hantierte er abwechselnd mit dem Salzstreuer und einem kleinen Löffel. Auch die heitere Frau Plum hatte ich bereits ausgemacht. Obwohl sie in ihren besten Jahren war, legte sie das neckische Gebaren eines verspielten alten Weibs an den Tag. Gerade schnappte ich einen kurzen Dialog zwischen ihr und dem Sommelier auf.

»Ich möchte ein Glas Champagner«, verlangte sie. »Aber bitte mit dreißig Prozent …«

»Wovon?«, erkundigte sich der Herr verlegen.

»Von Hundert!«, prustete sie hervor und brach in schallendes Gelächter aus.

Der Sommelier schmunzelte höflich und wartete geduldig, bis Frau Plum nachsetzte: »Orangensaft. Bringen Sie ihn mir mit Orangensaft.«

Ich saß noch eine Weile da, trank meinen Kaffee und beobachtete die Bediensteten, die das Hotel am Laufen hielten wie unermüdliche Zahnrädchen, die nahtlos ineinandergriffen. Ihre Hingabe und Souveränität waren bemerkenswert.

Frau Plum erzählte mit durchdringender Stimme, wie sie einmal beinahe ein Zebra auf einem Zebrastreifen überfahren habe. Das Fazit der Geschichte: Sie hatte es übersehen.

Später begab ich mich in eine der Bars. Der Tresen war ein ausladender Halbkreis. Die Dame dahinter trug ein elegantes dunkles Kostüm mit Fliege. Ausnahmslos jede Oberfläche einschließlich des Bodens bestand aus funkelndem Kristallglas. Dort, an einer verwaisten Tischgruppe in der Ecke, traf ich Herrn Peterson.

Dritter Eintrag

Helmut Peterson war ein zittriger Kerl. Er wirkte stets gehetzt und war in seinen Debatten von einem seltsamen Eifer
getrieben. Die Wahrheit schien für ihn ohne Belang. Wenn
er sprach, wollte er niemanden überzeugen, er versuchte
vielmehr jeden Mitdiskutanten in einer Art Gewaltakt zu
überrumpeln.

An einem der folgenden Tage saß ich ihm mit schwinden-
der Aufmerksamkeit gegenüber. Gedämpftes Licht. Ein Pianist bespielte einen schwarzen Konzertflügel. Rachmaninows
Prélude in G-Dur grollte durch den Raum. Ich kippte einen
Gin nach dem anderen und ließ den ununterbrochenen
Wortschwall meines Gegenüber einigermaßen teilnahmslos
über mich ergehen.

»... weil wir uns selbst verachten und alles, was uns an-
treibt!«, dozierte er, während die Musik als ekstatisches
Knistern durch meinen Körper strömte. Seine dunklen Augen waren zu zwei schmalen Schlitzen zusammengeknif-
fen, wie Schießscharten, die bereitstanden, wütende Pfeile
auszusenden, sich jedoch gegen alles Äußere abschotteten.
»Wir haben den krankhaften Drang, uns etwas vorzuma-
chen. Unsere ganze Zivilisation fußt auf offenen Lügen, die
wir uns voller Schamesröte gegenseitig auftischen. Und allesamt zittern wir davor, entlarvt zu werden – ein Lügner vor
dem anderen!«

Ich erwog, eine Bemerkung vorzubringen. Doch ich fand
keine Lücke. Dieser Mann war eine uneinnehmbare Festung.

»Der Mensch quillt über vor schlechten Angewohnhei-
ten«, fuhr er fort. »Aber über diesen Makel könnte man hin-
wegsehen. Was uns wirklich erniedrigt ist, dass wir uns der
Schandtaten völlig bewusst sind – und trotz dieses Bewusstseins bemitleiden wir uns lieber selbst, als etwas an unserer
Lebensweise zu ändern.«

In einer Atempause unterbrach ich ihn und sah mich zu der Frage genötigt, weshalb er derartige Abscheu gegen die gesamte menschliche Existenz hege. Er starrte mich unverwandt an – kühle Augen, die zwischen den Zinnen seines Bergfrieds hervorlugten.

»Weil sie uns ein Potenzial vorgaukelt, das unmöglich ausgeschöpft werden kann! Und uns alle schmerzt der Tag, an dem uns diese Tatsache bewusst wird. Wir werden keine Könige sein, keine Filmsternchen, gefeierten Sänger, Literaten. Weder werden wir geliebt noch gehasst, wir bleiben unentdeckt. Talentlos, geprügelt, gewöhnlich – dabei waren wir Wunderkinder, geboren, um zu erstaunen. Ja, die ganze Welt soll sich um uns drehen. Wir sind Individualisten und unserem Wesen nach egoistisch. Aber wir bleiben die beschämten Götter unseres eigenen Mikrokosmos.«

Der Pianist hämmerte in die Tasten, mechanisch und doch voller Leidenschaft. Ich verlor mich in dem rotschwarzen Karomuster des Bodens, in den dunklen, blauen Vorhängen, den immer schwermütiger werdenden Tönen. Irgendwann konnten mich die Wörter nicht mehr erreichen.

Als es an der Zeit schien, ging ich auf mein Zimmer, wo mich frische Laken, Handtücher und Kleidung erwarteten. Sogar an passendes Schuhwerk hatte die aufmerksame Belegschaft gedacht. Man musste seine Wünsche nicht einmal äußern. Sie wurden einem praktisch von den Lippen abgelesen. Kaum war ein Bedürfnis im Begriff, sich Bahn zu brechen, stand schon jemand bereit, es zu erfüllen. All das kam mir zunächst befremdlich vor. Wer war ich denn, dass man derartigen Aufhebens von mir machte? Ein einfacher Mann, weder ruhmbeladen noch vermögend. Doch nach einer Weile wurde es ganz selbstverständlich.

Und so vergingen die Stunden und wurden zu Tagen, ohne dass ich es hätte beweisen können, denn es gab kein

Ende, nur Zeit, die unbesehen verstrich. Das Hotel kannte keinen festgesetzten Zyklus. Alles war lose, zwanglos, beliebig, geordnetes Chaos.

Vierter Eintrag

Es war Zeit zu gehen. Weshalb war ich bloß so lange geblieben? Dieser ganze Aufenthalt – kostenlos! – war ein einziges Kuriosum, ein Fehler, der früher oder später aufgedeckt werden musste.

Nachdem ich mir noch eine letzte Mahlzeit genehmigt hatte, machte ich mich auf den Weg zur Rezeption. Die bleiche Sonne hinter den Vorhängen legte die Vermutung nahe, dass es Frühstück gewesen sein musste, doch die Köche bereiteten einem das Steak am Morgen mit derselben Hingabe wie das Omelett um Mitternacht. Das Personal ruhte nicht – war niemals nachlässig.

Schon von weitem hörte ich das neckische Lachen von Frau Plum, die mich sofort in ein Gespräch verwickelte.

»Kommen Sie doch mit auf einen Cocktail!«, bat sie. Ihre beiden Begleiterinnen nickten mir synchron zu. Sie wirkten wie Zwillinge, obwohl sich ihre Gesichter in keiner Weise ähnelten.

Ich wollte nicht unhöflich sein und stimmte zu. Anschließend folgte ich den Damen in ein farbenfrohes Lokal mit Karibikflair, das sich im dritten Stock befand. Palmen streckten sich aus großen tönernen Töpfen. Surfbretter hingen an den Wänden. Inseln, Strände, Wellen brachen von allen Richtungen auf mich ein und vervollständigten den üppigen Dekor.

Mein raffiniertes Mischgetränk kam in hohem Glas mit rotem Schirmchen. Man hätte erwartet, dass die Kellnerin Blumenketten und Sandalen trüge, doch sie hatte das

gewohnt strenge Aussehen der pflichtschuldigen Belegschaft – einer Zunft, die stets lächelte, aber niemals scherzte.

»Wissen Sie, dass ich einmal in Japan war?«, fragte Frau
Plum und nippte an ihrem bläulichen Martiniglas.

Ich schüttelte den Kopf.

»Ja, das waren Zeiten, sage ich Ihnen! Ein tolles Land:
Bambuswälder, Teehäuser, pulsierend grelle Städte … Ich
habe mich vor jedem verbeugt, aber alle sind nur stur an mir
vorbeigelaufen.«

Die beiden Gespielinnen – eine links, eine rechts von
ihr – kicherten und versanken in ihren Gläsern.

»Eines müssen Sie mir glauben«, führte Frau Plum fort.
»Diese Leute haben es immer eilig. Sie sind wie ein rau-
schender Strom, der ständig weiterzieht und niemals Halt
macht. Aber wissen Sie, was mich am meisten überrascht
hat?«

Ich nahm an, es sei eine rhetorische Frage, doch mein
Gegenüber sah mich erwartungsvoll an, bis ich verneinte.

»Sie sind nicht klein!«, brüllte sie förmlich heraus. »Kein
bisschen. Völlig normal. Könnt ihr das glauben?«

»Nicht klein!«, wiederholte eine ihrer geistlosen Gefähr-
tinnen. Auch die andere wirkte aufrichtig erstaunt.

Ehe Frau Plum die dritte Runde bestellen konnte, stemmte
ich meine Arme gegen die Tischplatte und erklärte meinen
Entschluss, das Hotel zu verlassen.

Eisige Stille.

»Sie möchten fort?«, fragte einer der ungleichen Zwillinge erschüttert. »Aber wieso denn das?«

Von den anderen Tischen drehte man sich zu mir um,
als hätte ich etwas Ungehöriges gesagt. Mir schien sogar, als
würde die Musik plötzlich leiser spielen – ein schnulziges
Gitarrenspiel, das beinahe unbemerkt im Hintergrund da-
hinplätscherte.

Ich sank zurück in den Stuhl.

Frau Plums Blick war voller Unverständnis. Der Ausdruck in ihrem Gesicht erweckte den Eindruck, als wäre es verpönt, an so etwas wie Abreise überhaupt zu denken. Sie sagte nichts. Als ich die Kraft fand, mich erneut zu erheben, ließ sie mich ziehen.

Später, nachdem ich eine Zeit lang wirr durch die Gänge geeilt war, bedrängte ich etliche Gäste mit meinen Fragen.

»Wie viele Stockwerke hat das Hotel?«

Man wusste es nicht! Selbst der Page, den ich auf dem Weg abfing, konnte es mir nicht sagen. Er meinte bloß, es seien wohl sehr viele. Ich irrte umher mit Schuhen und Jackett, die nicht meine eigenen waren, und versuchte diese beharrliche Einsichtslosigkeit, diesen ganzen Wahnsinn zu ergründen. Doch ich erntete bloß kryptische Bemerkungen und Verwunderung.

Ich musste an die Aufzüge denken. Sie wanderten durch den Bauch des Hotels, Etage um Etage, ziellos, zahllos – immerzu hinauf und wieder herab. Wie viele Räume hatte dieses Gebäude? Wie viele Speisesäle, Restaurants, Bars und Nachtlokale mit spiegelnden Tanzflächen? Es gab eine weitläufige Wellnesslandschaft, Bäder, Solarien, lichtdurchflutete Säle mit Massagebänken und handfertigen Masseuren. Ein absurder Raum voller gelber Regenschirme, die von oben beleuchtet wurden, übersät mit Polstern und Decken, in die man sich vergraben konnte, fiel besonders ins Auge. Täglich entdeckte man etwas Neues – und alles war erfüllt von herrlichen Gerüchen, Kardamom, Limone und am betörendsten waren jene, die man nicht kannte. Es gab alles – und was es nicht gab, wurde herangeschafft.

Aber trotz der unerwarteten Facettenhaftigkeit des Hotels erweckten all die Schönheit und Sanftheit bloß die Sehnsucht, die engen Mauern zu überwinden und dem eigenen Mikrokosmos zu entschlüpfen.

Tom Kaparo saß in der Lobby, mit ernster Miene, stumm wie ein Fisch. Er lehnte in einem der Stühle unweit des Ausganges und wirkte auf mich wie ein Torwächter.

Ich machte einen Schritt, machte einen weiteren und dann … Julia! Das Mädchen mit dem braunen Haar stand vor mir, kein Jahr jünger als die anderen plumpen Hennen und doch unvergleichlich jugendhaft.

Entzückt begrüßte ich sie, erkundigte mich nach ihrem Befinden und ihren Plänen. Beinahe unwillkürlich zog es uns fort. Wir sanken in weiche Kissen, glänzende Tabletts mit erlesenem Schaumwein schwebten an uns vorüber und wir erhoben unsere Gläser. Wir waren wie alte Freunde, die sich lange nicht gesehen hatten, deren Band nie abgerissen war. Es stellte sich heraus, dass sie ebenfalls der Zufall an diesen wundersamen Ort gespült hatte, der einen so sorgsam einlullte wie ein süßer Traum.

Fünfter Eintrag

Ich war ein Getriebener, der nicht wagte, die Schwelle zu übertreten. Die Erregung war so stark, dass ich mich kaum erinnern konnte, auch nur eine Stunde geschlafen zu haben.

»Wie lange werden Sie noch bleiben?«, fragte ich einen Fremden in blinder Unentschlossenheit.

»Ich weiß es nicht.« Er sah direkt an mir vorbei in eine unaussprechliche Leere. »Vermutlich noch eine Weile.«

»Hat das Hotel schon einmal irgendjemand wieder verlassen?«, erkundigte ich mich bei einem anderen.

»Vermutlich. Doch warum sollte man das? Wir alle haben unsere Verbindlichkeiten geregelt.«

Für einen Moment wirkte es, als wäre er eingedöst.

»Sie ziehen manchmal in andere Stockwerke«, fügte er dann hinzu, ehe er sich abwandte.

Die Gespräche waren wie Nebel – kaum zu fassen, schwer zu durchblicken, schnell vergessen. Ich befand mich in einer eigentümlichen Stimmung fortwährender Instabilität. Plötzlich schwoll eine hässliche Panik in mir an. Galle strömte durch meine Adern und ich konnte die Fassung nicht länger bewahren. Ich wollte raus! Einfach nur raus!

Es gibt eine Regel, raunte mir eine unsichtbare Stimme zu, als ich mit dem Aufzug nach unten fuhr. *Keiner verlässt das Hotel!*

Von meiner eigenen Einbildung gehetzt, sprang ich aus dem Fahrstuhl. Ich rannte an dem Empfang vorüber, als ich bemerkte, dass der Gang, durch den ich gekommen war, von einer weißlackierten Tür verbarrikadiert wurde. Bei meinem Eintritt war sie doch offen gestanden! Oder hatte sie noch gar nicht existiert?

Augenblicklich war ich innerlich gebremst. Formlose Zügel zerrten an mir und hielten mich zurück. Ich schlich schamvoll auf den Ausgang zu wie ein Schelm, der Übles im Schilde führte.

Nur noch wenige Meter. Ich sah stur geradeaus.

Nur noch ein Schritt. Ich streckte den Arm nach der goldenen Klinke.

Nur noch ein bisschen Luft. Die Finger schlossen sich und ich drückte den Hebel nach unten. Verschlossen!

Sofort wandte ich mich an die Rezeptionistin, die mir in freundlichem Ton erklärte, im Flur hinter der Tür würde gerade ein neuer Boden verlegt, was in Folge einer Beschädigung dringend erforderlich sei.

»Gibt es denn keinen anderen Ausgang?«, fragte ich in einem Zustand absoluter Kraftlosigkeit.

»Ich fürchte, nicht«, antwortete sie. »Unser Haus ist sehr exklusiv. Die Gäste dürfen nicht gestört werden. Es gibt nur diesen schlichten Hintereingang, den wir stets im Auge behalten. Diskretion hat oberste Priorität. Es möchte schließlich niemand der uns Anvertrauten von Schaulustigen belästigt werden.«

Ein schwerer Nelkenduft umgarnte mich und ich hörte Musik. Herrliche Musik. Schuberts Winterreise – so schien es mir – floss in mein Ohr wie Öl und schwemmte mich fort in ein grenzenloses Meer süßester Melancholie.

»Wie lange wird es dauern?«

Die Dame beugte sich zu mir – einfühlsam wie eine Mutter – während die gemessene Stimme des Baritons durch die Räume scholl: *Ein Licht tanzt freundlich vor mir her, ich folg' ihm nach die Kreuz und Quer; ich folg' ihm gern und seh's ihm an, dass es verlockt den Wandersmann!*

»Nur eine Weile«, hauchte sie mir entgegen. »Nutzen Sie doch inzwischen unser einzigartiges Wellnessangebot. Lassen Sie sich ein wenig verwöhnen, Herr Berger.«

Ich nahm es zur Kenntnis.

Sechster Eintrag

Im Hotel gab es zwei Sorten von Menschen: die Euphorischen und die Gedämpften – gierig die einen, die anderen bereits gesättigt. Immer – ohne Ausnahme – wich die Euphorie der Lethargie.

Ich selbst hatte mittlerweile jegliches Zeitgefühl verloren, vermisste die Uhren nicht mehr und schwelgte in losen Gedanken. Das Hotel hatte seinen eigenen Takt – ohne Anfang, ohne Ende zog sich das Stück dahin – und ich ergab mich langsam seinem Rhythmus, der einer logischen Notwendigkeit zu folgen schien.

Da ich zusehends das Gefühl gewann, mein eigenes Selbst nach und nach abzustreifen und mich gänzlich zu verlieren, begann ich meine Erfahrungen in einem kleinen Notizbuch, das man mir anstandslos zu Verfügung stellte, festzuhalten.

Ich wurde immer vergesslicher, doch das Büchlein trug sehr zu meiner Beruhigung bei. Es gab mir Sicherheit und dazu die Gewissheit, jene Dinge, die mir etwas bedeuteten, dauerhaft zu bewahren, so dass sie mir keine Kraft dieser Welt mehr entreißen konnte.

War ich Gast oder Gefangener?

Ich muss gestehen, dass es mich schon bald nicht mehr bekümmerte.

Siebenter Eintrag

Eines Tages traf ich Julia im Dampfbad. Wir saßen auf heißen Steinbänken, nur vom Dunst umhüllt. Das Licht war gedimmt. Schon bei meinem Eintreten hatte ich sie sofort erkannt und mich zwischen konturlosen Gestalten niedergelassen – ihr direkt gegenüber. Ich sah sie. Die braunen Haare, die schweißnass um ihre Schultern fielen. Ihre spitzen Brüste mit rosigen Knospen, die sanfte Wölbung ihres Bauchs und die züchtig übereinandergeschlagenen Beine. Sie bemerkte nicht, wie meine Augen ihren Körper Zentimeter für Zentimeter abtasteten oder gab vor, es nicht zu bemerken. Sie saß einfach nur da, als würde sie mich nicht sehen.

Später traf ich Herrn Peterson, der auf mich einredete wie ein tobender Wasserfall und sich mit zerknirschtem Ausdruck über dieses und jenes ereiferte.

»Wo ein Übermaß an Sinnlichkeit herrscht, da fällt der Geist in tiefen Schlaf!«

Ich nickte gelegentlich – um einen verständigen Blick bemüht – und nahm mich mit Erwiderungen zurück, da ich nicht beabsichtigte, das Gespräch unnötig in die Länge zu ziehen. Der Salon zog sich über zwei Etagen. Ein offener Kamin loderte an der teils vertäfelten Wand, auf der Galerie tummelten sich mehrere Passanten. Von allen Seiten belagerten uns Statuen, die mit bemerkenswertem Geschick gefertigt waren. Sie waren aus hellem Sandstein gemeißelt und wirkten lebendiger als mancher Gast.

»Die Welt wird stumm für die Toren, die sich im Detail verlieren. Sie können das Gesamtbild nicht mehr erkennen. Es ist ein Jammer! Sie begreifen die Zusammenhänge nicht, vergessen das Wesentliche. Was nützt ein so wunderbarer Ort, wenn man ihn mit verdorbenen Wesen überlädt? Diese verschwenderische …«

So eindringlich Herr Peterson seinen Monolog auch vortrug, war es mir doch unmöglich, mich angemessen zu konzentrieren. Ich sah den mahlenden Unterkiefer meines Pendants, die dunkel funkelnden Augen und spürte das Gewicht der Wörter, die auf mich niedergingen, Woge um Woge – und doch war ich abwesend. Ich dachte nur an Julia, ihre mädchenhafte Unschuld und die vom schimmernden Schweißfaden überzogenen Brüste.

Achter Eintrag

Was für ein Leben! Ich genoss die delikaten Speisen und all die Freuden, die man so bereitwillig an mich herantrug. Zurückhaltung war an diesem Ort keine Tugend. Man musste das Angebot annehmen oder zugrunde gehen. Letztlich äußerte ich einen heiklen Wunsch, der mich einiges an Überwindung kostete. Aber die Hausdame zögerte nicht noch wertete sie mein Verlangen.

Ich erinnere mich an den hemmungslosen Tanz, schrille Töne, grelle Farben, ungelenke Gliedmaßen, die unter hypnotisch zuckenden Lichtblitzen aus der Dunkelheit aufflackerten. Wir taumelten in mein Zimmer. Das Mädchen fixierte mich mit seinen Vipernaugen und schälte sich aus dem Kleid. Seine Bewegungen waren gewandt. Glatte, zimtfarbene Haut … die Lippen so rot.

»Ich mache, was du willst«, hatte es gesagt.

Danach saß ich zufrieden in einem der eleganten Nachtclubs und nippte lustvoll an meinem Scotch. Hinter dem trüben Glas der Fenster schien die Sonne, doch was in der Welt da draußen vor sich ging, erschien mir belanglos.

So vergingen die Tage – ungezählt. Die anderen Gäste – tief in ihre Stühle gelehnt – dösten, tranken Cognac aus edlen Schwenkern und sprachen über alte Zeiten. Manche hatten ein Schachbrett vor sich, aber wenn man Stunden später zurückkehrte, waren die Figuren noch immer unverrückt. Sie tranken und tranken, ohne dass es einen Unterschied gemacht hätte, denn sie waren längst berauscht. Ständig war man umgeben von einer dichten Aura aus Düften, Aromen, schmeichelnden Melodien und geblendet vom strahlenden Glanz des Prunkbaus.

In ihrer Einsamkeit und Nichtigkeit waren alle Gäste miteinander verbunden. Hin und wieder gesellte ich mich zu ihnen. Dann zog ich mich zurück in mein Zimmer.

Neunter Eintrag

Wie oft mochte sich die Erde gedreht haben? Hatten sich hinter den Mauern die Blätter von den Bäumen gelöst, vom Wind über die ergraute Weite gepeitscht? War bereits der erste Schnee gefallen? Waren die Blumen gewachsen, in voller Blüte gestanden und wieder verwelkt? Wie oft hatten die Gestirne ihre Kreise gezogen – und wie war es den Menschen ergangen, die ich einst kannte?

Eine mir gänzlich unbekannte Frau hatte mich angesprochen. Sie erzählte mir von den Dingen, die ihr auf dem Herzen brannten.

»Es gibt so vieles, was ich bereue«, erklärte sie mit flehendem Blick, als könnte ich sie von ihrem Leid erlösen.

Ich versuchte ihr begreiflich zu machen, dass ich weder Priester noch Richter war, doch sie klammerte sich an meine Anwesenheit.

»Ich habe ihn immer wieder betrogen«, sagte sie bitter. »Wir waren nicht füreinander geschaffen. Was sollte ich denn machen?«

Ein Kellner setzte ein gut gefülltes Glas unauffällig neben mir auf den Tisch. Unwillkürlich griff ich danach.

»Aber die Kinder! Oh, die armen Kinder!« Ihr Gejammer nahm kein Ende. »Was konnten sie denn dafür? Waren sie nicht unschuldig?«

»Es trifft immer die Kinder«, sagte ich; gleichermaßen um etwas zu sagen und um nichts zu sagen.

Während sie sich weiter hilfesuchend in ihrer Selbstgei-ßelung erging, dachte ich an meine eigene Familie, an die Freunde, die ich lange nicht gesehen, an die Arbeit, die ich sträflich vernachlässigt hatte.

»Ich muss gehen«, sagte ich plötzlich mit heiserer Stimme. »Ich habe Verpflichtungen.« Aber ich konnte weder sie noch mich selbst überzeugen. Die Worte waren nicht mehr als ein gelegentlich auftretender Reflex. Sie mussten gesprochen werden, auch wenn sie keine Wirkung nach sich zogen.

Die Entgegnung der Frau hatte ich schon dutzende Male gehört. Es war immer dieselbe.

»Wir haben in diesem Hotel keine Verantwortung. Hier sind uns keine Pflichten auferlegt.«

Ich spürte, dass sie mich nicht gehen lassen wollte. Umso mehr drängte es mich von ihr fort. Ihr endloses Wehklagen erweckte nichts als Ekel. Die Frau widerte mich an.

»Die armen Kinder!«, stöhnte sie. »Ich wollte das nicht! Woher hätte ich ahnen sollen, wie das alles endet?«

Ich stand auf und ließ das Schluchzen hinter mir zurück.

Nach wenigen Schritten war es vollständig verklungen und nach ein paar weiteren hatte es kaum noch Bedeutung.

Als ich einen der endlosen Flure entlangwanderte, kreuzte Julia meinen Weg. Sie hatte sich nicht verändert, weder ihr dichtes Haar, dessen Farbe mir so gefiel, noch die tiefe Sinnlichkeit, die sie umgab.

Ich ging reglos an ihr vorüber.

Die Masseure bearbeiteten meinen Körper, bis alle Sorgen vergessen waren. Ich starrte auf den honigfarbenen Parkettboden und lauschte dem Gesang der bunten Vögelchen, die hoch oben in ihren zierlichen Käfigen saßen und aus ihren winzigen Kehlen die liebreizendsten Töne trällerten.

Anfangs hatte ich die fehlende Routine, die mangelnde Struktur beklagt, aber nun störte ich mich nicht mehr daran. Es war eine alte Gewohnheit, die man ablegen musste, denn hier im Hotel hatten die Sitten des gewöhnlichen Volkes keinen Wert.

Eine tiefe Gelassenheit kehrte in mir ein. Träge vernahm ich das übermütige Gequake von Frau Plum, den ungebremsten Mitteilungsdrang von Herrn Peterson und bewunderte den stummen Ernst von Tom Kaparo. Ich fühlte mich ihnen weder nah noch fern. Die Dinge – so erkannte ich – hatten alle ihre Ordnung.

Zehnter Eintrag

Ich habe mit einem Mann gesprochen, den ich schon oft zuvor gesehen hatte. Er war immer da gewesen, doch bislang hatte ich mich ihm nicht genähert. Der Fremde hatte ein zurückhaltendes Wesen und aufmerksame Augen. Während unserer Unterredung bat er mich, ihn Jakob zu nennen, da ihn angeblich alle so nannten. Das erschien mir zwar höchst unwahrscheinlich, weil mir bis zum heutigen Tag niemand aufgefallen war, der mit ihm das Gespräch suchte, dennoch willigte ich ein.

»Stört es dich, wenn ich mir eine Zigarre anmache«, fragte er und zog kurz darauf eine Double Corona aus der Innentasche seines Sakkos hervor.

Ich hatte nichts dagegen.

Ein silberner Cutter glänzte vor meinen Augen und im nächsten Augenblick entflammte mein Gegenüber die Zigarre mit einem flachen Zedernspan. Bei all dem zeigte er sich erstaunlich behände.

»Sie werden ruhiger«, sagte er und stieß eine dichte Rauchsäule in die Luft. »Diejenigen, die schon länger hier sind, meine ich. Sie sind zufrieden und genießen die Entspannung.«

Wir unterhielten uns eine ganze Weile. Was er sagte, stimulierte etwas in mir. Ich hatte das Gefühl, aus einem tiefen Koma zu erwachen, und sog seine Worte gierig in mich auf. Die anderen Gäste schienen Jakob nicht zu mögen. Das galt ebenso und in besonderer Weise für das Personal, welches am deutlichsten auf seine Präsenz reagierte. Die Angestellten scheuten seinen Blick und begegneten ihm mit einer kaum zu übersehenden Ehrfurcht.

Im Grunde war er keine besondere Erscheinung. Sein Anzug war dunkel, die Haare wirr. Er trug rote Lackschuhe. Darüber hinaus war der Mann nicht sonderlich charismatisch, besaß bestenfalls eine Art unerwarteten Humors. Ich kann nicht genau sagen, was mich an ihn band.

Elfter Eintrag

Bald darauf suchte ich Jakob erneut auf. Unter all denen, die nichts wussten oder nichts wissen wollten, war er der Erleuchtete. Wonach ich auf unbestimmte Weise suchte, das schien er gefunden zu haben. Aber während ich diese Zeilen schreibe, überkommt mich erneut das Grauen und ich bereue, ihn jemals angesprochen zu haben.

»Was würdest du tun«, fragte er, »wenn du das Paradies gefunden und erkannt hättest, dass du glücklich bist? Wohin würdest du dich wenden? Wonach würdest du die Arme strecken?«

Die meiste Zeit über saß ich ihm reglos gegenüber, ohne etwas zu erwidern, versank in meinem Stuhl, erdrückt von der Last seiner Worte, die ich mir so arglos aufgebürdet hatte.

»Es gibt hier keinen Schmerz, nur ungenierten Überfluss. Und für jeden kommt der Tag, an dem er den Schmerz vermisst.«

Der vorhin so zurückhaltende Mann sprach nun mit gewichtigem Gestus und schien in seinen ausladenden Bewegungen die ganze Welt zu tragen.

Einem Impuls folgend, fragte ich ihn, wie alt er sei.

Jakob antwortete lächelnd mit einer Gegenfrage.

»Wie alt bist du?«

Ich war überrumpelt. Von meiner eigenen Ahnungslosigkeit schockiert, versuchte ich mühsam den Nebel der Vergangenheit zu durchdringen.

»Ich denke, ich bin einundachtzig«, sagte ich schließlich. »Trotzdem scheinst du mir an Erfahrung um einiges voraus zu sein.«

Er sah mich mit seinen wachen Augen an.

»Nun … ich bin ja auch schon ein paar Jährchen älter.«

Der Mann musste verrückt sein! Er konnte unmöglich einen Tag älter sein als dreißig. Seine Haut war straff, die Zähne leuchteten in strahlendem Weiß, jede seiner Bewegungen vollzog er mit der unbeschwerten Gewandtheit der Jugend.

»Wie bist du hierhergekommen?«, setzte er nach.

Ich war mir sicher, dass mein Büchlein Antwort auf diese Frage geben musste, konnte sie selbst in meiner gegenwärtigen Verfassung jedoch nicht beantworten. Aus dieser Verlegenheit heraus beschloss ich, dasselbe Spielchen zu spielen wie er, und gab die Frage zurück.

Jakob wartete einen Moment, ehe er bedächtig zu sprechen begann.

»Ich bin gewandert, mein Freund. Bei Tagesanbruch bin ich losmarschiert, so lange, bis mich die Dämmerung einholte. Ich bin durch einen Wald gezogen, vorbei an üppigen Sträuchern voller Waldhimbeeren und dann einen Berg hinauf. Als ich oben angelangt war, sah ich die Sterne.«

»Weshalb?«, fragte ich verwirrt.

»Der Weg war da – was blieb anderes, als ihn zu gehen?« Seine Augen musterten mich beständig. »Am Gipfel des Berges stand eine Burg. Die Mauern versanken direkt im Fels. Eisige Winde heulten durch die Fenster und Risse. Ich durchschritt den offenen Torbogen aus spitzen Steinen, die sich fugenlos aneinanderkrallten. Dann schleppte ich mich durch den Zwinger und fühlte, wie die Kälte immer tiefer in meine Eingeweide kroch.«

Ich konnte der Geschichte nicht viel abgewinnen, wagte aber nicht, den Mann erneut zu unterbrechen.

»Irgendwann stand ich am höchsten Fried der einsamen Ruine. Ich wollte zurück ins Tal, doch um mich herum war es schrecklich finster geworden. Kein Mond war zu sehen. Die Sterne waren erloschen … und als ich bemerkte, dass der Weg zu lang, der Berg zu hoch und mein Atem zu schwach waren, hörte ich eine sanfte Stimme, die mir ins Ohr flüsterte: Komm heim!«

Nachdem Jakob verstummt war, sah er mich forschend an, als erwarte er, ich müsse mich an etwas erinnern.

»Wir alle sind lodernde Kerzen«, bemerkte er dann. »Am Beginn mag uns der Reiz antreiben, wir leuchten hell. Doch mit der Zeit verfließen wir zu Wachs. Zu viel Licht! Die Dauer macht uns krank. Ja, mein Freund … wir alle brennen.«

Zunächst beeindruckten mich die kryptischen Ausführungen nicht, aber nach einigen Minuten sprang ich entsetzt von meinem Stuhl auf.

»Welcher Tag?«, keuchte ich. »Wie spät ist es?«

»Zu spät!«, erwiderte das lächelnde Gesicht knapp.

Von Wahnsinn ergriffen, stürzte ich aus dem Raum, hörte das hämische Lachen von Jakob in meinem Rücken und rannte immer weiter. Nirgendwo gab es einen Spiegel! Erst jetzt wurde mir diese völlig abstruse Tatsache bewusst. Selbst im Badezimmer fehlte dergleichen.

Sie zeigen uns, was wir sind, johlte die unsichtbare Stimme. *Aber beizeiten können sie uns verschrecken.*

Ich hetzte durch ein Restaurant mit funkelnden Lustern und weißen Servietten. Die Leute starrten mich furchtsam an. Ohne sie zu beachten, entriss ich einem Kellner seinen silbernen Servierteller, woraufhin die Gläser krachend zu Boden stürzten. Ich hielt den runden Teller direkt vor mein Gesicht.

Wer war dieser Mann? Ein Junge fast noch – jedenfalls kaum älter als fünfundzwanzig … höchstens dreißig.

Der Kellner wartete stumm, bis ich ihm den Teller reichte, und machte sich dann daran, die Scherben zu beseitigen.

Aufgelöst wandte ich mich an die Rezeptionistin. Ich wollte erfahren, was man hier mit mir im Schilde führe, und forderte mit Nachdruck, einen Verantwortlichen zu sprechen.

»Der Direktor befindet sich im Penthouse«, erklärte sie mir nach längerem Hin und Her, ruhig und glaubhaft um meinen Zustand besorgt.

»In welchem Stockwerk?«

»Es ist schwer zu sagen, Herr Berger«, bemerkte sie mit seraphischer Milde. »Es ist das oberste und noch darüber. Sie werden einige Geduld brauchen.«

Nun lege ich den Füller beiseite. Ich frage mich, was mich dort oben erwartet. Die lähmende Ungewissheit hat mich zurück in mein Zimmer verbannt. Sie nagt an mir, während ich versuche das Unsagbare niederzuschreiben.

Es ist an der Zeit aufzubrechen.

Zwölfter Eintrag

Ich habe den Knopf des Aufzugs so oft gedrückt, dass ich mich mittlerweile in schwindelnden Höhen befinden muss. Doch dieses Hotel kennt kein Ende. Wenn ich aus den Fenstern blicke, kann ich nichts mehr erkennen, außer dem bläulichen Schimmer des ausklingenden Tages und weit in der Ferne die Spuren einer verstreuten Zivilisation.

Ich habe viele Menschen getroffen. Manche davon kamen mir auf unbestimmte Art vertraut vor, aber sie kommen und gehen wie Schemen. Die meisten sind der Worte müde. Je weiter man nach oben gelangt, desto stärker versinken sie in einen Zustand des Dämmerns.

Ein gramgebeugter Herr klagte sein Leid unablässig einem abwesenden Publikum. Er stamme aus dem edlen Haus der Anicier, doch Basilius, Opilio und Gaudentius hätten ihn verleumdet. Der Mann fand keinen Trost, redete immerfort. Säuselnd beweinte er den armen Albinus, sprach über Simonie, einen missliebigen Papst und zu leichte Münzen. Mittlerweile befindet er sich weit unter meinen Füßen.

Die Bediensteten haben alle dasselbe Lächeln. Sie sagen dieselben Dinge und bewegen sich auf dieselbe unaufdringliche Weise. Doch keiner von ihnen bringt mich meinem Ziel näher. Sie geben mir, was ich verlange, aber der Direktor wird nicht kommen. Er erwarte mich oben, mehr konnte ich ihnen nicht entlocken.

Ich habe verrückte Räume gesehen. Einige waren grell und voller Dinge, die für gewöhnlich nur einer lebhaften Fantasie entspringen. Andere waren dunkel, leise wie Schatten und nahmen kein Ende.

Dreizehnter Eintrag

Es geht immer höher hinauf. Oft verbringe ich endlose Stunden damit, mit dem Lift nach oben zu fahren, in eine ungewisse Welt, die mir zuweilen Furcht einflößt. Das Hotel ist ein Monument. Wer hat es erbaut? Und zu welchem Zweck?

Nichts kann den Faden meiner Erinnerung zusammenhalten, der mit jedem Wimpernschlag ein neues Universum vorfindet. Ich wandle über verworrene Ebenen, an den Seiten die geteerten Planken eines Schiffsrumpfs und schwarze Masten, die durch die Decke ragen. Dann taste ich mich durch Paläste aus Glühbirnen, die allesamt zu bersten drohen, um im nächsten Moment über aschfahle Strände dahinzuziehen. Nur die Stille ist von Dauer.

Ich werde müde, schlafe viel und habe keine Lust mehr zu schreiben. Immer seltener greife ich zu meinem Notizbuch. Ich drohe, mich aufzulösen – zu verlöschen wie eine Kerze.

Heute wurde mir bewusst, dass ich mich trotz erheblicher Willensanstrengung nicht mehr an meinen Namen erinnere. Die Belegschaft nennt mich Herr Berger. Aber wie lautet mein Vorname? Es würde mir nichts ausmachen, mich der Peinlichkeit auszusetzen und zu fragen. Aber was brächte es mir? Hier oben sind wir alle namenlos.

Die Leute schweifen antriebslos umher. All die schönen jungen Körper. Ich frage mich, was mit ihnen geschehen ist, auch wenn ich mich nicht weiter für sie interessiere.

Wir sind hier gestrandet. Es gibt nichts zu tun, außer glücklich zu sein.

Vierzehnter Eintrag

Ich hatte einen Traum. Ja, es musste ein Traum gewesen sein. Ich sah einen Engel. Braunes Haar, gütige Augen. Wir wanderten durch ein hügeliges Land, nahe am See. Dort stand ein Haus. Ein kleines Haus mit hellblauer Fassade. Wind strich durch die Bäume. Drinnen hörte ich die Kinder. Als ich näherkam, liefen sie mir entgegen. Ich sah ihre kleinen Gesichter. Sie schienen mich zu kennen.

Aber die unsichtbare Stimme, die gelegentlich zu mir spricht, hat mich geweckt. Sie sagte kein einziges Wort. Es war ein Lachen, nichts weiter.

Das Bild klammerte sich an mich wie Harz, wurde alt und brüchig, ehe es in der Luft zerstob. Ein himmelblaues Haus. Und ein Engel. Ich musste es aufschreiben.

Fünfzehnter Eintrag

Meine Hände sind weich und glatt. Ich fühle mich, als wäre ich tausend Jahre umhergewandert. Aber meine Hände sind glatt. Ich müsste ein junger Mann sein wie die anderen, doch in unseren Herzen sind wir alle verlorene Greise.

Ich bin zu einer Suche aufgebrochen. Der Beginn meiner Reise liegt weit zurück. Meinen Notizen habe ich entnommen, dass ich den Direktor finden wollte. Je länger ich darüber nachdenke, desto unsinniger kommt mir dieses ganze Unterfangen vor. Was gäbe es denn zu beanstanden? Ich habe alles, was ich brauche. Darüber hinaus wähne ich mich beizeiten in der Gewissheit, den Herren dieses Reiches bereits getroffen zu haben. Ein unscheinbarer Mann, dessen Stimme die Wände durchdringt.

Ist es nicht ein Segen zu vergessen? Ich bin bei jenen, deren Hoffen und Bedauern ein Ende haben. Und überall gibt es freie Zimmer.

Die Sprache verschwindet. Es fällt immer schwerer zu denken. So leicht und unaufdringlich ist es hier. Ein gefälliges Dasein ohne Fragen, ohne Zweck. Ich treibe im Rausch der Glückseligkeit.

Georg Großmann

zu viel

im einundzwanzigsten
jahrhundert
schweigt man verwundert
es gibt so viel, was
man nicht versteht
da fällt 'raushalten
leicht
und mitwirken
schwer
und das leid der anderen
nicht auf

Markus Grundtner

Die Regeln der Arbeit

Der in die Jahre gekommene Anwalt Dr. Yannis Lutz hatte einen Lieblingswitz, über den jeder lachte, obwohl es gar kein Witz war.

»Warum ist das Arbeitsrecht in Wahrheit Faustrecht?«, fragte Dr. Lutz bei jeder Art von lockerer Kanzleizusammenkunft und erhielt von den anwesenden Juristen verschiedenste Antworten. Jede Antwort sollte auf die eine oder andere Art geistreich sein – etwa in rechtsphilosophischer, sozialkritischer oder semantischer Hinsicht.

Lutz hörte sich alle Antworten an und löste dann auf: »Arbeitsrecht ist Faustrecht, weil jeder der Ansicht ist, das Arbeitsrecht diene dem eigenen Schutz, dabei packt es mit hartem Griff zu, umschließt den Menschen wie eine riesige Faust und lässt nie wieder los.«

Wenn ihn jemand fragte, von wem er den Witz hatte, sagte er: »Ich habe ihn nicht *von* jemandem, sondern *wegen* jemandem – meinem besten Freund Ralph.«

Fünfundzwanzig Jahre war es her, als Ralph an einem Feierabend seinen brummenden Blackberry auf den Tresen des Pubs knallte, in dem er und Yannis sich immer trafen, und sagte: »Könnte ich es, ich würde mich selbst entlassen.«

Der Blackberry vibrierte weiter, wie mit Nachdruck. Das Gerät wanderte über das zerfurchte schwarze Holz des Tresens in Richtung von Ralphs Bierglas: Immer größere Ringe bildeten sich auf der Bieroberfläche, bis die Vibrationen des Blackberry jäh endeten.

»Doch, kannst du«, sagte Yannis, rückte den Knoten seiner blauweiß gestreiften Seidenkrawatte zurecht und fuhr fort: »Das Gegenstück zur Entlassung ist der vorzeitige Austritt. Dafür brauchst du nur einen wichtigen Grund.«

Sein heutiger Arbeitstag ging in die Verlängerung, hier im Atlas Pub und nicht in der Großkanzlei. So zählte Yannis die gesetzlichen Gründe auf, die zu einem vorzeitigen Austritt berechtigten. Zum Abschluss prostete er sich zu und leerte seinen Gin Tonic in einem Zug.

Ralph starrte mit zusammengekniffenen Augen auf das kleine schwarze Blackberry-Display, als wäre es ein Abgrund, der sich vor ihm auftat. Yannis sah das Unausweichliche auf sich zukommen: Ein neuer Bericht von Ralphs täglichem Abstecher in die engsten Kreise seiner persönlichen Hölle, in das PR- und Eventmanagement eines Videospielkonzerns.

»Wäre es ein wichtiger Grund, wenn dein Arbeitgeber dein Privatleben bestimmen will?«, fragte Ralph.

Yannis kraulte seinen Vollbart und sagte: »*Go on.*« Ralph legte die Hand auf seinen Hinterkopf – genauer: auf seinen ausgedünnten Haarwirbel – und sagte: »Heute kam der Anruf. DER Anruf!«

»Hollywood?«, fragte Yannis.

»Fast«, antwortete Ralph, »Ich bin in der engeren Auswahl für das *Popquiz-Topquiz.*«

Yannis überlegte, Ralph meinte wohl die *webshow* über *Comics, Fantasy* und *Science-Fiction,* in die gemeinerweise Fragen zu Sport und *Lifestyle* eingestreut wurden.

»Das russische Roulette für *nerds*«, sagte Yannis, »Glückwunsch. Das sind deine fünfzehn Minuten Ruhm – ausgedehnt durch zwei mal fünf Minuten Werbepause.«

Der Barmann schaltete den Flachbildschirm hinter dem Tresen auf laut. Ein Boxkampf fing gerade an.

»Nicht, wenn es nach dem *Head of Marketing Europe* geht. Und das wäre nicht das erste Mal, dass er mir ’reinpfuscht«, sagte Ralph und wurde lauter, »Zuerst musste ich alle meine *youtube*-Videos löschen. Ich darf auf *facebook* keine eigene Meinung zu unseren Spielen posten. Dabei mag ich unsere Spiele. Zum Glück ist das Videospielmagazin, für das ich früher geschrieben habe, in Konkurs gegangen. Ansonsten müsste ich alle alten Hefte auftreiben und vernichten, weil mir irgendwann ein Satz entkommen sein könnte, der nicht der Konzernlinie entspricht.«

Yannis wusste, Ralph würde das nicht hören wollen, aber er sprach es trotzdem aus: »Ich sehe da schon ein berechtigtes Interesse deines Arbeitgebers. Du bist immerhin das Aushängeschild und das Sprachrohr des Konzerns.«

Ralph biss sich auf die Unterlippe. Yannis musste an seinen zwölfjährigen Neffen denken, dem er einmal gesagt hatte, dass er zu groß sei, um in der Sandkiste zu spielen. »Jetzt braucht es *Tough Love*«, dachte Yannis und schob nach: »Du bist nicht nur Aushängeschild und Sprachrohr des Konzerns. Die österreichische Zweigniederlassung besteht nur aus dir. Die Branchenjournalisten kennen dein Gesicht. Das ist alles sehr heikel.«

»Ja«, erwiderte Ralph, »Vielleicht gebe ich beim Quiz eine falsche Antwort. Blamage-Potential! Vielleicht entkommt mir eine politisch unkorrekte Aussage.« Ralph streckte seine Arme gegen die Decke und rief: »Shitstorm-Potential! Unglaubliches Shitstorm-Potential!«

Eine Gruppe schwerhöriger englischer Touristen, die neben ihnen am Tresen stand, pflichtete Ralph bei: »*Yeah, the referee is really shitty.*«

Ralph ließ die Arme fallen und sagte: »Ich weiß, es klingt lächerlich, aber das Quiz ist meine Chance: Ich nehme am Quiz teil, generiere Aufmerksamkeit für meine Person, bekomme Angebote von überallher, finde eine neue Möglichkeit, mich selbst zu verwirklichen, und könnte am Ende wieder ich selbst sein.«

Yannis kannte Ralph zu lange, um über solche Aussagen noch den Kopf zu schütteln. Außerdem konnte er es ihm nachfühlen. Yannis' halbfertige Dissertation lag irgendwo begraben unter seinem Berg dringend zu bearbeitender Akten.

»Ist es wieder an der Zeit?«, fragte Yannis. »Schaust du auf die Brücke hinter dir und wartest, dass das Dynamit hochgeht?«

Ralph seufzte und sagte dann: »Ich kann nicht wieder einen Job hinschmeißen. Aber ich habe die *final decision vom Head of Marketing Europe* bekommen. Darauf gibt es nur eine Antwort.« Ralphs Blick wanderte zum TV-Gerät, auf dem einer der Boxer in eine Ringecke gedrängt wurde: »Ich muss das Handtuch werfen. Wäre das ein eigener Sport, ich wäre der Champion.«

Yannis, sonst nie um einen Ratschlag verlegen, schwieg. Die Boxfans stimmten Ralph zu, erneut aus einem Missverständnis heraus, dafür umso grölender.

Yannis' Aufmerksamkeit fiel auch auf den *flatscreen*, aber nicht auf den Boxer, der – in die Ecke gedrängt – einen Dampfhammerschlag nach dem anderen einstecken musste, sondern auf dessen Trainer. Der umklammerte mit zitternden Fingern das weiße Handtuch, anscheinend darauf hoffend, dass ein Orchester wie im Film kraftvoll aufbrauste und sich sein Schützling von selbst aus der Misere befreite. Als das Bild wegen eines Übertragungsfehlers plötzlich einfror und alle Anwesenden entsetzt aufschrien, kam Yannis eine Idee und die Antwort in den Sinn.

Er sprach jedes Wort so aus, als wüsste er nicht, welches als nächstes folgte: »Du musst das Handtuch in den Ring werfen, ohne das Handtuch in den Ring zu werfen.«

Ralph fragte: »Wie meinst du?«

»Hör mir genau zu«, sagte Yannis und schaltete in den Dozentenmodus, »Es kommt vor, dass Arbeitnehmer alles hinschmeißen, indem sie aber NICHT AUSDRÜCKLICH sagen, dass sie alles hinschmeißen, sondern TATSÄCHLICH alles hinschmeißen. Zum Beispiel den Büroschlüssel vor die Füße des Chefs, um dann zu gehen und nie wieder zu kommen. So etwas nennen Juristen einen SCHLÜSSIGEN vorzeitigen Austritt.«

Yannis merkte, dass er Ralphs Aufmerksamkeit verlor.

»Du kennst doch diese *youtube*-Videos: Von einem Moment auf den nächsten springt ein Angestellter – nennen wir ihn Herrn Kinski – aus seiner Bürozelle, die Tastatur wie ein Samurai-Schwert in Händen, um damit die Büro-Einrichtung und seine Kollegen die Rache Gottes spüren zu lassen.«

Ralph sah Yannis fast verträumt an, als er anmerkte: »Nur Katzenvideos bringen noch höhere Klickzahlen.«

Yannis hob den Zeigefinger, einerseits um noch ein Getränk zu bestellen, andererseits als unterstreichende Geste, und sagte: »Selbst wenn Herr Kinski nach seinem Gefühlsausbruch wutentbrannt sein Büro verlässt und am nächsten Tag nicht an seinem Arbeitsplatz auftaucht, könnte ein Arbeitsrichter entscheiden, dass der Gute damit nicht schlüssig seinen Arbeitsvertrag einseitig beenden wollte.«

»Wie geht denn das?«

»Menschliches Handeln ist mehrdeutig. Es darf nicht den Hauch eines Zweifels geben, dass der Arbeitnehmer ein Verhalten setzen wollte, welches der Aussage ›Ich erkläre meinen vorzeitigen Austritt‹ entspricht: Es kann kostspielig werden, wenn der Arbeitgeber einen schlüssigen Austritt zu Unrecht unterstellt. Das Dienstverhältnis bleibt ja aufrecht und der Arbeitgeber muss das Gehalt weiterzahlen. Daher raten wir unseren Arbeitgebermandanten abzuwarten. Sie sollen höchstens Nachforschungsversuche unternehmen. Wenn das Fernbleiben vom Arbeitsplatz nicht indiskutabel lange dauert, empfehlen wir sogar, jemanden wie Herrn Kinski nicht zu entlassen – natürlich unter der Voraussetzung, dass er niemanden verletzt hat.«

Ralphs Augen weiteten sich und er sagte: »Jetzt warte mal.« Ralph schien auf den Gedankenzug aufgesprungen zu sein, Yannis wollte jedoch Lokführer bleiben: »Unterbrich mich nicht. Ich habe vermutlich meinen ersten originären juristischen Gedanken.« Sein Zeigefinger war immer noch erhoben, weshalb auch endlich der Kellner auf ihn aufmerksam wurde, per Handzeichen bestellte Yannis einen Gin-Tonic.

»Wir bringen dich in einen arbeitsrechtlichen Schwebezustand«, fuhr Yannis fort, »Für einen Monat. Falls dein Stern am Broadway nicht aufgehen will, tauchst du eines Morgens wieder im Büro auf und dein Arbeitgeber nimmt dich zurück, ganz so, als wäre nichts gewesen.«

Der Kellner brachte einen Mojito statt des Gewünschten. Strahlend zeigte Yannis auf den missverständlich gelieferten Drink: »Siehst du? Menschliches Handeln ist mehrdeutig.« Ralph nickte, er schien zu verstehen. Wahrscheinlich hatte er längst in Gedanken seine Kündigung verfasst und war für jeden – wirklich jeden – anderen Vorschlag dankbar.

»Wie schätzt du das Risiko ein, dass ich entlassen werde?«, fragte Ralph.

»Es ist wie Schrödingers Katze«, antwortete Yannis, »vorhanden und zugleich nicht vorhanden.«

»Aber selbst wenn ich wie dein Herr Kinski ordentlich ausrasten wollte – was ich im Übrigen nicht will – dafür müsste ich nach Frankfurt in die Europa-Zentrale fahren.«

Yannis winkte ab und sagte: »Das verlangt auch niemand. Das mit den Ausraster-Videos war ein Beispiel. Ich brauche nur eine Kopie deines Dienstvertrags. Wie viele Seiten hat er?«

»Drei Seiten«, antwortete Ralph, während Yannis einen Schluck von seinem Drink nahm, »Damit du dich aber nicht zu früh freust. In der letzten Klausel verweist der Vertrag auf ein dreibändiges *Employee Handbook*.«

Yannis verschluckte sich an seinem Mojito. Ralph musste lachen und schließlich lachte auch Yannis.

Am folgenden Tag war von Yannis' Lachen nicht einmal ein Lächeln übrig. Er saß in seinem Büro, die ausgedruckten Textkonvolute bedeckten seinen Schreibtisch. Der erste Teil umfasste Regelungen zu IT-Sicherheit und Datenschutz – außerdem zur Übertragung von Urheberrechten vom Arbeitnehmer auf den Arbeitgeber. Daran angeschlossen war eine Erklärung, mit der der Mitarbeiter die Zustimmung zur Speicherung, Auswertung und Übermittlung von persönlichen Daten innerhalb des Konzerns erklären musste. Der zweite Teil war ein Ethik-Kodex: Aus dem Inhaltsverzeichnis stachen Verhaltensgebote hervor, sich zufällig angesetzten Drogentests zu unterziehen und innerbetriebliche Sexualkontakte zu unterlassen. Yannis rollte mit den Augen – das war alles unzulässig. Er murmelte: »Wenn Konzerne schlafen und träumen könnten, dann von einem einheitlich nach unten nivellierten Gesetzbuch für die ganze Welt.«

»Woran schreibst du da? An deinen Memoiren?«, fragte ein Kollege, der in der offenen Tür der Glaswand von Yannis' Büro lehnte. Auf den ersten Blick sah es aus, als hindere den Kollegen nur starker Wind daran, seitlich umzufallen.

»Ja, es wird Zeit«, antwortete Yannis, »Die Menschheit wartet darauf.« Der Kollege war aber inzwischen in Richtung Kaffeeküche gegangen. In der Großkanzlei lautete die zwischenmenschliche Devise: Sprechen, nur um etwas gesagt zu haben.

Yannis dachte daran, wie sie hier, aber auch sonst überall in Großraumbüros, ihre Lebenszeit verschwendeten. Er erinnerte sich, was er im Buch »*Bullshit Jobs*« des Kulturanthropologen David Graeber gelesen hatte: »*Why not start shutting down the global work machine? If nothing else, it would probably be the most effective thing we could do to put a break on global warming.*« (Warum nicht damit beginnen, die globale Arbeitsmaschine abzuschalten? Zumindest wäre das wahrscheinlich das effektivste Mittel, um die globale Erwärmung zu stoppen.)

Ralph könnte Vorreiter für alle sein, gemeinsam könnten sie sinnloser Arbeit ein Ende setzen, damit die Menschen zufriedener, ja, glücklicher machen, und gleichzeitig auch die Welt retten.

Yannis hatte seinen Faden wiedergefunden und widmete sich erneut den Unterlagen.

Der dritte Teil des Mitarbeiterhandbuchs war auf die jeweilige Abteilung abgestimmt und regelte, wie jeder noch so kleine Arbeitsschritt von den Arbeitnehmern auszuführen war: An wen waren Rechnungen und Quittungen zu schicken? Wie oft musste ein Urlaubsantrag genehmigt werden? Yannis hatte schon komplexe Regelwerke in seinem Leben gelesen, aber die Ausführung, inwiefern eine E-Mail, die an einen Journalisten, Messebetreiber oder Händler ging, zu genehmigen und zu archivieren ist, war ein Meisterstück der Verwirrung durch Sprache und Logik.

Erneut blieb ein Kollege vor Yannis' Büro stehen, womöglich derselbe von vorhin.

»Was ich dir wegen der neuen Reinigungskraft sagen wollte: Ich habe am Montag ein Kreuz in den Staub auf deinem Bücherregal gezeichnet«, sagte der Kollege, lachte und zeigte auf das Regal, »Und es ist heute immer noch da. Es ist Mittwoch, mein Gott.«

»Die Welt geht vor die Hunde«, sagte Yannis.

»Morgen Mittagessen?«, fragte der Kollege.

Reflexartig erwiderte Yannis: »Gern. Wohin?«, doch der Kollege war schon verschwunden. Es dauerte die üblichen zehn Minuten, bis Yannis die Übersprunghandlungen des E-Mail-Checkens und Online-Nachrichten-Lesens vollführt hatte, um seine Konzentration wiederzufinden. Er war verdammt dazu, dieselben Arbeitsschritte zu wiederholen, bis ihn jemand störte und das Ganze wieder von vorn losging.

Aus Ralphs Erzählungen konnte Yannis dessen Arbeitsalltag gut rekonstruieren. Darin lag aber auch das Hauptproblem: Ralph saß in einem angemieteten Büroraum in einem Industriepark am Stadtrand. Allein. Seine Vorgesetzten saßen in Frankfurt, London und Tokio. Anfangs hatte ihm der eine oder andere noch auf einer Videospielmesse über die Schulter gesehen, inzwischen standen sie nur per E-Mail in Kontakt. Wollte Ralph in Urlaub gehen, stellte er einen Antrag über das Abwesenheitserfassungssystem – siehe Mitarbeiterhandbuch, der Tragödie dritter Teil. Musste er zum Arzt, scannte er die Bestätigung ein, um sie verschlüsselt hochzuladen. Einmal hatte er versehentlich die Rückseite eingescannt. Eine automatisch generierte E-Mail wies ihn darauf hin, seinen Fehler schnellstmöglich zu korrigieren. Meldete er sich zu spät bei seinem PC an, erhielt er eine emotionslose, aber zwischen den Zeilen rüde Zurechtweisung, die automatisch durch das Arbeitszeiterfassungssystem versandt wurde. War er zu lange angemeldet und machte Überstunden, bekam er eine Benachrichtigung, sich an die gesetzlich vorgegebene Normalarbeitszeit zu halten. Der Subtext dahinter: Er erledige seine Arbeit nicht schnell genug, insbesondere nicht so viel Arbeit, wie er in der vorgegebenen Zeit erledigen sollte.

Ralph hatte Yannis erzählt, dass er aus diesen Nachrichten nicht herauslesen konnte, ob irgendwo ein Mensch saß, der die Meldungen kontrollierte, oder ob das System dies längst selbst erledigte. In letzter Zeit war es ein oder zwei Mal vorgekommen, dass E-Mails in Ralphs Namen versandt wurden. Yannis hatte gescherzt, dass Ralph eines Tages ein Skript samt Rollenbeschreibung erhalten werde, wie er sich auf Messeständen verhalten müsse und was er sagen dürfe: Ein weit verästelter Dialogbaum, der für jeden

Gesprächseinstieg und jede thematische Abzweigung eine Antwort bereithielt, die exakt der Konzernkommunikation entsprach und konform mit allen früheren und künftigen Presseaussendungen ging. Doch Ralphs Arbeitsalltag war ja jetzt schon bis ins Letzte reglementiert. Yannis musste aus all diesen Möglichkeiten der Antragstellung und Genehmigungspflicht einen sinnvollen und zugleich sinnlosen Sachverhalt erarbeiten, den niemand als schlüssigen vorzeitigen Austritt qualifizieren konnte. Es reichte nicht, wenn Ralph einfach eines Morgens nicht mehr zur Arbeit erschien: Im Intranet musste eine von ihm gestellte Anfrage über ein Fortbildungsseminar im nächsten Halbjahr offen sein. Verschiedene E-Mails, für Journalisten gedacht, sollten noch im Autorisierungsprozess stecken. Gleichzeitig bedurfte es einer Urlaubsanfrage, bei der die Angabe des Zeitpunkts des Urlaubsantritts fehlte.

Yannis starrte auf sein Kanzleitelefon: »Ihre aktuellen Optionen.« stand auf dem Display. Seine Aufgabe war eine Mischung aus einem Puzzle, einer Geschicklichkeitsübung und einem Strategiespiel in einem, wobei die Anleitung dazu in Binärcode verfasst war. Er hangelte sich per Versuch und Irrtum fort, aber langsam fügte sich alles zusammen. Yannis vervollständigte den Plan mit Bleistift auf orangefarbenem Kopierpapier.

Als letzte Handlung sollte Ralph ein weißes Handtuch auf seinem Schreibtisch liegen lassen – als Krönung der allgemeinen Verwirrung. Während Yannis das Endergebnis zum zweiten Mal überprüfte, hörte er das unverkennbare Quietschen der Lederschuhe seines Partneranwalts, Dr. Kerber, auf dem gebohnerten Parkettboden näherkommen. Rasch ließ Yannis den Plan in der Unordnung seines Schreibtisches verschwinden.

Ralph folgte den Anweisungen seines Freundes auf Punkt und Beistrich. Als er danach auf den Vorplatz des Industrieparks trat, riss er den Plan in kleine orangefarbene Stücke, um sie in seiner Hosentasche verschwinden zu lassen.

Ralph verbrachte die Woche danach nichtstuend und überreizt in seiner Wohnung. Sein Blackberry verhielt sich still. Ralph raffte sich auf, seine Teilnahme bei der Quizshow zuzusagen. Dies blieb seine einzige Aktivität für eine weitere Woche.

Dann kam der Tag, an dem die neueste Episode des *Popquiz-Topquiz* ausgestrahlt wurde. Ralph schaltete seinen *flatscreen* ein, öffnete die *Webvideo-App* und startete den *livestream* in HD. Die Sendung hatte schon begonnen. Der Moderator tauchte kurz am Bildschirm auf, dann sah Ralph den ersten Kandidaten – die Kamera schwenkte – Ralph sah sich selbst – die Kamera schwenkte wieder – und schließlich kam der dritte Kandidat ins Bild.

Ralph hatte sich gerade selbst gesehen. »Das« war aber nicht er selbst, »das« war – so erkannte er nach einem Gedankenstrom, der vor seinem geistigen Auge vorbeizog wie ein *warpspeed*-Weltraumflug – eine *Version* von ihm. Anders gesagt: eine Kopie. Es war ein *avatar* in fotorealistischer Grafik, »hineinanimiert« in die Ansicht der Showbühne. Der Moderator richtete seine Worte, wenn er mit dem Kandidaten sprach, der wie Ralph aussah, in Wirklichkeit gegen ein großes Nichts. Der Kandidat trug eine graue Schirmmütze, durch welche das Unternehmenslogo des Videospielkonzerns, für den Ralph arbeitete, besonders gut zur Geltung kam. Eine Texteinblendung wies den Kandidaten unter dem Namen *PR-alph* als *Head of PR and Eventmanagement Austria* für Ralphs Videospielkonzern aus.

Es dauerte eine Weile, bis sich Ralph aus dem Bann seines anderen Selbst löste. Er nahm seinen Blackberry zur Hand: Er hatte in den letzten Tagen doch zahlreiche E-Mails erhalten, sie waren aber alle bereits als gelesen markiert und sogar beantwortet worden. Ein Blick in den Kalender offenbarte neu eingetragene Launch-Termine für Spiele und auch Zusagen für seine Anwesenheit auf Spielemessen. Außerdem waren dutzende Aufträge zur Versendung von Rezensionsexemplaren von Videospielen beantragt, abgesegnet und ausgeführt worden. Und Arbeit, für die Ralph zwei Monate gebraucht hätte, war in zwei Wochen erledigt worden.

Ralph entschloss sich, einen der Journalisten anzurufen, der unter seinem Namen eine E-Mail erhalten hatte, in der ein Treffen auf einer Messe vereinbart worden war. Der Journalist war voll des Lobes für das neue PR-Konzept: Statt eines Messestands gab es einen riesigen Flachbildschirm mit 3D-Optik, der mit einer Videokonsole kombiniert war. *PR-alph* beantwortete nicht nur alle Fragen, die ihm gestellt wurden. Er war als eigene Spielfigur in den neuesten Spielen steuerbar. Die Kurzbewertung des Journalisten über *PR-alph* lautete: »Sehr realistisch und informationsgeladen, aber leider mit toten Augen.«

Nach diesem Telefonat kümmerte Ralph seine Arbeit nicht mehr – er warf Yannis' Plan über den Haufen. Die Geschehnisse waren zu außergewöhnlich, um damit nicht an die Öffentlichkeit zu gehen. Er drehte ein Video, erzählte darin rundheraus, was ihm widerfahren war – dass er sich von seinen Fesseln der Erwerbsarbeit hatte befreien wollen und nun eine digitale Kopie von ihm existierte. Danach reaktivierte er seinen alten *youtube*-Kanal, um seine Geschichte hochzuladen.

Ralph wartete auf den ersten Kommentar, schon nach wenigen Sekunden erhielt er eine Benachrichtigung: Jedoch nur darüber, dass sein Video umgehend gesperrt worden war – wegen Verletzung der Urheberrechte an *PR-alph*, der neuesten Spielfigur von Ralphs Arbeitgeber.

Yannis saß mit Ralph im Büro von Dr. Kerber. Ralph hatte gerade seine Geschichte erzählt und beendete die Schilderung mit dem Satz: »Aus diesen Gründen möchte ich gegen meinen Arbeitgeber vorgehen.«

Dr. Kerber saß hinter seinem Schreibtisch, der so säuberlich aufgeräumt war, dass er auch in einem Möbelhaus hätte aus- oder aufgestellt werden können. Seine weißen Hemdsärmel waren aufgekrempelt. Er trug eine rote Krawatte, deren schwarzes Muster an Drachensilhouetten hinter Rauchschwaden erinnerte. Ihm gegenüber saßen Ralph und Yannis zusammengesunken in tiefen Ledersesseln. Dr. Kerber wedelte mit dem Plan in Orange, der unter Verwendung von Klebestreifen mehr schlecht als recht wieder zusammengefügt worden war.

»Wenn Sie nur bei Ihren Schriftsätzen so gründlich wären«, sagte Kerber zu Yannis, der sich in seinem Sessel wand und dann sagte: »Das war alles nicht vorherzusehen.«

Dr. Kerber lachte und entgegnete: »Bevor Sie einen Schraubenschlüssel ins Getriebe werfen, sollten Sie sich versichern, dass das Getriebe den Schraubenschlüssel nicht aufnimmt und gegen Sie einsetzt. Merken Sie sich das. Insbesondere, wenn die Regel lautet: Erst schießen, dann fragen.«

Yannis wusste nicht, was Dr. Kerber damit meinte. Ralph schien es nicht anders zu gehen. Dr. Kerber blickte Ralph über den Rand seines Brillenglases an und sagte: »Es gibt sogenannte *webcrawler*, die automatisch nach potentiellen Urheberrechtsverletzungen suchen und Gegenmaßnahmen treffen. Solange *PR-alph* existiert, werden Sie als sein Original nun immer und überall gesperrt und ausgeschlossen werden. Egal, ob Sie ein Foto von sich hochladen oder einen Text veröffentlichen. Ich war mehrere Jahre im Immaterialgüterrecht. Da kenne ich mich aus. Das Recht an Ihrer Arbeit und, da Sie in der *PR* öffentlichkeitswirksam tätig sind, auch die Rechte an Ihrem eigenen Bild – die alle lagen im Prinzip seit Ihrem Dienstantritt bei Ihrem Arbeitgeber.

Erst als Reaktion auf die Umsetzung Ihres Plans hat der Konzern Sie rechtlich komplett für sich vereinnahmt.«

Yannis sah zu Ralph: Wäre Ralph eine Zeichentrickfigur gewesen, seine Kinnlade wäre zu Boden gefallen. »Mir ist bewusst, dass das nicht ganz sauber war, was wir gemacht haben«, sagte Ralph, »aber das ist MEIN Gesicht und mein Körper. Genau genommen, stammt das meiste, was der *avatar* von sich gibt, auch von mir. Das bin ich. Ich wurde gestohlen.«

»Recht und Technik sind kollidiert. Das kommt vor«, sagte Kerber. »Diebstahl im strafrechtlichen Sinne war es jedenfalls nicht. Und für weiterführende rechtsphilosophische Fragen sind Sie bei mir falsch.«

»Aber das Recht am eigenen Bild?«, warf Yannis ein. »Das geistige Eigentum an Ralphs Texten?«

»Damit kann ich schon eher etwas anfangen«, sagte Kerber, »Der technische Fortschritt und das Recht – es ist eine Hassliebe. Eine Idee oder eine Erfindung schafft neue Möglichkeiten, für die das Gesetz bisher keine Regelung trifft, also muss der Normgeber nachziehen. Aber in Ihrem Fall hat ja schon eine Regelung bestanden. Werfen wir also einen Blick in Ihren Dienstvertrag, der wiederum auf die Mitarbeiterhandbücher verweist.«

Kerber zitierte aus dem Gedächtnis: »Der Arbeitgeber erwirbt das ausschließliche, zeitlich, räumlich sowie inhaltlich unbeschränkte Recht, das Urheberrecht an Abbildungen sowie an Arbeitsleistungen des Mitarbeiters, die jeweils in Erfüllung der vertraglichen Pflichten aus dem Arbeitsverhältnis entstanden sind, zu nutzen«, und führte weiter aus: »Dazu haben Sie Ihre unwiderrufliche Zustimmung erteilt, da Sie ja für Ihr Auftreten zu Werbezwecken bisher auch entlohnt wurden und ja noch immer entlohnt werden.«

Kerber hielt inne und räumte dann ein: »Ich meine, grenzwertig ist es schon.«

»Ach, wirklich?«, entfuhr es Ralph, »Es wird das Beste sein, wenn ich einfach kündige«, dann bedachte er Yannis mit einem bösen Blick und ergänzte: »Keine halben Sachen mehr.« Kerber lehnte sich zurück und legte die Hände in den Nacken. »Sie können nicht kündigen. Nur Ihr *avatar PR-alph* könnte kündigen, wenn er wollte. Das KANN er aber wiederum nicht, weil er geistiges Eigentum des Konzerns ist. Und er WILL es auch nicht, weil er keinen eigenen Willen hat. Aber da begebe ich mich als Jurist schon wieder in unentdecktes Land.«

Yannis fragte: »Wenn wir einfach mit seinen Vorgesetzten reden?«

Kerber machte eine wegwerfende Handbewegung und nutzte den Schwung, um sich aus seinem Ledersessel zu erheben. »Schauen Sie mal«, sagte er, ging zu seinem *flipchart*, das in der Ecke des Raumes stand, und blätterte um.

»Ich war früher im Gesellschaftsrecht. Da kenne ich mich aus.«

Ein Diagramm aus miteinander verbundenen Kreisen und Rechtecken war auf dem weißen Papier aufgezeichnet.

»Das ist Ihr Konzern«, sagte Kerber. Das Schaubild wirkte wie der Bauplan eines Cyborgs, der noch mit künstlicher Haut überzogen werden musste. »In dem Konzern übernehmen Maschinen und Computerprogramme die meisten Arbeitsschritte. Eine rein technische Lösung. *Throwing money at the problem*, mit Geld nach dem Problem werfen – sozusagen. Wer hat schon die nötigen Mittel und gleichzeitig das Interesse, seine Zeit mit banaler Routine zuzubringen.«

Kerber zeigte auf den Teil, der als Kopf durchgehen konnte. »Meiner Erfahrung nach werden Sie deshalb hier an der Spitze auch sehr bald keinen einzigen Menschen mehr finden.«

Ralph fragte: »Sie meinen also, dass irgendwann niemand mehr dort arbeitet?«

»Arbeiten Sie noch dort?«, gab Kerber zurück.

Yannis warf ein: »Aber diese Gesellschaften sind juristische Personen. Sie brauchen Organe, die für Sie handeln – Organe, die zur Verantwortung gezogen werden können.«

Dr. Kerber zeigte auf das *flipchart*: »Irgendwann läuft der Laden von allein«, und malte mit einem roten Textmarker einen Kreis um das Konzerndiagramm, »Solange es keine groben Gesetzesverstöße gibt, also alle *Compliance*-Vorgaben erfüllt werden, fragt kein Gericht und keine staatliche Behörde, ob hinter diesem Gebilde nur noch Maschinen, Programme und Routinen stecken.«

Er fuhr mit dem Finger den Kreis entlang und murmelte dabei: »Technischer Fortschritt und Recht … eine Hassliebe.« Kerber legte sinnierend den Kopf zur Seite. Er warf einen Blick auf Ralphs Merkblatt auf dem Schreibtisch: »Hat diesmal vielleicht tatsächlich die Technik auf das Recht reagiert und nicht umgekehrt das Recht auf die Technik?«

Er wandte sich an Yannis: »Recherchieren Sie mir das bitte heute noch und schreiben eine Stellungnahme auf Englisch.«

Ralph massierte seine Schläfen und sagte: »Ich verstehe immer noch nicht, was geschehen ist.«

Kerber zeigte auf die unterste Ebene – auf die Füße, wenn man so wollte – und sagte: »Oft genug besteht die juristische Arbeit darin, Lücken zu suchen. Was mein Konzipient hier unten vollbracht hat, ist, eine Lücke zu schaffen.« Er malte ein leeres Dreieck in das Diagramm, um es gleich wieder auszumalen. »Diese Lücke wurde inzwischen geschlossen.«

»Aber wer war dafür verantwortlich?«, fragte Ralph.

Kerber seufzte und sagte: »Juristen formulieren gern im Passiv. Ich weiß, das ist schlechter Sprachstil. Dieses Mal kann es aber nicht besser gesagt werden.«

Kerber trat einen Schritt von seinem *flipchart* zurück. »Ich kann da nicht hineinblicken. Selbst, wenn ich dort in der Rechtsabteilung säße, ich könnte nicht weiter sehen als in mein Büro oder mein Stockwerk. Ich kann Ihnen nicht sagen, wer oder was die Lücke geschlossen hat. Vielleicht war es eine bewusste Entscheidung – von langer Hand für diesen Fall geplant. Vielleicht hat das Personalsystem eine Lösung zur Entwirrung Ihrer widersprüchlichen Anfragen gesucht. Wenn ja, dann höchstwahrscheinlich über eine Schnittstelle zu den technischen Ressourcen, die zur Programmierung der Videospiele verwendet werden. Es gibt also gute Gründe zu argumentieren, dass Sie selbst zur Lücke geworden sind. Es wurde aufgrund Ihres Handelns erstens irgendwo ein Auftrag erteilt, zweitens irgendwie eine Ersatzkraft geschaffen – und somit drittens definitiv ein Problem gelöst – und zwar für alle Beteiligten.«

Yannis und Ralph warfen sich einen entgeisterten Blick zu. Kerber fuhr unbeirrt fort: »Ich rate meinen Konzipienten immer: Vergessen Sie nie auf die normative Kraft des Faktischen, aber fürchten Sie sich vor der faktischen Kraft des Normativen.«

Er klatschte einmal. Yannis und Ralph zuckten zusammen. »Und nirgends sieht man das besser als hier, aber zum Glück ist doch im Endeffekt alles gut ausgegangen. Insofern, bravo. Ihr Abbild *PR-alph* verändert etwas – treibt etwas voran und schafft Mehrwert. Sie arbeiten noch, aber ohne zu arbeiten. Und Sie sehen es vielleicht noch nicht, aber Ihr Streben nach Berühmtheit wird so auch angefeuert.«

Ralph schnaubte.

»Sie bekommen doch noch Ihr Gehalt?«, entgegnete Kerber, »Ihr *avatar* erfüllt nach Ihrer eigenen Aussage Ihre Aufgaben schneller und effizienter?«

Ralph widersprach nicht.

»Freuen Sie sich auf Ihren erfolgsabhängigen Bonus!«

Yannis wurde hellhörig: »Woher kennen Sie seine Bonusvereinbarung?« Ralph runzelte die Stirn: »Ist mein Arbeitgeber zufällig einer Ihrer Klienten?«

Yannis hatte daran bislang nie gedacht und auch nicht dahingehend recherchiert. Kerber lachte: »Und das ist die letzte gute Nachricht, die ich für Sie habe: Ich kann unser Gespräch einfach mit Ihrem Arbeitgeber verrechnen.«

Yannis wollte sich auf die Zunge beißen, fragte aber trotzdem: »Liegt hier kein Interessenkonflikt vor?«

Dr. Kerber wies mit dem Daumen auf das Diagramm hinter sich: »Solange uns dieses Monstrum mandatiert und unsere Honorarnoten für Recherchen, Kopien und Telefonate niemals beanstandet, werden wir brav weiter Memoranden produzieren, Verfahren führen und Anträge bei Behörden stellen. Es ist alles in bester Ordnung. In Ethik bin ich gut. Das habe ich jahrelang gemacht. Da kenne ich mich aus.«

Kerbers Telefon läutete.

»Wenn Sie wollen, können Sie in Begleitung eines Anwalts wieder zu mir kommen. Vielleicht ist das ja sittenwidrig, was Ihnen zugestoßen ist. Meinungen gibt es viele und alle sind vertretbar. Aber wollen Sie wirklich so Ihre Zeit verbringen – umgeben von Juristen? Reisen Sie, lesen Sie, bilden Sie sich fort. Lassen Sie Ihren *avatar* machen. Sehen Sie es als *open ended sabbatical an.*«

Dr. Kerber hob den Hörer ab und winkte die zwei hinaus. Yannis begleitete Ralph auf die Straße vor der Kanzlei. Yannis atmete tief ein, eine frische Abendbrise fegte die Plastikluft der Kanzlei aus seinem Körper. Ralph blickte schweigend zwischen die Dächer der Gründerzeithäuser in den Bühnenausschnitt des Abendhimmels.

»Wir müssen klagen!«, sagte Ralph.

»Hast du nicht aufgepasst?«, sagte Yannis, »Das kannst du nicht mehr. Selbst wenn, du würdest dich am Ende nur selbst verklagen.«

»Mein Schädel dröhnt immer noch«, sagte Ralph.

»Das kenne ich«, sagte Yannis, »Du gewöhnst dich daran.«

Ralph schloss die Augen, legte den Kopf in den Nacken und fragte: »Woran soll ich mich gewöhnen? Daran, so zu werden wie dein Chef, und nur noch zu rechtfertigen, wie die Dinge sind, anstatt die Dinge dahin zu ändern, wie sie sein sollen?«

Yannis schwieg, sah auf seine Uhr und sagte: »Ich muss zurück.«

»Ich nicht«, antwortete Ralph, hob die Hand zum Abschied und ging los. »Sehen wir uns später?«, rief Yannis ihm nach, doch Ralph bog wortlos um die Ecke.

Gegen Mitternacht, als Yannis anfing, die letzte E-Mail des Geschäftstages vorzubereiten, brummte sein *smartphone*. Die Leere der Kanzlei brachte die Vibration so stark zur Geltung, dass Yannis darüber erschrak. Es war eine Nachricht von Ralph, er schrieb: »Ich weiß nicht mehr, wo ich bin.«

In den Wochen danach suchte Yannis nach Ralph, fand ihn aber nicht mehr

Marie Hahne

Pygmalion

ICH WACHE IRGENDWANN mittags auf.

Überladen wie ein Telefon-Akku.

Ich starre eine halbe Stunde auf den sechs Zoll großen Bildschirm und weitere fünfzehn Minuten

an die weiße Zimmerdecke, reibe meine Augen, bis sie anfangen zu jucken und lila-blaue

Flecken an der Decke tanzen lassen.

Eins, zwei, drei, vier Flecken fahren in Kreisen die Wände ab.

Ich muss nicht aufstehen. Aber ich muss auch nicht hier liegen bleiben.

Ich tippe etwas in die Suchmaschine meines *Smartphones,* richte mich auf und lasse die halb geladene Seite, alle potentiellen Antworten auf alle potentiellen Fragen, auf meinem Kopfkissen liegen. Ich stehe vor meinem Bett.

Was wollte ich eigentlich wissen?

Meine Welt vergrößert sich auf ganze zweiunddreißig Quadratmeter und davon wird mir schwindelig. Zum Glück weiß ich auch mit Schwarz vor den Augen, wo meine Küche ist.

Ich muss nicht frühstücken. Ich muss nirgendwo hin.

Aber ich weiß auch nicht, was ich tun soll, wenn ich nichts tun muss.

Darum konzentriere ich mich auf das Skelett, das noch übrig ist von meinem Alltag.

Auf Automatismen wie Nahrungsaufnahme.

Ich mache mir die Reste von gestern als Frühstück warm, ziehe mir den Küchenhocker vor die Mikrowelle und zähle laut mit der Digitaluhr von zehn nach ›Biep‹.

»Frohes Neues!«

Ich schiebe meinen Kopf so weit es geht in den noch warmen Kasten. Löffle direkt aus der Schüssel. Mexikanisch ist eine der kulinarischen Gattungen, für die es keine zweiten Tage geben sollte. Hätte aber schlimmer kommen können. Zum Glück habe ich mich gestern gegen Döner entschieden, denke ich. Ich nehme einen zweiten Bissen. Immer noch kalt. Aber was soll man da schon machen, jetzt wo mein Kopf mit hier drinnen steckt.

Nachdem ich aufgegessen habe, lasse ich die Plastikschüssel über all den anderen Schüsseln und Tassen gekonnt in die Küchenspüle gleiten und mache mich auf den Weg zur Arbeit.

Ich stehe vor meinem Schreibtisch und atme tief ein.

»*Create a work atmosphere*«, hieß es in dem Online-Artikel: »*Tips for working from home*«.

Yoga routine. Business attire. Clear space. Clear mind.

»Klar«, denke ich und ziehe meine Jogginghose aus.

Nicht in denselben Klamotten zu arbeiten, in denen man schläft und masturbiert, klingt logisch.

Ich setze mich in Unterwäsche an den Schreibtisch.

Licht an. Los geht's. Schön wär's.

Ich mache das Licht wieder aus und starre an die Decke.

Die lila-blauen Flecken sind verschwunden.

***

ICH BIN AUTORIN.

Autorin für *sciencefiction*.

Ich schreibe Geschichten über die Zukunft, aber nur maximal zwei Jahre in der Zukunft angesiedelt, so dass man sich durchaus vorstellen kann, dass das alles wirklich passiert.

Das ist ein rhetorischer Trick.

Ich schreibe über außerirdisches Leben, unentdeckte Planeten, Invasionen aus dem All, Weltenkriege und über ein Leben nach den Menschen.

Aber meine *Aliens* haben mich schon eine Weile nicht mehr besucht. Die Flüge zur Erde wurden bestimmt auch alle der Reihe nach gecancelt, denke ich mir und trauere meinem geplanten Sommerurlaub in Schweden nach. Ich hoffe, die Jungs kriegen wenigstens den Flugpreis erstattet.

Ich klettere auf meinen Schreibtisch und öffne ein Fenster. Zünde eine Zigarette an und starre Richtung Himmel. Mir gehen die Abenteuer aus.

Denn eigentlich ist mir das eigentliche Leben gerade schon ein bisschen zu aufregend und dabei passiert ja nicht mal 'was bei mir persönlich. Ich warte nur.

Schaue der Welt beim Untergehen zu und bin enttäuscht, dass das aus der Ferne meiner Erdgeschosswohnung nicht spektakulärer aussieht. Ich atme aus.

Mit dem weißen Rauch steigt ein Gedanke auf: »Vielleicht … ist jetzt nicht die Zeit für Raumschiffe und intergalaktische Kriege.«

Vielleicht wollen die Menschen nicht mehr lesen, um Abenteuer zu erleben.

In Zeiten, in denen Cartoonfiguren Atomwaffen besitzen und Persönlichkeiten aus *Reality TV*-Shows sich zu Präsidenten krönen lassen. In Zeiten, in denen der einzige Unterschied zwischen einer Geschichte, die man angetrunken auf

Partys erzählt, und dem Ende eines Lebens, das Melanin unter der Haut ist, in einer Welt, in der Pandemien heimlich von Softwarekonzernen injiziert werden, um die Verkaufszahlen zu steigern, in einer Welt, in der es Leute gibt, die all das nicht absurd finden, vielleicht wollen da die Menschen lesen, um Pause zu machen vom Abenteuer.

Ich nehme einen weiteren Zug und puste aus Versehen meine Vorhänge an.

»Mist! Das setzt sich fest.«

Aber was schreibe ich, wenn alles, woraus Träume, Alpträume und Filme gemacht sind, out ist?

Was wollen die Leute dann lesen? Normalität? Geschichten über entspannte Tage zu Hause, Wäschewaschen und Lebensmitteleinkäufe? Mein Kopf ist nicht programmiert auf das (Be)Schreiben von Spaziergängen und *smoothiebowls*. Dafür fehlt mir die Phantasie.

Wenn ich nicht mehr schreiben kann, was kann ich dann?

»Also ich finde alles, was du schreibst, großartig«, unterbreche ich meinen eigenen Gedanken.

»Danke, das sagst du doch nur, weil du ich bist«, antworte ich mir geschmeichelt.

»Nein, ehrlich.«

Ich drücke meine Zigarette aus, klettere vom Tisch auf den quietschenden Holzstuhl zurück, nehme ein weißes Blatt Papier aus dem Druckerschacht und fange an zu schreiben:

***

UND DANN ZOG ich mir einfach die Schuhe an.

Schlüssel? Check.
Telefon? Ja.
Portemonnaie?
Im Wohnzimmer auf dem Tisch? Schuhe aus. Durch den Flur zurück.
Doch nicht auf dem Tisch. Wo sonst?
Zurück zur Garderobe.
»Welche Jacke hatte ich gestern an?«
»Jeans!«
Tatsache, in der Jackentasche.
»Danke, dass du mich erinnerst.«

Wir verließen die Wohnung.
Du und ich. Hand in Hand.
Auf in Richtung Park.
Es war warm, aber die Luft frisch genug, um einen hell-wach zu halten.
Wir liefen die Straße 'runter.
An Friedhof und Kirche vorbei. Links am Supermarkt. Nochmal rechts am …
»Bäcker!«
»Bäcker, stimmt. Danke.«
Dann weiter geradeaus. Ich lief voran, zog dich mit mir.
Und dann waren wir plötzlich da.
Das Gras war grün und die Wiese voller Menschen.
Wann hatte ich das letzte Mal so viele Menschen sorglos auf einem Fleck gesehen?
Wann war ich überhaupt das letzte Mal im Park gewesen?
Kinder tollten quer über die Picknickdecken und ein paar Bierflaschen kippten um, aber das störte niemanden.

Der kleine Schatten aber, der es sich genau in der Mitte des Parks bequem gemacht hatte, der störte. Ein Sonnenbadender beschwerte sich. Der Schatten wurde größer, die Beschwerden lauter. Die Menschen schauten nacheinander nach oben.

Und plötzlich kippte etwas anderes.

Eltern schrien nach ihren Kindern. Gepresste Stimmen.

Unterdrückte Angst, um niemandem Angst zu machen.

Um sich selbst keine Angst zu machen.

Die Kinder gehorchten. Zogen sich Schühchen an, ließen gesammelte Stöckchen fallen.

Alle packten hektisch zusammen.

Bikinistreifen- und shirtlose Frauen rannten auf die Straße.

Die Menschen flüchteten.

Weitere Bierflaschen kippten um und das störte plötzlich gewaltig. Panik.

Ich schaute zu dir.

Du hieltest immer noch regungslos meine Hand.

Der Schatten hatte den Park geschluckt. Wir standen allein mit beiden Beinen in seinem Schwarz, versunken wie in tiefem Schlamm.

Ein riesiges metallenes, Ding waberte über uns.

Ich legte meinen Kopf soweit es ging in den Nacken, drückte deine Hand noch fester, um meine Balance nicht zu verlieren.

Ich schaute zurück zu dir. Du weiter geradeaus.

Dann sagtest du, dass du jetzt gehen müsstest.

Und so fing alles an.

Ich lege meinen Stift mit einem guten Gefühl zur Seite.

Fange an, meinen Erguss nochmal laut zu lesen und irgend-

wie liest es sich nicht ganz so flüssig, wie es sich schrieb, denke ich. Besser keine Raumschiffe also.

Neuer Versuch.

***

ICH WAR SCHON lange nicht mehr draußen.

Ich habe schon lange mit niemandem mehr gesprochen.

Zum Glück haben wir heutzutage *social media,* denke ich, weil das die allgemeine Meinung in Zeiten wie diesen ist und schaue mein kleines Krankheitsbild in Retina HD angewidert an.

Die Zeit fließt anders, wenn man wartet.

Und nochmal anders, wenn man nicht weiß, worauf.

Ich schaue jeden Tag mindestens dreimal in den Briefkasten und zwanzigmal in mein E-Mail-Postfach. Unbegründet.

Ich wohne im Erdgeschoss. Kein Garten leider, aber ein Davor.

Ich setze mich also davor, vor mein Haus, rauche und warte.

Warte, dass die Strömung stärker wird und mich mitreißt. Raus. Weg. Weiter. Egal.

Ich schlucke ab und zu etwas Wasser, huste und versuche daran auszumachen, welchen Tag wir heute haben. Mittwoch, meldet sich Retina HD wieder.

»Hat sich auch angefühlt wie ein Mittwoch. Dann ist ja alles gut«, beruhige ich mich selbst.

Ich drehe mir noch eine Zigarette und schaue auf das Marmeladenglas auf dem Fensterbrett.

Es ist halb gefüllt mit ausgedrückten Zigarettenstummeln. Schaut echt eklig aus, und irgendwie bin ich stolz darauf.

Wenn das Glas voll ist, höre ich auf zu rauchen, lüge ich mich selbst an und hoffe, dass der Kompositionsprozess mir noch ein wenig das schlechte Gewissen vom Leib hält.

Ich zünde die Zigarette an, scrolle auf meinem Telefon durch meine Kontakte.

Wie klein alles geworden ist. Sechs Zoll Bildschirm als Fenster zur Welt.

Wichsvorlage, *sales team group calls* und politischer Aktivismus.

Alles durch diese kleine Kamera.

Wie oft das wohl jemand verwechselt und nackt den Videoanruf zur Vorlesung »Marketingstrategien II« annimmt?

Ich scrolle weiter und mein Blick bleibt an einem jungen Herren mit blonden Koteletten kleben.

»Warum hast du denn dein Kinn rasiert?«, frage ich mich laut und klicke auf Gustafs neues Profilbild. Er posiert vor einer Fotokopie von Jesus, die mit zwei Stecknadeln an die Tapete geheftet ist. Ernster Blick, lange blonde Haare und eben der eine frei rasierte Streifen am Kinn. Unsere letzte Nachricht ist einen Monat alt.

Ich drücke auf den Telefonhörer.

Es klingelt dreimal, dann hebt Gustaf ab.

***

»HEY GIRL! NA? Wie geht's?«, klingt es aus dem Lautsprecher und ich wundere mich, warum es immer die Stimme ist, die man zuerst vergisst.

»Hey, es ist lange her!«, entschuldige ich mich.

»Kein Problem, ich weiß doch, wie *busy* du bist. Beruflich und sexuell.«

»Ja, nur auf dem Sprung.«

Ich versuche mich an Gustafs Geruch zu erinnern: »Und du?«

»Ja, ich bin eigentlich schon mit einem Bein aus der Tür, wie wär's, wenn du mich morgen in der Mittagspause kurz anklingelst?«, malt Gustaf das Bild einer vergangenen Normalität wie einen *smiley* auf einen beschlagenen Badezimmerspiegel.

Er lässt mir keine Pause, um mir eine lustige Antwort zu überlegen. Ich höre ihn laut lachen und das macht mich trotz des schlechten Witzes glücklich.

»Natürlich habe ich Zeit. Wir können ja eh nicht vor die Tür.« Gustafs Stimme klingt nun sehr nahe und es riecht plötzlich nach gewaschenen Flanellhemden und Zitronengras.

»Hast du meinen neuen *post* gesehen? Den, in dem ich die Poussin-Gemälde nachstelle?«

»Hab ich!«, antworte ich. »Der Raub der Sabinerinnen hat mir als feministischer Kommentar besonders gut gefallen«, schmeichle ich ihm.

Gustaf ist Kunsthistoriker.

Eigentlich Kunstgeschichtsstudent, Hobbymaler und seit neuestem, wie so manche und mancher *Socialmedia-Influencer,* falls man mit nachgestellten Poussin-Gemälden irgendjemanden beeinflussen kann.

»Als nächstes plane ich etwas zu Cindy Shermans *History Portraits.* Kannst du dir das vorstellen?«

»Krasse Idee«, gebe ich zu und versuche mir ehrlich vorzustellen, wie Gustaf sich als Cindy Sherman verkleidet, die sich als Caravaggios »Bacchino Malato« verkleidet, und wo Gustafs Bart dabei bleibt.

»Was gibt es Neues?«, fragt er mich.

»Nicht viel, ehrlich gesagt. Schriftstellern läuft nicht so gut gerade. *Aliens* sind *out*.«

»Die kommen wieder! Wie die Neunziger. Daran hat in den Zweitausendern auch niemand geglaubt – oder?«

»Stimmt. Wenn das Spaghettiträger und bauchfreie Tops schaffen, dann sollte ich mir wirklich keine Sorgen machen.«

Ich erinnere mich, dass ich ja gerade rauche, asche schnell in mein Marmeladenglas und nehme einen weiteren Zug.

»Bitte erzähl mir 'was. Irgendwas vom echten Leben«, bettelt Gustaf.

»Eigentlich gibt es da tatsächlich etwas, das ich dir erzählen wollte.«

***

ES WAR SOMMER.

Der Sommer, in dem wir zehn Jahre alt wurden, du ein paar Wochen früher als ich.

An einem warmen Sonntagmittag fuhren meine Eltern mit uns in den Nachbarbezirk, um Freunde zu besuchen. Wir schauten aus dem sicheren Autofenster der Stadt dabei zu, wie sie nicht mithalten konnte mit uns.

Es war der Sommer, in dem jeder diese City-Roller hatte.

Und ich erinnere mich, wie ich als City-Kind mit meinem City-Roller in einem City-Park einen Schotterhügel herunterfuhr. Fiel.

Ich erinnere mich an dich, wie du neben mir standest, an das Blut und daran, dass meine Eltern nicht da waren. Ich saß auf dem Boden, staubig vom aufgewirbelten Schotter.

Mein Knie schmerzte und du hocktest dich zu mir.

Tränen sammelten sich in meinen Augen. Ich wollte weinen.

Wartete darauf, dass sich Staub und Schmerz aus meinem Gesicht waschen würden.

Aber die Tränen blieben einfach in meinen Wimpern hängen.

Du fingst sie auf, wuschst dir damit die Fingerspitzen und fingst an, die Steinchen aus meiner Wunde zu pulen. Ich erinnere mich daran, wie schön dein Gesicht dabei aussah.

»Die Steine müssen alle 'raus, bevor Haut darüber wächst«, sagtest du und ich nickte.

Schließlich wolltest du mir aufhelfen. Ich stützte mich mit meiner rechten Hand auf dem Boden ab und ein Schmerz pulsierte in meinem Handballen wie ein fremder Herzschlag.

Ich schaute weg von dir und versuchte, mir nichts anmerken zu lassen.

Das sollte mein Geheimnis bleiben.

Ich lasse meine Hände auf das abgerubbelte keyboard meines Computers sinken.

Lese die Zeilen nochmal und nochmal, kann aber weder Aliens *noch Raumschiffe finden.*

»Wo kam denn das her?«, *frage ich mich.*

und Du antwortest: »Das sind unsere Erinnerungen.«

»Ach ja …«

***

ICH STREICHE ÜBER die kleine Beule unter meiner Haut und versuche mich ganz genau an dein Gesicht zu erinnern.

Ich erinnere mich manchmal an Dinge, bei denen ich nicht sicher bin, ob sie wirklich jemals passiert sind. Denn es muss ja nicht alles passiert sein, an das man sich erinnert.

»Du und ich«, wie schön das klingt.
»Uns«, wie weit das schallt.
Bis nach »damals« und zurück.

Unsere Welt war jetzt und gleich.
War Liebe für zwei Tage und einen ganzen Nachmittag.
War: stundenlang bei geschlossenen Fenstern mit Nagellack Bilder malen bis uns schwindelig wurde. Unsere Welt war der Geruch von Bäumen in Alleen und »Nicht anfassen, da pissen Hunde gegen.«
Halb gekauter Straßenlärm.
Zitroneneis und Khakihosen mit abtrennbaren Beinen.

Ich würde gern ’rausgehen, die Orte besuchen, an denen wir unsere Erinnerungen verbuddelt oder über die Wasseroberfläche haben hüpfen lassen.
Ich frage mich, wie du heute wohl aussiehst.
Ob du dich auch an mich erinnerst?

Ich schreibe alles auf.
Jeden Flitscher. Jeden kleinen Kiesel unter unserer Haut.
Ich schreibe dich fest, damit ich dich nicht nochmal vergesse.
Ich möchte dich wiedersehen, denke ich und das fühlt sich fast an wie Herzschmerz.

Aber das wäre ja Quatsch – oder

***

»EIGENTLICH HABE ICH tatsächlich 'was zu erzählen«, gebe ich Gustaf Zucker.

»Wusste ich doch, dass es einen Grund gibt, weswegen du anrufst. Erzähl!«, springt er sofort darauf an.

»Ich habe jemanden kennengelernt.«

»Wirklich? Wie hast du denn das angestellt? Und hat er eine Schwester?«, fragt Gustaf.

»Gustaf …«, seufzte ich gespielt genervt.

»Sorry, hat sie eine Schwester?«, verbessert sich Gustaf.

»Nein.«

»Wo hast du denn bitte, ohne dein Haus zu verlassen, jemanden aufgegabelt?«, formuliert Gustaf seine Frage um.

»Sei gewarnt, es ist eine Künstlerliebesgeschichte.«

»Die hab ich am liebsten! Marina-Abramovic-und-Ulay-dramatisch?«

»Nein, keine chinesische Mauer.«

»Erzähl schon!«

»Es geht um eine Freundin aus der Kindheit«, beginne ich.

»Habt ihr euch lange nicht mehr gesehen?«

»Sehr lange. Ich hatte sie irgendwie vergessen.«

»Und wie habt ihr euch dann wiedergefunden?«

»Ich hab' mich beim Schreiben plötzlich an sie erinnert. Ich weiß nicht, warum oder wie.«

»Und dann? Habt ihr euch getroffen?«

»Nein, haben wir nicht. Ich schreibe einfach auf, woran ich mich erinnere.«

»Ach, die Kurzgeschichten, die du seit Neuestem auf der Verlagsseite hochlädst?«

»Ja, genau. Liest du die etwa?«

»Klar. Meinst du, sie liest die Geschichten auch und meldet sich vielleicht sogar bei dir? Das wäre doch mega oder?«

»Weiß nicht. Vielleicht.«, versuche ich mir selbst keine allzu großen Hoffnungen zu machen.

»Wie aufregend. Hast du schon mal ihren Namen recherchiert? Wie heißt sie denn?«

Ich höre Gustaf angestachelt etwas in die Suchmaschine seines Computers tippen.

»Das weiß ich noch nicht.«

**

»LASS UNS IN den Urlaub fahren«,

ludst du mich eines Sommerferientages ein, mit dir zu kommen.

Du wolltest in die Berge, weil du im Fernsehen gesehen hattest, dass es tatsächlich Menschen gibt, die im Urlaub nicht an den Strand fahren und weil du das mit dem Meersalz auf der Haut schon immer eklig fandest.

»In den Bergen liegt auch im Sommer noch Schnee«, sagtest du.

Ich fragte dich, wo die Berge seien und du deutetest nach oben.

Wir hielten Ausschau nach dem höchsten Oben in der Umgebung.

Schauten über das bepflanzte Dach des Supermarktes vor unserer Terrassentür.

Auf dem Innenhof machten wir einen Baum ausfindig, der sogar noch höher zu sein schien als unser Balkon im zweiten Stock.

»Lass uns da anfangen«, sagtest du.

Wir rannten über die Feuertreppe 'runter auf den Hof und als wir schließlich vor dem Baum standen und ich die Spitze nicht mehr sehen konnte, verließ mich ein bisschen der Mut.

»Was ist, wenn wir zu weit klettern und im Weltall landen?«
Im Weltall seiest du schon gewesen, antwortetest du.

Aber da wolltest du auf keinen Fall nochmal hin, weil das deinen Kopf damals total geschrumpft habe.

Deine Antwort beruhigte mich nicht, denn ich fand meinen Kopf jetzt schon ziemlich klein.

Du schautest mir direkt in die Augen: »Keine Angst. Ich glaube, das war eine allergische Reaktion«, sagtest du, stolz darüber, wie erwachsen das klingt, wenn man »allergisch« und »Reaktion« in einem Satz zusammen benutzt.

Ich erinnerte mich an meinen Allergietest im letzten Jahr, als ich noch zwölf Jahre alt war. Erinnere mich an den Pieks zwischen den Erdnüssen und dem Hausstaub in meinen Arm.

Das muss wohl der Test fürs Weltall gewesen sein.

»Und das hat doch nicht gejuckt, oder?«, fragtest du nach.

»Nein, die Erdnüsse aber schon.«

»Na siehst du. Kein Problem also. Im Weltall wachsen keine Erdnüsse.«

Du setztest einen deiner Füße gegen den Baumstamm und schautest nach oben.

Sollten wir dem Weltall zu nahe kommen, würdest du mir schon rechtzeitig Bescheid geben und dann würden wir einfach umkehren, versprachst du mir.

Du nahmst meine Hand und ich setzte meinen Fuß neben deinen.

»Los geht's!«

***

»WIE MEINST DU das, du weißt nicht, wie sie heißt«, hakt Gustaf vorsichtig nach.

»Ich weiß noch nicht, wie sie heißt. Noch nicht«, betone ich.

»Noch?«

»Ich erinnere mich nicht, ob sie einen Namen hatte.«

»Na, sicherlich wird sie einen Namen haben.«

»Aber wie erinnert man sich an etwas, das es vielleicht nie gab?«

»Ich fürchte, dass es dafür keine Anleitung gibt«, sagt Gustaf. Er seufzt.

»Woher weiß ich, woran ich mich wirklich erinnere und was sich mein Kopf nur ausdenkt, wie eine meiner *Alien*-Geschichten?«

»Vielleicht musst du einfach weiterschreiben. Je mehr du schreibst, desto klarer wird das alles vielleicht und irgendwo in einer Erinnerung wird ihr Name bestimmt auftauchen.

Sowas fällt einem zufällig aus dem Mund, wie, wenn man betrunken Chips isst.«

Ich denke, dass Gustaf recht hat.

Ratschläge in Liebesdingen sind wie schummeln beim Versteckspiel. Das geht nie lange gut.

Das weiß ich schon. Es gibt keine Abkürzung. Kein Prüfsiegel mit Echtheitsgarantie.

»Und wer wischt meine vollgesabberten Chips dann vom Kinn, wenn es soweit ist?«, freunde ich mich langsam mit diesem Gedanken an.

»Darüber mach dir mal keine Sorgen.«

***

MANCHE TAGE FÜHLEN sich jetzt grau an.

Ich wache morgens auch ohne Wecker auf, aber werde den ganzen Tag nicht richtig wach.

Ich möchte 'rausgehen. Aber finde keine Socke ohne Loch und außerdem keinen Grund, das Haus zu verlassen. Ich verstecke mich hinter der Ausrede, dass es auch vernünftiger ist zu Hause zu bleiben. Mache Pläne für eine Zukunft, die immer zu plötzlich kommt und starre auf mein Telefon, während sie an mir vorbeizieht, damit ich nicht »Hallo« sagen muss.

Ich bleibe also zu Hause.
  Tage. Wochen.
  Wie lange eigentlich schon?

Ich warte auf dich, damit ich weiter von uns schreiben kann. Damit ich bei dir sein kann. Aber du existierst nur in schwarzen Lettern auf weißem Papier.
  An grauen Regentagen spule ich meine Erinnerungen mit dir auf und ab, bis mir Wunschträume von allem auf einmal – wie *coming-(out)-of-age*-Filmplots – aus den Ohren schießen.
  Und das ist okay, weil wir uns alle gerade einsam fühlen, lüge ich mich an.

Ich spule zurück.
  Stadtpark. Schotterhügel.
  Noch ein Stück.
  Das erste Mischbier trinken auf der Klassenfahrt. Veltins V Plus.
  Play:
  »Komm, geht einfach schlafen, sonst merkt die Lehrerin noch 'was.«
  Pause. Zurück. Zu weit. Stückchen vor.
  Play:
  Trotz unserer ersten Periode im Italienurlaub im Pool schwimmen.

30° und zusammengepresste Beine.

Weiter vor. Zweifache, vierfache, achtfache Geschwindigkeit.

Play:

***

DU STEHST NASS und ohne Handtuch vor mir im Türrahmen.

Nass bist du atemberaubend.

Nass sind deine blonden Locken dunkel und schwer und deine Augen Pfützenwasser. Du tropfst dir deinen Weg an mir vorbei bis zum Fenster. Setzt dich auf das Fensterbrett und wringst deine Haare über meinem Ficus aus.

»Der ist schon tot«, sage ich. »Aber danke.«

Du lächelst und lässt dich von der Sonne blenden und das sieht dann schön aus.

Dich gibt es nur an Sommertagen, wenn die schwarzen Lettern, in denen du existierst, kuntergrau schimmern. Dich gibt es nur mit Schweiß auf der Haut und Sonnenfältchen.

Du drehst dich weiter Richtung Fenster, bis ich dein Gesicht nicht mehr sehen kann.

»Gehen wir 'raus, wenn ich fertig getrocknet bin?«

Ich nicke.

***

WIR LAUFEN DURCH die Stadt.

Nur, damit wir bei jeder Kreuzung Händchen halten können, um über die Straße zu gehen.

»Pass auf, da kommt ein Auto«, rufst du mir zu, greifst nach meiner Hand und ziehst mich leicht zurück.

»Danke«, sage ich und ziehe dich mit mir über die Straße.

Links und rechts entlang des Fußgängerweges stehen Bäume.

»Das ist eine Allee«, sagst du, aber auf dem Straßenschild an der Ecke steht etwas anderes.

Hier riecht es auch im Sommer nach nassem Laub.

»Pass auf!«, rufst du. Ich halte inne.

Du nimmst erneut meine Hand und schaust hinter dem parkenden Auto auf die Straße.

Die Luft ist rein. Wir laufen weiter. Du vor mir.

Du weißt genau, wo es langgeht, obwohl wir kein Ziel haben, und ich lasse mich gern von dir führen.

Am Ende der »Allee«, die »Straße« heißt, lässt du plötzlich meine Hand los.

Du drehst dich um zu mir. Du schaust mich herausfordernd an.

Ich verstehe nicht. Dann rennst du los.

»Warte!«, rufe ich, greife nach deiner Hand, aber du bist zu schnell. Du lachst.

Ein lauter Ruck. Mein Herzschlag gegen meine Schädeldecke.

Grobes Kopfsteinpflaster. Rutschende Reifen. »Stopp!«

Ein Auto bremst direkt vor dir.

Du drehst dich erschreckt in Richtung des Geräusches.

Zwei wütende Augen geben dir zu verstehen, dass du dich von der Fahrbahn machen sollst. Sofort.

Da rettest du dich auf den gegenüberliegenden Bordstein.

»Nora!«, schimpfe ich über das Autodach hinweg.

»Alles gut, nichts passiert«, beschwichtigst du mich.

Aber in deiner Stimme kann ich hören, dass du dir selbst noch nicht ganz glaubst.

Das Auto rollt weiter.

»Warum schaust du nicht, bevor du über die Straße gehst?«, schimpfe ich weiter.

»Alles gut«, wiederholst du und diesmal klingt deine Stimme ganz ruhig. Irgendwie erwachsen. Als hättest du gerade selbst hinter dem Steuer gesessen und alles unter Kontrolle gehabt.

Ich stehe wie angewurzelt da.

»Komm!«, winkst du mich zu dir. Ich rühre mich nicht.

Du kehrst um und setzt einen Fuß vom Bordstein auf die Straße. Ich schaue auf deine Füße. Du stehst nun mit beiden Beinen auf dem Kopfsteinpflaster, scheinst aber keinen Zentimeter kleiner. Mein Blick fährt über deinen schlanken Körper nach oben. Über deine Schlüsselbeine, dein Kinn, deine Sommersprossen. Waren deine Haare schon immer kurz?

Du schaust mir direkt in die Augen. Läufst zurück zu mir.

Mit jedem Schritt wirst du größer und ich habe Angst, dass du bald doppelt so groß bist wie ich, aber als du schließlich vor mir stehen bleibst, sind wir gleichgroß.

Du schaust mir direkt in die Augen.

Legst deine Hand an meine Wange. Deine Entschuldigung.

Du fühlst dich warm und wirklich an.

»Guten Morgen.«

* * *

ICH SCHRECKE HOCH. Reiße meine Augen auf.

Suche nach dir, den Autos, dem nassen Laub und der Allee.

Sehe nichts außer den überbelichteten Ecken meines Zimmers. Meine Bauchmuskeln spannen.

Ich lasse mich zurück auf die Matratze fallen.

»Was war das?«

Ich reibe meine Augen. Alles um mich herum wird klarer, der Traum schwächer. Ein kalter Schatten auf meiner

Wange, da wo deine Hand war. Die Mittagssonne scheint steil in mein Zimmer und reibt an dem Holzstuhl mit der schmutzigen Wäsche von gestern.

War das echt?

War das dein Name? Nora?

Mein Herz schlägt schneller.

»Nora …«

Ich atme tiefer aus als ein und verschlucke mich, huste und starre Richtung Zimmerdecke.

Warte auf die lila-blauen Flecken, warte auf deine warme Hand auf meiner Haut und dieses ganze Warten lässt meine Muskeln krampfen.

Bauch. Arme. Herz.

Flach atme ich dagegen an.

Ich richte mich auf. Mir wird schwindelig.

Atme das aufkommende Schwarz vor meinen Augen stoßweise aus.

Taste mich an der Wand in Richtung Schreibtisch, setze mich und greife nach Stift und Papier.

Ich schreibe dich auf, wie ich dich gerade gesehen habe.

Schreibe deine Hände, Finger für Finger.

Schreibe deine Haut, mit allen Poren und deinen Sommersprossen dazwischen.

Ich schreibe dir einen Leberfleck über die rechte Augenbraue und Stirnfalten, weil dir das gut steht. Ich schreibe dir kurz geschnittene Locken, die jeden Tag anders liegen.

Ich lege dich ein in Worte, wie die kleinen Gurken, die du so magst.

Dann, nachdem alles, was ich erinnere, 'raus ist aus mir, auf das Blatt gekritzelt und fest geklebt, lege ich meinen Kopf auf den Tisch.

Alles rauscht. Aber nicht wie das Meer und nicht wie das Weltall. Eher wie ein Fernseher ohne Empfang. So wie man es in Krimis sieht, wenn die Kamera durch den nur vom Bildschirm beleuchteten Raum schwenkt und man dann jemanden bewegungslos im Sessel sitzen sieht, von dem man nur ahnen kann, dass er tot ist oder betrunken.

Ich schließe meine Augen und fühle meinen Atem rechts und links zwischen Tischplatte und meinem Gesicht vorbei kriechen.

Ich gehe in Gedanken wieder und wieder durch meinen Traum. Versuche mir mehr von dir aus den Fingern zu saugen. Erfinde Teile dazu wie Puzzlestücke.

Halte sie prüfend an alle Ecken an. Aber nichts passt.

Das ist also alles.

Das bist also du.

Ein paar wirre Notizen und ein Bild im Kopf, das schon sehr bald schwächer werden wird.

Mir wird heiß.

***

AUF DAUER BEREITET der Bleistift zwischen meiner Stirn und der Tischplatte mir Kopfschmerzen. Ich richte mich auf.

Eins ist sicher: »Ich muss hier 'raus.«

Ich greife nach meinem Telefon, das neben meinem Bett auf dem Boden liegt und ziehe, bis das Ladekabel nachgibt. Tippe ein paarmal auf den Bildschirm und lege es dann vor mich hin. Lautsprecher.

»Ja?«

»Hey, ich hab deine Einladung jetzt erst gesehen. Ich komme natürlich gern heute Abend vorbei«, melde ich mich.

»Was? Zu mir?«, versucht sich Gustaf ad hoc daran zu erinnern, wen er wann eingeladen hat.

»Deine Hausparty«, erinnere ich ihn an einen Anlass, den es bis zum jetzigen Moment nie gab.

»Ach ja. Genau. Wie viel Uhr war das nochmal?«, geht Gustaf auf mich ein und ich bin mir noch nicht sicher, ob er weiß, was ich vorhabe.

»Bei so etwas sagt man immer gegen zwanzig Uhr, obwohl man da selbst erst einkaufen geht und auch noch nicht geduscht hat und dann beeilt man sich irgendwie doch, obwohl man weiß, dass noch niemand auf dem Weg ist, und sitzt dann ab zweiundzwanzig Uhr allein auf der Couch und leert schon mal die erste Flasche Wein. Ich wäre ganz gern von dieser ersten Flasche Wein an dabei. Ich brauche deinen Rat.«

»Super, dann erinnere ich erstmal mich selbst und dann die anderen an heute Abend«, zwinkert mir Gustafs Stimme zu und jetzt bin ich mir sicher, dass wir auf demselben Stand sind.

»Kann mich gar nicht daran erinnern, wann ich das letzte Mal Menschen in 3D gesehen habe«, nervöse Vorfreude schallt durch den Hörer.

»Ich mich auch nicht. Aber es wird Zeit, denke ich. Wir waren lange genug brav zu Hause – oder?«

»Auf jeden Fall. Ein Ausrutscher zur Erhaltung unserer psychischen Gesundheit ist überfällig.«

»Mehr als das. Du glaubst mir nicht, was gerade in meinem Kopf los ist.«

Meine Finger tasten meine Stirn ab. Es schmerzt dort, wo der Bleistift war.

»Das kriegen ich und der Wein schon wieder hin.«

»Ich freue mich«, sage ich und lege auf.

Wer sind eigentlich die anderen?

***

DIE ANDEREN SIND ein bunt gemischter Haufen, den ich nur von Hauspartys bei Gustaf kenne, und mit denen ich mich nüchtern ziemlich sicher nicht verstünde.

Die ersten kommen frecherweise bereits, während Gustaf und ich noch an der erste Flasche Wein arbeiten, und mischen sich mit einem »Worum geht's?« in unser Gespräch ein.

Weil Gustaf gern ein guter Gastgeber ist und, um dies zu beweisen, sogar Käse und Oliven auf einem kleinen Teller in der Mitte des Wohnzimmertisches angerichtet hat, führt er die Unwissenden in meine Materie ein.

Ich sitze daneben, stürze mein Weinglas herunter, nicke mit zusammengekniffenen Lippen und lasse mir dann nachschenken.

»Und du erinnerst dich nicht an ihren Namen?«

Ich hasse Fragerunden auf Partys, weil sie entweder aus gespieltem Interesse oder Suff heraus gestellt werden und in beiden Fällen erinnert man sich später nicht an die Antwort. Aber der unerschütterliche Glaube daran, dass dieser eine Typ hier vor mir anders sein könnte, dass es ihn wirklich interessieren könnte, dass er mich vielleicht sogar kennt, lässt mich antworten:

»Ich hatte heute Nacht diesen komischen Traum. Ich und sie. Wir waren Kinder und draußen auf der Straße, vor der Wohnung meiner Eltern und plötzlich kam ein Auto und sie wurde fast angefahren und da höre ich mich selbst ihren Namen rufen und dann waren wir plötzlich erwachsen und …«

»Und welcher Name war das?«, werde ich unterbrochen.

Ich blicke zu Gustaf, der mir zwar ernsthaft interessiert, aber auch nicht mehr ganz nüchtern, seine Hand auf den Oberschenkel legt, um zu beteuern, dass er zuhört.

Dann schaue ich zurück zu meinem Publikum, das nur

betrunken scheint und die Frage wahrscheinlich schon wieder vergessen hat.

Während ich noch hadere, ob diese Menschen es wert sind, deinen Namen zu erfahren, tritt ein weiteres austauschbares Gesicht mit einem »Hey, worum geht's?« in unsere Runde.

Ich fühle mich, als würde jemand einen Stift in meine Kassette stecken und das Band zurückspulen, und weil ich mir von niemandem einfach seinen Stift 'reinschieben lasse, stehe ich mit der Ausrede, ich bräuchte erst einmal einen neuen Drink, auf.

Gustaf berührt leicht meinen Arm und flüstert mir ein »Später in Ruhe, ja?« zu.

Ich versuche mich über all' diese Beine und Arme und abgestellten Drinks zu manövrieren, ohne mich entschuldigen zu müssen. Im letzten Schritt kicke ich dann doch noch gegen ein just zum Mund geführtes Glas. Ich höre, wie sich jemand verschluckt, sage lieb und nett »*sorry*«, ohne mich umzudrehen und höre im Weggehen jemanden ansetzen: »Unsere Freundin … wie heißt sie nochmal? Hat diese *crazy lovestory* am Laufen…«

Ich nehme dem erstbesten Jemanden, der außer Hörweite steht, die erstbeste Flasche aus der Hand und bewerbe mich mit einem »Na, worum geeehts?«, darum mitzutrinken.

Ich werde herzlich aufgenommen von meinen neuen Freunden und der Flasche Gin und genieße, nicht das Thema zu sein.

Die ersten verabschieden sich nach der zweiten Runde *shots,* um den letzten Nachtbus noch zu erwischen. Entschuldigen sich zwischen einem Kuss auf meine Wange und einem Griff an meinen Po dafür, dass sie zu viel getrunken hätten.

Ich nicke brav, nehme einen weiteren Schluck aus der Flasche und verziehe das Gesicht, wie man das macht, wenn man harten Alkohol trinkt, obwohl nichts am Geschmack von Gin zum Gesichtverziehen ist. Ich mag Gin. Gin mag mich. Von Gin gehen meine Kopfschmerzen weg.

Ich winke zum Abschied und stolpere ein paar Schritte rückwärts.

Lasse mich auf die Couch fallen. Ich lande in jemandes Schoß.

Drehe mich mit Absicht nicht um, weil ich nicht wissen will, wer es ist.

Lasse mir bemutternd alle paar Minuten ein Glas mit unbekanntem Inhalt reichen.

Ich nehme einen Schluck, bedanke mich und finde mich wenige Wiederholungen später eng umschlungen mit diesem Jemand, der du sein könntest, auf dem viel zu kleinen Sofa liegend.

＊

SCHWINDEL DRÜCKT MIR die Augen zu.

Wie groß ist die Wahrscheinlichkeit, dass das wirklich du bist?
Ich höre ein leises Lachen an meinem Ohr.
Wie groß ist die Wahrscheinlichkeit, dass das dein Lachen ist?
Du streichst über meinen Rücken.
»Weißt du, was ich gerade gedacht habe?«, frage ich.
Du reagierst nicht.
»Ich denke an Wüsten, Fahrradtouren und Nacktschnecken«, antworte ich mir selbst.

»Ich weiß.«

Ich nehme meinen ganzen Mut zusammen und öffne meine Augen.

Graublau. Stadtregen. Pfützenwasser.

Du schaust mich an.

Ich zähle die Sommersprossen auf deiner Nasenspitze und den einen Leberfleck über deiner rechten Augenbraue. Alles da.

Du bist da.

Du bist hier und ich auch.

Das breiteste Lächeln spannt sich mir im Gesicht auf wie der riesige Sonnenschirm vor meiner Lieblings-Eisdiele. Ich reibe meine Nase über deine Wangen, bis deine Sommersprossen auf mich abfärben. Du lachst leise und deine Locken kitzeln mich an der Stirn.

Ich halte deine Hand fest. Möchte dich zurückziehen in unseren Traum.

Händchen haltend über Straßen rennen. Über vierspurige Alleen und über die Autobahn.

Aber wir bewegen uns nicht. Wir bleiben einfach auf der Couch liegen. Still und leise.

Gelähmt von Glück und Alkohol.

»Dreht sich bei dir auch alles?«, frage ich dich.

»Ja, wir sollten kurz 'rausgehen«, antwortest du und ich fühle deine Lippen an meiner Stirn, während du sprichst. Deine Stimme klingt weich, aber aufgerieben von Zigaretten.

Wie ein Wollpulli vom Rucksackklettverschluss.

Ich richte mich mühsam auf, stütze mich dabei ab, wo es dir weh tut.

Erst stöhnst, dann lachst du wieder.

Ich versuche dich mit mir hochzuziehen. Und das klappt sogar beim zweiten Anlauf.

»Wo ist die Tür?«, frage ich dich und wische hektisch an meinen Augen herum, um klarer zu werden. Ich erinnere mich, dass ich ja Mascara trage, dann erinnere ich mich, dass das, seit ich 18 Jahre alt war, nicht mehr stimmt, und wische weiter.

»Wohin gehen wir?«

***

MIR IST WARM. So warm, dass ich tatsächlich meine Jacke ausziehen könnte.

Ich bin aber skeptisch und lasse sie an.

»Diese Stadt speichert keine Wärme.«, sagst du.

»Sobald die Sonne untergeht, wird es kalt. Auch im Sommer.«

»Ich möchte ’raus hier.«, schmiede ich Pläne für uns.

»Warst du schon mal da?«

»Wo?«, frage ich nach.

»Raus hier«, antwortest du.

»Nein, aber wenn wir loslaufen. finden wir es bestimmt.«

Ich nehme dich bei der Hand.

Wir laufen die Straße ’runter über den Friedhof und an der Kirche vorbei.

Links am geschlossenen Supermarkt abbiegen, am Bäcker vorbei, nochmal rechts und dann weiß ich nicht mehr weiter, du aber schon.

Du läufst vor. Ziehst mich hinter dir her und dann sind wir plötzlich da.

Die große Wiese ist nachts schwarz.

Du gehst in die Hocke und streichst über das vom Tau feuchte Gras, bis deine Hände nass sind. Schlägst sie dir über dein Gesicht und atmest tief ein.

Ich knie mich zu dir und weil uns das aufstehen zu

mühsam ist und um zu feiern, dass wir uns wiedergefunden haben, lassen wir uns die leichte Steigung hinunterkugeln.

Dass das eine schlechte Idee war, merkt unser Magen schon nach der ersten Umdrehung, aber die Entscheidung anzuhalten fällt einfach nicht und wir rollen weiter bis die Trägheit unsere Körper schließlich liegen lässt.

Wir starren in den dunkelgrauen Himmel und sehen absolut nichts.

Weil Stadthimmel bei Nacht eben nicht mehr sind als graue Bildschirmschoner, sagst du.

Ab und zu hört man einen Automotor aufheulen. Kickstart in der Dreißiger-Zone.

Du schaust mich durch deine lockigen Strähnen von der Seite her an.

»*I've got to get some sense back into my head.*
I'm in the dark and I can't see where I am being led.«

Schön, wie du das sagst, und so Englisch, denke ich. Wie ein Gedicht.

Dann erinnere ich mich an ein Musikvideo. An Frauen mit Fahrradhelmen und Netzhemden.

»Neil Straker Band«, lache ich.

»Nick«, verbesserst du mich.

»Wer?«

Du antwortest: »*Where can I turn to save myself from this confusion.*«

Ich erinnere mich an den Refrain und singe lauthals los:
»*A walk in the park, a step in the dark.*
A walk in the park, a trip in the dark.
I'm getting away escaping today.«

Da hältst du mir plötzlich den Mund zu.

Deine Hand riecht staubig und ungewaschen, aber das ist meine Zunge auch.

Ich lecke über deine Handfläche und das scheint dich leider kein bisschen zu stören.

Du schaust mich ernst an.

»Was ist los, Nora?«

»Lass uns noch ein bisschen hier warten, ja?«

»Worauf denn?«

Du deutest nach oben, dann hältst du dir einen Finger vor den Mund:

»Pssst!«

***

AUF DEM HOF hinter unserer Wohnung gab es einen langen Gang und am Ende ein verschlossenes Tor, das zur Straße 'rausführte.

Gipsfaser und Beton.

Dieser Gang war der tollste Ort zum Spielen überhaupt, weil es dort so schön schallte.

Weil man den ganzen Tag Ball spielen konnte mit sich selbst. Ball. Hand. Wand. Ball. Hand.

Hüpfendes Leder und Echos, die einem zulachten. Das Geräusch von tausend Füßen, die nach dem Ball hechteten. Sich erschreckt nach den Massen umdrehen und erleichtert feststellen, dass man doch allein ist.

Laut sein und damit niemanden stören.

Sich groß und stark fühlen und niemand da, der einem das ausredet.

Wenn man ganz am Ende an dem verschlossenen Tor lehnte und aus vollem Hals schrie, bekam man immer eine Antwort.

Ich stand manchmal stundenlang dort, schrie meinen eigenen Namen und du antwortetest immer. Ich schrie, bis ich heiser oder hungrig wurde.

Dann nahm ich dich bei der Hand und wir rannten zusammen über den Hof.

An dem hohen Baum vorbei zur Feuertreppe hinter den Mülltonnen. Über das bepflanzte Dach vom Supermarkt, auf dem wir immer unser eigenes Haus bauen wollten, über die Terrassentür nach Hause.

Meinen Eltern erzählte ich nichts von dir, denn ich hatte Angst, dass sie dich nicht mitessen lassen. Wir teilten alles. Meine Schulbrote. Meine Geburtstage. Mein Bett und meine Gedanken.

Menschen sind unheimlich, da waren wir uns einig.

Menschen hassen Menschen, weil sie andere Nasen und Augen haben.

Menschen fliegen mit Flugzeugen in Hochhäuser und schreien Kellner wegen verschütteten Orangensafts an.

Menschen würden uns nie in den Kopf kommen. Das versprachen wir uns.

Nur wir beide.

Für immer.

***

ICH HABE MEIN Telefon immer auf lautlos gestellt,

weil ich telefonieren hasse und die Sätze »*Sorry,* hatte mein Telefon auf *lautlos.* War 'was Wichtiges?«, gern sage.

Aber was hasst man schon nicht, wenn man einen Kater hat.

Mein Kopf brummt. Mein *smartphone* auch.

Ich taste schnaufend nach dem Gerät, in der Hoffnung, jegliche Vibrationen in und außerhalb meiner selbst mit meinem Zeigefinger wegwischen zu können. Als ich es endlich zu fassen kriege, steht der kleine Kasten still. Mein Kopf brummt weiter.

Ich öffne nur ein Auge, denn irgendwie macht das die Dinge ein bisschen besser.

Die Welt nur halb so grell und aufdringlich.

Ich schiele auf den Bildschirm, um eine Vorstellung von der Zeit zu bekommen. Nur eine grobe. Einstellig? Zweistellig? Zweistellig.

»Verdammt!«

Über der Uhrzeit leuchten kleine Rechtecke auf. Drei verpasste Anrufe.

Ich streife ziellos einen dieser Hörer. Lege das warm geladene Gerät neben mir aufs Kissen und lasse mich überraschen. Jemand hebt ab:

»Hey, alles gut?«

»Hmm?«, frage ich.

»Hat man dich entführt und dir die Zunge 'rausgeschnitten?«

Ich glaube, Gustafs Stimme zu erkennen.

»Gustaf?«, frage ich trotzdem nach. Nur, um sicherzugehen.

»Ja klar, wer denn sonst?«

Sicher gegangen. *Safety first.*

»Na, wie war die Party?«, frage ich.

»Die Party war gut«, lacht es mir durch den Hörer entgegen.

»Wie war deine Party? Und wo? Du warst gestern Nacht einfach weg und niemand wusste, was passiert ist.«

»Das liegt daran, dass niemand meinen Namen kennt.«

»Habt ihr meine Freundin mit dem Gin gesehen?«, zitiert Gustaf sich selbst von letzter Nacht.

»Ja, der Gin war gut. Hast du den Gin gefunden?«

»Nein der Gin ist auch weg. Bitte bring Licht in mein Dunkel!«

»Wir waren zusammen in irgendeinem Park in der Nähe.«

»In 'nem Park?«

»Ja, wir haben gewartet.«

»Gewartet? Worauf denn?«

Ich deute mit dem Finger nach oben. Aber das hört man ja durch das Telefon nicht.

»Und wer ist überhaupt wir?«, knüpft Gustaf eine weitere Frage an.

»Ich und das Wunder der letzten Nacht.«, erinnere ich mich plötzlich selbst und werde ein bisschen munterer.

»Gustaf, du hast 'was verpasst!«

»Das fürchte ich auch. Klär mich auf.«

»Ich hab sie gestern gefunden. Oder – ich hasse, wie kitschig das klingt – sie hat mich gefunden.«

Ich drehe meinen Kopf, so weit es geht, um mir Überblick zu verschaffen, sehe die neben mir aufgetürmte Decke und lege sanft eine Hand darauf.

»Wer? Deine Kindheitsfreundin?«

»Ja!«

»Auf meiner Hausparty?«

Meine Kopfhaut kribbelt. »Ja. Das klingt verrückt oder?«

»100 pro! Verrückt ist super! Wie hast du sie erkannt?«

»Sie sah genau so aus, wie ich es aufgeschrieben habe. Vielleicht hab ich eine übernatürliche Begabung oder so 'was.«

Aufgeregtes Schnaufen von der anderen Seite der Telefonverbindung.

»Also seid ihr gestern von mir aus gemeinsam abgehauen? In den Park? Und dann?«

»Ich erinnere mich nicht wirklich an den Nachhauseweg, aber sie hat hier geschlafen. Das weiß ich sicher.«

Ich drehe meinen Kopf noch ein Stückchen weiter in Richtung Decke. Lächle die Übelkeit weg.

»Was für eine *story*! Das musst du aufschreiben. Ich wünschte, bei mir wäre mal ein bisschen 'was los … Was macht dein Kopf?«, wechselt Gustaf plötzlich das Thema.

»Quatsch macht der. Hab's übertrieben gestern.«

»Dann, ruh' dich vielleicht erst mal richtig aus. Scheint ja
'ne wilde Nacht gewesen zu sein gestern. Ab heute heißt es
wieder brav zu Hause bleiben, ja?«

»Ja, heute kriege ich eh nichts mehr zustande«, sage ich,
reibe meine Augen mit Daumen und Zeigefinger.

Schwarz breitet sich in meinem Kopf aus wie in einer
schimmligen Schneekugel.

»Wir sind zu alt für exzessives Trinken«, witzelt Gustaf
und normalerweise würde ich alles tun, um dagegen zu
argumentieren, aber die Übelkeit hängt mir noch halbver-
daut in der Kehle und alles, was ich artikuliert kriege, ist ein
»hmmm«.

»Ich rufe dich die Tage nochmal an und dann erzählst du
mir alles in Ruhe, ja?«

»Machen wir so.«

»Pass gut auf dich auf«, höre ich Gustafs warme Stimme
sagen.

»Klar, mache ich. Du bist der Beste«, nuschle ich ein bisschen zu schnell hintereinander ins Telefon. Darum schiebe
ich ein:

»Ich hab dich lieb«, zur Beteuerung hinterher.

»Ich hab dich auch lieb, Nora.« Gustaf legt auf.

Freizeichen.

Miou Sascha Hilgenböcker

Der Lauf der Dinge

Wieso ich zurückfahren wolle, hat sie mich gefragt.

Ob wohl noch Flusswasser in mir fließt, frage ich mich und tippe in die Suchmaschine: *Wie lange bleibt Wasser im menschlichen Körper?* Eine befriedigende Antwort finde ich nicht, lediglich einen fünf Jahre alten Kommentar in einem Online-Forum: *Was bezweckst du mit diesem Wissen?*

Ich lege mein *Smartphone* zur Seite und sinke tiefer in den grün gemusterten Sitz der Talbahn, die sich zielsicher durch den Wald schlängelt, den Lauf der Breiten Woge nachzeichnend.

Uns Kinder hat der Fluss damals Relation gelehrt. Wieso die Breite Woge so dünn sei, hatte meine Schwester gefragt, und tatsächlich, in der gesamten näheren Umgebung gab es kaum einen schmaleren Fluss. Meine Großmutter hatte anerkennend in die Hände geklatscht und mit einer solchen Bestimmtheit auf den Absätzen kehrt gemacht, als habe sie jahrelang auf diese Frage gewartet, vielleicht hatte sie das wirklich. Sie stopfte uns in ihr kleines, rostrotes Auto und wir schepperten durch die Dörfer.

»Hier«, sagte sie endlich, hielt knirschend auf dem Kiesboden eines unscheinbaren Parkplatzes irgendwo am Rand der Bundesstraße, links dichter Nadelwald, rechts ein Hang. »Hier floss früher die Schmale Woge. Und dort«, sie zeigte mit dem Arm hinab ins Tal, »dort war es, wo die beiden Flüsse sich trafen.«

»Und was ist passiert?«, wollten wir Kinder wissen.

Sie zuckte mit den Achseln: »Der Lauf der Dinge.«

Sie sagte es, als habe sie nichts damit zu tun gehabt, keinen Einfluss auf den Lauf der Flüsse, was uns schon damals verdächtig vorkam, was jedem verdächtig vorgekommen wäre, der unsere Großmutter gekannt hätte. Erst Jahre später erfuhr ich, dass mein Gefühl mich nicht getäuscht hatte.

Weitere Jahre später wurde mir klar, was für ein Glück es war, dass ich nicht eher von dieser Geschichte erfahren habe – wer bin ich denn, eine alte Frau mit den Versäumnissen ihrer mittleren Jahre zu konfrontieren?

»Wer sonst, wenn nicht wir!«, empörte sich Anton, der idealistischere meiner beiden Brüder.

»Unsere Eltern«, entgegnete ich müde. »Die sind ja wohl selbst für ihre Eltern verantwortlich.«

Ich legte die Stirn in kluge Falten und fügte hinzu: »Wir brauchen unsere Großmutter als Kompass und Anker, du streitest nicht mit deinem Kompass, du kritisierst deinen Anker nicht, sonst verlierst du Orientierung und Halt, hat dir Großmutter denn gar nichts beigebracht?«

Zumindest hätte ich es gern hinzugefügt, wenn ich nur reden könnte, wie ich schreibe. Schreibend schrecke ich nicht so schnell zurück vor überladenen Metaphern.

Ich habe das gesamte hintere Zugabteil für mich allein, so dass ich mich ganz der vermessenen Vorstellung hingeben kann, der Zug würde nur für mich durch den Wald ziehen, am schmalen Fluss entlang, der in dieser Jahreszeit verspielt ist wie ein junges Otterkind, der lachendes Herbstlaub um die Steine wirbelt und sich in selbstbewusstem Übermut mit Schaumkronen schmückt. Bei der letzten Haltestelle ist die Zugbegleiterin zu der neu zugestiegenen, ungeniert touristischen Kleinfamilie in das vordere Abteil gewechselt, um die sonntägliche Berg-und-Tal-Fahrt anzupreisen. Eine der wenigen monetarisierten Attraktionen, die wir den ausflüglerischen Familien in dieser Gegend zu bieten haben. Wald und Fluss gibt es gratis dazu, zumindest bislang.

Schon seit Jahren weisen besorgte Stellungnahmen der örtlichen Umweltschutzvereine auf die immer schlechtere Wasserqualität der Breiten Woge und anderer Flüsse der Umgebung hin. Insbesondere gegen die Staumauern der Obertalsperre prallt hartnäckig Kritik: Großzügig versorgt sie die Großstadt mit Strom, gleichzeitig überrascht sie das gesamte Umland mit Erdrutschen, Überschwemmungen und leblosen Flüssen. Doch wer nicht gerade aktives Natur- schutzvereinsmitglied ist oder mutwillig die eigenen Ver- drängungsmechanismen blockiert, macht um solche unan- genehmen Überlegungen lieber einen ausladenden Bogen. Mir fällt auf, dass die Zugbegleiterin ihre Jacke in meinem Abteil liegengelassen hat, grün bestickt mit dem Logo der Talbahn. Ich muss an die Zeit denken, als ich noch Tag für Tag mit dem Zug zur weiterführenden Schule in die nächst- gelegene Kleinstadt gefahren bin. Wie hätte ich mich über die Gelegenheit gefreut, eine grün bestickte Talbahn-Jacke voll zuvorkommender Hilfsbereitschaft ihrer Eigentüme- rin zurückbringen zu können. Damals war ich monatelang heimlich in eine Kontrolleurin verliebt, die hatte kurze, rot gefärbte Haare und Unterarme voller Tattoos. Gleichzeitig liebte ich still und innig den Bäckereiverkäufer mit den gro- ßen, dunklen Augen.

Zu jener Zeit staunte ich in halber Besorgnis, ob mit mir wohl alles in Ordnung sei, denn es schien von großer Be- deutung zu sein, sämtliche Gefühle jeglicher erwiderter oder unerwiderter Liebe zumindest phasenweise auf nur eine ein- zige Person zu konzentrieren, insbesondere aber auf ein be- stimmtes Geschlecht, im Idealfall das gegensätzliche. Gegen- satz wovon, fragte ich mich ratlos, verzweifelnd angesichts einer unlösbaren Aufgabe.

Am Anfang hatte ich ständig Angst, etwas falsch zu machen. Raja merkte es natürlich: »Das spricht wenigstens für eine gute Selbsteinschätzung. Natürlich wirst du etwas falsch machen. Du bist nicht die erste weiße Person, die ich date.«

Ich wurde etwas rot und traute mich nicht, zuzugeben, dass ich bislang überhaupt noch nie ein *date* gehabt hatte.

Ein paar Monate später fuhr ich gemeinsam mit Raja den schmalen Fluss hinauf. Bis heute weiß ich nicht, wie ich nur auf eine solche Idee hatte kommen können. Vermutlich hatte ich gar nicht nachgedacht, vermutlich war es meiner rücksichtslosen Verliebtheit geschuldet, zu glauben, dass mit einem Mal die ganze Welt zu lieben hat.

Kohlrouladen, Kartoffelpüree und ein ordentlicher Schuss Rassismus. Wir kamen nicht bis zu der Stelle, an der wir uns überraschend als undenkbares Liebespaar hätten offenbaren können, kein *coming out* zwischen Silberbesteck und Spitzengardinen, wir verabschiedeten uns noch vor dem Nachtisch.

Auf dem Rückweg sprachen wir lange Zeit kein Wort.

Raja blickte aus dem Fenster, ihre Augen hefteten sich an vorbeirauschende Tannen, der Zug fuhr, der Blick blieb, folgte einzelnen Bäumen von rechts nach links, bis sie ganz aus dem Blickfeld verschwunden waren, Tanne um Tanne, rechts nach links. »Die optische Aufgabe reduziert subjektiven Stress. Senkt die Intensität von mit belastenden Bildern assoziierten Gefühlen. Zentral scheint dabei weniger die Augenbewegung als die visuelle Fokussierung der Aufmerksamkeit«, sagte sie mit tonloser Stimme.

»Ich hätte etwas sagen sollen«, murmelte ich.

»Etwas sagen? Denen musst du ein ganz neues Weltbild zimmern!«

»Ja, das muss ich. Das muss ich wirklich.«

»Das kostet mehr als ein paar Worte.«

»Ja.«

»Gut. Denn das hier mache ich auf keinen Fall noch einmal mit!«

»Ich hätte wirklich nicht gedacht –«

»Nicht, dass du mich falsch verstehst. Die sind auch nicht viel schlimmer als andere. Aber das macht es nicht besser.«

»Nein, das macht es nicht besser.«

Die Dämmerung kroch zwischen den Bäumen hervor und blickte sich verstohlen um. Dämmerlicht tastete nach dem Fluss, meine Hand suchte Rajas Hand und ihre Augen folgten den Tannen.

Wann immer ich hierher zurückkehre, kehre ich nur halb zurück.

»Die Stadt hat dich entwurzelt und radikalisiert«, wirft mir der fantasielosere meiner beiden Brüder vor, der sich des Widerspruchs seiner Anklage nicht bewusst ist.

»Das Ergebnis der Wurzelziehens ist das Radikal«, antwortete ich ihm, wäre ich nur schlagfertiger und kennte mich mit mathematischen Begriffen besser aus.

Die ordentlich verwurzelten Leute, die in der kleinen Stadt am Fluss geblieben sind, bekommen Strafanzeigen für betrunkenes oder zu schnelles Fahren. Solche Anzeigen werden von der wöchentlichen Stammtischrunde brüderlich weggeklopft, gemeinschaftlich in Bier ertränkt.

Manche Leute vom Fluss bekommen auch Strafanzeigen, weil sie Angestellte beschäftigen, denen aus Perspektive der Bundesrepublik die falschen Paragraphen in den Ausweis gedruckt wurden. Oder, schlimmer noch, die nicht mal einen Pass besitzen.

Mein idealistischer Bruder nennt diese »Arbeitgebenden« heroisch, mein fantasieloser Bruder hält sie für leichtsinnig, meine Schwester sagt, sie sollten mal lieber an die abgeschobenen Angestellten und ihre abgeschobenen Familien denken.

Wenn ich nach links blicke, durch den Wald hindurch, der sich in den vergangenen Jahren gelichtet hat, vorbei an trockenen Stämmen und den Überresten geknickter Kiefern, kann ich die Umrisse des Gedenksteins sehen.

An der Bundesstraße, zwei Kilometer vor der kleinen Stadt, steht ein Stein mit einer Inschrift, die an Carlsens Birgit und Sezgins Erdal erinnert, die von Grundlings Dieter gegen die Leitplanke, den Hang hinab, mit in einen viel zu frühen Tod geschleudert wurden. Der Stein erinnert auch an Dieter Grundling selbst, erinnert an ein Unglück mit einer zweifelhaften Tragik von 3,0 Promille. Ich sehe sie vor mir, die Männer der Stammtischrunde, wie sie den Stein am Tag seiner Einweihung verdrossen umringten.

»Auf Dieter«, sagte einer und hob trotzig sein Glas.

»Auf Dieter«, wiederholten die anderen und schweigend tranken sie im Chor.

Wann hat es angefangen, dass ich mich nicht mehr auf meine höchstpersönliche, momentane Gegenwart konzentrieren kann? Dass permanent Vergangenheit über die Ränder des Hier und Jetzt zu schwappen droht?

Eigentlich will ich in diesem Augenblick, auf dieser Fahrt, nicht mehr und nicht weniger, als meinen kleinen Bruder besuchen. Anton studiert nun von zuhause aus, Fernstudium.

Unsere Eltern denken, dass die Großstadt zu viele Stufen für ihn hätte. In der ersten Zeit habe ich ihnen täglich Fotos von Fahrstühlen geschickt.

»Lass gut sein«, befahl mir Anton eines Tages am Telefon.

»Aber das ist bevormundend!«, rief ich bevormundend.

Unwillkürlich erzitterte mein Smartphone. Es musste Anton gewesen sein, der so entschieden mit den Schultern gezuckt hatte, dass er die Funkwellen ganz durcheinander brachte.

»Pass doch auf«, sagte ich und mein Mobiltelefon schlingerte ein wenig, als er mit den Augen rollte.

»Ich kann nicht weg. Die brauchen mich hier«, erklärte Anton.

Mein Bruder, der es scheinbar mühelos verstand, die gesamte innerfamiliäre, intergenerative Verantwortung zu schultern. Mein Bruder, denke ich mit einem Lächeln.

Der einzige Grund, warum ich überhaupt diesen Weg auf mich nehme, denke ich mit Unbehagen. Ich hatte ursprünglich die Ausbildung begonnen, um die Perspektive zu haben, wieder ins Dorf zurückzukehren. Mittlerweile zieht mich alles nur noch fort von hier. Unwillkürlich muss ich an die Wanderfische denken, an Lachse, Störe, Maifische und Aale, an all die Fische, die versuchen, flussaufwärts zu schwimmen, zurück zum Ort ihrer Geburt. Die auf verbaute Wanderrouten stoßen, sich in den Staudämmen verfangen und am eigenen Leib erfahren, dass ihr Leben von der Durchlässigkeit der Gewässer abhängt. An all die vergangenen Fische, die in unseren Strömen längst nicht mehr schwimmen.

Die Leute, die am Fluss geblieben sind, bekommen Strafanzeigen, weil sie zu schnell Auto fahren oder weil sie betrunken Auto fahren oder weil sie mit ihren Autos über eine unsichtbare Grenze fahren und dabei innerhalb eines Sekundenbruchteils legale Drogen in illegale Drogen verwandeln.

Dann sind da noch Menschen wie ich, mit fortgeschwemmten Wurzeln, die diesem unwiderstehlichen Sog gefolgt sind, den Flusslauf hinab und hinein in die große Stadt gespült.

Vor drei Wochen stand die Polizei vor der angemessen herbstlich dekorierten Tür meines Elternhauses. Meine Mutter wurde kreidebleich und das Herz meines Vaters machte einen so unnatürlichen Satz, so dass sie den Krankenwagen rufen mussten. Die Nachbarschaft lugte hinter den Gardinen hervor und später fragte ich mich, ob nicht genau dieses Spektakel mit zum staatlichen Vergeltungsakt gehörte.

Zuerst war ich froh, dass meiner Großmutter die ganze Geschichte erspart geblieben ist. Andererseits hätte sie sicherlich einigen Leuten den Kopf geradegerückt, wäre sie in jenen Tagen noch am Leben gewesen.

All die gedämpften Stimmen im Vorfeld von Großmutters Beerdigung. Aufgebahrt und mit hartnäckiger Geduld wartete sie auf ihren letzten großen Auftritt, hunderte von Augenpaaren würden bedächtig vor ihr niedergeschlagen, ein imposanter Trauerzug, an den sich die Leute noch lange erinnern würden.

Doch hinter der Tür zum Schlafzimmer meiner Eltern brodelte es.

»Sie hat doch nicht wirklich – ?«, zischte meine Mutter.

»Das kann doch nicht – wie kann sie nur!«, stammelte mein Vater, dem vor Wut die Worte fehlten.

»Schamlos«, diagnostizierte meine Mutter. »Einfach schamlos.« Nur wenige Tage nach der feierlichen Beisetzung wurde aus verhaltenem Getuschel ein unüberhörbares Schwatzen: »Da schau mal einer an, hat sie doch tatsächlich der alten Milla ihr Haus vererbt!« Milla, alte Milla, Schönste im ganzen Land.

Eigentlich hätten die Menschen längst zu fortschrittlich oder entfremdet-individualisiert sein müssen, um noch groß über Milla zu tratschen, aber meine Großmutter war in dieser Gegend gewissermaßen ein Popstar. Die erste, jüngste und umstrittenste Bürgermeisterin der gesamten Region, die Frau, die sowohl das Erste- als auch das Zweite-Weltkriegs-Denkmal hatte abreißen lassen, die den Grundstein für die Talbahn gelegt, sich mit sämtlichen Behörden angelegt und eine katholisch geschiedene Frau zur Abteilungsleiterin der Kommunalverwaltung gemacht hatte.

Ich war dreizehn Jahre alt und wurde plötzlich mit Gerüchten einer Vergangenheit konfrontiert, die meine Eltern, ja, selbst meine Großeltern jahrzehntelang unter sorgfältig geknüpfte Teppiche gekehrt hatten.

Wie gut sich meine Großmutter aufs Teppichknüpfen verstanden hatte, sie brauche das als Ausgleich, hatte sie immer gesagt, ein wenig bodenständige Handarbeit, um nicht völlig abzuheben im weltpolitischen Kommunalgeschehen.

Ich schaute mir Fotos an, unzählige Fotos, Großmutter und Großvater, jung, kinderlos, auf einer altmodischen Picknickdecke im Gras sitzend, lachend. Auf einem Motorrad, beide ohne Helm, ernster Blick in die Kamera. Fotos mit Kindern im Arm, Nachkriegskinder, Fotos ohne Kinder im Arm. Das ausgeschnittene Zeitungsfoto ihrer bürgermeisterlichen Amtseinführung, mein Großvater im Hintergrund. Was wohl die anderen Männer in dieser Zeit über ihn gesagt hatten? Doch das Getuschel musste erst später losgegangen sein. Mit solchen Gerüchten im Nacken hätte sie niemals Frau Bürgermeister werden können, nicht einmal sie. Er auf der Gartenbank, der Stock neben ihm, sie neben ihm, aufrecht, stolz, Hand auf seiner Schulter. Auf der Gartenbank vor dem gemeinsamen Haus, das nun zu Millas Haus geworden war.

Mein Vater wollte offenkundig nichts davon wissen. Er schrie es mir entgegen, als ich mit meinen Fragen im Schlepptau vorsichtig herangeschlichen kam, ihn umkreiste.

»Fängst du jetzt auch damit an! Ich will nichts davon wissen!«, schrie er, schrie der Bürgermeisterinnensohn, den sie in der Schule all die Jahre verspottet und schikaniert hatten. Saubermann, so nennen ihn die Leute am Fluss. Es geht das Gerücht um, dass er eines Tages, ein junger Bursche noch, mit einem klobigen Besenstiel in der Hand von Haus zu Haus gestiefelt sei und gedroht habe, jeden zu vermöbeln, der noch ein einziges schmutziges Wort über seine Mutter verlieren würde.

Raja. Ich schreibe den Namen an die Innenwand des Zuges: *Raja, Raja, Raja.* Ich habe mit Bleistift geschrieben, doch da kann ich radieren, wie ich will, die blassen Abdrücke bleiben zurück.

Gemeinsam mit Raja und ihren Freundinnen habe ich noch ganz andere Sachen an Wände geschrieben. Raja und ihre Freundinnen, die für nichts Geringeres schreiben als Freiheit, Gerechtigkeit und das gute Leben.

»Das gute Leben für Alle«, ergänzte Natalia.

»Für alle, außer Nazis und Faschisten«, fügte Basila hinzu.

»Wenn es keinen Effekt hätte«, fragte Raja, »warum würden die hier über zwanzig Milliarden Euro pro Jahr für Werbung ausgeben?«

Basila malte ein Ausrufezeichen, das größer war als sie selbst. Es waren Raja und ihre Freundinnen, die mich zu meiner ersten Demonstration mitnahmen. Ein gigantisches Steinkohlebergwerk sollte errichtet werden, unter Beteiligung deutscher Firmen, gefördert von deutscher Entwicklungspolitik. Zwischenzeitlich kam es mir fast unwirklich vor, einem über neuntausend Kilometer langen Faden zu folgen, ihn zu ergreifen und trotz all seiner Verknotungen auch nur annähernd entwirren und aufrollen zu können.

»So etwas läuft natürlich seit Generationen«, rief mir Natalia durch das Getöse zu.

Ihre Mutter hatte ein halbes Leben lang in ihrem Heimatland Kolumbien gegen Staudamm- und Bergwerkprojekte protestiert, die Ökosysteme und die darin existierenden Dörfer zerstörten, ganze Gemeinschaften vertrieben und Widerstand rigoros niederdrückten. »Aber etwas hat sich verändert«, fügte Natalia hinzu und reckte ihr Schild in die Luft, hoch über die Köpfe der wogenden Menge. »Jetzt kommen auch Leute wie du zu unseren Demos!«

Es waren die Tage, in denen ich dem Lauf des Flusses immer seltener entgegenkam.

»Du hast dich verändert«, bemerkte mein fantasieloser Bruder streng.

»Du hast dich verändert«, freute sich meine Schwester und sprach davon, mich zu besuchen, aber eigentlich wussten wir beide, dass ihr Leben zu groß für mich geworden war. Wir, die wir vor über zwanzig Jahren an einem schmalen Fluss Verhältnismäßigkeit gelernt hatten. Meine neue Stadt grenzte noch immer an die Breite Woge, ihre Stadt grenzte ans Meer.

»Wann kommst du mal wieder vorbei?«, fragte Anton und ich versprach ihm, bald zu kommen.

Es waren die Tage der nicht stattfindenden Treffen. Auch Rajas Mutter wünschte sich Besuch. Ich hörte, wie die beiden am Telefon zankten.

»Soll sie doch herkommen! Soll sie doch zu mir kommen!«

Ich hielt Raja in den Armen, für einen Bruchteil Kind, Bruchteile eines Kindes, das den Vater hasste und die die Mutter vermissten. Sie grinste mich an, ironisch, schmerzhaft, unbesieglich: »Weißt du, was diese Psychologin bei der Lehranalyse gesagt hat? Als ich ihr erzählt habe, das mein Vater ein queerfeindliches Arschloch ist? ‚Ja, das ist die kulturelle Prägung‘ und erzählt mir noch ’was von einem Artikel, den sie letztens über Nigeria gelesen hat.«

Rajas Vater, der weiße, esoterische Heilpraktiker aus dem Allgäu.

»Kulturelle Prägung vom Feinsten, ich sag’s dir!«

An jenem Abend saßen wir zu viert im Park, ließen uns von der Dämmerung umhüllen, von der Luftakrobatik der Fledermäuse unterhalten, sprachen über herzergreifend Belangloses und schlitterten in schmerzhaft Relevantes.

»Identifikation mit dem Aggressor, transgenerationale Traumatisierung«, warf Raja zwischen das Flattern der Fledermäuse. »Also wollte ich Psychologin werden. Meine Familie, mich selbst besser verstehen. Aber es ist ein schmaler Grat zwischen Selbstbefreiung und Selbstpathologisierung.«

Raja, die Meisterin des schonungslosen Tiefgrunds. Manchmal bekomme ich Angst um sie, wenn sie auf Abgründe so unerschrocken zugeht, manchmal verachte ich mich selbst für meine weichgespülte Höhenangst.

»Ich denke mir so«, überlegte Natalia laut, »da kämpft meine Mutter jahrzehntelang gegen diese Firmen, gegen dieses ganze, schiefe System, und dann sucht sie ausgerechnet in Europa Zuflucht. Jetzt haben ihre Kinder die deutsche Staatsbürgerschaft und mein kleiner Bruder erinnert sich nicht mehr an den Geschmack der *Tamales* unserer *Abuelita*. Bleibt Deutschland für sie letzten Endes nicht immer nur das Land von *Bauweiner, DBR Energie und Co.*, das Land, das ihr Zuhause zerstörte?«

Es waren Natalias Worte im Dämmerlicht, zwischen denen sich der erste Schotter aus der Staumauer löste, einst errichtet, um mich vor trüben Gewässern früheren Lebens zu bewahren. Ich dachte an den halb vergessenen Brief, der sich zwischen zerknitterten Rechnungen, Geburtstagspostkarten, stumpfen Bleistiften und verbogenen Büroklammern verkrochen hatte, dachte an die krakelige Schrift meiner Großmutter, an eine unbeendete Geschichte.

Die schöne Milla schälte Kartoffelherzen. So schnell hüpften die Kartoffeln vom Eimer in die Hand, von der Hand in die weiße Porzellanschüssel, dass ich nicht erkennen konnte, ob sie herzförmige Kartoffeln oder die Kartoffeln zu Herzen schälte.

Der Wasserkessel pfiff, Milla unterbrach ihre Arbeit, goss Tee auf. Anton und ich saßen am Tisch und wagten es nicht, die erste Frage zu stellen.

Wir wussten, dass Oberflächlichkeit nicht an diesen Ort gehörte, eine Beleidigung für das Haus gewesen wäre, für uns alle war der Schmerz noch zu frisch. Nach der ersten Frage allerdings wäre es vorbei mit Kartoffelherzidylle in Porzellan, das wusste auch Milla. Und doch hatte sie uns hereingelassen, so wortlos und selbstverständlich, als habe sie wochenlang auf diesen Besuch gewartet, vielleicht hatte sie das wirklich.

Schließlich fragte ich ganz schlicht drauflos: »Milla, warum hat dir unsere Großmutter das Haus vererbt?«

Sie antwortete gelassen: »Die Geliebte wird zur Haupterbin. Ihre Art von Schadenersatz, nehme ich an. Es war auch für mich eine Überraschung.«

Ein Dutzend Kartoffelherzen plätscherte in den großen Topf. Mit der Teekanne in beiden Händen kam Milla zu uns an den Tisch und goss dampfenden Kräutertee in die Tassen, Kräuter aus dem eigenen Garten, Großmutters Garten. Plötzlich roch die ganze Küche nach Regennachmittag mit Großmutter, mir stiegen Tränen in die Augen.

Milla wandte sich ab, sie hatte Erfahrung darin, nicht zu sehen, was sie nicht sehen musste. »Dass ihre Enkelkinder kommen werden, hat sie gesagt. Dass sie es nicht geschafft habe, euch alles zu erklären«, raschelte ihre Stimme aus der Stube zu uns herüber, während sie in staubigen Schränken stöberte. »Wer bin ich denn, habe ich ihr geantwortet. Deine Enkelkinder sind nicht mein Zuständigkeitsbereich, verehrtes Fräulein!«

Anton und ich warteten verwirrt in der Küche. Mein Bruder schlürfte seinen Tee. Es wollte mir nicht gelingen, die Porzellantasse mit dem zarten Rosenmuster, die Tasse meiner Großmutter, an die Lippen zu setzen.

Endlich hatte Milla gefunden, was sie suchte, und kam zurück in die Küche: »Gib ihnen einfach das Album, hat sie gesagt. Sie wolle ja nur nicht, dass ihr schlecht über mich denken werdet, das sei alles. Ich habe mir nicht viel dabei gedacht, nur halbherzig nachgefragt. Da hätte ich schon ahnen können, was sie im Schilde führt. Glaubt es oder nicht, eine Woche vor ihrem Tod haben wir dieses Gespräch geführt, eine Woche!«

Sie legte ein Album mit abgegriffenem, mattblauem Einband vor uns auf den Tisch, ein wenig verärgert, so als wäre der frühe Tod meiner Großmutter auch ein persönlicher Verrat ihr gegenüber gewesen. Dann trat sie wieder an den Herd.

Die Tasse meines Bruders war leer. Er wollte das Album aufschlagen, doch ich schüttelte kaum merklich den Kopf, nahm das Buch an mich und ging zur Tür, bedeutete ihm wortlos, mir zu folgen. Mein Bruder bedankte und verabschiedete sich höflich, doch Milla schwieg. Die schöne Milla stand am Herd und kochte Kartoffelherzen.

Der Schafstall hatte unserem Großvater gehört. Wir gingen stillschweigend davon aus, dass Großmutter zumindest diesen von ihrem Ehemann heißgeliebten Schuppen nicht einfach so an Milla abgetreten hatte. An den windschiefen Stallwänden fehlten einige Holzlatten, vermodert oder herausgerissen. Das hereinfallende Licht malte Streifen auf den Boden, auf die Hände meines Bruders, auf das mattblau umhüllte Album. Beweisstück A auf der Innenseite des Einbands, eine persönliche Widmung meiner Großmutter an Milla: *In Liebe.*

Auf der ersten Seite erwartete uns ein überraschend bekanntes Foto. Großmutter und Großvater, lachend im Gras, unzählige Male im Familienalbum auf- und weitergeblättert. Und darunter: Großmutter und Milla. Milla, die in die Kamera strahlt, Großmutter, die ihr einen Kuss auf die Wange drückt. Die gleiche Wiese, die gleiche Picknickdecke, die gleiche Anordnung von Proviant und Geschirr, Großmutter mit dem gleichen, dünnen Pullover über den Schultern, und noch immer wollte ich nicht verstehen.

Endlich sprang mir das unwiderlegbare Detail ins Auge, hundertmal flüchtig gestreift, doch zum ersten Mal blieb mein Blick daran haften: Drei Becher. Auf der Picknickdecke, auf beiden Fotos, drei Becher. Der gleiche Tag, der gleiche Moment, es blieb kein anderer Schluss. Milla war es, die das Foto von meinen Großeltern geschossen hatte. Großvater war es, der das Foto von Milla und meiner Großmutter geschossen hatte. Er wusste Bescheid.

Auf den nächsten Seiten wiederholte sich der Effekt. Unsere Großeltern auf einem Motorrad, ernster Blick in die Kamera. Daneben Großmutter und Milla, auf demselben Motorrad, Großmutter guckt weiterhin verwegen, Milla schlingt die Arme von hinten um ihre Taille, kann sich das Lachen kaum verkneifen. Das Foto ist verwackelt, so als hätte auch Großvater lachen müssen.

Die Bilder mit Kindern im Arm allerdings fehlen, fehlen so restlos, als würden sie eine stille Anklage auf Zehenspitzen zu umgehen versuchen.

Der Schafstall ist Überraschungen gewohnt. Kleine Lammwölkchen zum Beispiel, die Generation für Generation auf die Welt purzelten und ein ganzes Kinderheer in Staunen versetzen konnten, wenn sie zum ersten Mal mit ungelenken Hopsern den Stall verließen. Nun also auch eine Großmutter, die doppelt so viel Liebe zu leben hatte, wie zu Lebzeiten von ihrer Umgebung akzeptiert werden konnte.

Je weiter wir blätterten, je mehr ich darüber nachdachte, desto selbstverständlicher kam mir das alles vor. Bis zu dem Brief. Ein vergilbter Brief, der zwischen den letzten Seiten des Albums lag, ob versehentlich übersehen oder mit Absicht platziert, kann ich bis heute nicht sagen.

Nur so viel steht fest: Meine Großmutter hatte tatsächlich mehr Einfluss auf den Lauf der Dinge gehabt, als sie an jenem reißenden Frühlingstag, an dem wir mit ihrem rostroten Auto zum ehemaligen Flussbett der Schmalen Woge gefahren waren, vor uns oder sich selbst zugeben konnte.

Schreie von allen Seiten, meine Hand in Rajas Hand. Luft zerschneidende Schärfe, bis mir endlich klar wurde, dass es die Luft selbst war, die schnitt. Brennende Luft in meinen Lungen, ich hustete und taumelte, Raja zog mich mit sich.

Sie haben das Kommando erteilt.

Tatsächlich gibt es Videoaufnahmen von diesem Tag, die ganz schön übel aussehen, aber es sind journalistische Bilder, Beweismaterial ohne Effekte, Sprechstimme und Hintergrundmusik, was bis zu einem bestimmten Grad heißt: Es fehlt das Gefühl. Für die Menschen, die dabei waren oder die Ähnliches erfahren haben, mögen solche Bilder an durchstandene Angst und Panik erinnern, aber was bewirken diese Aufnahmen, das frage ich mich wirklich, was bewirken sie bei denen, die so etwas noch nie erlebten?

Tätlicher Angriff auf Vollstreckungsbeamte.

Wir hatten keine Ahnung, was eigentlich genau passiert war, wieso und an welcher Stelle es eskalierte. Vor uns schrien die Menschen und drängten zurück, hinter uns schrien die Menschen, die nicht weiter ausweichen konnten, die gegen Mauern gedrückt wurden, gegen Eisenzäune, gegen Metallgitter, immer panischere Schreie und überall diese Schärfe in Luft und Lungen.

Mutwillig die Polizeikette durchbrochen.

Raja zog mich noch immer mit sich, irgendwohin, nur nicht hier bleiben. Die anderen drei hatten wir schon vor ewigen Minuten im Gedränge verloren. Da erhaschte ich aus tränenden Augen einen Seitenblick auf Natalia. Ganz vorn in der Menge, verschwommen zwischen unzähligen, wirbelnden Köpfen. Ich wollte Raja Bescheid geben und konnte nur husten, doch sie hatte Natalia längst selbst entdeckt. Natalia, die schrie, Natalia, die aus der Menge gerissen wurde, die von gepanzerten Körpern mit behelmten Köpfen auf den Boden geschleudert wurde. Wir änderten unsere Richtung, ohne zu überlegen, ohne jeden Plan, hin zu Natalia, die dort regungslos auf dem Boden lag.

Landfriedensbruch. Anstiftung. Öffentliche Aufforderung zu Straftaten.

In diesem Augenblick hatten wir keine Wahl, keine andere Wahl, als zu einer blutend und bewusstlos am Boden liegenden Freundin zu gelangen. Wir drängten uns durch die Menge nach vorn, sicherlich schrien wir auch, was Menschen in solchen Fällen eben schreien, »Lasst sie in Ruhe!«, oder: »Lasst uns durch!«, genau erinnere ich mich nicht mehr.

Und hinter uns bildete sich eine Menschentraube, die wir weder formiert noch registriert hatten, eine empörte Menge, die uns ohne zu zögern folgte, den erhobenen Schlagstöcken entgegen.

An der vorletzten Haltestelle steigt die Kleinfamilie aus, hinaus in die sich anbahnende Dunkelheit. Die Zugbegleiterin wechselt noch einmal in mein Abteil. Sie hat ihre liberale Pflicht erfüllt, hat den Tourismus, einziger Stützpfeiler strukturschwacher Regionen, mit den ihr zur Verfügung stehenden Mitteln in Schwung gebracht, zumindest nicht ins Straucheln, die kleine Familie jedenfalls scheint zufrieden. Ich packe umständlich meine wenigen Sachen zusammen, zu wenig Gepäck, um lange zu bleiben. An der Endstation öffnen sich alle Türen, die Innenbeleuchtung wird gedämmt, bis zur nächsten Fahrt in exakt zweiundzwanzig Minuten darf die Talbahn nun ruhen, im Halbschlaf vor sich hindämmern, sie stößt einen wohligen Seufzer aus.

Die Kontrolleurin steigt mit mir aus und lehnt sich an ihren Zug, ein wenig erschöpft und ganz vertraut, wie an ein gutes, altes Haus. Die Ärmel ihres Hemdes hat sie hochgekrempelt. Dass mich ihr Blick noch lange begleitet, bemerke ich nicht. Sie hat lange, lockige Haare, rostrot wie das Auto meiner Großmutter. Auf ihren Unterarmen ranken Tattoos.

Anton kommt mir entgegen. Der Fahrplan der Talbahn ist hier so selbstverständlich in Fleisch und Blut übergegangen, wie es früher einmal mit Dämmerungszeiten und Mondphasen der Fall gewesen sein musste. Flüchtig erinnere ich mich daran, dass mein Großvater die Schafe grundsätzlich nur bei zunehmendem Mond geschoren hat. »Themen, über die du nicht sprechen willst?«, fragt mich mein Bruder zur Begrüßung.

Auf seine letzten Telefonanrufe habe ich nicht antworten können, auf nichts habe ich mich konzentrieren können, solange Natalia noch im Krankenhaus gewesen war.

Ich falle ihm um den Hals.

»Ich möchte ja gern, aber Basilas Mutter, unsere Anwältin, hat uns geraten, erst das ganze Verfahren abzuwarten. Sich nicht selbst belasten, solche Sachen. Aber eigentlich ist es gar nichts. Eigentlich ist alles nur ein Missverständnis.«

Anton ist bemüht verständnisvoll, doch er kann seine Enttäuschung nicht ganz verbergen. Auch ich würde mir wünschen, eine plausible, kohärente Geschichte präsentieren zu können, angefangen mit dem Protest gegen die Zwangsräumung einer Sozialwohnung bis zu diesem fulminanten Finale am anderen Ende des Flusses, beängstigend in all seiner Maßlosigkeit.

Aber wie könnte ich es erklären?

Einfach Zufall, dass ich nicht mehr im Krankenhaus war, als sie in voller Montur ins Krankenzimmer hineingepoltert kamen, wo Raja noch immer an Natalias Bett saß und die Einsatztruppe mit ungläubiger Wut anstarrte.

Einfach Zufall, dass ich nicht zuhause gewesen war, als sie nach mir suchten, um mich mit den schreienden, hustenden, tränenden Personen auf ihren Videoaufnahmen abzugleichen.

Wenn das Chaos groß genug ist, dann wird auch das Vokabular aufgerüstet: *Fluchtgefahr. Verdunkelungsgefahr. Wiederholungsgefahr.* Und noch immer hallt der bitterböse Anruf meiner Mutter nach, in dem sie mich beschuldigte, durch meine Rücksichtslosigkeit und Selbstbezogenheit, die nun augenscheinlich ihren neuen Höhepunkt erreicht habe, meinen eigenen Vater ins Krankenhaus gebracht zu haben.

Ich weiß, dass sie eigentlich nur Angst hat, Angst um ihren Mann, Angst um mich, Angst vor noch mehr Gerüchten. Aber mir fehlt nach wie vor die Geduld für Empathie und die gemeinsame Entwirrung ihrer voreiligen Ursache-Wirkung-Analyse.

Als mein Bruder mich also fragt, ob ich nach Hause möchte, schüttele ich hastig den Kopf.

»Lieber zum Schafstall«, schlage ich vor, auch wenn es eigentlich zu kalt und dunkel für den zugigen Schuppen ist.

Im Schein von Antons kleiner Taschenlampe richten wir uns ein. Ich wundere mich über den kleinen Holzschemel und eine alte Decke, die zusammengefaltet in einer Ecke auf dem Boden liegt. Die morschen Holzlatten wurden durch neue Bretter ersetzt.

»Sollen hier wieder Schafe 'reinkommen?«, frage ich meinen Bruder, der auf seine vieldeutige Art mit den Schultern zuckt, die alles auszudrücken vermag außer Gleichgültigkeit.

Ich genieße das vertraute Bild und muss lächeln.

»Ich werde versuchen, dir zu erzählen, was passiert ist, okay?«, gebe ich mich geschlagen. »Aber erwarte nicht, dass es irgendeinen Sinn ergibt!«

Weit komme ich nicht. Als ich noch dabei bin, mich über Wohnungsmarkt und klassenbegeisterte Mietpolitik aufzuregen, poltert die Holztür auf und ein gleißender Lichtstrahl bricht in den Stall. Dem blendenden Lichtkegel folgt ein unförmiges, fransiges Wesen. Es ist ein großes Glück, dass ich bereits in früher Jugend mit den zahlreichen Werwolflegenden dieser Gegend meinen Frieden geschlossen habe. So stellt sich auch diese Werwölfin als eine von den tendenziell Guten heraus.

»Dachte, ihr wärt wer andres«, murmelt sie undeutlich. »Ihr solltet besser gehen.«

»Erwartest du denn jemanden, Milla?«, fragt Anton und wir starren sie groß und harmlos an wie zwei Rehkitze im Scheinwerferlicht. Halb verborgen hinter einem großen Stapel von Decken und Kissen mustert sie uns aus zusammengekniffenen Augen, so als prüfe sie, ob sie uns vertrauen könne. Schließlich scheint sie eine Entscheidung getroffen zu haben.

»Dachte, ihr wärt welche auf der Durchreise«, sagt sie knapp. »Hab mich schon über das Licht gewundert. Ihr solltet wirklich besser gehen. Die brauchen diesen Platz dringender als ihr.«

Sie platziert den Deckenstapel sorgfältig auf dem kleinen Schemel. Eine Tragetasche hat sie dabei mit Thermoskanne und Tassen, die nimmt sie wieder mit.

»Wenn ich es nicht direkt anbiete, bedienen sie sich meistens eh nicht«, brummt sie.

Unaufgefordert folgen wir ihr und sie schickt uns nicht fort. Milla gießt Thermoskannentee in klobige Tassen, ihre Hände zittern ein wenig, was sie zu ärgern scheint. Ich frage mich, wie alt sie ist, weit über 80 Jahre müssen es sein. Die schöne Milla blickt mich scharf an, so als hätte sie meine neugierigen Gedanken gerochen und würde sie nicht gutheißen.

»Und du wirst also von der Polizei gesucht, Kind?«, fragt sie mich im Gegenzug.

Anton verschluckt sich an seinem Tee und ich stöhne auf: »Das ist also der Stand im Dorf?«

Tatsächlich hatten sie trotz des ganzen Spektakels nicht mehr gesucht als ein identitätsbestätigendes Lichtbild und meine aktuelle Anschrift. Nachdem diese Formalitäten geklärt waren, bekomme ich nun Strafanzeige und Vorladungen per Post, wie all die normalen, verwurzelten Menschen mit ihren schnell fahrenden Autos und ausufernden Stammtischrunden und ihrer staatsabhängig mehr oder weniger relevanten Fracht in Handschuhfach, Koffer- oder Motorraum.

Mir wird klar, dass ich gar keine andere Wahl habe, als erhobenen Hauptes ins Haus meiner Eltern einzukehren, um zumindest die oberste Spitze aller Gerüchte abtragen zu können.

Milla winkt ab: »Nichts, wofür du dich schämen musst.«

»Milla«, sagt Anton und ich weiß nicht, ob er mir zuliebe das Thema wechseln möchte oder ob ihm diese Frage seit mehr als einem Jahrzehnt auf der Seele brennt und nun einfach über die Zunge hopsen muss: »Milla, sag einmal, wusstest du damals, dass Oma erpresst wurde?«

»Lange gebraucht, um diese Frage zu stellen, was Kleiner?«, sie mustert ihn nachdenklich, dann schüttelt sie den Kopf. »Aber hätte ich es gewusst, ich hätte ihr das Gleiche gesagt: Nichts, wofür du dich schämen musst!«

Vergilbtes Papier schreckt aus knisternden Träumen auf und reibt sich zerknitterte Augen, während ich in meiner Schublade krame. Wortlos reiche ich den Brief an Natalia weiter, laut liest sie ihn den anderen vor.

»Hart«, kommentiert Raja.

Schmerzhaft und unwirklich zugleich fährt mir der Gedanke durchs Herz, jemand würde versuchen, sie oder mich auf derartige Weise unter Druck zu setzen, nur aufgrund der Tatsache, einander zu lieben. Anton hat sicher recht, wenn er sagt, dass Großmutter doppelt und dreifach erpresst wurde. Möglicherweise hatte sie an ihren Ruf und die eigene Karriere gedacht, ganz sicher aber ging es ihr um Milla, um Großvater, um ihre Kinder, um all die Menschen, die sie umkreisten wie kleine und große Monde, die es schon schwer genug hatten in ihrer Umlaufbahn.

Natalia dreht das Blatt um. In hektischen Buchstaben hatte meine Großmutter einen Namen auf die Rückseite gekritzelt und anschließend mehrfach unterstrichen.

»Anton und ich haben das damals recherchiert«, murmele ich. »Sepp Bauweiner, das war der Bauherr bei dem Staudammprojekt. Und sie haben auch genau in ihrer Amtszeit mit dem Bau begonnen.«

»Deine Oma hat die Obertalsperre genehmigt?«, fragt Basila ungläubig. »Es war eine Abstimmung aller Kommunen, die von den Flussumleitungen betroffen waren«, erzähle ich. »Wir haben im Stadtarchiv nachgeschaut: Unsere Gemeinde hat tatsächlich dafür gestimmt. Allerdings wurde das ganze Thema kaum in den Zeitungen aufgegriffen – wie totgeschwiegen! Wenn sich meine Großmutter damals dagegen ausgesprochen hätte … wenn es eine öffentliche Abstimmung gegeben hätte … wenn zumindest das Gutachten dazu diskutiert worden wäre! Das Projekt wäre nicht durchgekommen, jedenfalls nicht mit der Stimme unserer Stadt.«

Natalia blickt von dem Brief auf, sie muss sich beherrschen, das arglose Blatt nicht mit beiden Händen zu zerknüllen: »Auf jeden Fall ist es dasselbe Unternehmen, das bis heute überall auf der Welt diese Megastaudämme aus dem Boden stampft! Und was deren Art der Überzeugungsarbeit angeht, war die Obertalsperre anscheinend auch das Pilotprojekt.«

»Wer sonst, wenn nicht wir!«, hatte sich mein Bruder an einem jener fernen Nachmittage im Schafstall empört, als wir diskutierten, was angesichts von mattblauen Fotoalben und Drohbriefen, die ein großangelegtes, öffentliches Zwangsouting und eine landesweite Hetzkampagne versprachen, zu tun sei.

»Es ist einfach nicht richtig!«, hatte er gerufen. »Wer weiß, in wie vielen Gemeinden so etwas durchgezogen wurde? Wer weiß, wie die Entscheidung sonst ausgefallen wäre? So etwas muss doch veröffentlicht werden, da muss doch irgendeine Art von Aufarbeitung stattfinden!«

»Mal ehrlich, Anton«, hatte ich wütend entgegnet. »Wenn du ein Problem mit dieser Firma hast, dann jammere nicht, sondern werde Geologe oder Ökologe und du wirst tausend gute Gründe finden, diese Talsperre abreißen zu lassen. Dann triffst du sie da, wo es weh tut.«

Es war ungerechte Wut, Wut auf das Ungerechte, die gar nicht ihm galt, sondern Strukturen und Verhältnissen, die ich nicht greifen konnte, die zwischen vagen Überlegungen zerrannen. Anton zuckte nur mit den Schultern, wenig beeindruckt, als hätte ich ihm wahrhaft nichts Neues erzählt. Das Album mit dem mattblauen Einband hatten wir letztendlich einfach in Millas Briefkasten geworfen, hatten uns eingeredet, sie nicht noch ein weiteres Mal stören zu wollen.

Und wir hatten sie kein weiteres Mal gestört, bis zu dem Abend, an dem uns klar wurde, was Milla aus dem Haus unserer Großmutter gemacht hat: Eine Herberge ohne Fragen und Rechnungen, einen zeitweiligen Zufluchtsort ohne Antrag und Aufnahmeverfahren.

Sie stehen oben auf der Bühne, dort, wo ihre Worte nicht zu Boden gerissen werden können, nicht vor allen Augen, nicht vor laufenden Kameras. Natalia und ihre Mutter, zwei Generationen im selben Kampf. Es ist ein starkes Bild und geht weit darüber hinaus, es ist die Lebenswirklichkeit einer Familie.

Natalias Mutter hält das Knäuel fest in der Hand, diesen über neuntausend Kilometer langen Faden, den sie trotz all der Knoten und Verflechtungen ausgerollt hat und ein Leben lang nicht loslassen wird.

Natalia greift sich die Anknüpfungspunkte und wirft sie in hohen Bögen über die versammelte Menge. Wie es möglich sei, dass alte Erkenntnisse und neue Bedingungen nach wie vor nicht berücksichtigt würden? Wie es möglich sei, dass Fehler eigener Geschichte aktiv und wissentlich in andere Gegenden übertragen würden, höher und breiter und einschneidender? Wie es möglich sei, dass Verantwortung zwischen Einzelpersonen und Einzelfirmen und Einzelstaaten hin- und hergeschoben würde, anstatt kollektiv Verantwortung zu übernehmen und Verhalten zu ändern? Wie es möglich sei, dass konkret Verantwortliche nicht zur Rechenschaft gezogen, Geschädigte nicht entschädigt, Wiedergutmachung und Wiederherstellung nicht mit aller Entschiedenheit umgesetzt würden?

Ich stehe neben Basila, Raja und Anton im Publikum. Mein Bruder ist nervös, der angehende Ökologe, auch er wird heute sprechen. Zunächst aber wird Milla das Wort ergreifen und eine längst verjährte Straftat öffentlich zur Anzeige bringen.

Vielleicht wird Raja kurz meine Hand drücken, wenn der Name einer Großmutter von einer Bühne erschallt, der Name einer einflussreichen Frau, die ihre Macht nicht genutzt hat, weil ihre liebevollste Stärke zu einem Schwachpunkt zerkrümelt wurde.

Doch solange Natalias Mutter das Fadenende fest in der Hand behält und nicht zulässt, dass sich die Verbindungsstränge verlieren. Solange Milla Nacht für Nacht mit Thermoskannentee unerwarteten Besuch erwartet. Solange Basila Ausrufezeichen malt, die größer sind als sie selbst. Solange mein Bruder die Rückkehr der Wanderfische für möglich hält, solange Rajas Gedanken schneller flattern als jede Fledermaus, solange Natalia spürt, dass sich etwas geändert hat. Solange ist der Lauf der Dinge nicht entschieden.

Astrid Holzmann-Koppeter

Die Adler kommen

Kennte ich die alten Fotos aus den Familienalben nicht, hätte ich wirklich jeden Grund, die Geschichten meines Großvaters anzuzweifeln. Schade, dass ich seinen größten Triumph nicht miterleben durfte. Er wäre sicherlich stolz, dass ich in seine Fußstapfen trete.

Nur wenige Male in meinem Leben habe ich die Alpen erlebt. Die Erinnerungen daran sind fast schon verblasst, doch das berauschende Gefühl von Freiheit trage ich nach wie vor in mir. »*Die Natur ist die Mutter aller Lebewesen und deshalb müssen wir sie schützen*!«, hat mein Großvater immer beteuert. Mein ganzes Leben lang habe ich zu ihm aufgesehen und ich habe seine Bitte verstanden. Mein Ziel ist noch genau dasselbe wie damals in meiner Kindheit und je mehr Zeit verstreicht, desto sicherer bin ich mir.

Mittlerweile gibt es in den Bergen kaum mehr Bäume und es gibt auch keinen Schnee. Und wenn ich an die guten alten Fotos aus dem Familienalbum denke, muss ich zugestehen, dass jetzt auch niemand mehr einen Grund hat, den beschwerlichen Weg hier herauf freiwillig anzutreten – niemand außer mir. Ich habe mich bewusst für diese Lebensweise entschieden, nicht nur um meines Großvaters willen. Wenn wir und die Generationen nach uns überleben wollen, dann müssen wir handeln. Jetzt. Sofort.

Ich kann mich mitten am Tag einfach ganz oben ins Gras fallen lassen und den wolkenlosen Himmel beobachten. Nichts und niemand wird mich stören. Dass rundherum alles kahl und leer, geradezu trostlos, ist, hat einen bitteren Beigeschmack. Mir fehlen die harmonischen Melodien der Vögel, mir fehlt das herumstreifende Wild und mir fehlt vor allem der Duft nach frischen Tannen. Doch nichts von alledem werde ich hier jemals wieder vorfinden. Mir ist, als hätte man mich auf einer schmucklosen Lego-Aussichtsplattform ausgesetzt, die irgendein Kind in aller Eile lieblos zusammengewürfelt hat. Ein kleines bisschen Wehmut streift mich. Obwohl nichts mehr auch nur ansatzweise so wie auf den Fotos aussieht, hat es trotzdem einen gewissen Charme. Den Charme des trotzenden Überlebenden. Des Widerspenstigen. Des Rebellischen.

Wenn ich allein in der Wiese liege, kann ich ungestört nachdenken – über die Welt, über mich und darüber, ob und wie wir jemals richtig harmonieren werden. Ich fühle mich mit meinen Ängsten allein, obwohl ich weiß, dass es viele Gleichgesinnte gibt. Ich tausche mich gern via Internet mit ihnen aus, aber niemals persönlich. Wenn ich anderen begegne, dann doch lieber mit genügend Sicherheitsabstand. Meine Lebenserfahrung ist, dass so gut wie alle Menschen aus dem einen oder anderen Grund potenziell gefährlich sind. Ich seufze bei dem Gedanken daran, dass ich die Natur nie so prächtig erleben werde wie die Generationen vor mir, aber tatsächlich kenne ich es nicht anders, es ist völlig normal. Umso besser also, dass ich hier oben ungestört träumen kann. Hier bin ich sicher vor der Welt und die Welt ist sicher vor mir.

Die fast vergessenen Wanderwege gibt es immer noch. Sie führen am Fuße der Alpen in verschlungenen und teils unübersichtlichen Pfaden zwischen wildgewachsenen Sträuchern direkt nach oben zu den kahlen Felsen. Auf den Satellitenbildern sehen sie wie feine unscheinbare Äderchen aus. Doch ohne die dazugehörigen Wälder rundherum sind es im Grunde nur Relikte aus vorangegangener Zeit. Im Sommer, wenn alles sprießt, ist es auf den Wanderwegen besonders gefährlich wegen der Schlangen, aber im Winter, wenn das Gras abgefroren und das Gebirge schneebedeckt ist, kommen keine Schlangen und es gibt auch keinen Weg. Mit etwas Glück kann ich fremden Fußspuren folgen, ansonsten gehe ich querfeldein, Lawinen sind seit Jahren nicht mehr zu befürchten, es wird sich daher niemand daran stören. Überall anders auf der Welt wäre es undenkbar, so weit oben allein herumzustreifen, aber hier, an diesem abgeschotteten Fleck, ist alles anders.

Die Steinadlerstation hat mein Großvater errichtet. Das war im Frühjahr 1969. Einer der erbaulichsten Momente seines Lebens, wie er sagt. Wenn er davon spricht, dann hat er dieses bestimmte Funkeln in den Augen. Es ist das Funkeln der Begeisterung, der Leidenschaft für etwas, das größer als wir alle zusammen ist. Der Großvater hat nie viel geredet. Er hat auch nie gern auf seine Leistungen aufmerksam gemacht. Aber von der Steinadlerstation hat er sein ganzes Leben lang immer wieder gern erzählt. Und wenn ich mir so ansehe, was daraus geworden ist, brauche ich auch nicht lange nachzufragen, warum.

Jetzt stehe ich hier, am Ursprung der Schöpfung, an dem Ort, an dem der Großvater sein Lebenswerk erschaffen hat und an dem ich es vollenden werde. Paradoxerweise duftet es nach Nadelholz, obwohl weit und breit keine Bäume zu sehen sind. Die Station heißt Rich-Art3. Es ist verdächtig ruhig hier. Mein Blick wandert nach oben. Ein paar vorbeiziehende Wolken versperren mir die Sicht und obwohl ich die Adler nicht sehen kann, weiß ich genau, dass sie da sind. Ich spüre sie, ihre Anwesenheit, irgendwo da oben. *Kaum zu fassen, dass gerade einmal eine Handvoll von ihnen überlebt hat*, schießt es mir durch den Kopf. Ohne Nahrung werden sie vielleicht bald ganz aussterben. Es mangelt an ihrer Hauptnahrungsquelle, den Kleintieren, die durch die Waldbrände entweder getötet oder vertrieben wurden. Und jetzt liegt es an mir, die Steinadler zu retten und das Erbe meines Großvaters zu erhalten. Nur mit meiner Hilfe können sie es schaffen.

Vor einem halben Jahrhundert ist die Adlerstation die modernste in ganz Europa gewesen. Steinadler gab es zur Genüge und Kleintiere und Wälder auch. Niemand hätte sich je träumen lassen, dass sich die Welt in so kurzer Zeit völlig ändern kann. Die Wälder sind tot, vielleicht für immer. Die brütende Hitze und die Brände sind nicht der Naturgewalt geschuldet, sondern uns Menschen. Es ist ein ebenso simpler wie komplizierter Kreislauf: Sobald der Berg brennt, brennt auch im übertragenen Sinne der Adler und wenn der Adler erst einmal Feuer gefangen hat, tobt der ganze Himmel. Es ist dann nur mehr eine Frage der Zeit, bis die ganze Welt in Flammen steht und wir alle hilflos in den Rauchschwaden ersticken. Doch ich weigere mich. Weder will ich sterben noch bin ich bereit, diese – meine! – Welt einfach so aufzugeben. Ich will leben – in Frieden, im Einklang mit der Natur, in einer besseren und gerechteren Welt, auch wenn ich diese wohl erst erschaffen muss.

Mein Großvater hat immer, Zeit seines Lebens, Pläne geschmiedet und die entsprechenden Vorkehrungen getroffen. Er war stets für alles gerüstet. Nun stehe ich hier oben und warte und hoffe, dass auch ich auf alles vorbereitet bin.

Die Adler kreisen oben am makellosen Himmel und halten Ausschau nach ihrer Beute. Nur ich stehe hier unten und warte. Warte auf die Steinadler. Warte auf bessere Zeiten. Warte darauf, dass das Paradies wieder zu dem wird, was es einmal gewesen ist.

Ich höre sie schreien. Sie klingen hungrig.

Mein Blick richtet sich gen Horizont.

Die Adler kommen.

Tabea Tamara König

Ich wünsche mir

Ich wünsche mir, dass es keinen Unterschied macht.
Und eigentlich verstehe ich nicht den Grund der Debatte.
Wie hoch oder niedrig hängt deine Latte?
Wir können doch alle tanzen im Regen.
Was hindert dich daran, mit mir im Frieden zu leben?

Die Welt ist groß genug und bunt.
Komm, es gibt doch eigentlich keinen Grund.
Oh, wann nur kommst du zum Wendepunkt?
Deine Diskriminierung – nur vorgeschoben.
Schenke mir Einblick, hinter deine fest gemauerten
    Fassaden.
Ist es die Angst?
Oder dass ich lebe – in deinem Land?
Komm lass sie sinken,
deine faustgeballte Hand.

Angst kann man besiegen und die Grenzen neu verschieben.
Wer definiert dein und mein?
Was ist dein?
Und was ist mein?
Meist du wirklich, dir allein gehört die Welt?
Oder machst du es abhängig vom Geld?
Kannst du dir 'was Höheres vorstellen, als deine erhobene
    Hand?
Ich träume vom Frieden im Vaterland.

Gemeinsam können wir es schaffen.
In dir und mir steckt doch viel mehr als nur zu hassen.
Ich möchte mit dir eine neue Welt erfassen.

Eine Welt, in der es Platz gibt
für dich und mich.
Ein Ort des Friedens ewiglich.
Wenn wir, anstatt uns mit Fäusten prügeln,
einen Bund machen und ihn mit Liebe besiegeln.
Wenn wir einander achten und mit Wertschätzung
   begegnen.
Komm, wir freuen uns am Leben.
Es ist ein Riesengeschenk für dich und mich.
Unsere Geschichte beginnt mit dir und mir.
Unser Wert ist unabhängig von Herkunft und Geschlecht.
Alles andere wäre doch nicht echt.

Ich baue auf diese Wahrheit und entlarve die Lüge.
Die Lüge ist es, die deine Halbwahrheit stark macht und
   dein Vorurteil groß.
Deinen Hass schürt – so unermesslich hoch.
Wir brauchen uns nicht länger zu hassen.
Ich habe Gedanken des Friedens über dich.
Kannst du es fassen?

Wir können doch unterschiedlich sein und trotzdem gleich.
Richte mal deinen Blick nach oben.
Ist es nicht derselbe Himmel, unter dem wir alle wohnen?
Es gibt nur einen Himmel.
Wie passt da dein Bild von einem Menschen zweiter Klasse?

Wie begrenzt ist ein Denken in Schubladen und Klassen.
Es will nicht in meinem Kopf, dass wir nur schwimmen in
  der Masse.
Ich wünsche mir ein Hinterfragen und nicht gedankenloses
  Mitsingen von niedermachenden
Textpassagen.

Black Lives Matter.
Es geht uns alle an.
Hat dir deine Mama nicht erzählt, wie wunderbar teilen sein
  kann?
Wir nehmen uns doch gegenseitig nichts weg.
Hast du es endlich kapiert?
Eine bunte Welt entsteht.
Und wir können endlich leben ganz ungeniert.
Lass uns gemeinsam die Hände erheben.
Aufstehen gegen Ungerechtigkeit und bodenlosen Hass.
Merkst du nicht, dass du sitzt, auf einem Pulverfass?
Lass nicht zu, dass es explodiert und noch mehr Schaden
  generiert.

Bedenken wir, dass wir alle sterben müssen, auf dass wir
  klug werden.
Lass uns etwas Gutes machen aus diesem Leben.
Es wäre doch ein großer Lohn.
Ein Gewinn für uns alle.
Wir tappen damit in keine Falle.
Es übersteigt meine Vorstellungskraft.
Aber wann lässt du ihn sein, diesen grundlosen Hass.
Er führt doch ins Leere.
Komm lass ihn fallen, tief in Meere.

Kein schöner Land in dieser Zeit.
Lass uns dies möglich machen.
Ganz ohne dicke Mauern und ohne uns ständig zu hassen.
Komm, lass die Maske fallen und deine faustgeballte Hand
    sich öffnen.
Es ist Zeit für ein Ende der Ungerechtigkeit.

Ich höre nicht auf zu hoffen.
Ich höre nicht auf zu erzählen – was ich mir wünsche.
Für dich und mich.
Komm, lass uns diesen Weg einschlagen und gehen.
Stück für Stück.
Gemeinsam für ein gutes Leben einzutreten.
Der Wendepunkt ist jetzt und hier.
Lass uns gemeinsam zu ihm streben und unsere Stimme
    gegen Rassismus erheben.

Unsere Zeit ist jetzt.
Lass es uns doch bitte versuchen.
Ich glaube an Dich.
Strecke sie nieder, deine sinnlosen Waffen.
Gemeinsam können wir Großes schaffen.
Großes beginnt im Kleinen.
Schau doch genauer hin.
Es gibt diese friedvolle Begegnung.
Diese schöne Berührung zwischen dir und mir.
Nicht den Fehler suchen, sondern den Gewinn.
Siehst du?
Da ist ein Beginn.

Wir brauchen nicht mehr zu kämpfen und Menschen
    anderer Hautfarbe niederzuringen.
Lass ihnen die Luft zum Atmen.
Ich möchte dir zum Frieden raten.

Die Welt braucht nicht den einen Sieger. Und auch keinen
    nächsten Verlierer.

Ich habe einen Traum und der ist noch lange nicht aus.
Ich baue mit dir etwas Großes daraus.
Es soll den Streit der Welt beenden
und Wertschätzung und Liebe dem Nächsten spenden.
Rassismus soll es niemals mehr geben.
Niemals.
Nein, nirgendwo in einem Leben.

Laura Antonia Leschke

Das, was am Ende bleibt

Von fallenden Bomben
Und Kreuzen und Flaggen,
Von Trümmern und weinenden Kindern,
Von sterbenden Menschen
Und längst toten Soldaten,
Von allem Bösen zu viel
Und vom Guten zu wenig

Was bleibt da?
Am Ende bleiben wir!

Wir sind noch da,
Inmitten dieser stinkenden Überreste,
Die uns wahrscheinlich noch überdauern werden,
Die mehr Leben in sich tragen als wir selbst,
Patronen fallen nieder wie Regen
Und nehmen eine Geisel: das Leben,
Sie halten es gefangen, in ihren metallisch glänzenden
    Rümpfen,
Keine Aussicht auf Entrinnen,
Nur noch ein schwaches Glimmen,
Der letzten herumliegenden Leichen,
Dann Stille

Umgeben von Rauch und Asche,
Steht ein kleiner Junge mit einer Tasche,
Die er fest im Arm hält,

Weil sie das noch einzig Heile ist in seiner zerstörten Welt,
Während um ihn herum die Leichen liegen
Und etwas weiter weg,
So drei, vier Eck
Entfernt von ihm,
Die letzten tausend Soldaten, die sich noch weiter bekriegen,
Ohne Aussicht auf Siegen

»Schließ die Augen«,
Sagt sich der kleine Junge mit der Tasche,
Letztes Jahr, das weiß er genau, spielte er noch Hasche
Mit seinen Freunden,
Deren Überreste jetzt über den Platz verteilt liegen,
Während Kampfjets über seinen Kopf hinweg gen Boden
    fliegen,
Jetzt mag er keine Flugzeuge mehr, nein
Früher hat er die sich mit seinem Vater angeschaut und
    davon geträumt Pilot zu werden,
Aber jetzt ist er allein
Und er fühlt sich so verloren und klein,
Dass seine kleinen Knie einknicken,
Die dafür gemacht worden waren,
Ihn von Ort zu Ort,
Aber am Ende zu einem Ziel zu tragen
Und die vielen Tränen, die nicht dafür gemacht worden
    waren, um zu klagen,
Sondern die dafür gemacht worden waren,
Um zu zeigen, was er nicht sagen konnte
Die kleinen Hände, die die Tasche umklammern,
Die nicht dafür gemacht worden waren,
Nur etwas zu halten,
Sondern um etwas zu bauen,
Ein friedvolles Heim vielleicht

Das, was am Ende bleibt

Von fallenden Bomben
Und Kreuzen und Flaggen
Von Trümmern und weinenden Kindern
Von sterbenden Menschen
Und längst toten Soldaten
Von allem Bösen zu viel
Und vom Guten zu wenig

Was bleibt da?
Am Ende bleiben wir!

Und über unseren Köpfen regnet es keinen Regen,
Sondern leere Patronen.
Das laute Knallen ist kein aufziehendes Gewitter, kein
    Donner,
Sondern der laute Atem, der arbeitenden Kanonen und
    Pistolen
Es fallen nicht Millionen Regentropfen,
Sondern Millionen Menschen,
Die für etwas kämpfen, das sie gar nicht gewinnen können.
Am Ende verlieren wir alle
Und das sich hier bietende Schlachtfeld,
Ist letzten Endes, unsere eigens gestellte Falle,
Der wir nicht entkommen können
Dabei war vor kurzem noch alles anders, alles gut:
Blauer Himmel, weiße Fahnen, grüne Wiesen, gelber
    Sonnenschein
Heile Welt, dies soll nun dein Ende sein
Grauer Himmel, rote Fahnen, keine Wiesen
Was ist Sonne?
Nur ein sich erstreckendes Gemetzel,
Ein erschreckendes Morden,

Das Blut, es fließt in großen Mengen
Und sammelt sich in Kratersenken,
Metallischer Geruch von trockenem und noch frischem
    Blut,
Ein einziger Sud.
Es stinkt nach Tod,
Während die Brüder sich gegenüberstehen,
Mit Waffen die Köpfe abschlagend
Und den Hass auf das alles auf andere übertragend
Während die Soldaten schreien
Und die Kinder weinen,
Die Eltern versuchen zu retten, was schon längst verloren ist
Was bleibt denn da?
Am Ende bleiben nur wir!
Am Ende stehen wir in einem Trümmerfeld,
Das unsere sonst so heil gewesene Welt ausfüllt

Das, was am Ende bleibt

Von fallenden Bomben
Und Kreuzen und Flaggen
Von Trümmern und weinenden Kindern
Von sterbenden Menschen
Und längst toten Soldaten
Von allem Bösen zu viel
Und vom Guten zu wenig.

Was bleibt da?
Am Ende bleiben wir!

Wir, die wir das wieder aufbauen müssen,
Was andere zerstört haben,
Wir, die die wir uns doch selbst erst wieder neu errichten
    müssten,

Wenn wir doch nur wüssten, wie ...
Unsere Gedanken, unsere Erinnerungen
Können wir nicht wie Häuser einreißen,
Die bleiben bestehen und überstehen uns noch selbst

Während die Leute später nur noch von der Nachkriegszeit
    sprechen
Und froh sind, dass es vorbei ist,
Qualmen die Schornsteine in den längst stillgelegten
    Konzentrationslagern noch immer
Und überlagern die wirkliche Schande einer einst
    errichteten Nation,
Deren Ende der Anfang für eine neue Generation zu sein
    scheint,
Während dieser kleine Junge mit seiner braunen Tasche,
Ohne Oma, Opa, Bruder, Schwester, Mutter, Vater, ganz
    allein in einer zertrümmerten Welt leise Tränen weint.

Dieses Bild, das hat sich fest gebrannt
Und hängt heute an einer Museumswand
Wird von allen bestaunt und interpretiert,
Von allen angestiert ...

Von allem Bösen zu viel
Und vom Guten zu wenig ...
Herzlich willkommen, in unserer veränderten, so anders
    gewordenen Gesellschaft.

Thomas Lipsky

Kapstadt kauft Kühe

Lethabo Makoena hatte drei Probleme. Er brauchte einen Job, er brauchte eine Wohnung und er brauchte eine Freundin. Die Dielen der Holzbank, auf der er lag, drückten auf seine Hüfte und hatten einen Nerv eingeklemmt. Offenbar war er davon erwacht, dass sein Bein eingeschlafen war. Er richtete sich auf, streckte sorgsam das taube Bein nach vorn aus. Dann klopfte er den Staub der Nacht von sich und der Antilopenfelldecke, die er drei Tage zuvor zu Hause eingesteckt hatte. Seine Mutter würde verärgert sein. Lange Schimpftiraden würde sie darüber loslassen, dass das undankbare Kind ihre geliebte Antilopenfelldecke mitgenommen hatte.

Als Lethabo die Augen öffnete, tanzte ein Schwarm violetter Blütenblätter wie eine Gruppe junger Ballerinas über die vertrocknete Wiese. Eine sanfte Brise ließ die Blütenblätter steigen, bevor sie sich im Blau des Himmels verloren. Es war Frühling, die Zeit der *Jacarandabäume*. Jenseits der trockenen Wiese konnte er die aneinandergereihten Blechhütten des *Townships* erkennen, die er nur aus Erzählungen kannte. Lethabo war in Kapstadt angekommen. Er streckte sich, bis er den Sattel seines Fahrrads, das er von hinten an die Bank gelehnt hatte, im Rücken spüren konnte.

»Die Straße ist der günstigste Supermarkt!«, hatte sein Großvater in seiner rauchigen Stimme einmal gesagt. Viele Sprüche hatte er gemacht, bis ihn die Staublunge umgebracht hatte. »Es gibt Menschen der großen Worte und Menschen der großen Taten«, war ein anderer seiner Sprüche gewesen.

Er selbst hatte sich stolz zur ersten Kategorie bekannt und die Erschießung seiner Kameraden beim Streik in *Marikana* hatte ihm recht gegeben. »Wenn einmal tatsächlich etwas aus dir werden sollte, dann wird das nicht hier in einer *Jagersfontein*-Mine sein!«, hatte er Lethabo zugeflüstert, bevor er die Augen schloss. Für Lethabo jedoch gab es keine Alternative. Als er fünfzehn wurde, schickte ihn seine Mutter in die Diamant-Mine. Dort arbeitete er zwei Jahre lang, bis ihn die Betreiberfirma vor die Tür setzte. Nur wenige Tage darauf baute ein Fahrradtourist sein Zelt östlich von *Jagersfontein* auf. Hinter einer Wäscheleine, an der eine Reihe von bunten T-Shirts aufgehängt waren, hatte er sich in seinem Zelt schlafen gelegt und sein blankgeputztes Fahrrad daneben an einen Baum gelehnt. Lethabo hatte nicht gezögert. Er war nach Hause gelaufen und hatte das Antilopenfell, eine Feldflasche und den Bolzenschneider eingepackt. Das Fahrradschloss knackte laut, als er es durchtrennte, doch der Fahrradtourist schlief tief und fest, wie in seinem mitteleuropäischen Reihenhaus. Dann radelte Lethabo los. Nicht nach *Johannisburg* oder *Port Elisabeth* zog es ihn. »*Hui! Gaeb*«, die Stadt, an der sich die Wolken treffen, war immer schon die Stadt seiner Träume gewesen.

Ohne Rast war er zum nächsten Bahnhof gefahren und hatte sich mehrere Stunden in einem Zug versteckt, bis ihn das Personal schließlich hinausgeworfen hatte. Mit den letzten Sonnenstrahlen des vergangenen Tages hatte er – dann wieder auf dem Fahrrad – die *Townships* vor Kapstadt erreicht. Erschöpft hatte sich Lethabo dort niedergelassen, um am folgenden Tag sein neues Leben im Stadtzentrum zu beginnen. Er rieb sich die Augen. Wie im Flug zogen die felsigen Berge und die endlosen Mais- und Weizenfelder entlang seines Weges an ihm vorbei.

Als er die Augen öffnete, stand plötzlich ein riesiger Mann vor ihm. Er trug eine dunkle Stoffhose und eine nach

Lethabos Geschmack etwas zu kurze Jacke. Doch bevor er ihn auf sein Outfit ansprechen konnte, traf ihn eine riesige Faust von links. Dann gingen bei Lethabo die Lichter aus.

＊

John Khumalo III merkte erst, dass das Licht des Tourenfahrrads noch an war, als er bei seinen Jungs im *Township Mitchells Plain* ankam. »Hey, du Abrissbirne, wo hast du denn dieses Fahrrad abgegriffen?«, rief ihm sein bester Freund Pete anerkennend entgegen. John stellte das Rad in die Mitte der Straße und setzte sich selbstsicher auf die Querstange. Der Fahrradrahmen und die Gabel, die Zahnräder und Reifen waren im besten Zustand. »Für die Gangschaltung alleine bekommst du 3000 Rand!«, ergänzte Trevor, der erfahrenste Fahrraddieb unter seinen Freunden. Er kreiste wie eine hungrige Hyäne um John und das Fahrrad. »Woher hast du das?« »Ein Junge hatte es mitgebracht«, erwiderte dieser, »es war einfach. Er roch nicht nach Stadt.« Und auf die irritierten Blicke seiner Freunde ergänzte er: »Eher so nach Kuh!« »Schon einmal an einer Kuh gerochen?«, fragte Trevor. »Nein, natürlich nicht!«, gab John zurück. Trevor trat nahe an John heran und legte den Kopf schief. »Aber haben würdest du gern eine!« Er lächelte provokant und die übrigen Jungs taten es ihm gleich. Seit einiger Zeit investierten die Bewohner von Mitchells Plain in Kühe. Der Trend kam vom Stadtzentrum hinter dem Tafelberg her, aus *Clifton*, genauer gesagt. Dort musste irgendein Vertreter die reichen Südafrikaner davon überzeugt haben, dass es viel ökologischer wäre, das Geld nicht mehr in Häuser, Gartenanlagen oder Stadt-, Trekking- und Mountainbikes zu investieren, sondern eben in Kühe. Natürlich standen die Kühe, in die investiert wurde, nicht in der Garage, sondern auf einer weit entfernten Farm. Aber jedes Mal, wenn sie Milch oder Kälber gaben, klingelte es im Geldbeutel der Investoren und die *Clifton*-Muttis konnten die Bilder von ihren süßen Kälbern den Freundinnen am Pool zeigen. Die *Clifton*-Muttis fuhren total darauf ab. Und jeder fuhr auf die *Clifton*-Muttis ab. Für John bedeutete das: Er brauchte jetzt nicht nur ein Haus in *Clifton*, sondern auch Kühe. Allerdings standen von Jahr zu Jahr weniger Fahrräder in Kapstadt herum. Und sie waren seine einzige Einnahmequelle. Es waren raue Zeiten.

Am Straßenrand schlichen sich zwei Männer mit respektvollem Abstand an der Truppe vorbei. Sie unterhielten sich in *Shona*, einer weit verbreiteten Sprache in Simbabwe. »Hey, hier wird *Afrikaans* gesprochen!«, rief Pete ihnen zu. Die Männer erhöhten fluchtartig ihr Tempo. Trevor ergänzte: »Nächstes Mal geht ihr einen Umweg! Am besten über Simbabwe, da kennt ihr euch aus!« Die übrigen Jungs lachten. Dann wurde Trevor mit einem Augenblick todernst. Er wendete sich John zu. »Ich finde ja, du solltest uns etwas abgeben von deinem Fahrrad!«, befahl Trevor bissig und die restlichen Jungs stimmten ihm zu. Vor Trevor musste man sich in Acht nehmen. John war an und für sich stärker als Trevor. Aber Trevor hatte die Jungs hinter sich, John dagegen hatte nur Pete auf seiner Seite. Und als sich Trevor unter die weite Jacke fasste, wo sich immer schon eine Pistole befand, wussten beide, was die Stunde geschlagen hatte. In einer unerwarteten Bewegung stieß John Trevor mit aller Kraft um, schwang sich auf den Sattel des Fahrrads und trat so schnell und kräftig er konnte los. Pete sprang von hinten auf und verteidigte das Rad vor den Griffen der Verfolger. Als die beiden die verängstigten Simbabwer überholt hatten, hörten sie zwei Schüsse von hinten. Einer der beiden Passanten sank zu Boden. John und Pete dagegen lachten auf. Ihr Lachen war ein Überlebenszeichen.

Die Gefahr, getötet zu werden, war der Preis für ein Leben, das andere nur aus Gangsterfilmen kannten. Was auch immer im Stadtzentrum vor sich ging – hier, im Kapstadt der Schwarzen, war John ein Löwe unter Antilopen. Hier nahm er sich, was er brauchte, und ließ sich von niemandem aufhalten. Klar, die *Clifton*-Muttis ließen sich nicht auf einen Mann ein, dessen Leben ständig in Gefahr war. Sie wollten keinen Löwen, der sich Tag für Tag Antilopen reißen muss. Die *Clifton*-Muttis wollten eine Alpha-Antilope, die so viel Gras gesammelt hat, dass ihre Freundinnen beim Anblick neidisch werden und sie am Abend gemeinsam *Never have I ever* spielen können. Aber John hatte seinen Weg aus diesem Dilemma gefunden. Der Weg bestand aus Fahrrädern. Vielen Fahrrädern. Dann würde er das hier hinter sich lassen.

John und Pete bogen nach links in die *Eisleben Road* ein. Auf dem Seitenstreifen fuhren sie die mehrspurige Straße Richtung Norden. Das Fahrrad lief schnell und effizient wie ein deutscher Fußballspieler entlang der *Eisleben Road* nach Norden durch das *Township Philipi*. Heute würden sie nicht direkt zum Hehler fahren, sondern das Fahrrad zu einer Spazierfahrt ins Stadtzentrum ausführen. Sie fuhren vorbei am *Philipi Soccer Stadium* und dem schon zu dieser Jahreszeit kargen *Philip Lahm Sports Ground*. Hoffnung, hatte der Fußballstar bei seiner Einweihung gemeint, Hoffnung wolle man den afrikanischen Jugendlichen geben; so als könne man Hoffnung einfach so in leeren Herzen parken, wie einen BMW in einer leeren Parklücke. Die Hoffnung hatte hier immer weiße Gesichter. Sie folgten dem Straßenverlauf in Richtung des Tafelbergs im Westen. Das *Township* reichte hier bis an den Straßenrand. Auf beiden Straßenseiten liefen Männer aller Länder Afrikas entlang. Es war voll auf den Bürgersteigen geworden.

»*All night long, I had longed for the morning sun
 And when it came along, I packed my belongings and the gun.*

Went for a run, a fun run as they say,
it became fun, when that Zimbabwean crossed my way«,
rappte John.

Pete kannte den Text und setzte fort:
»*I told him:* ›*Get on your knees!*‹, *while he baggin'*,
I'm rippin' his clothes off, he start treblin' like he shaggin',
Now you pray to my god! It ain't 'bout my job that you took,
I give a shit about that, I don't like how you look!«

Die *lines* von Rapper *MC Rough* waren wie der Tod in Kapstadt, sie kamen überraschend und schnell. Und sie trafen immer. Die Straße wurde wieder mehrspurig und die Häuser am Straßenrand nahmen Formen an. Die Wege, die zu beiden Seiten hin die *Townships* durchsetzten, gewannen an Symmetrie, bis sie schließlich in perfekten geraden Linien kleine Wohnblocks bildeten. Als die beiden den Tafelberg passiert hatten, schob sich eine dünne Wolkenschicht vor die aufsteigende Sonne. An der *Adderley Street* kam der rege Verkehr zum Erliegen. Die Querstraße war durch ein Eisengatter abgesperrt. Davor stand, die Daumen in den Gürtel gestützt, wie ein Gnu in Verteidigungshaltung, ein weißer Polizist. Eine kleine Menschenmenge hatte sich vor ihm versammelt. Auf die Fragen, was dort geschehe und ob sie zumindest zu Fuß die Absperrung passieren dürften, antwortete dieser gleichtönig:
»Demonstration!«
»Ich sehe keine Demonstration!«, protestierte John. »Demonstration, keine Durchfahrt!«, antwortete der Polizist wie automatisch. Dann musterte er John mit misstrauischem Blick und fragte ihn: »Woher haben Sie überhaupt das Fahrrad?« »Was geht dich denn das an?!«, warf John gereizt zurück. »Ich tu nur meine Pflicht!«, versicherte der Polizist.

»Also, woher haben Sie das Fahrrad?« »Was geht dich denn das an?!«, wiederholte John, baute sich in seiner hünenhaften Statur auf und rückte an den Polizisten heran, die Augen an die des Polizisten geheftet. Dessen Hand bewegte sich langsam zur rechten Seite seines Gürtels, an der eine Pistole im Halfter hing. Deutlich leiser, doch nicht weniger intensiv wiederholte der Polizist: »Woher haben Sie das Fahrrad?« Pete, der die ständige Flucht Leid war, funkte nervös dazwischen: »John hat es in der Vorstadt gestohlen. Woher sonst sollte ein Schwarzer so ein Fahrrad haben?« John legte seinen mächtigen Kopf schief und fragte eindringlich: »Ja, woher?« »Also, dass ich das nur wissen will, weil ihr *people of color* seid, stimmt nicht. Ich bin kein Rassist!«, beteuerte der Polizist. »Bist du nicht?«, fragte ihn John mit leiser, gehauchter Stimme. »Ich habe schwarze Nachbarn. Ich habe schwarze Schulfreunde. Ich habe die Apartheid miterlebt. Es war furchtbar!«, rechtfertigte sich der Polizist. Doch John entgegnete trocken: »Warum lässt du uns dann nicht durch?« Der Polizist schaltete auf Automatik: »Ich lasse niemanden durch!« »Ist das so?«, fragte John nach. Eine kleine schwarze Frau bemerkte aus der Menge: »Vorher hat er zwei Weiße in Warnweste durchgelassen.« »Das waren Organisatoren!«, beteuerte der Polizist und fuhr sich mit dem Handrücken über die schweißumströmte Stirn. »Und woher willst du wissen, dass wir keine Organisatoren sind?«, erwiderte John. »Na, ihr habt mir eure Ausweise nicht gezeigt!«, entgegnete der Polizist ein letztes Mal in der sterbenden Hoffnung, dass seine antrainierten Sätze die Situation beruhigen könnten. »Du hast uns nicht gefragt!«, rief John. Er kochte. Ein Knie zappelte wie das eines angriffsbereiten Leoparden. Die Frau aus der Menge war vorgetreten und sah den Polizisten vorwurfsvoll an. Pete schüttelte still den Kopf. Dann knickte der Polizist ein. Er öffnete das Gatter und bedeutete den irritierten Beamten auf der anderen Seite der *Adderley*

Street, es ihm gleichzutun und die kleine Menschenmenge passieren zu lassen.

Und so kam es, dass John Khumalo III und Pete Zulu in genau dem Moment ein Fahrrad über die vierspurige *Adderley Street* schoben, als der Demonstrationszug um die Ecke bog. Die Beamten auf der gegenüberliegenden Seite winkten die beiden herbei, doch diese wurden von den summenden Sprechchören der Demonstranten getroffen. »*Stop the violence!*«, riefen sie. »*Stop the violence!*«, stand auch auf dem Banner, das sie vor sich trugen. Es waren keine Südafrikaner, die dort demonstrierten. Sie sahen anders aus. Ihr Englisch klang anders. Sie traten anders auf. Sie hatten hier nichts zu suchen.

John und Pete sahen sich an. Sie brauchten keine Worte zu wechseln. John orientierte sein Fahrrad um in Richtung des Demonstrationszuges. Eine Organisatorin eilte herbei, um ihn über die Straße zu weisen, doch John stieß sie um, schwang sich auf den Sattel des Fahrrads und trat so schnell und kräftig er konnte los. Pete sprang auf den Gepäckträger auf. Der Fahrtwind blies Pete durch die Locken und verlieh Johns entschlossenem Gesicht etwas Aerodynamisches. Andere Polizisten brachen von der Seite in die abgesperrte Straße ein, um ein Aufeinandertreffen der beiden Südafrikaner mit den Flüchtlingen zu vermeiden. Doch vergeblich. Es brauchte eine Weile, bis die vordersten Reihen der Demonstranten durch das Hitzeflimmern hindurch das herannahende Fahrrad erkennen konnten. Mit aufgerissenen Augen blieben sie stehen. Nur wenigen gelang es, zur Seite auszuweichen.

Um zwölf Uhr mittags fuhr auf der Adderley Street *Ecke* Walker Sisulu Avenue *ein deutsches Tourenfahrrad, auf dem zwei Südafrikaner saßen, mit hoher Geschwindigkeit in einen Demonstrationszug von Flüchtlingen aus Simbabwe, Burundi, Malawi und anderen afrikanischen Staaten. Der Südafrikaner auf dem Gepäckträger hatte die Mittelfinger beider Hände zur Seite ausgestreckt. Das Fahrrad zerteilte das Frontbanner der Demonstranten in zwei Hälften und brachte die Demonstranten in den ersten Reihen zu Fall. Mindestens zehn Demonstranten und die beiden Fahrradfahrer erlitten Prellungen und andere leichtere Verletzungen. Die beiden Attentäter konnten nur mit Hilfe der Polizei aus der auf sie eintretenden Menschenmenge befreit werden. Dann wurden sie abgeführt.*

***

Ruhig und rau fühlte sich der Teer an. Ruhig, rau und warm. Als Rachel Sibanda wieder zu Bewusstsein kam, pumpte ihr Herz in harten Schlägen Adrenalin in ihren zierlichen Körper. Sie hielt kurz inne, wie ein Boxer, der ausgezählt wird. Dann richtete sie sich vom Boden auf. Im Dampf der drückenden Mittagssonne schwebten das Geräusch der Sirenen und der Geruch der Angst. Doch der Schock des Zusammenpralls umhüllte sie mit einem Mantel der Taubheit, unter dem die Wut zirkulierte; keine akzeptierende Wut, sondern eine aufstrebende Wut, die Rachel in eine kalte Klarheit tauchte. Es war nicht die erste Gewalttat gewesen, die auf sie hier in Kapstadt verübt worden war. Sie trug noch immer die Schrammen des letzten Angriffs an ihren Armen. Gerade noch hatte sie sich unter Schreien aus den Griffen der Männer befreien können.

Wie von einer unsichtbaren Hand geführt, drängte sich Rachel vorbei an den am Boden verstreuten Kameraden und den orientierungslosen Blicken derer, die zum Zusehen gezwungen gewesen waren. An der Spitze des Demonstrationszuges lag verloren das Fahrrad der beiden Attentäter, dessen Vorderreifen sich – durch das Pedal gestützt – wie ein Kreisel in der Luft drehte. Vorsichtig richtete Rachel das Fahrrad auf. Es trug keine Schramme und als Rachel es an-

schob, lief die Kette wie die Laufrolle eines deutschen Leo-
pard-Panzers. Rachel entfernte sich einige Meter von der
Menge. Dann griff sie das Fahrrad fest mit beiden Händen
am Rahmen. Sie atmete einmal tief ein und hievte es mit
verzweifelter Kraft über sich in den Himmel. Ihr Rücken
schmerzte unter dem hohen Gewicht. Sie konzentrierte sich
auf einen ruhigen Atem. Auf wackligen Beinen machte sie
kleine Schritte nach vorne.

Als vor zwei Jahren in Simbabwe die Dürre eingebrochen
war, hatte sie ein ganzes Land in Aufbruchstimmung versetzt. Elefanten verendeten vor ausgetrockneten Wasser-
löchern. Die Maisernte fiel fast vollständig aus. Und da
auch die Speicherseen kaum Wasser führten, versiegte die
Elektrizität. »Warte ab!«, wiederholte Rachels gebrechliche
Mutter gebetsmühlenartig, »Warte ab! Reife Melonen fallen von selbst.« Doch jedes Alter hat seine eigene Weisheit.
Rachel wollte ihre beiden Kinder nicht in einem Land ohne
Perspektive aufwachsen sehen. Sie hatte lange genug miterlebt, wie die Mütter der vielen Kinder ihres Dorfes Jahr
für Jahr länger auf den Regen warteten. Ihre Heimat war un-
wiederbringlich verloren. Und an einem Morgen, nachdem
sie in einer kühlen Frühlingsnacht die hungrigen Kinder
vor dem Lagerfeuer in den Schlaf gesungen hatte, brach sie
mit den beiden auf. Die meisten Auswanderer schlossen sich
den Flüchtlingskarawanen nach Norden an. Doch Rachels
Kleinste war empfindlich und sie konnte sich nicht vorstellen, dass das Kind die Reise durch die Sahara überstanden
hätte. Noch dazu hätte sich Rachel die Schlepper nicht leisten können. Und so entschied sie sich für den vielbegange-
nen Weg in das Nachbarland im Süden. Dass es dort nicht
einfach werden würde, war ihr wohl bewusst gewesen.

Rachels tapferer Gang an der Spitze des Demonstrationszuges blieb nicht lange unbemerkt. Drei Simbabwer eil-
ten ihr zur Seite. Sie baten sie, das Fahrrad doch in Gottes

Namen abzusetzen. Aber Rachel weigerte sich entschlossen. Wer auf Gottes Erde etwas erreichen möchte, der müsse sich schon dafür anstrengen. Dennoch halfen die drei Männer, indem sie das Fahrrad von den Seiten stützten, und trugen es wie ein religiöses Relikt weiter Richtung Süden. Und mit dem Kontakt zum Fahrrad strömte die Wut in die Glieder der Simbabwer. Der Rhythmus ihrer Schritte und der Takt ihres Atems glichen sich an. Nach und nach schlossen sich alle anderen der unverletzt gebliebenen Demonstranten ihnen an und der Zug war wieder in Bewegung gekommen.

Mit ihrer Ankunft in *Musina* waren Rachel und ihre Kinder ein *pending case* ohne Papiere geworden, ohne dass sich seitdem etwas geändert hätte. Man versicherte ihr noch an der Grenze, sie würde alle Rechte eines Südafrikaners besitzen, sie dürfe sich frei bewegen, dürfe studieren und arbeiten. Doch Rachel brauchte keine Rechte, sie brauchte Chancen. Ihr Englisch war besser als das der meisten Schwarzen hier und doch war der einzige Vorteil, den sie davon hatte, dass sie den *Police Officers* in flüssigerer Sprache von Übergriffen auf ihre Kinder und sich selbst berichten konnte. Die lokalen Machthaber stellten ihr noch nicht einmal eine Arbeitsgenehmigung aus. Sie war froh, eine *Community* in *Mitchells Plain* gefunden zu haben, deren Kinder sie betreute, während die Eltern sich auf die Suche nach Arbeit machten.

Als der Demonstrationszug die *Longmarket Street* passierte, bildete sich aus den Schreien der Menge hinter Rachel ein neuer Ruf heraus. »*We are Cape Town!*«, riefen zunächst die Zentralafrikaner. Die Burundis schlossen sich an, dann die Malawis. Manche von ihnen lebten schon über zehn Jahre in Kapstadt ohne einen Aufenthaltstitel. Der südafrikanische Staat hatte sie im Stich gelassen. Vom südafrikanischen Staat erwarteten sie nicht mehr, als dass er sie in Frieden lasse. Aber Kapstadt war ihr neues Zuhause geworden. Kapstadt war die Erde, die sie ernährte und auf der ihre Kinder wachsen sollten. »*We are Cape Town!*«, schrie Rachel aus voller Seele. »*We are Cape Town!*«, bis der Zug vor der schmalen *Government Street* zum Stehen kam. Am Eingang der Straße, in der sich das Parlament befand, hatte sich eine Gruppe Polizisten aufgebaut. Aus ihrer Mitte traten drei heraus, um die Demonstranten mit Wasserflaschen und zuckerhaltigen Riegeln zu versorgen. Es war heiß und der Protestmarsch hatte schon mehrere Stunden angedauert, so dass sich die Flüchtlinge vor Hunger kaum zurückhalten konnten. Als die Polizisten bei Rachel und ihren Weggefährten ankamen, baten sie diese darum, ihnen das Fahrrad aus Sicherheitsgründen herauszugeben. Rachel widersetzte sich zunächst, doch auf Zureden ihrer Helfer ließ sie das Fahrrad schließlich los.

***

Als seine Armbanduhr zwei Uhr anzeigte, hatte Cyril Ramaphosa schon einen langen Tag hinter sich. Das Plenum war ein wilder Haufen geworden. Die militanten *Economic Freedom Fighters* waren bei Weitem nicht mehr die einzigen Unruheherde, die in das Parlament eingezogen waren, um »politisches Profil zu gewinnen« oder »Aufmerksamkeit zu schaffen« oder was für eine Redewendung auch immer diese Randgruppierungen wählten, um den Zirkus zu bezeichnen, den sie unter Politik verstanden. Nun, wenn sich die *Democratic Alliance*, die Oppositionsführerin, zu Wort meldete, dann durfte man zumindest mit einem Ohr zuhören. Diese hatte einen Gesetzesvorschlag für Zuschüsse zu nachhaltigen Investments eingereicht, angeblich aus Verantwortung gegenüber der internationalen Gemeinschaft und um Fluchtursachen zu bekämpfen. Die politische Stoßrichtung war jedoch eindeutig: Billigere Kühe und weniger Ausländer. Manchmal fragte sich der Präsident, in welcher Welt diese Profilneurotiker denn lebten. Südafrika war abhängig vom Abbau seltener Erden. Wenn keiner mehr in Gold, Platin oder Diamanten investierte, sondern stattdessen in diese unförmigen Landkreaturen, dann hieße es Linsen zählen: ein Haufen Steuergelder fielen weg, Arbeitsplätze ebenso und gegenüber den Handelspartnern aus Russland und China wäre man endgültig zur Lachnummer verkommen. Er lehnte den Gesetzesvorschlag ab und seine Partei leistete ihm Folge.

Als der Präsident vor die Tür des Parlaments trat, hatte er mit zwei Umständen nicht gerechnet. Erstens klatschte ihm beim ersten Schritt aus der klimatisierten Welt eine selten schwüle Hitze ins Gesicht. Und zweitens erreichte ihn von der *Adderley Street* her ein selten lautes Gebrüll. Sein Fahrer und Sicherheitsbeauftragter Mandla Mahlangu trat von der Seite an ihn heran und wollte ihm ein Briefing des Demonstrationsverlaufes geben, doch der Präsident winkte ab. Er war davon überzeugt, über die Jahre bei der *Black People's Convention*, der *National Union of Mine Workers* und dem *Mass Democratic Movement* ein Gespür für die Stimmung der Masse entwickelt zu haben, das er sich jetzt nicht von irgendeinem Bericht verderben lassen wollte. Er horchte kurz in sich hinein und kam zu dem Schluss, dass es an der Zeit war, Gesicht zu zeigen. Entgegen Mandlas Ratschlag ließ er sich von einigen Polizisten bis zur *Adderley Street* geleiten und sich von ihnen ein Megaphon aushändigen. Dann stellte er sich vor die Menge.

»Ja!«, rief der Präsident. Die folgende Pause war nur zur Hälfte rhetorischer Natur. Zur anderen Hälfte wartete er, bis jede der anwesenden fünf Fernsehkameras auf ihn gerichtet war. Dann streckte er den freien linken Arm mit nach unten gerichteter Handfläche nach vorne aus, um die Menge zu beruhigen. »Liebe Anwohner von Kapstadt!« Er ließ die Worte langsam einsickern. »Aus weit entfernten Ländern seid ihr bis ans Kap gereist in der Hoffnung auf ein besseres Leben. Manche von euch, weil sie in der Heimat verfolgt wurden, andere weil sie in der Heimat nicht überlebt hätten. Ihr habt euch bis hierher durchgekämpft, monatelang durch karges Land. Schon das verdient den höchsten Respekt. Erschöpft seid ihr hier angekommen und wurdet in bescheidenen Unterkünften untergebracht. Und die Südafrikaner hatten kein Verständnis für euch.« Die Menge fuhr ihren Pegel herunter, um der sonoren Stimme des Präsidenten Raum zu gewähren.

»Auch hier habt ihr euch durchgekämpft!«, fuhr er fort. »Ihr habt euch auf engstem Raum und unter feindlich gesinnter Nachbarschaft ein Zuhause aufgebaut. Euch, euren Partnern, euren Kindern. Und dann hat man euch angegriffen und eure Behausungen zerstört, wieder und wieder. Die Ungewissheit, was morgen mit euch ist, nagte an euch, Tag für Tag. Ihr seid hiergeblieben und das verdient den höchsten Respekt. Und doch!«, betonte der Präsident. »Die Südafrikaner hatten kein Verständnis für euch.« In der Menge war es ruhig geworden. Von mancher Seite konnte man Zurufe, wie »Erzähl uns mehr davon!«, »Genau!« oder »So ist es!« hören. Die Zustimmung tauchte den Präsidenten in ein angenehmes Gefühl der Kontrolle. Er dachte zurück an die erste Rede, die er noch in der High School vor seinen Klassenkameraden vorgetragen hatte. »Bist du Martin Luther King?«, hatte ihn der Lehrer ungläubig gefragt, als er seinen Appell für das Ende des Rassismus ausgesprochen hatte. Es war das erste Mal gewesen, dass er gespürt hatte, dieses seltene Redetalent zu besitzen; dieses Talent, die Seele so lange zu massieren, bis sie sich öffnet, um dann neue Hoffnung zu platzieren. Keine zentrale Eigenschaft für einen Politiker von heute, aber ein nettes *asset*.

»Ich war dort. Ich habe nicht die unsägliche Armut erlebt und ich musste nicht meine Heimat aufgeben, doch ich war dort! Dort, wo eine Zukunft in Frieden so unwahrscheinlich schien, wie das Blühen des Klatschmohns in der Sahara. Ich spürte den harten Arm des Gesetzes, als ich, ohne Unmenschliches verbrochen zu haben, ein Jahr lang eingesperrt war. Wieder und wieder protestierte ich als Gewerkschaftsführer für die Minenarbeiter und konnte doch keinen gerechten Lohn für sie erstreiten!« »Und als in *Marikana* die Minenarbeiter protestierten, waren Sie auf einmal anderer Meinung!«, rief jemand dazwischen. »Die Minenarbeiter hätten auf mich zukommen sollen, anstatt einfach drauflos zu demonstrieren!«, wollte er dem Störenfried erwidern, oder »Sie waren bewaffnet und mussten in Schach gehalten werden!«. Doch der Präsident hatte *PR*-Berater, die ihm die folgende Antwort zurechtgelegt hatten: »Was in *Marikana* passiert ist, ist zutiefst bedauernswert. Ich gebe mich mit aller Kraft den Bedürfnissen der Betroffenen dieser dunkelsten Stunde unserer jüngeren Geschichte hin.« Dann erhob sich seine Stimme rauschhaft: »Ich habe damals nicht aufgegeben. Ich wendete mich an die Europäer, dass sie die Fesseln zerschlagen, die ihr Geld uns anlegte. Mit tausenden Mitstreitern«, der Präsident deutete in die Menge, »stürzte ich mich in die Gewehre des Apartheid-Regimes und steuerte unsere Belange aus dem Untergrund, bis Mandela freikam.« Ein Windstoß kam auf, trug den Namen des ersten Präsidenten des neuen Südafrika bis weit in die *Adderley Street* hinein. »Nelson hat mir einmal gesagt: ›Die größte Ehre im Leben liegt nicht darin, nie zu fallen, sondern darin, wenn man gefallen ist, jedes Mal wieder aufzustehen.‹ Steht auf und demonstriert für euer Recht! Ihr habt einen Mitstreiter in mir gewonnen, der nicht ruhen wird, bis eure Münder satt und eure Wohnungen sicher sind. Ich bin bei euch.«

Die Menge blieb von der Ansprache nicht unberührt. Ein besonders engagierter Demonstrant setzte zum Ausruf an, doch hielt inne, als ihn niemand unterstützte. Eine alte Frau nickte ergriffen. Doch am ergriffensten war der Präsident selbst. Das Megaphon gab er nicht etwa an einen Polizeibeamten zurück, sondern ließ es auf den Boden fallen, wo es unter lautem Piepsen aufschlug. Auf halbem Wege zum Präsidentenwagen machte er halt. Heute würde er nicht auf sicher spielen. Er bat einen der Polizisten, ihm das Fahrrad auszuhändigen, das sie vor seiner Rede konfisziert hatten. Umringt von einem Trupp aus Polizisten legte der Präsident das Fahrrad quer und schwang sein Bein ungelenk über den etwas zu hohen Sattel. Er stieß sich mit dem linken Bein nach vorne und trat los. Gerne hätte er noch eine starke Geste gemacht, doch den ihm von den Polizisten freigeräumten Kurs zu halten, forderte seine höchste Konzentration. Ein Polizist griff unterstützend nach seinem Arm, wurde jedoch unsanft zur Seite gestoßen.

»Wie die Attentäter!«, rief plötzlich ein Demonstrant. »Und was soll das jetzt bedeuten?«, schrien andere. Der Präsident ließ sich von alldem jedoch nicht aufhalten. Als er sein Gleichgewicht wiedergefunden hatte, richtete er sich mit stolzem Blick auf. Ein Konvoi aus Polizeiautos und den Filmern der Presse begleitete ihn an erstaunten Gesichtern in den Fahrzeugen des Gegenverkehrs die *High Level Road* entlang in Richtung *Clifton*. Anstatt links zu seiner Villa am Fuße des *Lion's Head* abzubiegen, stieg er vom Fahrrad ab und ließ sich die letzten Meter bergauf mit dem Auto transportieren. »Und was sollen wir mit dem Fahrrad machen?«, fragte sein Fahrer Mandla den Präsidenten, der gerade ausstieg. »Ach, spenden Sie es doch für einen wohltätigen Zweck. Das Ding ist so schwer und schlicht, es ist sicherlich ein deutsches Qualitätsprodukt. Gerade habe ich den Wert davon verhundertfacht. Jetzt sind sie dran!« Dann wählte sich Cyril Ramaphosa bei seinem Broker in Johannesburg ein und bat ihn darum, eine nicht unerhebliche Menge von Aktien der *Anglo American Corporation* zu verkaufen und sie stattdessen in Kühe zu investieren. »Der Umwelt zuliebe natürlich!«, rechtfertigte er sich, dachte im selben Atemzug aber schon daran, welchem Medienvertreter er mit der Nachricht einen nachhaltigen Karriereschub verpassen würde.

∗∗∗

»Es sind zu viele!«, schallte es aus Sarah Millers *headset*. Sie nahm den letzten Zug aus der Zigarette. Dann drückte sie diese im Aschenbecher aus, der über einem Mülleimer am Straßenrand angebracht war. Es war schon die sechste und sie hatte heute Urlaub. »Immer noch?«, fragte sie die Stimme aus dem *headset*. »Immer noch!«, bestätigte diese. Sarah war sich der nötigen Schritte durchaus bewusst. Nur beim Arbeitsplatzabbau war das wie beim Heiratsschwindeln, Timing ist alles. »Muss es denn gerade jetzt sein, wo wir schon letzte Woche abgebaut haben?«, fragte sie. »Nennen wir es nicht Abbau, nennen wir es Umstrukturierung!«, erwiderte die Stimme. »Am besten hätten Sie es letzte Woche schon getan. Sie haben die Aktienkurse ja selbst gesehen. Und ja, gerade heute, die Öffentlichkeit ist abgelenkt.« Sarahs *smartphone* vibrierte. Ihre Tochter hatte ihr ein Bild ihrer neuen Jacke geschickt mit dem Kommentar »Weil du ja nicht 'reinkommst!« Sie tippte kurz »Schaut sehr schön aus!« und »Ich komme gleich 'rein!«. Dann zündete sie sich die siebte Zigarette an. »Sarah?«, klang es aus dem *headset*. »Ja, Entschuldigung, ich telefoniere seit drei Stunden hier draußen. Was genau ist passiert?« »Ein Zwischenfall im Stadtzentrum. Bei einer Flüchtlingsdemonstration ist wohl etwas schiefgelaufen. Die ganze *Adderley Street* ist gesperrt.«, antwortete die Stimme. »Das klingt tatsächlich nach guten Alternativschlagzeilen.« Sarahs Stimmung hellte das nur bedingt auf. Da war erstens das Problem, wie sie die erneuten Kürzungen dem Präsidenten beim Rasenkegeln erklären sollte. Am besten gar nicht. Einfach gewinnen lassen. Und da war noch ein zweites Problem. »Kommen Sie möglichst heute noch nach Johannesburg in die *Company*, damit wir alles vorbereiten können. Dann haben wir morgen noch vor Druck der Zeitungen alles durch.« Sarah blickte nachdenklich in Richtung der Sonne nach Nordwesten. Wie wollte sie durch Straßensperrungen hindurch zum Flughafen kommen. Sie musste ihre Augen zusammenkneifen, um den Fahrer ihres Nachbarn dabei zu erkennen, wie er ein Fahrrad aus dem Auto zog. Es war das Haus von Cyril, es musste ein gutes Fahrrad sein, ein deutsches womöglich. Ihr eigenes Fahrrad hatte sie Jahre nicht mehr benutzt. Weiß der Geier, wie viele Honigdachse sich an den Reifen schon sattgefressen hatten. Ohne der Stimme zu antworten, nahm sie das *headset* ab und trat an das Gatter heran.

»Herr Mahlangu!«, sprach sie den Fahrer des Präsidenten durch das Gatter an. »Und wohin jetzt mit dem Riesenfahrrad?« Dieser sah sie kurz fragend an. Definitiv erinnerte er sich an sie. »Ich könnte es Ihnen noch heute Nacht zurückbringen.« Dieser erwiderte trocken: »Ich kann Ihnen doch das Fahrrad nicht einfach so aushändigen. Es gehört meinem Chef.« Der Tonfall, in dem Mandla diesen Satz sagte, kam Sarah nur allzu bekannt vor. Sie fasste sich kurz an die Geldbörse, doch sein Blick verriet ihr unmittelbar, dass er sich nicht so einfach von einer Frau bestechen lassen würde. »Entschuldigung, Frau Miller, wir nehmen den Kampf gegen die Korruption sehr ernst.« Es herrschte ein anderer Wind, seit Jacob Zuma nicht mehr im Amt war. »Entschuldigung, rein aus Interesse, was hat er Ihnen denn befohlen?«, fragte sie nach. »Das Fahrrad zu verkaufen.«, erwiderte er. »Cyril wirkt nicht wie ein Mann, der dringend Geld braucht.«, gab Sarah erstaunt zurück. »Nein, zu einem guten Zweck natürlich.«, rechtfertigte dieser seinen Chef. »Ein guter Zweck?«, setzte sie nahtlos an. »Sie wissen doch, wie wichtig dem Chef die Bedürftigsten sind, die Minenarbeiter zum Beispiel.«, beteuerte der Fahrer. Sarah räusperte sich: »Wissen Sie, wer ich bin?« In gleichförmigem Tonfall antwortete Mandla: »Sarah Miller, Vorstandsmitglied der *Anglo American Corporation.*« »Und wissen Sie, wie viele Minenarbeiter die *Anglo American Corporation* anstellt?« Der Fahrer musste passen. »Über fünfzigtausend.« Sie ließ die Worte einsickern. »Und für die brauche ich jetzt ein Fahrrad. Was kann ich Ihnen für ihre nette Nachbarschaftshilfe anbieten?« Sarah blickte in ihre Geldbörse und fand dort kaum Bargeld. »Wie wäre es, wenn ich Ihnen eine Kuh kaufe?« Mandla war sprachlos. In dem Dorf, aus dem er kam, waren Kühe das Kapital. Er hatte seine Ehefrau in Kühen ausbezahlt. Sarah wusste das. »Nein, zwei Kühe bekommen sie von mir. Das ist doch ein fairer *deal.*« Sie bat den Fahrer um seine Mobilfunknummer und ehe dieser sich versehen konnte, war er um zwei Kühe reicher. Er öffnete das Tor, schob ihr das Fahrrad entgegen und schloss schnell wieder ab, damit sein Chef davon nichts mitbekäme.

Sarah Miller dagegen sah an sich herab und kam zu dem Schluss, dass das, was sie anhatte, für Flug und Bürotermin gerade gut genug sei. Sie band ihre offenen Haare mit dem Haarband, das sie immer am Handgelenk trug, zusammen, schwang sich elegant auf das Fahrrad und setzte ihr *headset* auf. »Ich bin in dreieinhalb Stunden da!«, sprach sie hinein und legte auf. Eine weitere Nachricht ihrer Tochter kommentierte sie, ohne zu lesen, mit »Morgen!«. Mit Vollgas folgte Sarah Miller der *Kloof Road* bergab bis zur *Victoria Road*, um am Ufer entlang den etwas längeren Weg Richtung Norden zu nehmen. So viel Zeit musste sein. Sie fühlte sich jung und vital für ihre zweiundvierzig Jahre. Erst letztes Jahr Vorstandmitglied geworden, hatte sie bereits zwei andere Vorstandsmitglieder auf ihre Seite gebracht. Den einen, weil sie seine Abteilung maßgeblich mitaufgebaut hatte, den anderen, weil er dachte, er könne irgendwann mit ihr schlafen. Den ersten rief sie an.

»Das *Impact Farming* hat uns ganz schön erwischt«, meinte dieser. »Die Binnennachfrage für Diamanten und Gold ist wie weggeblasen. Wir brauchen eine klare Position. Was denkst du?« Niemand erwartete von einer Frau starke Entscheidungen, was genau der Grund war, warum Sarah Miller stets starke Entscheidungen traf. »Du wirst mich für herzlos halten und kurzatmig, aber ich glaube, wir müssen weiter streichen«, schlug sie vor. »Das werden die Gewerkschaften doch nicht über sich ergehen lassen!«, bestritt dieser. »Die Leute demonstrieren heute nicht mehr für Arbeitsplätze.«, setzte sie ihm entgegen. »Sondern?«, fragte der Mann nach. »Gegen Sexismus, Rassismus und Klimawandel.«, antwortete diese. »Da müssen wir uns langfristig gut aufstellen. Mit Spenden an der richtigen Stelle. Mit einer Frauenquote.« »Und sie halten dieses *Impact Farming* für einen langfristigen Trend?«, stellte der Mann am anderen Ende in Zweifel. »Wenn sie keine Kühe aus *Port Elisabeth* mehr verkaufen, lassen sie sich irgendetwas Neues einfallen.« »Wie wäre es mit Solarpanels auf dem Mond?«, fragte der Vorstand scherzhaft. Sarah lachte laut auf. Es folgte eine ernste Pause am anderen Ende der Leitung. »Wie viele?«, fragte der Vorstand. »Alle«, entgegnete sie. »Das ist viel!«, erwiderte er. »In der Krise braucht Afrika Energie«, erklärte sie sich. »Wir sollten uns auf Kohle verlagern. Der Kontinent wächst und den Chinesen ist das nicht so wichtig mit dem *Green Growth*.« »Und die Marktprognose?«, fragte der Vorstandsmann. Sarah Miller brauchte darauf nicht zu antworten. Sie glaubte nicht an unsichtbare Hände. Ebenso wenig glaubte sie an weibliche Intuition oder männliche Willkür. Sarah Miller glaubte an Vitamin B, Vitamin B flaschenweise. Deswegen ließ sie sich jeden zweiten Sonntag beim Rasenkegeln mit der *Clifton High Society* abziehen. Deswegen telefonierte sie auch an Urlaubstagen. Vitamin B hatte sie in ihrem geringen Alter bis hierher gebracht. Und Vitamin B würde sie auch noch weit bringen, wenn das *Mining Business* nicht mehr wäre. Der Vorstandskollege schlug nach längerer Überlegung vor: »Lassen wir ein Minimum an Arbeitern in den Diamant-Minen zurück. Legen wir die Diamanten nicht still. Legen wir sie lahm.« Sarah Miller hätte ihm nicht entschiedener zustimmen können.

***

In den Flitterwochen! Sogar in den Flitterwochen hatte er es nicht lassen können. Kaum hatten sie sich die drei Wochen für ihren Südafrika-Trip freigenommen, gingen die Verhandlungen los. Dass er auch das richtige Südafrika bereisen wolle. Ob Kapstadt denn nicht das »richtige« Südafrika sei, hatte sie ihn gefragt. Aber Unabhängigkeit war ihr in ihrer Beziehung wichtig. Darum hatte sie ihrem Ehemann drei Tage gewährt, ihm, seinem Fahrrad und den Bergen. Dann würde er nachkommen. Und sie? Petra Giesler hatte sich in drei Tagen alles angesehen, was der Reiseführer hergab. Auf dem *Lions Hill* hatte sie den Sonnenaufgang beobachtet, die Festung und das *Two Oceans Aquarium* hatte sie sich angesehen und im *South African Jewish Museum* war sie gewesen. Sie hatte Kapstadt erledigt und sie hatte die Einsamkeit satt.

Sie saß am Meeresufer und genoss das stille Rauschen des Meeres und die Abwesenheit des Großstadttrubels. Neben ihr lag eingefallen ihr Wanderrucksack, in dessen Seitentaschen sie für den Fall des Falles Wanderstöcke untergebracht hatte. Das Schicksal ihres Mannes auf seiner großen Reise entlockte ihr ein leises Lächeln. Er war gleich am ersten Tag fünfundachtzig Kilometer ins Nichts gefahren. Von dort aus hatte er sie am nächsten Tag angerufen. Sein Fahrrad war ihm gestohlen worden. Eineinhalb Tage lang hatte er sich zur nächsten Bahnstation vorgekämpft. Natürlich hatte er eine Anzeige aufgegeben, aber der Beamte hatte ihm wenig Hoffnung gemacht. In einer Stunde, die vereinbarten drei Tage später, würde er in Kapstadt ankommen. Und das Fahrrad-Thema hätte sich erst einmal erledigt.

Im Augenwinkel erkannte Petra eine zwischen den Autos die Straße entlangkommende Fahrradfahrerin. Das eingeschmutzte Fahrrad war ihr etwas zu groß, ihre weiße Bluse etwas zu weiß und ihre beigefarbene Hose etwas zu beige. Petra wollte sich wieder nach vorne drehen, doch ein Akkordeonspieler hatte sich zwischen ihr und der Aussicht auf das Meer aufgebaut. Behutsam manövrierte sie ihren Blick wieder auf die Straße und war umso mehr erstaunt, als sie zwei ausladende Tourenbügel am Fahrrad erkannte. Sie erinnerte sich, wie ihr Mann ihr von diesem besonderen *feature* seines neuen Tourenfahrrads vorgeschwärmt hatte. Petra wurde misstrauisch, stand auf und trat zur Seite. Als sie die orangenfarbigen Felgen erkannte, wurde es ihr gewiss. Das Fahrrad war eine Sonderanfertigung einer niederländischen Fahrradfirma. Genau die Sonderanfertigung, die auch ihr Mann besessen hatte. Petra fackelte nicht lange. Sie lief auf die Straße und rief vor aller Aufregung auf Deutsch: »Anhalten!« Doch die Fahrradfahrerin zeigte keine Regung. Mit hoher Geschwindigkeit wurde sie vor Petra größer. Sie blickte unter ihrem *headset* gedankenverloren ins Meer. »*Stop!*«, schrie Petra noch einmal außer sich – doch keine Reaktion. Der Tacho, die Vordertasche … für Petra bestand kein Zweifel mehr. Als die Fahrradfahrerin nur noch wenige Meter entfernt war, trat Petra auf die Seite und zog aus ihrem Rucksack einen der Wanderstöcke. Wütend fuhr sie ihn halb aus, holte aus und stieß in dem Sekundenbruchteil, in dem sich die Fahrradfahrerin auf ihrer Höhe befand, auf Kniehöhe zu.

Petra hatte das Wort »sich überschlagen« nur aus Geschichten gekannt. Doch in dem Moment, in dem die Speichen des Hinterrades blockierten und die Frau mit einem Ruck nach vorne vom Sattel rutschte und sich halb um die eigene Achse drehte, bis die Hände sich nicht mehr am Lenker halten konnten, sie über den Lenker stolperte und nach mehreren Rollen drei Meter vor dem Fahrrad zum Liegen kam, erfüllte sich die Redewendung mit leibhaftigen Bildern. Die Frau lag nicht lange. Sie fuhr nach einer kurzen Schrecksekunde auf, strich sich die gelösten Haare aus dem Gesicht, nahm sich das verbogene *headset* ab und prüfte ihr Telefon. Sie wählte eine Nummer und schlurfte mit ungläubigem Blick nach hinten weiter am Ufer entlang Richtung Norden. »Nein, wir feuern alle!«, fauchte sie ins Mobiltelefon und legte auf.

Der Akkordeonspieler legte sprachlos sein Instrument auf die Seite, unsicher, was die Angreiferin noch im Schilde führen könnte. Petra hob das Fahrrad auf, das den Sturz wie durch ein Wunder pannenfrei überlebt hatte, schwang sich auf den Sattel und fuhr, noch bevor das erste Auto die Unfallstelle passiert hatte, auf der für sie ungewohnten linken Straßenseite weiter Richtung Norden. Erst als sie die Gestürzte passiert und genügend Abstand zum Unfallgeschehen gewonnen hatte, löste sich der Schockzustand. Zurück blieb ein tiefer Stolz. Ihr Mann hätte nie erahnt, wie weit sie für ihn zu gehen bereit war. Und doch würde er es nie erfahren. Petra fuhr vorbei am *Kapstadt-Stadium* und anschließend auf der rechten Spur der dreispurigen Straße zwischen hupenden Autos Richtung Hauptbahnhof, wo sie auf ihren Mann warten würde. Vor der letzten Querstraße, der *Adderley Street*, war sie aufgrund einer Absperrung zum Anhalten gezwungen. Petra stieg ab, schob das Eisengatter auf die Seite und wollte sich wieder auf ihr Fahrrad setzen, als sie plötzlich bemerkte, wie ungewöhnlich still es um sie geworden war. Dann sah sie es.

***

Er stand allein auf der Mittelinsel des Kreisverkehrs, dort, wo sich in anderen Städten ein Wappentier befunden hätte. Mit ruhigem Atem folgte sein träger Blick durch wilde Augen dem Uhrzeigersinn. An Beinen und Rücken zeichnete sich in ebenmäßigen Kurven eine schnellkräftige Muskulatur ab. Seine weiße Mähne wehte im Wind. Er wurde der Frau vor dem Gatter gewahr und trabte mit langsamen Schritten auf sie zu. Als er bei ihr angekommen war, rümpfte er die Schnauze und roch mit schweren Atemzügen an ihr. Seine Schnurrhaare streiften ihren Rumpf. Er reagierte irritiert, als sie das Fahrrad auf die Seite legte, sich langsam einige Schritte zurückbewegte und wieder hinter dem Gatter verschwand. Er wendete sich dem Fahrrad zu, dessen Vorderreifen – vom Pedal angehoben – unaufhaltsam kreiste. Er schritt um das Fahrrad herum. Er hielt seine Schnauze an das vom langen Tag erhitzte Eisen, das wie ein Kamm sein Fell durchstreifte. Er stieß es weg, doch das Fahrrad drehte sich nur kaum merklich. Er hob es mit der Pfote an und es rutschte weg. Dann öffnete er sein Maul, biss in den Fahrradrahmen und zog das Fahrrad einige Meter in Richtung der Mittelinsel. Er legte es ab, der Vorderreifen kippte in die Luft und kreiste weiter. Er versuchte ihn mit der Schnauze anzuhalten, doch der Reifen rieb unaufhaltsam an seinem empfindlichsten Körperteil. In ihm wuchs eine unendliche, wilde Aggression. Erneut biss er in den Rahmen, hob das Fahrrad an und schleuderte es von einer Seite zur anderen. Die orangefarbenen Felgen knallten beim Aufprall auf den Boden und die Reifen rasselten über den Teer, der Rahmen vibrierte stumpf. Der Löwe bäumte sich auf und sprang mit voller Wucht auf das Fahrrad. Doch als er davon abließ, kippte es erneut und der Vorderreifen drehte umso schneller in der Luft.

Die Sonne küsste in endloser Liebkosung den Horizont und brachte die Luft ein letztes Mal zum Glühen. Bis weit

in die Straße hinein reichte der langgezogene Schatten des
Löwen. An dessen Ende stand schweigend ein Junge. Er
hatte sich ein Antilopenfell um die Schulter geworfen. Sein
linkes Auge war angeschwollen. Der Löwe zog das Fahrrad
quer über den Kreisverkehr. Noch einmal biss er mit aller
Kraft in den Fahrradrahmen und riss am Fahrrad. Dann
warf er es mit einem Ruck in Richtung Südosten, wo es vor
dem Jungen zum Liegen kam. Ein einsames violettes Blüten-
blatt legte sich auf dem Fahrrad nieder. Der Löwe erhob sein
Haupt und wandte sich in die entgegengesetzte Richtung.
Dann zog er Schritt für Schritt in die rote Abendsonne, bis
beide mit einem Mal verschwunden waren.

Christopher Lischka

Weggabelung

Das Polyester scheuerte auf meiner Haut, als wollte es wissen, was darunter lag. Ich hatte gewusst, dass es sich rächen würde, das erstbeste Hemd abzusegnen und dann zur Kasse zu tragen, feierlich wie den Leib Christi, bis die Verkäuferin es gekonnt zusammenlegte und mit monotoner Stimme die unnötigste aller Fragen stellen würde, deren Antwort keiner der Anwesenden sehnlich erwartete:

»Haben Sie alles gefunden?« Mama hatte in gönnerhaftem Ton irgendwas Bestätigendes verlauten lassen und die Karte hingelegt. Ich erklärte ihr, dass sie die Karte in das Lesegerät stecken musste, sie wusste ihre PIN nicht auf Anhieb, ich auch nicht, warum auch, sie ließ sich Zeit mit dem Überlegen, hinter uns wurde man unruhig. Ihr fiel die PIN ein, sie las sie laut vor, als sie sie eingab, ich musste den grünen Knopf zur Bestätigung drücken, wollen Sie eine Quittung, ja, vielen Dank, schönen Tag noch, gleichfalls, ciao.

All das war eine halbe Ewigkeit her. Aber das Hemd scheuerte noch immer wie beim ersten Anprobieren.

Das Sakko hatte ich wenigstens abgelegt. Es hing über einem Geländer, das wohl mal für etwas gut gewesen war, jetzt aber nur die Abgrenzung zur Parkfläche der Tankstelle markierte, die neonblau in unserem Rücken erstrahlte und ein ungünstiges Licht auf das aknevernarbte Gesicht von Simon warf. Der trank gerade den letzten Schluck seines dritten Biers und zerknüllte die Dose genüsslich.

»Heb das auf.«

Das war Mark, weniger von Akne geplagt, dafür von einem umso nervöseren Gemüt und etwas zwanghaft. Beides illustrierten die sorgsam aufgereihten Zigarettenstummel, die er zu seiner Linken platziert hatte. Sie sagten so etwas wie *Mir ist der Mülleimer gerade noch zu weit, aber ich gelobe hiermit feierlich, dass sie allesamt dort landen werden, dort, wo sie hingehören und verarbeitet werden, damit …*

Ich wollte nicht weiter zuhören, selbst hypothetisch nicht.

»Heb. Das. Auf.«

Simon hatte die Dose demonstrativ in Richtung des Mülleimers geworfen und natürlich nicht getroffen. In seiner Welt, in der der Versuch nicht nur zählte, sondern in den meisten Fällen einen genauso hohen Wert hatte wie der eigentliche Erfolg, war Danebenwerfen gleich Treffen – solange man eben warf.

»Simon, mach schon«, pflichtete ich Mark bei und zündete mir die erste Zigarette an.
   Mir war es ziemlich egal, wo die Dose landete, aber das klägliche Scheppern ihres Aufpralls auf Pflasterstein war der Startschuss für die erste Diskussion des Abends, eines Abends, der eigentlich nur im Zeichen des Neubeginns stehen sollte. Abschluss, wir hatten ihn und ich hatte keine Lust auf Zukunft (»Wenn wir nicht endlich handeln, dann können wir sowieso einpacken, *jetzt* muss es passieren« – Mark, Anmerkung des angetrunkenen Ich-Erzählers) und noch weniger auf Vergangenheit (»Eiszeiten gab es immer, Trockenzeiten auch, noch bevor die roten und grünen Männchen das Thema für sich entdeckt haben, also entspann

dich« – Simon, Anmerkung des nun Rauch ausstoßenden Ich-Erzählers, der nicht namentlich genannt oder in irgendeiner Form in diese Diskussion verstrickt werden möchte).

Zu meiner Überraschung stand Simon auf und schlenderte zur Dose, die so in sich zusammengeschrumpft war, dass sie eine flache Scheibe darstellte, *wie die Erde* hörte ich Simon noch murmeln. Natürlich glaubte er das nicht wirklich – zehn Punkte in Physik, schriftliche Abiturprüfung – und er sagte es gerade laut genug, dass Mark es hören konnte, aber um ihn zu provozieren, hätte er gerade alles behauptet. Er ging gemessenen Schrittes zum Eimer und platzierte pathetisch die Dose darin, um scheinbar interessiert und entschieden zu lange die Zeiten zu studieren, zu denen er geleert werden würde.

»Morgen um zehn«, schloss er sein kleines Improvisationstheater ab, »schreibst du mit?«

Mark schnaubte nur müde vor sich hin. Die Debatte schien vertagt. Cem hatte noch kein Wort gesagt. Er saß auf dem noch von dem letzten bisschen Abendsonne angewärmten Stein und trank ungelenk sein Bier. Alles, was er machte, sah so aus, als täte er es zum ersten Mal. Ich war mir nicht sicher, ob ich ihn jemals hatte trinken sehen.

»Geht's dir gut?«, fragte ich ihn.

»Ja«, antwortete er, etwas verzögert, als habe er erst nachsehen müssen.

»Doch«, meinte er noch.

Cem war besonders. Als wir vorhin noch im Ballsaal zusammensaßen, der gemietet worden war für die Abschlussfeier, hatte er wieder einen für ihn bezeichnenden Moment durchlebt. Wir waren in einem losen Halbkreis gruppiert, in den er vorgestoßen war, zwei Stühle waren noch frei, auf beiden hatte jemand einen Arm oder ein viel zu weites oder zu enges Sakko geworfen. (Wann passte jemals ein Sakko?) Anstatt sich einfach auf einen der Stühle zu setzen, war er unentschlossen vor- und zurückgeschritten, hatte abwechselnd auf die Stühle gezeigt, ohne deutlichen Blickkontakt aufzunehmen oder sonst wie zu kommunizieren, bis ich ihn auf den Stuhl neben mir zog und er sich erleichtert fallen ließ, als habe er darauf gewartet. Er konnte einen Tag lernen, die maximale Punktzahl aus dem Mathe-Abitur herausschlagen und dabei noch völlig uneitel bleiben, wenn man ihn darauf ansprach (»Ja, das lief ganz gut«, Tonfall eines Tagesschau-Sprechers), aber seinen Platz mussten ihm andere erkämpfen. Ohne Weiteres hätte er in der Schule unter die Räder kommen können, aber er wurde nie herumgeschubst. Er war ein Kuriosum, kein Zweifel, aber keines, über das sich andere lustig machten. Dafür sorgten wir.

Da waren wir also. Frei. Manche von uns waren mit viel Not und noch mehr gutem Willen der Korrektoren durch die Maschen geschlüpft, andere triumphal und souverän durchmarschiert. Doch das lag bereits hinter uns, jetzt saßen alle einen Meter jenseits der Grundstücksgrenze der Tankstelle, damit der Wart uns nicht zusammenstauchen konnte wie vergangene Woche. Simon war endlich wieder an seinem Platz.

»Wann wollen wir?«, fragte er ungerichtet in die Runde.

»Vor elf ist nichts los«, antwortete Mark, noch immer etwas kurz angebunden.

»Im *Zeitsprung* sind die, oder?«

Ja, da waren sie. Sie, das waren die Leute, die wir die nächsten Jahre nicht sehen wollten, *Zeitsprung* war das Kellerloch, in dem wir überteuerte Longdrinks aus nicht wieder verwendbaren Plastikbechern trinken würden. Es sollte eine Ode an die Freiheit werden, sentimentale Gespräche würden sich in Kleingruppen beim Rauchen entwickeln, der eine oder andere Fehltritt außerhalb der sicheren, maroden Wände des Schulgebäudes. Was mich anging, konnte ich darauf verzichten, aber Simon war es ein Anliegen. Außerdem würde Lea dort sein, auf die Mark schon so lange ein Auge geworfen hatte, dass selbst Cem, der wohl überall mit hingegangen wäre, wenn ihn jemand in der Runde nach seiner Meinung gefragt hätte, Mark in die Rippen gestoßen und in einer merkwürdigen Tonlage zwischen hölzern und jovial gesagt hatte: »Du musst langsam *aktiv* werden.«

Mark hatte sich vermutlich in einer seiner hehren und auswendig gelernten Ansprachen verheddert, dass er sie nicht als ein Objekt sah, das er einfach aus einem Schaufenster greifen konnte, doch ich hatte aufgehört zuzuhören und war aus meinen diffusen Gedanken gerissen worden, als Simon subtil wie eh und je dazwischengerülpst hatte.

»Schnapp sie dir oder jemand anderes mit weniger Skrupel macht's.«

Um diesen Abend auf einer Tanzfläche, der so mit Erwartungen und Alkohol überfrachtet sein würde, dass er nur schief gehen konnte, würde ich nicht herum kommen. Es war der einzige Anlass, auf den sich Mark und Simon einigen konnten und wer war ich, dass ich dieses Großereignis (die Einigung, nicht den Abend im Kellerloch) torpedieren sollte?

»Wann geht's nochmal los bei dir?«, fragte ich Mark, um etwas zu sagen.

»In sechs Wochen«, gab er mir die allseits bekannte Antwort.

»Mit dem Fahrrad oder dem Skateboard?«, fragte Simon hinterher, der es nicht lassen konnte.

Mark war zu einer Gruppe Öko-Aktivisten dazugestoßen, als die Sommerferien zu lang und der Skatepark geschlossen worden war. Anwohner hatten sich beschwert, dass es zu laut war und zu sehr nach Gras stank. Wir lebten in einer Stadt mit zu viel *zu*, um Mark noch länger halten zu können. Zu normativ, zu akademisch, zu alt, zu unbeweglich. Nachdem er ein paar Tage zu Hause gehangen hatte, war er mit Lea zu einer der Gruppen gegangen, deren Mitglied sie war. Als sie von *Fridays for Future* geschluckt wurden (Simons Narrativ) oder sich ihnen anschlossen (Marks beharrliche Korrektur), hatte er versucht, einen linken Flügel zu etablieren, womit er mit wehenden Fahnen untergegangen war. In einer jungen Bewegung mit starkem ökologischen Bewusstsein einen linken Flügel etablieren zu wollen, war laut Simon etwa so, als wolle man am Strand Muscheln verkaufen. Als Mark merkte, dass nicht mal Lea mitzog, hatte er sich darauf verlegt, das *Kapital* ohne Lesekreis zu verschlingen. Seitdem war er ernster geworden, wie die meisten Leute mit Überzeugungen. Zu denen gehörte Simon nicht, es sei denn, seine Treue zu Mercedes und lächerlichen Marken-Shirts fielen darunter.

»Mit dem Zug«, antwortete Mark kühl.

Er wollte auf dem Landweg in den Iran. Noch hatte ihn niemand davon abbringen können, seine Eltern hatten sogar mich schon gebeten, ihm Vernunft einzureden, aber die Wahrheit war, dass ich am liebsten mitgekommen wäre, selbst auf einem Gepäckträger oder seinem Skateboard.

»Das ist gut. Du musst hier raus«, sagte ich.

»Du kannst immer noch mitkommen«, meinte Mark hoffnungsvoll.

Für einen Moment hörte ich die Stimme des Jungen, der mit acht nach Hause wollte, weil er Heimweh bekam, wenn er woanders schlief. Doch aus den Jungen waren junge Männer geworden und wenn wir in der Türkei stranden sollten, würde nicht dieser bärige Schrank von einem Vater vorbeikommen und ihn über die Schulter werfen.

»Ja, vielleicht mach ich das«, antwortete ich und wir beide wussten, dass ich log.

»Mich kriegt hier keiner weg, aber danke der Nachfrage«, kam es von Simon, der ein neues Bier öffnete, das zischend überlief und seinen Bart aufschäumte, der wie ein Archipel dürftig bewachsener Inseln um seinen Kiefer spross.

»Als ob du jemals in Erwägung gezogen hättest mitzukommen.«
»Natürlich nicht, wer wäscht sonst den Benz?«

Simon war in Höchstform, was in umgekehrt proportionalem Verhältnis zu Marks Stimmungslage stand. So etwa hätte es mir auch Simon in einem seiner süffisanten Beispiele erklärt, mit denen er mir die unbegreifliche Welt von Algebra, Analysis und Zahlen jeglicher Art erschließen wollte. Didaktisch war es ein unschlagbarer Kniff gewesen. Denn wenn auf der Ordinate Marks Schmerztoleranz und auf der Abszisse wahlweise die Anzahl der flachen Witze über linkes Gedankengut (»Was ist der Plural von einem Mark? Marx, hahaha!«) oder abgewandelte Franz-Josef-Strauß-Zitate (»In der Theorie ist es Marx, in der Praxis ist es Murks!«) abgetragen waren, dann verstand ich im Handumdrehen, was der Sinn eines Koordinatensystems war und wo die Nullstelle der Schmerztoleranz lag, nach senkrechtem Sturzflug auf die Achse der Kalauer. So lebte es sich als Unbeteiligter in Bayern: auf der einen Seite Idealismus und Mut zur Veränderung der Marks, auf der anderen der bequemliche Konservatismus der Simons und ab und an die Begegnung dieser Welten bei einem Bier. Doch auch hier wurde es immer seltener. Früher hatten sie sich gerne gestritten, ohne dabei aufzuhören, im Wechsel die nächste Runde zu holen, am heutigen Abend war es bereits eine Leistung, beide an eine Grundstücksgrenze zu bringen, geschweige denn an einen Tisch. Wenn ich es so bedachte, kam es mir vor, als hätten wir schon ein Leben voller Irrtümer und Unvermögen hinter uns gebracht, doch wenn ich morgens in den Spiegel sah, erblickte ich einen ernsten Achtzehnjährigen, der nicht wusste, wer er war.

»Es gibt nur eine Packung Cräcker und die ist wirklich sehr, sehr lecker,

    dann kam der böse Rudi Völler, und aß die Cräcker und 'nen Böller!«

Man wusste, dass Cem einen im Tee hatte, wenn er begann zu singen. In diesem Fall handelte es sich um ein Nonsens-Lied, das wir mit neun gedichtet hatten, als die Fahrt zu einem Hallenturnier zu dröge wurde. Wir waren böse aufgemischt worden auf dem Feld, aber das Lied war geblieben, zumindest im unauslöschbaren Gedächtnis Cems.

»Dass du dich daran noch erinnerst«, meinte ich ungläubig.

»Ja, vor allem wörtlich«, pflichtete Simon bei.

»Warst du nicht sogar Kapitän bei dem Turnier?«, fragte Mark Cem, der noch immer summte.

»Ja«, bestätigte er trocken.

Wir lachten, denn für jeden wäre es eine Auszeichnung gewesen, nur nicht für Cem. Entweder weil es ihm egal gewesen war oder weil er wusste, dass es eine zweifelhafte Ehre war, diese Mannschaft auf das Feld geführt zu haben. Im Tor stand Simon, weniger wegen seiner atemberaubenden Reflexe als wegen seiner schieren Körpermaße. Er war damals schon einen Kopf größer als alle anderen und verursachte mehr Elfmeter nach Ecken als jeder andere Torhüter der Fußballgeschichte, weil er jedes Mal versuchte, den Ball wegzufausten, natürlich ohne Rücksicht auf Verluste. Mark im zentralen Mittelfeld, der geniale Regisseur dieser Trauerspiele, der eigentlich in eine andere Mannschaft mit größeren Ambitionen gehört hätte. Doch Mark blieb loyal und spielte noch immer für denselben Verein, vier Jahre nachdem ich aufgehört hatte, weil mir der Ausblick auf den autoritären Duktus des Sportvorstands an jedem Samstag oder Sonntag begann, auch die restlichen Tage der Woche zu verhageln. Und Simon war irgendwann die Wahl gelassen worden zwischen Rauchen und einem Stammplatz. Die Entscheidung war ihm leichter gefallen, als sie sollte. Nur Cem spielte auch noch. Kapitän war er nie wieder.

»Erinnert ihr euch an Vinz?«, fragte Simon und Mark prustete schon los.

»War das nicht der, der für ein halbes Jahr rechter Verteidiger war und deine Abstöße schießen musste, weil du dich geweigert hast, den Ball nicht einfach so weit wie möglich zu dreschen, sondern zu einem Spieler zu passen?«

»Genau der«, lachte Simon, »Wisst ihr noch, wie er nach einer Ecke den Ball einfach direkt genommen und in den Winkel gezimmert hat? Wäre nur schön gewesen, wenn es nicht unser eigenes Tor gewesen wäre.«

»Oder wie er den Ball zur Ecke geklärt und dann den Ball wieder geholt hat und als du ihm gesagt hast, dass es keinen Abstoß gibt, zur Eckfahne gerannt ist, um für den Gegner die Ecke zu schießen?«

So ging es noch eine Weile hin und her. Jeder kannte eine Geschichte von Vinz. Die Geschichte, wie er vergangenes Jahr aus schierer Langeweile eine Schlägerei begonnen und im Verlauf einen Jugendlichen niedergestochen hatte, erzählte niemand. Der Junge überlebte knapp und wo Vinz war, wussten wir nicht. Vielleicht wollten wir es auch nicht wissen. In dieser Stadt gab es eine Reihe solcher Erzählungen. Über alles legte sich der Mantel der größten Akademikerdichte des Landes; Reihenhäuser waren weiß getüncht und Nachbarschaftsgespräche seicht. Doch manchmal brach eine andere Realität gewaltsam an die Oberfläche dieser Seifenblase und drohte, sie zum Platzen zu bringen. Wer etwas ändern und diese Realitäten versöhnen wollte, wurde wie Mark. Wer gern Reihenhäuser strich, blieb wie Simon. Und wer seine Beine nur nutzte, um zwischen den Stühlen zu stehen, wurde wie ich.

Es war der glücklichste Moment des Abends. Wir erzählten uns alte Geschichten, die wir schon unzählige Male gehört hatten, und schwiegen uns über andere aus, die von Konsequenzen handelten. Niemand sprach von Ardan, der sich vor zwei Jahren erhängt hatte. Niemand von Wellner, der die geographische Nähe zu den Vertriebsstätten von Crystal in Hof nicht zu meiden wusste. Niemand erwähnte Johannes, der – dank der steten Versorgung durch Wellner – buchstäblich den Verstand verloren hatte und manchmal nahezu mutistisch allein in einer Bar vor einem Bier saß, das er kaum anrührte und über dessen Rand hinweg er Löcher in die Luft starrte. Niemand sprach von Sandro und all den anderen, die sich durch Kurzmeldungen in lokalen Nachrichtenblättern verewigt hatten und illustrierten, was passierte, wenn zu viel PS eine unheilvolle Allianz mit jugendlichem Übermut eingingen. Keiner sprach davon. Manchmal wünsche ich mir diese Lüge zurück, in der wir lebten. Es ging auf halb elf zu und wir qualmten und tranken noch immer jenseits der Grundstücksgrenze, unter den Argusaugen des Tankwarts. Ab und an wagte sich wieder einer von uns über den gefurchten Beton der Parkfläche an den Tanksäulen und drückte die Tür auf, die in das überkühlte Innere führte, hinter dem sich überteuertes Bier und Zigaretten kaufen ließen.

»Ich bin dran«, meinte Mark und erhob sich, um die nächste Runde Dosenbier zu holen.

»Hier nimm«, sagte Simon gönnerhaft und hielt ihm zwanzig Euro hin.

»Danke, Rockefeller, aber vier Bier sind noch drin.«

»Geld spielt keine Rolle!«, krakeelte Simon zum vierten Mal an diesem Abend und ich wurde das Gefühl nicht los, dass er auf einen Film oder Song anspielen wollte, den wir kennen sollten.

»Er genießt nur den freien Zugang zu Alkohol, im Iran sind die Tankstellen nicht ganz so gut ausgestattet mit Dosenbier«, stichelte ich.

»Haben die Tankstellen?«, fragte Simon allen Ernstes.

»Nein, da saugt man das Öl noch selbst aus dem Boden mit sehr, sehr langen Strohhalmen«, antwortete Mark.

»Dann arbeitest du wenigstens mal 'was«, schoss Simon zurück.
»Kann sich ja nicht jeder zu einer so profitablen Stelle als Sohn hocharbeiten«, entgegnete Mark grinsend.

Dann stakste er los, beschwingt und sorglos.

»Meinst du, er zieht das durch?«, fragte Simon.

Er zündete die nächste Zigarette an, er rauchte wie er alles konsumierte: maßlos und darin noch genussvoll. Niemand verkörperte das neoliberale Paradoxon stärker als Simon.
»Was denn?«, fragte ich lustlos zurück.

»Naja, die Reise in den Iran, ohne zu fliegen und was weiß ich noch.«

»Er hat einige Züge gebucht und die ersten Unterkünfte auch schon. Außerdem hat er einen Backpack-Rucksack gekauft und alle Impfungen dieser Welt nachgeholt. Also ja, ich denke nicht, dass er blufft«, gab ich zurück.

»Du weißt doch, was ich meine.«

»Was meinst du denn?«, stellte ich mich dumm. Ich hatte kein Interesse, in einen kalten Krieg gezogen zu werden, der jederzeit ein heißer werden konnte. Ich war die Schweiz, besser noch: Ich war gar nicht erst auf der Karte.

»Jedes Mal stürzt er sich in so ein Projekt, natürlich mit den besten Absichten und rein zufällig fallen die Absichten immer zusammen mit dem Auftreten einer sehr hübschen, soll heißen unerreichbaren, Frau.«

»Danke für die Einordnung.«

»Ach, kommt schon, ich kann doch nicht der einzige sein, dem das auffällt«, er sah jetzt auch Cem an, der nicht ganz wusste, was von ihm erwartet wurde.

»Dieser ganze Blödsinn, dass er jeden Freitag demonstrieren gegangen ist, obwohl er sich sowieso selbst krankschreiben konnte. Was für ein Protest soll das sein, bei dem er rein gar nichts riskiert? Demonstriert jetzt auch jeder, der gerne nackt rumläuft automatisch gegen inhumane Arbeitsbedingungen in der Textilindustrie? Früher waren das Exhibitionisten, heute sind das Aktivisten.«

»Franz-Josef wäre stolz auf dich. Was mich angeht: Ihr könnt das unter euch ausmachen, aber haltet mich da raus.«

»Oder dieser linke Flügel, den er aufbauen wollte. Ich habe so viel Marx-Zitate ohne Kontext gehört, dass ich selbst schon einen linken Flügel aufmachen könnte, und ich habe nicht eine Seite von ihm gelesen. Aber kaum springt seine Flamme nicht auf denselben Zug auf …«

»Simon.«

»… verstaubt der Band in irgendeiner Ecke oder wird vielleicht …«

»*Simon.*«

»… als Leiter benutzt, wenn wieder die eine oder andere Glühbirne durchbrennt, wäre nicht die erste im Hause Petzold, und hoch genug ist die Gesamtausgabe ja.«

»Simon.«

»Was?«

»Frag ihn doch selbst«, sagte ich.

Simon hatte nicht gemerkt, dass Mark zurückgekommen war. Mit sehr wachen Augen stand der da, eine milchige Tüte in der linken, eine Packung Drehtabak ohne Zusätze in der rechten Hand.

»Du warst ja schnell. Kann man dir ’was abnehmen?«, fragte Cem, den die Situation überforderte. Er erhielt keine Antwort.

Simon sah nicht zu ihm auf, Mark stand noch immer wie angewurzelt da. Dann stellte er die Tüte ab und begann eine Zigarette zu drehen. Seine Ruhe dabei war gespenstisch.

»Keine Sorge, die Gesamtausgabe verstaubt nicht«, sagte er dann.

»Du weißt, wie ich das meine«, antwortete Simon zerknirscht und sah noch immer nicht auf.

»Nein, tatsächlich weiß ich das nicht«, giftete Mark plötzlich und die Ruhe war verflogen.

Simon funkelte ihn jetzt an, Cem sah in die Ferne, ich nahm den letzten ruhigen Schluck Bier des Abends.

»Du willst es unbedingt hören?«, stieß er hervor, nur scheinbar eine Wahl lassend.

Und als Mark ihn herausfordernd ansah:

»Monatelang liegst du einem in den Ohren mit der nächsten Theorie, die du gelesen hast, und dozierst und dozierst und hörst gar nicht mehr auf, deine moralische Überlegenheit über uns alle auszuschütten. Der Klassenkampf, die Kinderarbeit, der Klimawandel …«

»Warum reizt dich das so?«, wollte Mark wissen, der sich seine Zigarette endlich ansteckte.

»Weil nichts davon echt ist!«

Simon spuckte unangenehm, als er in die Welt schrie, was schon zu lange in ihm zu schlummern schien. Er war mittlerweile aufgesprungen und gestikulierte wild.

»Steile These, dass der Klimawandel nicht echt ist, aber andererseits endlich mal konsequent ausformuliert von dir, Simon, ich bin beein…«

»*Du* bist nicht echt.«

Wir schwiegen. Ich sah keinen der beiden an. In der Ferne fiel jemand vom Fahrrad und niemand half ihm auf.

»Ich glaube endlich an etwas, kannst du das auch von Dir behaupten? Ich stehe für etwas ein.«

»Wirklich? Wofür denn genau? Woran glaubst du denn?«

Simon war ein Bus kurz vor der Klippe und es gab nichts, was ihn davon abhalten würde, uns alle darüber zu stürzen.

»Dass man einen Sinn schaffen kann; etwas das darüber hinausgeht, einfach immer nur seinen eigenen Scheiß zu regeln und sich nur um sich selbst zu kümmern. Etwas aufzubauen, von dem auch andere profitieren, eine Welt zu erhalten, in der alle leben können. Eine Erde, die nicht nur einigen wenigen für einige wenige Jahre Erträge einbringt. Einen lebenswerten Planeten, den es in ein paar Jahren auch noch gibt. Aber da rede ich bei dir ja gegen eine verdammte Wand an, dein Einkommen ist ja gesichert und langfristig angelegt.«

Damit waren die Warnschüsse verhallt und die schwere Munition aufgefahren. Ich fühlte mich seltsam unbeteiligt, nichts ging mich noch an.

Simon lachte freudlos auf.

»Du bist so ein arroganter Snob, das letzte Wort hat ausgerechnet bei dir immer die Herkunft der anderen, oder?«

Marks Wangen erröteten kaum merklich.

»Weißt du, warum ich auf dein neues Umweltbewusstsein scheiße? Mein Vater mag zwar für dich das ideale Feindbild vom reichen, konservativen Bonzen sein, aber wenn ich ihn morgen nach seinen Werten frage, bekomme ich dieselbe Antwort wie heute. Kannst du das auch von dir behaupten?

Morgen wacht Lea neben irgendeinem anderen auf und du hast dich nächste Woche wieder irgendeiner anderen Bewegung angeschlossen, bei der irgendeine Petra …«

Zu mehr kam er nicht. Mark hatte zu einem Schwinger angesetzt und ich konnte gerade noch rechtzeitig aufspringen, um das Auftreffen seiner Handfläche auf Simons Bart-Atoll zu verhindern. Simon drückte von der anderen Seite, was die beiden trennte, war nur ich, ein Blatt Papier in einer Druckpresse, und jede Seite wollte einen anderen Text aufzwingen. Cem zog umständlich an Mark, ich schubste Simon weg, doch der machte nur einen halben Schritt zurück.

»Lass mich los, Mann«, herrschte Mark Cem an, der ihn losließ, denn es war eindeutig, dass er keinen Angriff mehr starten würde.

Für einen Augenblick standen wir alle nur da und ich fragte mich, was zwischen vergilbten Anekdoten und dem aufwallenden Blut, das uns allen laut in den Schläfen pochte, passiert war.

»Auf wessen Seite stehst du eigentlich?«, stieß mir Mark entgegen.

Auch Simon starrte mich an.

»Ach so, jetzt muss ich schon wählen, ja?«

Ich hatte genug, etwas in mir bäumte sich auf und ich merkte, wie ermattet ich war.

»Ja«, kam es von Mark zurück, »Irgendwann musst du das. Irgendwann muss man Stellung beziehen.«

Sein bedeutungsschwerer Ton überrollte mich.

»Gut, ihr wollt wissen, was ich denke? Ich denke, dass dieser ganze egozentrische Müll ein Ende nehmen muss. Ihr tut beide so, als stünden nur zwei Seiten zur Wahl. Simon: Die Welt verändert sich und man kann sich nicht in sein Schloss auf dem Hügel zurückziehen, also entweder du gibst anderen einen Schlüssel oder sie rennen dir das Tor ein.«

»Sehr poetisch«, antwortete Simon und flüchtete sich in seinen Sarkasmus, »ein unerbetener Rat, aber ein poetischer.«

»Und Mark, die Welt wird auch ohne uns existieren. Deinen ganzen Bewegungen geht es doch nur darum, die eigene Haut zu retten. Die Menschen interessiert das Klima nicht, nicht die Natur und schon gar nicht jemand, der weiter unten auf der Leiter steht.«

Er sah mich abwartend an, etwas sank in ihm zusammen und Enttäuschung stieg in seine Augen. Ich spürte, dass ich Brücken abriss, aber er überhörte die Bitterkeit in meinem Ton.

»Manchmal wünsche ich mir fast, dass das Ende kommt. Die Menschen interessiert das Klima doch nur, weil es sie selbst betrifft. Es geht nicht um die Erde oder all die Arten, die sie ausgerottet haben, als gäbe es kein Morgen mehr. Es geht nur um die eigene Haut und ich frage mich, ob die ganze Welt nicht viel besser dran wäre, wenn die Menschen ein für alle Mal verschwinden und alles, was sie überlebt, einen Neuanfang bekommt.«

So viel wie in diesem Moment hatte ich an diesem Abend noch nicht zusammenhängend gesprochen. Alle Leichtigkeit der letzten Stunden war verflogen, die Stille war bleiern und wir hatten alle vergessen, dass heute der beste Tag unseres bisherigen Lebens sein sollte.

Es klang wie der Beginn eines schlechten Scherzes: Treffen sich ein Konservativer, ein Marxist und ein Nihilist an der Tankstelle …

»Du bist so kaputt«, sagte Mark nach einer Weile. »Ihr beide.«

Und das musste die Pointe sein. Dazwischen lag nichts: kein Austausch, kein generöses Schmeißen von weiteren Runden Bier; kein Streit, der im Händereichen kulminierte; keine Übereinkunft, dass man nicht übereinkam und es nicht musste. Nur der Beginn eines Scherzes und dessen bittere Pointe, für mehr schien kein Raum mehr zu bleiben.

Mark steckte den Drehtabak ein und stellte das Bier ab. Durch die milchige Tüte schimmerte die letzte Runde. Dann ging er los, nahm die erste Straße links, vorbei an schmuck-losem Gestrüpp einer Konzernstadt, über ihren makellosen Asphalt, der nur vereinzelt ausgebessert worden war.

»Mark? Wohin gehst du?«, fragte Cem verloren.

Als keine Antwort kam, stand er auf und lief hinter ihm her.

»Mark, warte!«

Cem drehte sich nicht mehr zu uns um, ich sah, wie sein Schopf auf und ab hüpfte, Mark hatte die Hände in die Ta-schen gedrückt und war bald nicht mehr zu sehen. Nur Cem sah ich noch eine Weile rennen, bis auch er hinter einer Kurve verschwand. Ich nahm noch einen Schluck, das Bier war warm geworden. Wir sagten nichts.

Nach einer Weile stand ich auf.

»Ich gehe jetzt da lang«, teilte ich mit und zeigte die Hauptstraße entlang: »Allein.«

Simon sah noch immer nicht auf.

»Du kannst das nicht nur mir ankreiden! Irgendwann musste es dazu kommen, das weißt du!«

Doch als er das rief, war ich schon über die Straße gelaufen, über den Grünstreifen, auf die perfekt angeordneten Bodenplatten des Fußgängerwegs.

Ich wusste, dass er recht hatte; dass es irgendwann dazu hatte kommen müssen. Er hatte auch recht mit Lea, sie ging mit Matteo nach Hause, einem ebenso attraktiven wie uninteressanten Jungen, der weder einer Bewegung angehörte noch überhaupt Fragen stellte. Mark erfuhr davon erst, als er schon auf dem Weg nach Albanien war. Wie ich hörte, hatte er es nicht gut aufgenommen. Lea und Matteo sind heute noch zusammen. Simon hatte auch recht mit seinem Vater. Als ich ihm Wochen später zufällig über den Weg lief und das Gespräch zweier Männer begann, die sich lange kannten, aber nicht vertraut waren, riet er mir ab, Philosophie zu studieren. Was ich denn damit wolle. Dieselbe uninspirierte Frage, die er wohl immer schon gestellt hatte, wenn jemand irgendetwas anderes als Wirtschaft oder Recht hatte studieren wollen.

Ich traf Mark nicht mehr vor seiner Abfahrt. Er musste viel organisieren und noch mehr nachdenken. Sein Abschied fiel sehr still aus, eine kurze Abschiedsnachricht, bevor er – vorerst, wie ich hoffte – aus meinem Leben entschwand, sehr leise, als ob er unbemerkt durch einen schweren Vorhang glitt.

Simon traf ich noch ein oder zwei Mal, aber seit er bei seinem Vater eingestiegen war, ist er noch selbstgerechter geworden und hatte aufgehört zuzuhören. Als ich ihm irgendwann sagte, dass ich doch nicht mit Philosophie beginnen würde, meinte er nur, er habe es mir ja gesagt. Jede weitere Erklärung dazu versandete in seinem selbstgefälligen Grinsen und ich verspürte nicht mehr den Drang, eine Antwort zu erhalten. Als Mark einige Wochen später zurückkehrte, und wir nur durch Zufall erfuhren, dass er die Reise wegen einer Epidemie unterbrechen musste und wohl auch wegen der Einsamkeit, hatte Simon ein Mal mehr recht behalten.

Und doch, obwohl Simon recht gehabt hatte und Mark nur Herzschmerz, weiß ich heute: Immer recht zu haben, hat keinen Wert, wenn alles bleibt, wie es immer schon war.

Rike Lorenz

Das gute Geschirr

»Natürlich ist der Knabe ein Wessi«, sagt meine Oma.

»Das gönne ich dieser Bande. Die haben immer auf uns herabgeschaut.«

Ich spiele an den Fransen der Tischdecke und sage nichts.

In den Nachrichten geht es um den Leiter einer Gedenkstätte, der diverse Angestellte sexuell belästigt hatte. An diese Belästigung glaubt meine Oma eigentlich nicht. »Da kann man nicht so zimperlich sein.« Wenn meine Schwester das hörte. Sie würde so mit den Türen knallen, dass der Lenin im Bücherregal wackelte. Aber sie ist nicht hier. Sie meidet die kleine graue Stadt und die gefransten Tischdecken.

Diese zimperlichen Frauen jedenfalls kommen der Oma gelegen, denn sie mag diese Gedenkstätte und ihre Leiter nicht. Sie mag diese Art von Gedenken nicht.

Endlich macht sie den Fernseher aus, was mir gut tut, weil er zu laut ist. Das Hörgerät der Oma ist schlecht eingestellt. Man muss sich direkt vor sie stellen, sie anschauen und laut und deutlich sprechen, damit sie einen versteht. Es ist eine große Kunst. Erstaunlich wenig Menschen schaffen das. Mein Vater zum Beispiel kann es nicht. Er redet in den Raum hinein, viel zu schnell und ich muss dann alles wiederholen. Ich bin die Dolmetscherin für meinen Vater und meine Oma. Für die Welt und meine Oma. Ich erfülle auch noch andere Funktionen. Zum Beispiel als Fahrerin. Dieses Wochenende fahre ich die Oma zu ihrer einzigen noch lebenden Cousine, wo es Kaffee gibt und Streuselkuchen, von dem guten Geschirr, dem mit dem Goldrand, und Gespräche über lauter Menschen, die längst tot sind. Ich schaue aus dem Fenster, ich kenne diese Menschen ja nicht. Es ist Herbst und fette Kastanien fallen auf die Straße. Ihre stachligen Schalen bersten und samtige Früchte kommen zum Vorschein.

Auf dem Rückweg fahren wir zu dem KZ, in dem mein Urgroßvater saß. »Du warst da ja noch nie.« sagt die Oma vorwurfsvoll. »Das musst du dir schon mal anschauen« Ich hasse es zu fahren, weil ich den anderen Autos nicht traue und weil meine Oma eine furchtbare Beifahrerin ist. »Du fährst immer zu schnell.« nörgelt sie, während wir zum dritten Mal überholt werden. Aber auf der Landstraße geht es. In dieser Gegend ist zum Glück alles Landstraße, alles voller Mais und dazwischen Windräder, über die meine Oma die Nase rümpft. Meine Schwester würde ihre Nase über die ganze Gegend rümpfen. Als wir ankommen, ist die Gedenkstätte schon geschlossen. Freitags nur bis dreizehn Uhr geöffnet. Alles umsonst. Wir stehen im Nieselregen auf dem großen Kieshof, wir lesen die Informationstafeln, dann fahren wir zurück. Mein Urgroßvater war ein halbes Jahr in diesem KZ. Meine Schwester sagt: »Ein Opa im KZ wiegt die ganzen Nazi-Opas auch nicht auf.« Meine Schwester macht gern solche Kommentare, aus dem Mundwinkel, gegen meine Oma gerichtet, aber nicht für ihre Ohren bestimmt.

Mein Urgroßvater ist fünfundsiebzig Jahre alt geworden. Er hatte zwei Kinder. Er leistete Parteiarbeit in seiner Gemeinde. 1988 wurde eine Turnhalle zu seinen Ehren nach ihm benannt. 1992 wurde sie wieder umbenannt.

Die Oma ist immer noch wütend wegen der Turnhalle und schimpft im Auto vor sich hin. Ich nicke empathisch. Meine Schwester würde sagen, wie absurd das ist, jedem Sozialisten, der ein halbes Jahr im KZ war, eine Turnhalle zu widmen. Und allen anderen, die zwar auch im KZ waren, meistens auch länger, aber nun mal leider keine Sozialisten waren, nicht mal eine Tischtennisplatte zu widmen.

Die Turnhalle, die vier Jahre lang den Namen meines Urgroßvaters trug, heißt jetzt *Friedrich Ludwig Jahn Sporthalle*. Friedrich Ludwig Jahn begründete das Turnen. Um junge Männer auf den Krieg vorzubereiten. Um einen völkisch-nationalistischen Geist zu stählen, einen Volkskörper auszubilden. Um den Patriotismus im preußischen Reich zu stärken. Turnvater Jahn.

»Dein Urgroßvater war ein ganz großer Sportler. Und dein Großvater auch.« sagt meine Oma. Bei uns waren alle große Sportler. Meine Schwester ist Kickboxerin, was meiner Oma nicht gefällt. Ganz schmal wird ihr Mund, wenn meine Schwester ihre Handschuhe in die Zimmerecke feuert. Und mein Vater war auch irgendwas, worüber er aber nie redet, weil »das alles Scheiße war«. Vor allem aber war meine Mutter erfolgreich. Als Leichtathletin hatte sie jede Menge Preise gewonnen. In ihrem Schlafzimmer gab es eine Kiste voller Medaillen. Meine Schwester und ich hängten sie uns alle um, als wir noch klein waren, schwenkten sie hin und her. Es waren so viele, dass die Kiste kaum zuging, und sie funkelten und glänzten wie Taler in einem Piratenschatz. Ich fragte meine Mutter, ob sie die alle gewonnen hat. Alle? Wirklich alle? Meine Mutter wendete sich ab, bügelte weiter Bettlaken und Taschentücher. »Ach. Bei uns wurden einem die Medaillen nur so hinterhergeschmissen.« Ich war trotzdem stolz. Ich erzählte allen, dass meine Mutter Landesmeisterin war, was nicht stimmte. »Dann musste sie bestimmt Hormone nehmen,« sagte jemand, was auch nicht stimmte. Die Kiste mit den Medaillen ist jetzt weg.

Nur ich war schlecht in Sport, schon immer. Ich musste weinen, wenn ich über den Bock springen oder am Barren üben sollte. Den Barren hat auch Turnvater Jahn erfunden. Ich hatte Angst, weil ich dachte, dass ich mit dem Kiefer auf

die Stange knallen könnte. Dann würden mir alle Zähne
'rausbrechen und ich würde auf die blauen Turnmatten blu-
ten. So wie meine Schwester jetzt manchmal beim Boxen,
die das aber gar nicht zu spüren scheint, die das Blut einfach
ausspuckt und weiter macht. Die Sportlehrerin war auch so
eine Ausspuckerin. Sie hieß Frau Bohnsack und hatte kein
Verständnis für Ängste vor Turngeräten. Frau Bohnsack ließ
alle Kinder in einer Reihe an der Linie antreten. Der Größe
nach, die Kleinen ganz hinten. Ich stand auf dem vorletzten Platz, immer auf dem vorletzten Platz, vier Jahre lang.
Frau Bohnsack rief: »Bauch rein, Brust raus«. Das rief sie
einer Horde von siebenjährigen Kindern zu, die dann immer wieder den gleichen Witz machten, indem sie ihren
Bauch so tief einzogen, wie nur Kinder es können. So, dass
die Rippen hervorstanden und unter dem Brustkorb eine
tiefe Mulde entstand. Dann schrie Frau Bohnsack: »Wir be-
grüßen uns mit einem Sport …«. Und alle Kinder kreischten
»Frei!«.

Ich bekam Dreien in Sport und manchmal auch eine Vier.
Vor allem Weitwurf fiel mir schwer. Mein Opa wollte mit
mir trainieren. In einer Scheune hatte er eine Granate gefunden. »Damit kann man das prima üben.« sagte er. Ich
hatte erst Angst, ich habe ja immer Angst, es klang auch
gefährlich. Aber es war nur eine Attrappe. Extra fürs Weit-
werfen. Extra fürs Üben. Für den Ernstfall. Ich schmiss die
Granatenattrappe auf den Acker. »Wunderbar! Noch weiter!« rief mein Opa. Diesmal bekam ich eine Zwei. Das war
gut. Außerdem war ich nun vorbereitet auf den Krieg. Mein
Opa war stolz. Der Turnvater wäre auch stolz gewesen. Oder
auch nicht. Dieses ganze Turnen war ja eigentlich nicht für
Frauen gedacht. Ich weiß das, ironischerweise, weil ich im
Oberstufenunterricht mal einen Vortrag über die preußische Turnbewegung hielt, um mich vor einer praktischen
Prüfung zu drücken. Die Frauen durften erst hundert Jahre

später mitturnen. Erst für den Volkskörper und so. Dann für die deutsch-sowjetische Freundschaft und so.

Viele Leute finden das schlimm, diesen militärischen Sportunterricht und diese Jugendsportspiele und diese Pioniere! »Die Wessi-Kinder mussten dafür in den Kommunionsunterricht« sagt meine Mutter. »Darüber hört man auch wenig Gutes.« Einmal, als der neue Geschichtslehrer aus Nordrhein-Westfalen fragt, ob unsere Mutter gedrängt wurde, Hormone zu nehmen, fragte meine Schwester zurück, ob er eigentlich von seinem Pfarrer belästigt wurde. Das fand niemand lustig. Kommunion. So 'was gibt es bei uns gar nicht. Weil wir gar keine richtigen Christen sind. Das ist ja nur so ein Resterampenchristentum. Durch Weihnachten muss man trotzdem durch.

Fette Spatzen sitzen in den kahlen Sträuchern unseres Gartens und natürlich schneit es nie. Weihnachten ist sehr anstrengend für mich, weil ich dann wieder meinen Zweitjob als Dolmetscherin antreten muss. Nur ich besitze die Gabe, laut und deutlich zu sprechen und meine Oma dabei anzuschauen. Jedes Jahr endet damit, dass mir die Stimmbänder weh tun.

Wir spielen Spiele zu Weihnachten. Wer Spiele spielt, muss sich nicht unterhalten.

Mein Vater liest von der Quiz-Karte vor: »Wie wurde der Palast der Republik im Volksmund noch genannt?«

»Was? Du musst mich angucken.« beschwert sich meine Oma.

Ich schreie: »Wie wurde der Palast der Republik im Volksmund noch genannt?«

»Erichs Lampenladen.« antwortet meine Mutter.

»So wurde der nie genannt.« ruft meine Oma.

Meine Schwester fasst sich an den Kopf.

Den Lampenladen gibt es nicht mehr. Der wurde abgerissen, im Jahr, als wir den obligatorischen Berlin-Ausflug mit dem Geschichtskurs gemacht hatten. Die große klaffende Lücke hatte ich noch gesehen. Auf dem Fundament gab es ein Graffiti, da stand: »Die DDR hat's nie gegeben.« Das fanden alle lustig. Das Fundament ist jetzt weg und das Graffiti auch. Dort wird jetzt das preußische Stadtschloss wieder aufgebaut. Im Gegensatz zur DDR war in Preußen nämlich alles in Ordnung. Das bisschen Völkermord.

Das mit dem Völkermord weiß ich aus dem Geschichtsunterricht. Im Lehrplan stand das nicht, aber das wurde da mal diskutiert, als ein Schüler fragte, ob Deutschland denn keine Kolonien hatte. Der neue Lehrer aus Nordrhein-Westfalen kam ein bisschen ins Schwitzen.

Ich fand Geschichtsunterricht schwierig. Die Aufgaben in den Prüfungen waren immer gleich aufgebaut: *Fassen Sie die Ereignisse in den Jahren xyz zusammen. Begründen Sie die Handlungen von xyz.* Die dritte Aufgabe war die schlimmste. Anforderungsbereich III – Reflexion. Immer stand da: *Beurteilen Sie, bewerten Sie, vergleichen Sie!* Ich wusste nie, was ich da schreiben soll. Ich habe immer volle Punktzahl bekommen. Es war scheußlich.

Dieses ständige Vergleichen und Gleichsetzen. Der Leiter der Gedenkstätte, dem gekündigt wurde, hat das auch gemacht. Deswegen hat sich meine Oma ja so gefreut, als er gehen musste. Aber deswegen musste er ja gar nicht gehen. Er musste wegen der belästigten Frauen gehen. Die Frauen sind meiner Oma egal. Meine Oma glaubt nicht an solche Frauen. Sie misstraut der Politik und sie misstraut solchen Frauen und sie misstraut den Wessis. Der ehemalige Gedenkstättenleiter war auch ein Wessi und das wiegt am schwersten.

Meine Oma interessiert sich sehr für Geschichte. Meine Großeltern waren überhaupt beide sehr belesen. Die längste Wand in ihrer kleinen Wohnung in ihrem kleinen Plattenbau ist besetzt mit einem wuchtigen Bücherregal. Den meisten Platz nimmt die Gesamtausgabe von Lenins Werken in Anspruch, in braunes Leder gebunden. Anderthalb Meter Lenin. Aber die Oma kauft auch viele neue Bücher. Viele über das Ende der DDR. Meine Oma befindet sich in einer konstanten Traumabewältigung. Vor allem, nachdem mein Opa, der mir den Granatenweitwurf beigebracht hatte, starb. Er starb drei Tage lang und meine Oma brachte ihm jeden Tag etwas aus ihrem gemeinsamen Schrebergarten mit. Frische Minze, weil mein Opa den Duft liebte. Die Hülle einer Libellenlarve, die im kleinen Gartenteich ihre alte Haut zurückgelassen hatte. Und weißen Flieder, der die Lieblingsblume meines Opas war. Denn weißer Flieder blühte, als der Krieg vorbei war.

Mein Urgroßvater, der mit der Turnhalle, hatte meinen Opa sehr gemocht, denn mein Opa war auch Sportler und Sozialist und Antifaschist. Oder wie mein Vater sagt: »Die waren alle auf Linie.«

Meine Schwester fragt sich, was das schon für ein Antifaschismus gewesen sein kann, der von meinem Opa und meinem Urgroßvater. Sie weiß etwas von Antifaschismus. Sie hat immer einen Haufen Aufkleber im Geldbeutel mit roten und schwarzen Fahnen, die sie auf jedem Laternenmast verteilt, der ihr in den Weg kommt.

Im Februar telefoniere ich mit meiner Oma und sie sagt, dass sie dieses Jahr das erste Mal ohne meinen Opa zur Gedenkveranstaltung am 27. Januar gegangen ist. Und dass jedes Jahr weniger Leute hingehen, in ihrer kleinen grauen Stadt zwischen den Windrädern und den Maisfeldern. Überhaupt hat sie immer weniger Leute, mit denen sie etwas unternehmen kann, mit denen sie reden kann. Ihre Schwerhörigkeit steht zwischen ihr und der Welt. Ihre Schwerhörigkeit und das andere.

Ich besuche meine Oma im Frühling, als der Flieder blüht. Ich grabe ein paar Beete um und wir essen Kuchen von dem guten Geschirr, was einmal mir gehören soll, wenn es nach meiner Oma geht. »Deine Schwester kriegt das nicht. Die ruiniert das nur.«

Eine Frau geht vorbei, die nicht grüßt und nicht über den Gartenzaun schaut. »Eine alte Genossin«, sagt meine Oma. »Wir reden nicht mehr miteinander. Ich kann mich nicht mit jedem über Stalin streiten.«

Sie schenkt mir ungefragt Kaffee nach und fügt hinzu.

»Irgendwann wurde Stalin überall abgenommen. Aber wie schlimm es wirklich war, wurde mir erst nach der Wende klar. Die Hilde will das bis heute nicht wahr haben. Das und das andere auch nicht.«

Als wir das Geschirr abräumen, murmelt sie noch:

»Manche Leute sagen, dass sie im Leben alles noch einmal genauso machen würden. Ich kann das von mir nicht behaupten.«

Ich schweige und kratze den Kaffeesatz in den Kompost.

Victoria Lunz

In Erwartung des Unerwarteten

Erschöpft lag Steffi in ihrem Bett. Noch nie im Leben war sie so müde gewesen, aber auch noch nie so glücklich. Der Grund für ihr Glück war ein kleines sich windendes Knäuel, das in einem Bettchen neben ihr lag – Emma. 52 cm groß, 3650 g schwer, gerade drei Stunden alt, aber jetzt schon ein aufgewecktes kleines Ding.

Die bleierne Müdigkeit breitete sich in Steffis Gliedern aus und irgendwann konnte sie die Augen nicht mehr offenhalten. Zwar schlief sie nicht ein, aber sie glitt in einen dösenden Zustand. Sie dachte zurück an jenen Herbsttag vor etwas mehr als zwei Jahren.

*

Das neue Semester stand kurz bevor. Mit einigen Studienkollegen hatte sie beschlossen, die letzten warmen Tage des Jahres am See in der Nähe der Stadt zu verbringen. Alle waren froh, sich nach den Sommerferien wiederzusehen. In den freien Monaten waren sie in alle Himmelsrichtungen verstreut. Die einen waren im Urlaub, einige hatten gearbeitet und fast alle hatten ihren Eltern einen Besuch abgestattet. Mit dem Beginn des zweiten Studienjahres fühlten sie sich nun alle schon ziemlich erfahren. Nicht wie ein Jahr zuvor, als sich alle als ahnungslose Erstsemester noch zurechtfinden mussten.

Jeder hatte noch ein paar weitere Freunde mitgebracht, so dass ihre kleine Gruppe nach kurzer Zeit auf über zehn Leute angewachsen war. Die besonders Abgehärteten wagten sich sogar in den See. Die meisten Mädels zogen es vor, die letzten Sonnenstrahlen in ihren Bikinis zu genießen. Als es Abend wurde, heizten sie den mitgebrachten Grill an. Sie lachten viel und unterhielten sich über Gott und die Welt. Eines der brennendsten Themen war die aktuelle Flüchtlingswelle.

Tausende Menschen hatten sich aus Syrien und den umliegenden Ländern auf den Weg nach Europa gemacht. Der in Syrien herrschende Bürgerkrieg ließ vielen keine andere Wahl. Mit Hilfe von Schlepperbanden versuchten sie ihr Glück über das Mittelmeer oder über den Landweg durch die Balkanstaaten. Die deutsche Kanzlerin hatte zu Beginn die Parole »Wir schaffen das!« ausgegeben, doch im letzten Monat hatte sich auch in Deutschland die Stimmung gedreht. Ungarn hatte schon zuvor begonnen, einen Grenzzaun hochzuziehen, um dem Durchlauf von tausenden Flüchtenden Einhalt zu gebieten.

»Am Samstag ist in Wien ein großes Solidaritätskonzert für die Flüchtlinge«, warf Michael, einer von Steffis Studienkollegen, in die Runde.

»Ja, da könnten wir doch gemeinsam hinfahren«, fiel Jasmin, Steffis beste Freundin, sofort begeistert ein.

»Da könnten wir gebührend den überstandenen Uni-Start am Donnerstag feiern.«

»Nach zwei Tagen Uni haben wir uns das dann schon verdient«, stellte Steffi, selbst lachend, fest.

»Habt ihr gehört, jetzt überlegt unsere Regierung auch, einen Grenzzaun zu bauen. Ich weiß ja nicht, was sie sich vorstellen. Wenn die Leute aus einem Kriegsgebiet kommen, wird die ein kleiner Zaun nicht aufhalten.«

»Sicherlich, aber schön langsam werden es schon ziemlich viele, die bei uns Asyl wollen«, gab eines der Mädchen zu bedenken, die jemand mitgebracht hatte.

»Wenn bei uns Krieg wäre, würden wir uns auch wünschen, in einem friedlichen Land Asyl zu bekommen«, konterte Michael, dem dieses Thema besonders am Herzen lag. Er hatte im Sommer mitgeholfen, am Bahnhof ankommende Flüchtlinge zu versorgen.

»Das Problem ist, dass einige Politiker die Angst in der Bevölkerung schüren. Uns geht es so gut, wir können durchaus anderen 'was von unserem Wohlstand abgeben.«

Nun meldete sich auch Jakob zu Wort. Auf den großen, schlaksigen Kommunikationswissenschaften-Studenten hatte Steffi schon länger ein Auge geworfen. Als sie seine grauen Augen unter den blonden, etwas längeren Haaren hervorblitzen sah, konnte sie seinen Ausführungen gar nicht mehr folgen. Auch er fixierte sie mit seinem Blick.

»Aber die Integration dieser Leute wird eine Aufgabe unserer Generation sein.«
Das unbekannte Mädchen ließ nicht locker.

»Eben! Schau uns doch an, wir haben doch alles. Und noch viel mehr. Die europäischen Länder haben Flüchtlinge aufgenommen, als es ihnen selbst viel schlechter ging als heute. Und auch den Europäern wurde in der Vergangenheit geholfen. Das sollten wir nicht vergessen.«

»Es wird sicherlich nicht einfach werden. Aber Zäune werden das Problem nicht lösen. Und wir können sie auch nicht im Mittelmeer ertrinken lassen. Das sind alles Menschen wie wir auch. In Wahrheit haben doch alle schon viel zu lange zugeschaut und Länder wie Italien und Spanien mit dem Problem im Stich gelassen.«

Auch Steffi klinkte sich in die Diskussion ein, ließ aber Jakob nicht aus den Augen. Die Diskussion war nun so richtig entbrannt.

Irgendwann setzte sich Jakob neben Steffi. Sie begannen, sich über andere Themen zu unterhalten. Jasmin, die von Steffis Schwärmerei für Jakob wusste, warf ihr immer wieder vielsagende Blicke zu. Nachdem Steffi einige Bier getrunken hatte, brachte sie schließlich den Mut auf, Jakob zu einem kleinen Spaziergang aufzufordern. Der folgte ihr nur zu gern und Jasmin reckte beide Daumen nach oben. An diesem Abend küssten sie sich zum ersten Mal. Wobei küssen vielleicht eine zu romantische Beschreibung für die wohl eher wilde Knutscherei war.

*

An diesem Abend hatte alles begonnen. Mit einem Lächeln auf den Lippen dachte Steffi in ihrem Krankenhaus-Bett daran zurück.

*

Richtige *dates* hatten sie eigentlich nicht. Von diesem Abend an verbrachten sie einfach viel Zeit miteinander und irgendwann beschlossen sie, das Ganze offiziell als Beziehung zu bezeichnen. Ansonsten führten sie ein ganz gewöhnliches

Studentenleben. Lehrveranstaltungen, Prüfungen, aber auch Partys und alkoholschwere Diskussionen über aktuelle Geschehnisse oder den Sinn des Lebens. Das Flüchtlingsthema beherrschte weiterhin die Medien und die Gespräche in den Heimbars. Nicht nur aufstrebende Jungpolitiker forcierten nun das Schließen der Balkanroute, auch in der Bevölkerung machte sich die Meinung breit, nicht noch mehr Menschen aufnehmen zu können. Getrieben von dieser Stimmung, die von rechten Politikern noch weiter bestärkt wurde, schloss die Europäische Union schließlich ein Abkommen mit der Türkei. Dieser Pakt wurde unter den Studenten heiß diskutiert. Die einen befürworteten ihn, die anderen bezeichneten ihn als »Pakt mit dem Teufel«, denn der Präsident der Türkei gab sich ganz öffentlich einer Allmachtsfantasie hin. Als die Prüfungszeit begann, ebbten wie immer die Diskussionen ab, und jeder war damit beschäftigt, seine Prüfungen zu bestehen. Nach den Semesterferien beherrschte dann ein neues Thema die Studentenheime – der Brexit.

»Wir sind alle ungefähr zwanzig Jahre alt, wir können uns doch eine Welt ohne die EU gar nicht vorstellen. Oder könnt ihr euch noch an Grenzkontrollen beim Italienurlaub erinnern?«

Jakob war ein glühender Europäer und auch Steffi konnte die Position der Briten nicht nachvollziehen. Gemeinsam mit Amy, der Austauschstudentin aus England, saßen Steffi, Jakob und ein paar andere in der Gemeinschaftsküche des Studentenheims.

»*You cannot imagine the atmosphere in the UK, guys.*« Amy schüttelte bei dem Gedanken den Kopf. »Alle verrückt – *totally crazy!*«

Es schien, dass ihre Generation mit der Brexit-Abstimmung, die für Juni angekündigt war, zum ersten Mal ganz bewusst eine politische Entscheidung miterleben würden, die das Potential hatte, den Lauf der Geschichte zu ändern. Bei der Öffnung der Berliner Mauer waren die meisten von ihnen noch nicht einmal geboren und auch den 11. September 2001 hatten sie noch in einer kindlichen Vorstellung von der Welt wahrgenommen.

Privat beschäftigte Jakob und Steffi allerdings eine ganz andere Frage: Sollten sie sich im nächsten Studienjahr ein Zimmer im Studentenheim teilen? Da sie sowieso meist in dem einen oder anderen Zimmer gemeinsam übernachteten, wäre das Zusammenziehen durchaus sinnvoll. Allerdings hatte man in einem kleinen Studenten-Doppelzimmer nicht besonders viele Rückzugsmöglichkeiten, wenn einem der andere einmal zu viel würde.

Die Wahl fiel schließlich auf eine Zwei-Zimmer-Garçonnière, bei der zwar jeder sein eigenes Zimmer hatte, Bad und Küche aber geteilt wurden.

*

Steffi war wohl nun doch wirklich eingeschlafen. Denn sie schreckte hoch, als sie das durchdringende Weinen eines Babys hörte. Einen Moment brauchte sie, um zu begreifen, dass das nicht irgendein Baby war, sondern ihre Tochter Emma. Anscheinend hatte die Kleine Hunger. Doch der Versuch sie zu stillen führte nur zu noch lauterem Geschrei. Müde erhob sich Steffi und trug ihre Tochter zum Wickeltisch. Doch auch eine frische Windel konnte Emma nicht beruhigen. Wieder versuchte sie das kleine Würmchen an ihre Brust zu legen. Aber wieder endete der Versuch in Geschrei aus vollstem Halse.

»Aber wenn du Hunger hast, musst du doch trinken«, flüsterte Steffi im inzwischen dunklen Zimmer. Ihre Zimmernachbarin war nicht da, ihr Baby war auf der Intensivstation, deshalb verbrachte auch sie jede mögliche Minute dort. Steffi musste also ganz allein mit dem kleinen Schreihals in ihrem Arm fertig werden. Sie wiegte Emma hin und her, redete auf sie ein, aber nichts half. Irgendwann schossen ihr Tränen der Verzweiflung in die Augen.

»Was soll ich denn machen?«, schluchzte sie mit erstickter Stimme. Emma war schon ganz heiser vom Geschrei. Als die Verzweiflung übermächtig wurde, drückte Steffi den Schwesternrufknopf. Mit Hilfe der Säuglingsschwester schaffte sie es dann doch, Emma zum Trinken zu bewegen.

Erleichtert ließ sie sich in die Kissen sinken. Ein Gefühl der Verzweiflung hatte sie im Herbst vor eineinhalb Jahren auch erfasst, auch wenn es noch nicht die größte Verzweiflung ihres Lebens gewesen war.

*

Sie hatte gerade mit Jakob die beiden Zimmer nach ihrem Geschmack eingerichtet. Eigentlich hätten sie so glücklich sein können. Aber das letzte Studienjahr des Bachelors stand für Steffi an und damit auch die Entscheidung wie es danach weitergehen sollte. Ein Masterstudium beginnen oder doch mal sehen, ob man auch nur mit dem Bachelor am Arbeitsmarkt Erfolg hatte? Und wenn ein Masterstudium, welches? Hier in der Stadt bleiben oder lieber eine andere Uni erkunden? Fragen über Fragen raubten Steffi damals den Schlaf. Jeder gab ihr gutgemeinte Ratschläge, aber die Entscheidung musste sie selbst treffen.

Jakob hatte sich ein Jahr vorher dafür entschieden, ein Masterstudium zu machen, auch um länger mit Steffi in einer Stadt sein zu können. Für ihn stand allerdings fest, dass er das Sommersemester im Ausland verbringen würde. Er hatte sich auch schon bei einigen Austauschprogrammen beworben und wartete gespannt auf Antwort.

Steffi hatte Angst, dass ihre Beziehung schon ein halbes Jahr räumlicher Trennung nicht überstehen würde. Aber sie wollte auch nicht eine von den Frauen sein, die die Entscheidung über die eigene berufliche Zukunft von einem Mann abhängig machte. Sich aber allein aus Trotz darüber, dass Jakob ein Semester im Ausland verbrachte, für ein weiterführendes Studium in einer anderen Stadt zu entscheiden, erschien ihr ebenso unreif. Viele der Kollegen ihres Studiengangs waren überzeugt davon, dass an einer anderen Uni alles besser sein würde. Steffi war sich dessen nicht so sicher. Außerdem war sie inzwischen an ihrer Uni ganz gut mit den Professoren ihres Fachbereiches vernetzt, was bei der Suche nach einer Stelle für die Masterarbeit bestimmt nicht von Nachteil sein würde.

Am Ende des Wintersemesters stand fest, dass Jakob ab März ein Semester in England studieren würde. Zu Recht argumentierte er, dass dies vielleicht eine der letzten Gelegenheiten war, so einfach für ein Semester nach Großbritannien gehen zu können. Wie viel Zeit dafür noch bleiben würde, konnte damals niemand ahnen. Immerhin hatten die Briten im Juni zuvor mit knapper Mehrheit für den Austritt aus der Europäischen Union gestimmt. Da der britische Premier das Votum für bindend erklärt hatte, würde noch im Frühjahr das Austrittsprozedere eingeleitet werden. Auch wenn die jungen Briten mehrheitlich für den Verbleib in der EU gestimmt hatten, waren zu viele von ihnen am Abstimmungstag zu Haus geblieben. Der fatale Fehler einer Generation, die davon überzeigt war, sowieso nichts ändern zu können.

Steffi hatte sich entschieden, in der Stadt zu bleiben und hier ihren Master zu machen. So mussten die beiden nur das eine Semester der Trennung überstehen, dann würden sie wieder zusammenwohnen, zumindest bis Jakob seinen Abschluss machte.

Das halbe Jahr wurde wirklich zur Probe für ihre Beziehung. Nicht, dass sie beide nicht gewollt hätten, dass es funktioniert, aber Steffi war so mit ihren Prüfungen und der Bachelorarbeit beschäftigt, dass sie beinahe nicht dazu kam, mit Jakob zu telefonieren. Und auch der hatte einiges zu tun an der englischen Universität.

*

Die kleine Emma war an Steffis Brust eingeschlafen. Ganz ruhig ging ihr Atmen, fast synchron mit Steffis eigenem. Wieder musste sie schmunzeln, als sie an die Vergangenheit dachte. Sie hatte sich so auf die Osterferien gefreut, in denen sie Jakob endlich besuchen würde. Damals waren sie aufgeregt gewesen, das erste Mal gemeinsam Urlaub zu machen. Keiner hatte geahnt, was sie noch gemeinsam erleben würden.

*

Eine Woche lang zeigte ihr Jakob das College, in dem er wohnte, und die Uni. Hier war alles anders organisiert und das ganze Hochschulsystem funktionierte anders. Dann machten sie eine einwöchige Rundreise durch England, sie besuchten Oxford und Cambridge, aber auch Brighton und natürlich London. In den beiden Universitätsstädten waren sie fasziniert von der Geschichtsträchtigkeit jedes Winkels. In Brighton verbrachten sie einen Tag am Strand und obwohl es viel zu kalt zum Baden war, wurde es ein ausgelassener Tag.

Egal, mit wem sie sprachen, jeder hatte eine Meinung zum EU-Austritt. Ihnen wurde klar, wie gespalten die Menschen hier waren. Immer wieder fragte sich Steffi, ob diese Spaltung der Gesellschaft wohl auch zu Hause möglich wäre, oder vielleicht schon eingesetzt hatte.

Nach den Osterfeiertagen war Steffi wieder zurück in ihrem Alltag an der Uni angekommen. Alles verlief in normalen Bahnen, bis Steffi feststellte, dass ihre Monatsblutung überfällig war. Als sie genauer darüber nachdachte, zog es ihr den Magen zusammen.

Rein rechnerisch war es möglich, dass sie schwanger war. Mit Herzklopfen kaufte sie drei Schwangerschaftstests, nur zur Sicherheit. Sie versuchte sich selbst zu beruhigen und sich einzureden, dass das ja gar nicht möglich war. Genau nach Anleitung pinkelte sie auf den ersten Teststreifen und legte ihn auf eine glatte, trockene Oberfläche. Nun folgten die längsten zwei Minuten in Steffis bisherigem Leben. Als der *timer* ihres Mobiltelefons verkündete, dass die Zeit abgelaufen war, klopfte Steffi das Herz bis zum Hals. Sie hatte Angst, auf das Ergebnisfensterchen zu blicken. Als sie sich schließlich doch durchrang, wurde ihr schlecht. Das Fensterchen zeigte zwei klare Linien – schwanger. Es zog Steffi den Boden unter den Füßen weg, ihre Welt war stehengeblieben. Und dennoch klammerte sie sich an die irrationale Hoffnung, dass der Test negativ gewesen war. Nachdem aber die anderen beiden Tests zu demselben Ergebnis gekommen waren, gab es keine Zweifel mehr. Steffi war schwanger. Diese Neuigkeit musste sie erst mal selbst verdauen. Die ersten, denen sie von der Schwangerschaft erzählte, waren ihre Eltern. Sie versicherten ihr, sie zu unterstützen, egal wie sie sich entscheiden sollte. Steffi hatte von den beiden auch nichts anderes erwartet. Auch Jakob reagierte großartig und freute sich auf das Baby.

Nur Steffi selbst wusste nicht, was sie tun sollte. Es war die erste Entscheidung ihres Lebens, die sie ganz allein treffen musste, und gleich, wie sie ausfallen würde, nichts wäre danach so wie zuvor. Das Einzige, was sie wirklich wollte, war, dass alles wieder so sein sollte wie vor den Schwangerschaftstests. In diesen Tagen war sie so verzweifelt wie nie zuvor.

Eines Abends lag sie in der Stille ihres Studentenheimzimmers auf dem Bett und starrte an die Decke. Auf einmal wusste sie, was zu tun war. Das war ihr Baby und sie würde es auf keinen Fall hergeben. Damit war alles entschieden. Der Rest war nicht mehr schwer. Sie zweifelte keinen Augenblick an ihrer Entscheidung, auch wenn sie die Welt in den Monaten ihrer Schwangerschaft nur wie durch einen Schleier wahrnahm. Von Anfang an war klar, dass Jakob und auch Steffi selbst ihr Studium fortführen würden, auch mit Baby.

Als Jakob Anfang Juli aus England zurückkehrte, war Steffi schon im dritten Monat schwanger. Sie hatten nun die ganzen Sommerferien, sich auf das Baby vorzubereiten. Da es von Seiten der Studentenheimleitung keine Einwände gegen ein Baby gab, beschlossen sie, weiter in ihren Zimmern wohnen zu bleiben. Im Herbst kehrte also eine im sechsten Monat schwangere Steffi an die Uni zurück und begann ihr Masterstudium. Unter ihren Kommilitonen war ihre nun klar sichtbare Schwangerschaft natürlich Thema.

»Bist du wirklich schwanger?«

»War das ein Unfall?«

»Wie wirst du das denn machen mit Studium und Kind?«

»Und bist du mit dem Vater noch zusammen?«

Steffi musste unzählige sehr persönliche Fragen beantworten, die eigentlich niemanden etwas angingen.

Dabei gab es auf der Uni durchaus auch andere Themen, die die Gemüter der Studenten erhitzten. Die Einführung von verpflichtenden Gender-Lehrveranstaltungen in allen Studiengängen stieß nicht bei allen auf positive Resonanz. Außerdem hatte gerade wieder der Wahlkampf begonnen, das alles lenkte die Studenten ein wenig von ihrem Mikrokosmos mit der schwangeren Studentin ab.

Die Stimmung im Land war in den Jahren zuvor immer aufgeheizter geworden. Die Flüchtlingsdebatte, aber auch der Austritt der Briten aus der EU riefen Rechtspopulisten auf den Plan. Der EU-Austritt wurde als Forderung erhoben. Aber vor allem die gestiegene Anzahl an Migranten spaltete die Gesellschaft. Wenn man für die unbescholtenen Menschen eintrat, die nur auf ein besseres Leben hoffen, so wurde man schnell als »Gutmensch« abgestempelt. Aber genauso schnell wurde man ins rechte Eck gerückt, wenn man dafür plädierte, straffällig gewordene Flüchtlinge zurückzuschicken. Es schien, als gäbe es für die Menschen nur noch schwarz oder weiß in einer Welt, die in Wahrheit doch aus so vielen Farben bestand.

»Ich glaub', ich wandere aus!«, stellte Jakob lapidar fest, als die ersten Wahlhochrechnungen eintrudelten.

Die Politik der Angst hatte auch diesmal Erfolg und die Rechtspopulisten bekamen enormen Zuwachs.

»Aber wohin willst du denn auswandern? Es ist doch überall dasselbe.«

»Mhm, ich weiß doch auch nicht. Aber dieses Ergebnis ist wirklich echt zum Heulen.«

Steffi war genauso schockiert über ihre Landsleute wie Jakob. Neben den Rechtspopulisten war die verjüngte christliche Volkspartei, die Steffi mit deren eigenen populistischen Parolen gar nicht mehr so christlich erschien, der zweite große Gewinner.

»Ist doch jetzt schon klar, wie die nächste Regierung ausschauen wird. Zum Kotzen ist das!«, schimpfte Jakob weiter.

Und er sollte recht behalten, kurz vor Weihnachten wurde die Koalition aus den beiden Wahlgewinnern verkündet. Zu diesem Zeitpunkt hatten sich die Gemüter der meisten schon wieder etwas beruhigt. Unter den eher links eingestellten Studenten gab es natürlich weiterhin große Proteste.

Aber all das war für Steffi und Jakob schon bald in den Hintergrund gerückt. Am Ende der Weihnachtsferien war es so weit, am Nachmittag des 6. Jänner 2018 hatte Steffi die erste Wehe.

»Ich glaub', ich hab' gerade eine Wehe gehabt.«

»Wirklich? Bist du dir sicher?«

»Ich weiß nicht. Es war ein so komisches Ziehen vom Bauch in den Rücken.«

Steffi hatte sich neun Monate lang ausgemalt, wie sich wohl eine Wehe anfühlen würde und doch überstieg die Realität all ihre Vorstellungen.

»Sollen wir gleich ins Krankenhaus fahren?«

»Lass uns noch ein bisschen warten. Vielleicht hab' ich mich ja getäuscht. Außerdem sollten die Wehen ja regelmäßig kommen, bevor wir ins Krankenhaus fahren.«

Aber sie hatte sich nicht getäuscht, lange mussten sie nicht warten, da kamen die Wehen auch in regelmäßigen Abständen. Irgendwann ließ der nervöse Jakob nicht mehr locker und sie fuhren ins Krankenhaus. Dort wollte man sie zuerst wieder nach Hause schicken, aber nachdem sich Steffi auf den Flur übergeben hatte, durfte sie doch gleich bleiben.

Aber das war erst der Anfang eines beschwerlichen Weges. Irgendwann waren die Schmerzen so stark, dass Steffi in den Wehenpausen nur noch vor sich hinstöhnte. Es waren Schmerzen, wie sie sie noch nie erlebt hatte, unerträglich. Und doch hielt sie nach Stunden ihre kleine Emma in den Armen. Sie war erfüllt von einer Liebe, die sie nie für möglich gehalten hatte. Jakob hatte vor lauter Glück ein paar Tränen verdrückt, als er Emma zum ersten Mal gesehen hatte. Jetzt waren sie Eltern. Dies war das Ende ihres bisherigen und gleichzeitig der Anfang eines völlig neuen Lebens.

*

Nach den Semesterferien begann wieder das mehr oder weniger normale Studentenleben. Jakob war schon fleißig beim Schreiben seiner Masterarbeit und Steffi begann sich nach Masterarbeitsstellen umzusehen. Im Biologiestudium war es üblich, für die Masterarbeit einige Monate in einem Labor mitzuarbeiten. Nun war sie nicht mehr die schwangere Studentin, sondern die mit dem Kind. Manchmal, wenn es nicht anders ging, mussten Jakob oder sie die kleine Emma in Vorlesungen mitnehmen. Zum Glück war sie wirklich ein sehr braves Baby und alle Professoren zeigten sich verständnisvoll. Aber auch brave Babys schlafen nicht jede Nacht durch. Und so musste Steffi an manchen Tagen abwägen, ob sie in der Zeit, wenn Emma untertags ein Schläfchen machte, selbst ein wenig Schlaf nachholte oder die ruhigen Momente doch zum Lernen nutzte. Als brave Studentin, zu der sie inzwischen geworden war, begann sie meist mit dem Lernstoff. Und wenn sie dann zur Belohnung ein wenig die Augen schloss, war meist Emmas Schläfchen vorbei.

»Wie ihr das alles schafft. Wirklich Respekt!«

Nicht selten hörten sie Sätze wie diese von anderen. Ebenso oft folgte darauf die Frage: »Und wann bekommt ihr ein Zweites?«

Wobei sich Steffi jedes Mal wieder fragte, ob sich die Leute der Widersprüchlichkeit ihrer Aussagen bewusst waren.

Obwohl die Dinge nicht mehr so einfach waren wie früher, schafften sie es doch, alles unter einen Hut zu bekommen. Manchmal, wenn Steffi mit Emma spielte oder mit ihr im Kinderwagen spazieren ging, fragte sie sich, was sie früher den ganzen Tag getan hatte. Denn obwohl der Tag immer noch nur 24 Stunden hatte, kam es ihr manchmal vor, als würde sie drei Mal mehr Dinge erledigen als in der Zeit, bevor sie Mutter gewesen war.

Manchmal fiel es auch wirklich schwer, Mutter und Studentin zu sein. Aber Steffi war sich sicher, dass andere Mütter, die vorher berufstätig waren, auch Probleme hatten. Sie selbst musste sich zumindest keine Gedanken machen, wann wohl der richtige Wiedereinstieg ins Berufsleben sein sollte. Und auch bei manch anderen Dingen schien es ihr, als würde sie sich bedeutend weniger Gedanken darum machen als andere Mütter.

Emma entwickelte sich dennoch prächtig. Sie war ein richtiger Sonnenschein, keine Spur von Scheu vor anderen Menschen. Als sie immer besser krabbeln konnte. kam es vor, dass sie bei Grillfesten an der Uni schon mal auf der Decke von völlig Fremden saß, die sich zwar fragten, zu wem das Kind gehörte, aber ihren Spaß mit der Kleinen hatten.

Kurz vor Semesterende war Jakobs großer Tag gekommen. Er absolvierte seine Abschlussprüfung mit Bravour. Nun war er nicht nur Uniabsolvent, sondern auch Vater. Seinen Stolz konnte er nicht verbergen. Zur Feier danach war jede Menge Verwandtschaft angereist, auch Steffis Eltern waren da.

»Und wie geht's bei dir weiter, Steffi?«, fragte Jakobs Cousine. Mit Anfang dreißig war sie nur einige Jahre älter als Steffi. Auch Jakobs Großmutter interessierte sich sofort brennend für Steffis Zukunftspläne: »Der Jakob hat erzählt, du musst dann für deine Abschlussarbeit Vollzeit arbeiten.«

»Wirklich? Wie machst du denn das, wenn Jakob dann auch zu arbeiten anfängt?«

Die Ungläubigkeit stand der Cousine ins Gesicht geschrieben. »Das stimmt schon, dass ich für meine Masterarbeit mindestens sechs Monate in einem Labor mitarbeiten muss. Aber es geht erst im Oktober los und dann geht die Emma in die Krabbelstube.«

»Ist das denn gut, wenn man Kinder schon so klein in eine Krabbelstube schickt? Wenn ich mal Kinder habe, möchte ich dann schon voll und ganz für sie da sein, so wie die Oma. Du warst doch auch zu Hause bei der Mama und dem Onkel Erwin.«

Die Cousine machte sich erstaunlich viele Gedanken, obwohl sie selbst noch keine Kinder hatte.

»Aber die Steffi ist noch so jung, die muss jetzt an ihre Zukunft denken, genau wie der Jakob. Damals, als deine Mama und der Erwin klein waren, war ja alles noch ganz anders. Da hat man schon mal fünfzig-sechzig Stunden in der Woche arbeiten müssen. Und Urlaub gab's auch nur zwei Wochen im Jahr, nicht fünf wie heute. Da war's ja gar nicht anders möglich, als dass einer hauptsächlich daheim geblieben ist.«

Jakobs Großmutter schien ehrlich erstaunt über die Ansichten ihrer Enkelin.

»Außerdem, meine Liebe, bin ich dann schon auch immer wieder mal ins Geschäft aushelfen gegangen. Gerade vor Weihnachten, wenn mehr Verkäuferinnen gebraucht wurden.«

Steffi lächelte in sich hinein. Sie hatte ja nicht geahnt, was in Jakobs Großmutter steckte. Auch die Cousine versuchte wieder etwas abzuwiegeln: »Naja, aber früher war es doch eher üblich, dass die Frauen bei den Kindern daheim geblieben sind.«

»Es mag sein, dass bei euch nachfolgenden Generationen der Eindruck entsteht, aber gerade in der Generation vor mir waren die Frauen ›Mädchen für alles‹. Meine Mutter hat fünf Kinder großgezogen und war arbeiten, weil der Vater im Krieg geblieben ist. Einfach war es für die Frauen nie, weder damals noch heute.«

»Ich glaub' auch, dass vor allem die Frauen immer schon diejenigen waren, die alles am Laufen gehalten haben. Die haben halt das gemacht, was zu tun war. Und ich glaube, viele Männer sehen das heute schon mehr als früher. Trotzdem gibt's noch einiges zu tun. Frauen verdienen beispielsweise immer noch weniger als Männer. Und du hast ja selbst gesagt, du wärst ohne weiteres bereit, für deine Kinder deinen Job aufzugeben. Zeig mir mal einen Mann, der dasselbe ohne Diskussion machen würde. Bei der ganzen Genderthematik der letzten Jahre geht es letztlich auch darum, das Bewusstsein in der Gesellschaft für diese Dinge zu schaffen.«

Nun musste sich auch Steffi einmal zu Wort melden, während sie mit schützenden Händen hinter ihrer Tochter stand, die sich ganz stolz an einer Bank hochgezogen hatte.

»Auf dieses komische ›Binnen-I‹ könnte ich auch gut verzichten. Aber die Steffi hat schon recht. Man muss als Frau auch weiterdenken: Wenn man zu lang daheimbleibt, kriegt man später auch weniger Pension. Ich weiß, das ist etwas, worüber ihr in eurem Alter noch nicht nachdenkt.«

Die Großmutter lachte ihr gackerndes Lachen. »Du machst das schon ganz richtig, Steffi, und der Jakob natürlich auch.«

Jakobs Cousine hatte sich bereits mit einem säuerlichen Gesichtsausdruck abgewandt. Offensichtlich hatte sie nicht mit dieser Reaktion ihrer Großmutter gerechnet. Die klopfte Steffi ermutigend auf die Schulter und wurde auch gleich in ein anderes Gespräch verwickelt. Steffi saß neben Emma am Boden, die ihr Glück, auf ihren wackeligen Beinchen zu stehen, gar nicht fassen konnte. Sie strahlte ihre Mutter an. Steffi lächelte.

»Ach, meine Maus, wie wird die Welt in Zukunft aussehen? In was für einer Welt wirst du deine ersten Schritte machen? Als Frau wirst auch du noch auf Probleme treffen, die es so für Männer nicht gibt. Trotz aller Veränderungen, die du noch alle miterleben wirst, bleibt das scheinbar eine ewige Konstante.«

Sie drückte Emma einen dicken Schmatz auf die vielen dunklen Haare, was diese mit einem glucksenden Lachen zur Kenntnis nahm.

»Am Ende kommt immer alles anders, als man es sich vorgestellt hat. Aber das ist auch gut so. Was wäre das Leben schon ohne ein paar unerwartete Wendungen?«

Ronja Katharina Quentin

Die Botschaft

Als ich mich an den Tisch setzte, hatte meine Mutter mir mein Frühstück hingestellt und war dann mit den Worten gegangen, dass sie ins Büro müsse. Mein Vater hatte nur gebrummt und sich seine Zeitung geschnappt. Jetzt schaute er auf die Uhr und sagte: »Lilia musst du nicht langsam auch los?« Ich sah ebenfalls zur Uhr und nickte dann. »Ja Papa, Ry kommt in einer Viertelstunde.« Ich sprang auf und gab ihm einen Kuss. Er brummte wieder und wandte sich erneut seiner Zeitung zu. Ich ging zurück in mein Zimmer, nahm mein Telefon und mein Heft und packte es mit in den Rucksack, dann ging ich ins Bad. Als meine Freundin an der Tür klingelte, war ich fast fertig. Ich flitzte in mein Zimmer und nahm meinen Rucksack vom Bett. Dann stürmte ich wieder nach unten. »Hi Ry, morgen bin ich bestimmt pünktlich. Aber jetzt komm, lass uns gehen«, sagte ich und rief meinem Vater zu, dass ich jetzt weg sei. In der Schule angekommen, setzte ich mich auf meinen Platz am Fenster, als auf einmal jemand vor mir auftauchte. »Bist du Lilia?« Ich sah auf, vor mir stand ein junger Mann. »Ja, wieso?« Aus dem Augenwinkel sah ich, dass Leyli in den Klassenraum kam. Leyli ist meine Cousine und wir verstehen uns echt gut, doch als sie den Typen vor mir sah, wurde sie blass und drehte sich wieder um. Ich wollte aufstehen und zu ihr gehen, doch da sagte der Mann: »Mein Name ist Simon und ich würde gern mal mit dir reden.« Er hatte so einen dringlichen Ton in der Stimme, dass ich nicht anders konnte, als zu nicken, doch die Reaktion von Leyli beunruhigte mich und ich beschloss, auf Abstand zu bleiben. »OK, dann warte bitte nach Schulschluss am Schultor auf mich.« Nachdem er das gesagt hatte, drehte er sich um und ging davon. Ry kam zu mir. »Hey weißt du, was mit Leyli ist?« fragte ich, während sie sich neben mich setzte. »Nee, aber ich wollte ihr auch nicht hinterher. Du weißt ja, wir sind nicht so dicke. Am besten guckst du mal nach ihr. Wenn ein Lehrer kommt, sag ich ihm, dass ihr gleich kommen müsstet.« Ich nickte und machte mich auf die Suche nach Leyli. Ich fand sie auf dem Pausenhof der Unterstufe. »Was machst du hier Ley und warum bist du so plötzlich weggelaufen?« Sie sah hoch. »Dieser Mann, der da vor dir stand, ich kenne den. Er war früher oft bei uns. Er und ein älterer Mann sind zu uns gekommen und dann war Mama immer mit ihnen irgendwo und irgendwann kam sie von da nicht mehr nach Hause. Papa ist mit mir dann ins Krankenhaus gefahren. Lilia, Mama lag im Krankenhaus, als wir sie besuchten und ein paar Wochen später ist sie gestorben.« Plötzlich war Leyli wieder das kleine achtjährige Mädchen, verschüchtert und einsam, das mit seinem Vater kurz nach dem Tod der Mutter in eine neue Stadt zu Verwandten gezogen ist. Leyli schüttelte sich, dann stand sie auf. »Halt dich fern von ihm. Er ist nicht gut.« Dann ging sie ins Schulgebäude und zu unserem Klassenraum. In den folgenden Schulstunden musste ich immer wieder an Leylis Worte denken. Trotzdem wartete ich am Schultor auf Simon und wir gingen gemeinsam ein Stück, während er mir vieles über die Umweltbelastung erzählte und auch über Organisationen. »Du musst doch davon schon gehört haben. Es kann doch nicht komplett neu für dich sein«, sagte er irgendwann. »Na ja, ich habe davon schon öfter gehört. Ich ernähre mich auch vegetarisch, aber mein Vater hat immer gesagt oder er sagt es immer noch, dass die im Fernsehen zu viel Wirbel machen und dass das alles gar nicht so schlimm ist. Meine Mutter ernährt sich seit meiner Geburt vegan und vor ihrer

Schwangerschaft auch schon. Aber so viel habe ich mich mit dem Thema noch nicht beschäftigt«, gab ich zu. »Du hast dich mit dem Thema noch nicht viel auseinander gesetzt, ernährst dich aber vegetarisch?« fragte er. »Ja, denn ich sehe Fleisch nicht als Fleisch, sondern als das, was es vorher war, der Leichnam eines Geschöpfes. Und wir stammen von den Affen ab, also sind wir in der Lage, uns pflanzlich zu ernähren. Viele ekelt es, wenn sie Fleisch essen und sie sagen: Wie kannst du nur tote Tiere essen?« Simon nickte nur. »Ich finde, man sollte Fleisch als das ansehen, was es ist: der Leichnam eines Tieres. Man sollte sich immer bewusst sein, dass ein Tier sein Leben lassen musste, damit wir Fleisch essen können.« »Ja, da hast du recht, du bist wirklich eine von ihnen«, sagte Simon. »Eine von wem?«, fragte ich. Er zuckte zusammen, wechselte dann aber rasch das Thema. Als ich am Nachmittag zuhaus in meinem Zimmer saß, ließ mich das Gespräch mit Simon nicht los. Was ich da gesagt hatte, sagte ich normalerweise nicht. Es stimmte, aber eigentlich behielt ich es für mich. Diese Worte waren aus einem tiefen Winkel meines Gehirns gekommen und wollten nun endlich gehört werden. Dabei kannte ich diesen Simon nicht einmal. In den nächsten Wochen traf ich mich oft mit Simon. Er nahm mich mit zu Infoveranstaltungen oder wir suchten im Internet nach Fakten und Bildern. Ein paar Wochen, nachdem wir uns das erste Mal getroffen hatten, wartete Simon am Schultor auf mich. »Hallo Lia, na wie war die Schule heute?« fragte er in einem beinahe neckischen Ton. »Haha, sehr lustig, du weißt genau, dass wir heute eine Arbeit geschrieben haben«, entgegnete ich gereizt. »Was machst du eigentlich hier? Wir hatten doch ausgemacht, dass du mich nicht mehr an der Schule triffst, weil meine Cousine so auf dich reagiert hat«, fuhr ich fort. »Ja ich weiß, aber ich dachte, du kannst heute jemanden brauchen, der dich aufheitert. Ich möchte dir etwas zeigen. Komm mit.« Er nahm mich am

Arm und wollte mich mitziehen. Doch ich blieb stehen. »Stopp«, wandte ich ein. »Ich muss erst meinen Eltern Bescheid sagen. Ich möchte nicht, dass sie sich Sorgen machen«, sagte ich. »Deine Mutter weiß Bescheid. Jetzt komm«, sagte Simon und wollte mich wieder mit sich ziehen. Doch da trat Leyli aus dem Schultor. Als sie sah, wie Simon mich wegziehen wollte, lief sie los und stieß Simon von mir weg, der stolperte. »Was soll das, Ley?« frage ich. Denn meine Laune war noch immer mies. »Ich … Ich … Ich habe doch nur versucht ihn von dir weg zu halten. Er ist gefährlich. Seinetwegen ist Mama tot«, sagte sie mit zitternder Stimme. »Leyli, das ist sieben Jahre her. Du warst erst acht Jahre, das hast du dir eingebildet. Deine Mutter ist an Krebs gestorben. Sie ist nicht durch Einwirkung eines Dritten gestorben. Schlag dir das aus dem Kopf und außerdem: Wieso ausgerechnet er?« Bei meiner letzten Frage deutete ich auf Simon. »Weil er oft mit einem Mann bei uns war. Er ist schuld an Mamas Tod, er und seine Gruppe«, sagte sie, drehte sich dann um und rannte weg. Ich drehte mich zu Simon um, der inzwischen wieder aufgestanden war. »Von welcher Gruppe redet sie da und was hat ihre Mutter damit zu tun? Kanntest du sie und kennst du Leyli?« Simon seufzte. »Komm mit, ich werde dir auf dem Weg alles erklären.« Gesagt, getan. Er erklärte mir, dass er und sein Vater (er der ältere Mann aus Leylis Erzählung war) mit meiner Mutter und auch deren Schwester, der Mutter von Leyli, gut befreundet sind bzw. waren. Auch sein Vater ist inzwischen tot, aber sie alle waren Mitglied in einer Organisation, die sich *Die Botschafter* nennt. Ihre momentane Hauptbotschaft ist, die Menschen zu einer Wende zu bewegen und dem Meer mehr Schutz zu geben, da die Menschheit ohne es verloren ist. Simon war grade fertig mit seiner Erzählung, als wir vor der Tür eines kleinen Häuschens stehenblieben. »Das ist unser Haupttreffpunkt hier in Kleve.« Er zückte einen Schlüssel und öffnete die Tür. Wir betraten das Haus und Simon führte mich in ein Wohnzimmer. Es waren einige Personen da, die ich kannte, zum Beispiel meine Mutter oder auch meine Tante, die kleine Schwester von Leyli und meiner Mutter. »Tante Madeleine, Mama«, rief ich verwundert. Meine Mutter breitete die Arme aus. »Hallo Große, willkommen bei uns, hat Simon dir schon von der Organisation erzählt?« fragte meine Mutter. »Ja, eben gerade, aber warum seid ihr auch hier?« Meine Tante ergriff das Wort und erklärte mir, dass ihre Mutter, also meine Oma, dieses Haus gekauft und die Organisation mit ihrem Mann zusammen aufgebaut hatte. Ihre drei Töchter nahmen sie immer mit, so dass diese von klein auf lernten, wie wichtig es ist, die eigene Meinung zu vertreten und das zu schützen, was schützenswert ist. Sie erklärten mir einiges. Danach waren wieder alle gefragt und so planten wir gemeinsam eine Infoveranstaltung, auf der wir unsere Botschaft laut verkünden würden. Ich hatte Freude daran und fühlte so viel Verbundenheit mit meiner Familie, wie es schon lange nicht der Fall gewesen war. Circa vier Stunden später stieg ich in das Auto meiner Mutter und wir fuhren gemeinsam nach Hause »Das heute war schön«, sagte ich. Meine Mutter nickte. »Ja und es ist wichtig. Denn auch meine Enkel sollen noch eine schöne Erde haben, die ihnen genauso viel Schutz bietet wie schon mir und dir und auch all unseren Vorfahren. Das ist ein Kampf, der ausgefochten werden muss.«

Meine Mutter und ich redeten viel darüber. Wenn mein Vater dabei war, verdrehte er meistens die Augen oder rang sich einen abschätzigen Kommentar ab. Er sah das offenbar ganz anders als meine Mutter und ich. Ein paar Wochen später fragte ich meine Mutter: »Mama können wir mal an den Ort fahren, für den wir kämpfen?« Sie schaute verdutzt von ihrem Rechner auf. Sie schrieb gerade ihre Rede für die nächste Infoveranstaltung. »Aber da sind wir doch. Wir kämpfen für die Erde, auf der wir uns gerade befinden.« »Nein, so meine ich das nicht. Ich meine, können wir nicht mal ans Meer fahren. Ich möchte sehen, wie schlimm es ist. Ich möchte mit eigenen Augen sehen, was so viele ignorieren«, sagte ich. Meine Mutter lächelte, aber es war kein glückliches Lächeln. »Schatz, in den Küstenregionen räumen sie das meiste weg, sonst würden die Touristen nicht mehr kommen. Das Problem ist der offene Ozean, wo eben kein Tourist ist, für den es sich lohnen könnte, den Müll einzusammeln.« Bei diesem Satz wurde ich wütend. »Aber man kann doch nicht nur Sachen wegräumen, damit wieder Leute kommen, um es von neuem zu vermüllen. Es kann doch nicht sein, dass nur das gemacht wird, was sich in der Sekunde lohnt. Man muss doch weiter denken. Wir haben doch diese Intelligenz, warum nutzten wir sie nicht?« »Ich weiß, Lilia, aber zu viele wissen es leider nicht.« Ich rannte in mein Zimmer und setzte mich an meinen Schreibtisch. Ich wählte Simons Nummer, doch er ging nicht 'ran. Die ganze Wut, die sich immer weiter in mir anstaute, war ausgebrochen und jetzt kam ich mit den Emotionen, die auf den Ausbruch folgten, nicht klar. Ich wollte mich ablenken, deswegen schnappte ich mir meinen Rucksack und zog mein Deutschheft hervor. Doch auf den Aufsatz, den ich schreiben sollte, konnte ich mich nicht konzentrieren. Nach einer Weile holte ich deswegen mein Notizheft und schrieb auf, was ich in diesem Moment dachte. Was mein Geist nicht ausdrücken konnte, meine Seele aber schwer machte. Ich schrieb und schrieb. Irgendwann kam mein Mutter herein. »Wir können ja mit deinem Vater reden. Vielleicht fahren wir in den nächsten Ferien mal mit einem Hausboot über den Rhein und dann weiter auf die Nordsee. Wie wäre das?« Mir gefiel der Vorschlag und ich war begeistert. Doch am nächsten Tag war erst mal die Infoveranstaltung der *Bot-*

schafter. Meine Mutter hatte mich von der Schule abgeholt und wir waren in das kleine Häuschen am Stadtrand gefahren. Dort hatten wir alles vorbereitet. In ein paar Minuten würde es losgehen. Simon stand neben mir. »Na, bist du aufgeregt?« fragte er lachend. Nachdem ich mir noch einmal meinen Zettel mit den Stichpunkten angesehen hatte, erwiderte ich mit zitternder Stimme: »Und wie, das ist mein erster Auftritt.«»Du schaffst das. Du bist ein mutiges Mädchen. Warum solltest du ein Spiel verlieren, was du längst beherrschst?« Ich lachte. Er hatte gut reden. Er würde heute nicht als Redner, sondern nur als Beobachter und Fragenbeantworter in der Menge fungieren. Meine Mutter stieg auf den Tisch, den wir für die Veranstaltung zur Bühne umfunktioniert hatten. Die Veranstaltung begann. Es waren viele Leute gekommen und die meisten standen, einige sogar noch auf der Treppe an der Tür. Es ging schneller, als ich erwartet hatte und auf einmal war ich dran. Ich stand dort oben auf diesem Tisch und schaute in die Menge. Dann fing ich an. »Mein Name ist Lilia Sevoss und ich möchte ihnen und euch erklären, was mich bewogen hat, für die Umwelt zu kämpfen. Allerdings gibt es zu viele Gründe, um sie alle nennen zu können, aber der wohl wichtigste ist, dass ich einmal eine eigene Familie haben möchte und auch meine Kinder sollen die Erde noch mit all ihrer Pracht erleben können. Ich will mir keinen Vorwurf machen und ihnen erklären müssen, warum das, was sie auf Bildern noch sehen können, nicht mehr da ist. Jetzt denken einige von ihnen bestimmt, was für ein selbstsüchtiges, kleines, vorlautes Gör. Aber was ich sage, ist nicht egoistisch. Ganz im Gegenteil: Es ist mein gutes Recht. Und dieses Recht gehört nicht allein mir, es steht uns allen zu, und wir können nicht einfach leben, wie wir wollen, und dieses Recht einfordern, nein wir müssen dafür kämpfen und wir müssen uns dieses Rechts würdig erweisen. Dann ist es unseres und dann werden wir es auch haben und müssen uns keine Vorwürfe machen, wenn wir unsere Kinder später einmal auf einer Wiese spielen sehen wollen.« Damit war mein Teil getan. Ich hatte meine erste Rede gehalten und fühlte mich verstanden und bestärkt in dem, was ich dachte und gesagt hatte. Auf einmal brandete Applaus auf. Doch eine junge Frau, die weit vorn stand, fragte: »Wie soll das gehen? Wir sind im Vergleich zur gesamten Menschheit wenige und der Kampf ist schwer.« »Jeder Kampf ist des Kämpfens wert, wenn er für die richtigen Ziele ausgefochten wird. Und nur, weil wir wenige sind, sind wir nicht schwach. Aber es bedeutet, dass wir stärker kämpfen müssen! Und wenn ich allein gegen die Welt für dieses Ziel kämpfen müsste, ich würde es tun, weil das Ziel diesen Kampf wert ist«, sagte ich laut. Der Applaus wurde noch lauter und als ich vom Tisch stieg und zu meiner Mutter ging, nahm sie mich in den Arm und flüsterte »Ich bin so stolz auf dich.« Der Abend war ein voller Erfolg und ich war jetzt auch stolz auf mich, denn die Weichen sind gestellt. Der Kampf für unsere *Botschaft* konnte kommen. Ich war bereit.

Am Samstagnachmittag lag ich im Wohnzimmer auf der Couch und las ein Buch, als mein Vater herein kam, meine Mutter saß am Tisch und rechnete irgendetwas für ihre Arbeit aus. »Du, Papa?« fragte ich. »Was ist denn, mein kleiner Engel?« »Papa, ich bin dein großer Engel« sagte ich. Diese Diskussion hatte ich schon hundertmal mit ihm gehabt. »Was wolltest du denn?« »Mama und mir ist da neulich so eine Idee gekommen. Wir könnten doch in den nächsten Ferien ein Hausboot mieten und damit über den Rhein bis an die Nordsee fahren. Wäre das nicht toll? Du hast doch als Jugendlicher einen Bootsführerschein gemacht. Während du am Steuer stehst, könnten Mama und ich die Landschaft fotografieren.« Die Miene meines Vaters war ein einziges

Schauspiel: Von missmutig zu Anfang bis zur Vorfreude am Ende konnte man fast alles darin finden. Meine Mutter hatte sich in ihrem Stuhl zu uns gedreht. Mit gespannter Miene wartete auch sie auf die Reaktion meines Vaters. »Warum eigentlich nicht? Mit dem Auto sind wir schon oft genug weggefahren, das wäre mal 'was anderes. Also ok, ich bin dabei.« Ich lächelte. Meine Eltern machten sich bald an die Planung der Sommerferien, die in ein paar Monaten beginnen würden.

Dreieinhalb Monate später waren unsere Sachen gepackt und wir fuhren mit dem Auto zu dem Hafen, in dem das Hausboot, das wir gemietet hatten, vor Anker lag. Es war ein schönes altes Schiff mit modernem Schliff. Ich fühlte mich sofort wohl. Zu meinem Geburtstag vor zwei Wochen hatte ich eine neue Kamera bekommen, die legte ich jetzt vorsichtig in ein Regal in meiner Kajüte und ging gleich wieder an Deck. Der Eigentümer des Schiffes erklärte meinem Vater, wie das Steuern ging, und vergewisserte sich, dass mein Vater wirklich einen Bootsführerschein hatte. »Papa hat extra noch mal ein paar Stunden genommen, damit er wirklich gut steuern kann«, sagte ich, um den Eigentümer zu beruhigen. Der lachte. »Dann ist ja alles gut. Die *Flotte Muschel* ist in guten Händen. Ich wünsche Ihnen viel Spaß. Wir treffen uns in vier Wochen an der Nordseeküste.« Damit ging der Mann von Bord und machte die Leinen los. »Gute Reise!«, rief er noch. Dann ging er wieder seiner Wege. »Was meinte er mit *Flotte Muschel*?«, fragte ich meine Mutter. »Das Schiff; jedes Schiff hat einen Namen und dieses heißt *Flotte Muschel*«, erklärte sie. »Komm, lass uns unsere Sachen unter Deck verstauen, während dein Vater hier oben die Stellung hält.«

Die nächsten Wochen waren sehr lustig. Meine Mutter hatte viel Zeit und Papa und sie lachten und scherzten andauernd über irgendwelche Insidergeschichten und Witze aus alten Zeiten, die ich nicht verstand und die sie mir erklären mussten. Wenn ich fragte, lachten sie bloß noch lauter und erklärten es mir fröhlich. Wenn Papa mal ein bisschen seine Ruhe im Deckshaus wollte, dann holten Mama und ich die Kameras und schossen Fotos von der Landschaft am Ufer, vom Wasser und – wenn wir welchen sahen – auch vom Müll. Den sammelten wir ein, wenn wir ihn erreichen konnten. Auch Seevögel oder andere Schiffe kamen uns vor die Linse. Es war ein wundervoller Urlaub und wir hatten als Familie Spaß wie selten. Die Fotos, die dabei entstanden, waren super. Leider gingen diese vier Wochen viel zu schnell vorbei. Wir lagen wieder im Hafen. Doch diesmal im Hafen von Emden, einer Stadt an der Nordseeküste. »Oh, Mann, das waren die vier schönsten Wochen meines Lebens«, sagte ich, während wir von Bord der *Flotten Muschel* gingen. Meine Mutter seufzte. »Ja, das war wirklich wunderschön. Nächstes Jahr machen wir das noch mal«, stimmte meine Mutter mir zu. »Aber, mein Schatz, wir haben noch eine Überraschung für dich: Wir werden noch eine Woche hier in Emden in einer Ferienwohnung bleiben und die Stadt erkunden und alles, was so dazu gehört«, sagte mein Vater. Ich riss die Augen weit auf und fing an zu quietschen. »WAAAAASSS!!!« Meine Eltern lächelten. »Wir dachten, eine Woche auf festem Grund mit Shoppen und Sightseeing würde dir auch gefallen«, erklärte mein Vater. Dann ging er voran, mit der Nase auf seinem Telefon, um den richtigen Weg zu finden. Emden ist eine wunderschöne Stadt und eine Woche hier zu bleiben war sehr schön. In der Ferienwohnung ging ich dennoch erst einmal an den Rechner, um mir die Fotos, die ich in den vergangenen Wochen gemacht, aber immer nur auf die Speicherkarte gezogen hatte, anzuschauen. Da meine Eltern mir aber bald am Rücken klebten, sagte ich schließlich: »Wartet, ich gucke, ob ich einen Stick habe und der Fernseher hier einen USB-Anschluss hat.« Wir hatten Glück. Ich fand sowohl meinen Stick als auch den USB-Anschluss. Und so saßen wir bald darauf gemeinsam am Fernseher und schauten uns die Fotos an. Als wir letzte Woche ein kleines Stück auf die Nordsee 'rausgeschippert waren, hatten wir sogar eine Sandbank mit Seelöwen gesehen. Ich hatte natürlich gleich die Kamera in der Hand. Dabei waren einige schöne Bilder festgehalten worden. Meine Eltern staunten. Auch ein anderes Bild nahm ihnen den Atem, auf dem war eine Seemöwe zu sehen, die auf einem Pfahl saß, und im Hintergrund ein blauer Himmel und das Schilf. Es war wunderschön. »Lia, du solltest Fotografin werden. Diese Fotos sind unglaublich«, sagten mein Vater und meine Mutter: »Vielleich findest du im Internet ja einen Fotowettbewerb. Mit diesen Fotos würdest du sofort gewinnen.« »Hhm vielleicht, aber es sind so schöne private Fotos, die möchte ich gar nicht mit aller Welt teilen, die sollen uns gehören.« Meine Eltern erwiderten nichts und wir schauten uns die restlichen Fotos an. Die Woche in Emden war wunderschön, aber meine Mutter und ich konnten es uns nicht verkneifen, an einem Nachmittag an den Stränden Müll aufzusammeln. Wieder zuhause, hatte ich noch eine Woche Ferien. Meine Eltern mussten aber schon wieder arbeiten. So war ich viel allein oder mit Leyli zuhause. Einmal traf ich mich auch mit Simon. Doch der fuhr in der letzten Woche noch zu Verwandten. Weshalb wir uns nicht noch mal treffen konnten. Am vorletzten Ferientag stöberte ich durch meine Notizhefte. Dabei stieß ich auf meine Notizen, die ich mir gemacht hatte, als ich mit meinen Emotionen nicht wusste, wohin. Ich schaute sie mir an und dann setzte ich mich hin und schrieb einfach alles auf, was ich beim Lesen der Notizen im Kopf hatte. Ich war so vertieft, dass ich nicht bemerkte, wie meine Mutter das Haus betrat und auch nicht, wie sie in mein Zimmer kam. Als sie sagte: »Wow, dieser Text ist unglaublich. Hast du den geschrieben?« erschrak ich so heftig, dass ich fast vom Stuhl fiel. »Mama!« sagte ich vorwurfsvoll. »Tut mir leid. Aber hast du den nun geschrieben oder nicht?« »Ja, habe ich. Weißt du noch, als du die Idee zu dieser Bootstour hattest? Ich war doch so außer mir, als wir uns vorher unterhalten hatten. Ich wusste damals nicht, wohin mit meinen Empfindungen, und so habe ich sie einfach in das Notizheft geschrieben. Ich habe es jetzt wieder gelesen und diesen Text daraus gemacht«, erklärte ich ihr. »Könntest du dir vorstellen, den auf der nächsten Versammlung vorzulesen?« »Ja, ich wollte ihn eigentlich meiner Deutschlehrerin zeigen.« »Aber warum geht denn nicht beides?« Ich überlegte einen Augenblick, aber mir fiel keine Begründung ein. Also zeigte ich den Text erst meiner Lehrerin und für die nächste Infoveranstaltung der *Botschaft* planten wir eine kleine Lesung ein, in der ich meine Aufzeichnungen vortragen sollte. Meine Lehrerin war begeistert und meinte, ich solle es doch auch dem Rest der Schule vorlesen und so trug ich den Text auch bei der nächsten Schülerversammlung vor.

Es gibt überall auf der Welt solche, die sich als die großen Retter aufspielen. Doch retten sie nur da, wo sie hinkommen und auch nur mit dem nötigen Formular. Doch die, die jeden retten, ohne viel zu fragen, werden es wahrscheinlich immer tun. Und sie werden nie damit angeben oder Geld verlangen. Das Einzige, was sie wollen, ist Frieden und eines der vielen Dinge, die wir (und damit ist die gesamte Menschheit gemeint) ihnen nehmen, ist dieser Frieden. Das Meer kann vieles überstehen, sogar Katastrophen, die kein Mensch überleben würde. Und doch sind wir es, die den Meeresbewohnern das Leben schwer machen. Das Einzige, was sie brauchen, ist das, was sie haben sollten, das Meer, die Freiheit und die Möglichkeit darin zu leben. Doch der Mensch hat sich so entwickelt, dass er für sehr viele Tiere der Welt das ist, was man als den Teufel höchstpersönlich beschreibt. Es gibt Menschen, die sich alles gut reden. Es gibt Menschen, die schauen sich die Zahlen an und sagen, es sei nicht so schlimm, und es gibt die Menschen, denen es schlichtweg egal ist. Aber es gibt eben auch die, deren Seele anders ist, die, deren Seele nicht an Land und zu denen gehört, bei denen sie sich aufhält. Diese Personen, so wenige es auch sein mögen, sind die, die die Welt eines Tages retten werden. Doch der Kampf, den sie ausfechten müssen, ist hart und die Zeit ist knapp. Sie brauchen die Hilfe aller, die helfen können. Dazu muss man nur die Augen öffnen und sich sagen, dass man es schaffen kann.

Während ich den Text vorlas, lief eine Diashow der Bilder, die ich im Urlaub gemacht hatte, an der Wand hinter mir. Es waren Bilder von dem Müll dabei, auf den wir während unseres Urlaubs getroffen waren. Aber auch Bilder, auf denen man die Schönheit der Natur erkennen konnte. So wie die Welt eigentlich jetzt aussehen sollte, wenn die Menschen mit der Natur im Einklang lebten.

Auf der Schülerversammlung fand mein Text viel Begeisterung und viele fragten, ob ich in einer Umweltorganisation mitmache und ob sie das auch könnten. Nachdem ich den Text vorgelesen hatte, durchlebte unsere Schule einen Wandel. Das war zwar nicht nur die Wirkung meines Textes, aber er hat wesentlich dazu beigetragen. Die Schülerversammlung war am Weltumwelttag einberufen worden und viele Schüler hatten Projekte vorgestellt. Unsere Schule strukturierte sich um und wurde umweltbewusster. Lehrer wie auch Schüler gaben sich Mühe. Denn eines hatten jetzt alle verstanden: Die Zeit ist reif für einen Wandel und wir dürfen unseren Einsatz für die Umwelt nicht mehr länger aufschieben. Wir müssen jetzt beginnen und handeln.

Lilli Sandhage

On le devient
Eine unmögliche Biographie

Sie haben mich gebeten, eine Biographie zu schreiben. Es
reicht nicht, einen Preis zu gewinnen mit einem Text. Ich
muss eine Biographie schreiben, damit Sie verstehen, dass
ich den Preis auch wirklich verdient habe. Dass ich etwas
kann, dass der Text nicht nur zufällig gut war. Ich schreibe
und weiß nicht, was ich schreiben soll.

Biographien bestehen aus Messbarkeiten. Ein Studienab-
schluss ist so eine Messbarkeit. Ich notiere ihn im Lebenslauf
und alle können sich etwas vorstellen, alle haben ein Bild davon, wie viele Stunden ich über die Bücher gebeugt saß, wie
viel Zeit ich lernend, lesend, denkend verbracht habe, bis sie
mir ein Zeugnis in die Hände drückten, das diese Erlebnisse
quantifizierbar macht. Darauf steht der Name einer großen
Universität und das ist gut: Namen tragen Wahrheit, Namen
geben Sicherheit. Deswegen haben die Leute auch Angst
vor Menschen mit unsicheren Biographien. Biographien,
die keine Konkretisierung enthalten: Weil sie nicht wissen,
wie viele Stunden eine Person lernend, lesend, denkend verbracht hat, ob sie überhaupt irgendwelche Stunden für diese
Tätigkeiten aufgewendet hat oder man sie sich nicht eher
rennend, schwitzend, verdrängend denken muss. Eine solche Person könnte wilde Ideen haben, ihr ist nicht zu trauen.
  Das Geschlecht hat keine Biographie. Weil Geschlecht-
lichkeit meist kein Erfolg ist. Im Gegenteil, für mehr als die
Hälfte der Menschheit ist sie sogar ein ziemlicher Misser-

folg. Doch die Skalierung und der Erfolg gehören nun mal zusammen. Also besser nichts sagen, das Defizit ausgleichen, Minus mal Minus gibt Plus, oder so ähnlich. Trotzdem lässt es sich nicht rausnehmen aus der Gleichung, das Geschlecht. Es addiert sich auf und wird zur Summe, wird zur Stimme und diese, meine Stimme erzählt Dinge, die Leuten gefallen: Ich bin ein*e* Autor*in*.

Ich will also eine Biographie des Geschlechts schreiben, eine erfolglose Biographie, eine unmögliche Biographie. Eine, bei der der größte Triumph darin besteht, sich überhaupt zu erinnern. Das einzig Messbare in ihr ist das Lebensalter und auch das ist nur eine Skala. Ich nutze sie, um nicht sagen zu müssen, was in diesem oder jenen Moment angebracht wäre, wie ein Mensch dieser oder jener Entwicklungsstufe in einer Situation fühlen würde, weil auch das wiederum etwas ist, das alle glauben, sich vorstellen zu können, von dem alle meinen, ein Bild zu haben.

***

Ich bin ein paar Tage alt, als meine Eltern auf Grußkarten an ihre Freundinnen und Freunde die Geburt ihrer Tochter verkünden. »Neue Frauen braucht das Land«, steht auf den Karten.

Ich bin zwei, als ich meine erste Barbiepuppe geschenkt bekomme. Ich mag die Puppe nicht, ich fahre mit einem Laufrad über sie drüber, ich schmeiße sie so lange durch die Gegend, bis ihr ein Bein abfällt. Meine Eltern nehmen mir die Puppe weg, bis ich sie zivilisiert behandele. Zwei Jahre später bekomme ich sie wieder und ziehe ihr und den zwanzig weiteren Barbies die hohen Schuhe an, mit denen sie verkauft werden. Beim Spielen geht es viel ums Heiraten – ich habe neben Ken auch noch die Puppe von Prinz Franz und die von John aus dem Disneyfilm »Pocahontas«. Insgeheim habe ich oft das Bedürfnis, meine Barbiepuppen zu quälen. Die Arielle-Barbie ersäufe ich regelmäßig und niemand merkt, wie brutal ich zu ihr bin, weil Meerjungfrauen nun mal mit in die Badewanne dürfen.

Ich bin drei, als meine Mutter mir eine Buddelhose kauft. Vor wenigen Wochen bin ich in den Kindergarten gekommen, nun ist es Herbst, die Tage sind kalt und feucht und eines Mittags komme ich mit einer durchnässten Unterhose nach Hause, weil ich in Kleidchen und weißer Strumpfhose die regennasse Rutschbahn herunter geschlittert bin. »Kinder müssen Erfahrungen mit Matsch machen«, sagt meine Kindergärtnerin. Meine Mutter möchte nicht, dass ich Erfahrungen mit Matsch mache. Deswegen ist die Buddelhose fortan meine treue Begleiterin. Ich muss sie auch tragen, wenn ich nachmittags auf dem Hof mit den anderen Kindern spiele, so lange bis ich neun oder zehn Jahre alt bin. Ich bin das einzige Mädchen, das so ein Ding anhat. Meine Mutter sagt regelmäßig: »Du wärest lieber als Erdferkel geboren worden.«

Ich bin vier, als ich mit Mama zum ersten Mal den Wiener Opernball im Fernsehen anschaue. Sie liebt die weißen Kleider und wünscht sich heimlich, dass ich dort auch irgendwann mittanze. Ich kenne Jane Austen noch nicht und verstehe das nicht: In die Gesellschaft eingeführt werden. Ich verstehe auch nicht, warum meine Klassenkameradinnen weiße Kleider tragen, als sie ein paar Jahre später zur Erstkommunion gehen. Jede Menge Kinderbräute. Die Jungs tragen Anzüge und Turnschuhe, die sehen richtig cool aus, die könnten in der »Mini Playback Show« mitmachen. Bei den Mädchen reicht es nur für die Kirche. Ich danke Gott, dass ich nicht an ihn glaube.

Ich bin fünf, als meine Mutter mich zum Ballett schleppt. Es ist anstrengend und langweilig, wir machen die ganze Zeit nur Gymnastik, aber tanzen nie. Wenn wir doch einmal tanzen, dann Märchen: »Hänsel und Gretel«, »Der böse Wolf und die sieben Geißlein«. Ich bin erst die Hexe, dann der Wolf. Ich bin traurig, weil ich die hässlichen Figuren spielen muss.

Ich bin sechs, als ich mit dem Ballett wieder aufhöre und stattdessen anfange, Taekwondo zu machen. Ziemlich schnell kann ich ziemlich viel, vor allem aber kann ich Leuten meiner Größe aus dem Stand ins Gesicht treten. Ich bin stolz auf diese Fähigkeit und wenn Jungs mir blöd kommen, zeige ich ihnen auch, was ich kann. Nach vier Jahren Training lasse ich das mit dem Kampfsport wieder bleiben, weil es mir plötzlich unangenehm ist, der einzige Nicht-Junge in der Gruppe zu sein. Eine Zeit lang reite ich stattdessen, aber es reicht nicht zum Pferdemädchen.

Ich bin sieben, als ich endlich lesen kann. Ich baue Baumhäuser mit Lisa in Bullerbü, ich stehle mit Sprotte Hühner aus Omas Garten, ich gehe mit Sophie zum Briefkasten und fische Philosophie heraus. Es ist die erste und tiefste Abspaltung von der Welt.

Ich bin acht, als wir in der Schule ein Buch lesen, in dem es um ein Kind im Waisenhaus geht. Im ersten Kapitel heißt es, dass nur die Mädchen mit den blonden Haaren und den blauen Augen eine Chance haben, dort wegzukommen, weil sie hübsch genug sind, um adoptiert zu werden. Ich habe blondes Haar und blaue Augen und sämtliche Klassenkameradinnen und Kameraden starren mich an diesem Tag an.

Ich bin neun, als ich von meiner gleichaltrigen Nachbarin von der Existenz des Stringtangas erfahre. Ich verstehe, dass es sich dabei um eine Unterhose handelt, die hinten nur einen dünnen Strich Stoff hat und dass sie irgendwas mit Sex zu tun hat. Um zu wissen, wie sich das anfühlt, stopfe ich mir meinen weißen Feinripp-Schlüpfer tief in die Arschritze. Es kratzt. In der gleichen Woche kaufe ich eine »Bravo Girl«, weil meine Nachbarin ihr Wissen um Tangas aus solchen Zeitschriften hat. Als meine Mutter das Heft findet, nimmt sie es mir weg und verbietet mir, so etwas noch mal zu kaufen.

Ich bin zehn, als ich mit den Jungs im Hof regelmäßig Fußball spiele. Ich bin in der Schule wirklich schlecht im Sport, aber Fußball, das sagt mir zu. Ich stehe im Tor und der Nachbarsjunge, der bei der Jugendmannschaft der Bayern spielt, erklärt mir, wie man sich als Torwärtin verhält, um möglichst viele Bälle abzuwehren. Ich werde zunehmend besser. Bei einem besonders heftigen Schuss fliegt die rosa Plateausandale, die ich beim Spielen trage, in die Luft und bleibt an einem Ast im Baum hängen.

Ich bin elf, als ich beschließe, kein Rosa mehr zu tragen. Ich boykottiere Rosa circa zehn Jahre lang. Leider steht es mir sehr gut.

Ich bin ebenfalls elf, als meine Mutter zu mir sagt, ich solle mir ein Beispiel an einer Schulkameradin nehmen. Die Schulkameradin ist beliebt, aber launisch, wen sie nicht mag, den mag niemand. Sie ist gemein, doch sie kann eine Feinstrumpfhose tragen, ohne ein Loch 'rein zu machen. Das ist ein Ideal. Ich erreiche es bis heute nicht.

Ich bin noch immer elf, als wir in Biologie Sexualkunde durchnehmen. Mein Biologielehrer, ein bebrillter Typ mit vorstehenden Schneidezähnen in engen Jeans und Karohemd, legt auf den Overheadprojektor eine Folie, auf dem eine Kindergartengruppe zu sehen ist. Wie für die 90er typisch, weiß man nicht so recht, wer welches Geschlecht hat, weil alle gleichermaßen furchtbar aussehen mit ihren schiefen Ponys und den zu großen Sweatshirts. »Wie könnte man jetzt 'rausfinden, wer Junge und wer Mädchen ist?«, fragt unser Biolehrer. »Man könnte auf die Namensliste der Kindergartengruppe schauen«, schlägt jemand vor. »Man könnte sie einfach fragen«, ergänzt jemand anderes. »Ja, oder man zieht ihre Hosen aus und guckt nach«, sagt unser Biolehrer und grinst.

Ich bin zwölf, als ich den Sommer im Freibad verbringe. Ich bin in einen Jungen verliebt, den alle toll finden, auch die Mädchen aus der Klasse über mir. Sie tragen schöne Bikinis, er trägt sie im Becken auf den Schultern. Ich plansche in einem orangefarbenen Etwas einige Meter abseits im Wasser und denke, dass ich nie eine Chance haben werde. Die älteren Mädchen nenne ich heimlich »Poolperlen«, weil ich das in einer Folge der Serie »Alles Atze« gehört habe. Aus Frust fresse ich Pommes und werde so dick, dass meine Mutter mich am Ende des Sommers auf Diät setzt.

Ich bin ebenfalls zwölf, als mir jemand »Frau – Deutsch, Deutsch – Frau« von Mario Barth schenkt. Ich lese das Buch und finde es lustig, weil ich manches darin von meiner Mutter kenne. Gegen Ende meiner Teenagerzeit beginne ich, Mario Barth aktiv zu hassen. Ich bin noch immer zwölf, als ich aufhöre, wütend zu sein, und anfange, traurig zu sein. Ich war der Furor: Ich habe Kataloge zerrissen, ich habe die Basteleien aus dem Kindergarten zerstört, ich habe Bücher gegen Wände geschmissen, ich bin vor lauter Zorn stundenlang im Kreis gelaufen, ich habe andere Kinder geschlagen und sie schlugen mich. Nun weine ich leise abends im Bett, um Mama nicht zu stören. Es dauert fünfzehn Jahre, bis die Wut zurückkehrt.

Ich bin dreizehn, als meine Eltern sich trennen und mein Vater aus der Familienwohnung auszieht. Als wir das erste Mal in seiner neuen Bude sind und gemeinsam bei ALDI einkaufen, ist er völlig hilflos: Er nimmt nur Wurst und weiß nicht, was Gemüse ist. Ich interveniere. Ich bevormunde ihn.

Ich bin ebenfalls dreizehn, als ich zum ersten Mal »Harry und Sally« sehe. Ich sehe den Film bestimmt fünfzig Mal. Fortan ist es schwierig, mit Männern befreundet zu sein. Ich will immer, dass sie mich lieben. Ich baue Scheiße mit Mr. Zero.

Ich bin nach wie vor dreizehn, als ich mit einer Klassenkameradin in der Eingangshalle unserer Schule sitze und mein Pausenbrot esse. Sie trägt an diesem Tag einen Minirock, man sieht ihre blassen Beine. Ein Sportlehrer kommt vorbei und zwickt in eines ihrer Knie. Dann geht er weiter, als sei nichts passiert. Wir wissen nicht, was wir sagen sollen, weil niemand uns beigebracht hat, darüber zu sprechen. Derselbe Sportlehrer kommt in den höheren Jahrgängen oft in die Umkleidekabinen – immer dieselbe Uhr in der Hand – und fragt, wer sie in der Turnhalle liegen gelassen habe. Wir machen uns lustig über ihn, weil Humor manchmal ein Schutz ist.

Ich bin noch immer dreizehn, als ich in der Schule eine Zeit lang nur noch Schwarz trage. Ich habe zwei schwarze Hosen und fünf schwarze T-Shirts, für jeden Tag der Woche eines. Auf allen stehen dumme Sprüche, auf dem Shirt für Freitag sind zwei Orangen abgebildet, genau auf Höhe der Brüste. Darunter steht »*California Oranges – Squeeze them*«.

Erst Jahre später verstehe ich, was ich da eigentlich auf dem T-Shirt spazieren getragen habe. Ich wundere mich, dass meine Eltern mich das Oberteil haben anziehen lassen, und frage mich, ob sie es nur zuließen, weil mein Vater nie da war und meine Mutter kaum Englisch konnte.

Ich bin vierzehn, als Wladimir Kaminer zu einer Lesung nach München kommt. »Es gab keinen Sex im Sozialismus«, lautet der Titel seines neuen Buches. Ich habe viele Texte von ihm gelesen und bin fest überzeugt, dass Wladimir Kaminers Leben eigentlich viel besser zu mir passt als mein eigenes. Bis heute kann ich kein Wort Russisch und fahre nur alle paar Jahre mal nach Berlin. Zur Lesung schleppe ich meinen Vater und meine neue Stiefmutter mit. Ich weiß nicht, welche Schuhe ich anziehen soll, schließlich ist hinterher »Russendisko« angesagt, das legendäre Event, das Kaminer in Berlin im Kaffee Burger jahrelang veranstaltet hat. »Zieh die hohen Schuhe an, das ist sexy«, sagt mein Vater und ich ziehe die hohen Schuhe an.

Ich bin ebenfalls vierzehn, als ich das Sexspielzeug meiner Stiefmutter in einer Schublade neben dem Bett finde. Später sind *sextoys* in meinem Leben eine schwierige Nummer: Sie werden immer nur kurz vor Trennungen gekauft. Ich weiß schon, dass eine Sache zu Ende ist, wenn es vibriert.

Ich bin fünfzehn, als ich endlich mal in keinen Jungen verknallt bin. Seit der ersten Klasse habe ich immer irgendwem hinterhergeschwärmt. Es fühlt sich sehr entspannt an, den Kopf nicht voll zu haben mit Typen. Es ist das Jahr, in dem ich zum ersten Mal Klassenbeste bin.

Ich bin ebenfalls fünfzehn, als ich zum Sprachkurs nach Malta fahre. Mit den anderen Sprachschülerinnen gehe ich jeden Abend in die Diskotheken. Ich trage weiße Hotpants und meine sonst ebenso weißen Beine sind ganz braun von der Sonne. Ich schwitze und lache mir im Gedränge diesen oder jenen Boy an, aber eigentlich sind die Jungs egal. Es geht ums Tanzen. Meine Arme tanzen, mein Po tanzt, meine Haare tanzen. Sie sind eine eigene Gewalt. Ich verdränge, ich drück' die anderen weg mit meinen Bewegungen, mein Tanzbereich, mein Tanzbereich! Jeden Morgen frühstücke ich Wassermelone und sie schmecken leicht salzig von der Meeresluft.

Ich bin sechzehn, als wir im Englischunterricht Gedichte schreiben sollen. Ein Akrostichon soll es werden. Ich habe keine Lust und schreibe eins zum Thema »*School is stupid*«, in dem ich sämtliche Synonyme für doof und langweilig aufzähle, die mein Wörterbuch kennt. Mein Englischlehrer will mich motivieren und schenkt mir eins mit meinem Namen. Mein Name ist ein einziges Kompliment. Später schenkt er mir noch ein Buch von John Fowles und meine Klassenkameradinnen und Mitschüler sagen, er sei verknallt in mich. Er ist nicht der einzige Lehrer, der mich beschenkt: Ich bekomme Bücher, Blumen, Kekse, Wein und sehr gute Noten. Ich misstraue lange Zeit meinem Können, weil es etwas zu leicht ist, die Beste zu sein.

Ich bin ebenfalls sechzehn, als ich auf eine Party in Münchens legendärem P1 gehe. Schülerinnen und Schüler aus der ganzen Stadt haben gemeinsam den Club gemietet und es dauert keine zwei Stunden, bis ich mit einem Jungen rummache, der auf ein Gymnasium im Münchner Osten geht. Er hat schöne weiße Zähne. Weil die U-Bahnen nicht fahren, laufen wir später noch ein ganzes Stück gemeinsam zu einer Tramstation. Er erzählt mir auf dem Weg, dass er jetzt durchfällt wegen Geschichte und Französisch. Das ist der Moment, in dem er auch bei mir durchfällt. In den kommenden Tagen schreibt er mir oft, will mich sehen. Ich beschließe, ihn nicht noch mal zu treffen, weil ich glaube, dass jemand, der wegen Geschichte und Französisch eine Klasse wiederholen muss, nicht besonders helle sein kann. Es ist das erste von vielen Malen, dass ich einen Mann zurückweise, weil ich ihn für weniger intelligent als mich halte.

Ich bin immer noch sechzehn, als wir Urlaub in einer Hotelanlage in Griechenland machen. Ein Animateur fragt mich, ob ich tanzen kann und ob ich es nicht mal vormachen will. Weil er das so sagt, klettere ich in einer spack sitzenden kurzen Hose auf einen Stuhl und wackle zwei Mal mit dem Hintern. Ich merke, dass das so irgendwie nicht sein soll und gehe wortlos. Im gleichen Urlaub liege ich bei fünfunddreißig Grad voll von jugendlicher Lust im Pool und grüble darüber nach, wem meiner Klassenkameraden ich meine Jungfräulichkeit schenken soll. Seit ich »Die Geisha« von Arthur Golden gelesen habe, weiß ich, dass die Jungfräulichkeit einer Frau eine große Sache ist. Am Ende kriegt sie ein Germanistikstudent, den ich nicht auf dem Zettel stehen hatte, und ich kriege seine – ein fairer Tausch.

Ich bin nach wie vor sechzehn, als ich lerne, auf Lunge zu rauchen, weil Frauen, die rauchen, cool sind. Cool wie ich bin, fahre ich mit fremden Leuten aus dem Internet in den Urlaub. Meine Mutter sagt nur: »Wehe Du kommst schwanger oder mit einer Blasenentzündung wieder.« Ich versuche, beides zu vermeiden und rauche mit meinen neuen Freunden am Lagerfeuer. Im Schein der Glut mit einem Bier in der Hand beschließe ich, Schriftstellerin zu werden, und warte fortan auf meinen Paul Celan. Dann auf meinen Jean-Paul Sartre. Später auf meinen Paul Auster. Paul, falls Du da draußen bist, bitte melde Dich (nur ernsthafte Literaten, kein Selbstverlag!).

Ich bin weiterhin sechzehn, als ich mit einer Freundin einen Test in einer Frauenzeitschrift mache: »Was ist ihr wahres biologisches Alter?« Wir verstecken uns hinter dem Heft wie zwei Verschwörerinnen. Eine Frage lautet: »Wie zufrieden sind sie mit ihrem Sexleben?« Ich kreuze »sehr zufrieden« an und die Freundin sagt: »Wie kannst Du denn zufrieden sein? Du hast kein Sexleben!« Sie weiß nicht, dass ich im Griechenlandurlaub Oralsex mit einem zehn Jahre älteren Hotelgast genossen habe und auch nicht, dass ich voller Freude seit drei Jahren regelmäßig masturbiere. Es ist das Jahr, in dem ich »Gefährliche Geliebte« von Murakami lese.

Ich bin siebzehn, als ich dann tatsächlich zum ersten Mal Sex habe. Ich meine es gut mit meinem Germanistikstudenten und versuche, ihm auch mit der Hand einen 'runterzuholen. Er ist beschnitten und ich weiß noch nicht, dass man dann extrem viel Gleitgel oder Spucke braucht, damit das gut funktioniert. Als wir endlich fertig sind, sage ich zu ihm: »Ich bin erstaunt, dass Prostituierte das den ganzen Tag machen können.«

Ich bin ebenfalls siebzehn, als ich – nur mit Spitzenunterwäsche bekleidet – in einer Shakespeare-Inszenierung unserer Schule mitspiele. 400 Leute sehen mir zu und ich habe die Macht des Wortes und der Geste. Ich stehe so aufrecht wie nie.

Ich bin weiterhin siebzehn, als ich anonym im Internet ein Gedicht veröffentliche. Ich bekomme viel Lob für das Gedicht und gebe ein paar Tage später meine Identität preis. Ein Kommentator antwortet daraufhin anerkennend, er dachte, ein Mann habe den Text geschrieben. Ich freue mich über das Lob.

Ich bin nach wie vor siebzehn, als wir eine Stufenfahrt nach London machen. Wir stehen an einer Ampel in Soho, als zwei Jungs aus meiner Klasse anfangen, über mein Sexleben zu spekulieren. »Ich wette, die hat es faustdick hinter den Ohren«, sagt einer der beiden. Mein Schulkamerad ist dieser Ansicht auch noch fünf Jahre später, als wir uns bei einem Klassentreffen wiedersehen und er mir ungefragt erklärt, ich wirke wie eine, die schon viele Männer hatte.

Ich bin auch dann noch siebzehn, als der Germanist und ich um die Wette zwei Novellen schreiben. Wir haben nicht viel gemein außer Sex und Literatur, aber davon umso mehr. Er ist wütend auf sich und auf mich, weil es mit seiner Geschichte nicht vorangeht. Zum Trost schlafen wir miteinander. Mein Text wird später veröffentlicht, seiner nie fertig.

Ich bin noch immer siebzehn, als ich meinen ersten Schwangerschaftstest kaufe. Ich habe acht Wochen lang meine Tage nicht bekommen und denke die ganze Zeit nur: »Bitte mit dem Typen kein Kind.« Der Test ist negativ, ein paar Wochen später ist unsere Beziehung vorbei.

Ich bin achtzehn, als der Lehrer, der die Theatergruppe leitet, zu mir sagt: »Es gibt Frauen, die sind nicht schön, aber die werden auf der Bühne schön. Du bist so eine Frau.«

Ich bin ebenfalls achtzehn, als ich auf zwölf Zentimeter hohen Absätzen mein Abiturzeugnis entgegennehme. Fünfzig Stufen muss ich in der Aula abwärts schreiten, ehe ich das Papier bekomme. Mit Heidi Klum habe ich jahrelang die Selbstverständlichkeit des Gehens geübt, trotzdem habe ich bei jeder Stufe Angst zu fallen. Es ist das einzige Mal in meinem Leben, dass ich Schuhe mit Pfennigabsätzen trage.

Ich bin nach wie vor achtzehn, als ich anfange, die Pille zu nehmen. Meine Brüste werden riesig – oder eher normal groß, vorher hatte ich kaum welche. Als ich die Pille neun Jahre später absetze, werden die Brüste wieder klein, ich nehme dreizehn Kilo ab, der permanente Bauchschmerz verschwindet. Meine Libido kehrt zurück, nach fast einem Jahrzehnt. »Eines Tages fiel sie einfach in ihre Muschi rein und verschwand«, schreibt Bukowski. Ich falle nach dem Absetzen der Hormone in meine *pussy* und es scheppert gewaltig. Es gibt Tage, da kann ich nicht arbeiten vor lauter Lust. In meinem Schlafzimmer riecht es nach Teenager, nur kommt Mutti nicht rein, um mich zu ertappen. Ohne die Pille kehren aber auch die Pickel zurück, schlimmer als mit achtzehn und ich denke: Wer will denn mit einer schlafen, die aussieht wie ein Streuselkuchen?

Ich bin immer noch achtzehn, als ich einen Mann kennenlerne. Er ist neun Jahre älter und ich bewundere ihn, weil er der erste richtige Erwachsene in meinem Leben ist. Wir verlieben uns und haben eine Affäre. Wir essen selbstgemachte Nudeln im Bett, gucken »Lolita« von Kubrick, ich trage Hosen mit der Flagge von Amerika drauf und kaufe mir eine Sonnenbrille in Herzform. Irgendwann fängt er an, mir zu erklären, was alles falsch an mir ist. Dann beendet er die Affäre und ich versuche, nicht mehr so zu sein, wie ich bin, weil ich glaube, dass wir wieder zusammensein könnten, wenn ich eine Andere wäre. Ich habe eine laute Stimme, doch spreche in der Uni plötzlich so leise, dass die Dozentinnen und Dozenten manchmal fragen »Wie bitte?«, weil sie mich nicht verstehen. Ich habe rot und blau getragen, nun trage ich grau. Ich versuche, weniger Raum einzunehmen, weil das seiner Meinung nach mein größter Fehler war: Raum einnehmen, da sein. So wird es auch in den späteren Beziehungen sein, ich werde mich verkleinern, nur damit man mich annimmt, und das Gegenteil wird passieren. Es dauert neun Jahre, bis ich die Kränkung überwinde.

Ich bin neunzehn, als ich zahllose *dates* habe. Ich bin abwechselnd unsichtbar und bezaubernd. Die Nächte helfen bei der Verwandlung. Mein Lachen, mein Blick, meine Stimme, meine Art, mir in die Haare zu fassen: Alles an mir sagt »Göre«. Ich habe dazu einen ganzen Kostümfundus im Schrank – Fakepelzmäntel, Haarbänder, Seidenkleidchen, Perlenketten, Sonnenbrillen, Lederjacken, Spitzenblusen, hautenge Jeans. Ich bin Hippie, ich bin Grande Dame, ich rocke, ich drehe durch und die Typen mit mir. Mit keinem wird es ernst, meist flüchte ich vor dem Sex. Nackt spielen sich Rollen so schlecht, für die man eine Verkleidung braucht.

Ich bin zwanzig, als ich für eine Saison auf dem Oktoberfest arbeite. Ich verkaufe Rosen im Bierzelt. Warum braucht man Blumen, wenn man zum Saufen da ist? Ich weiß es nicht, die Kundinnen und Kunden wissen es auch nicht und deshalb muss man Tricks anwenden, um die Ware verkauft zu kriegen. Der Trick, den sie uns beigebracht haben bei der Schulung der Mitarbeiterinnen, ist einfach: Ich gehe zum unsichersten Mann, der am Tisch sitzt, und halb flüsternd halb brüllend frage ich ihn: »Wer ist denn hier der Rosenkavalier für die schönen Damen?« Meine Kolleginnen und ich trinken in diesen Tagen viel Sekt, um nicht nachzudenken. Mehrmals werde ich angefasst. Der Sohn des Zeltbesitzers findet, es sei in Ordnung, mich zu küssen, weil er mir am Abend zuvor dreißig Euro Trinkgeld geschenkt hat. Am letzten Tag beißt ein Besoffener in meinen Strauß Blumen wie ein Pferd. Die Securities tragen den alten Gaul aus dem Zelt.

Ich bin ebenfalls zwanzig, als ich eine Beziehung mit einem Kommilitonen eingehe. Er ist lieb, er ist hoffnungslos romantisch. Er wirft Steinchen an mein Fenster und will mitten in der Nacht nach Paris fahren, er schickt mir Rosen, er baut meine Möbel zusammen und will mir einen Mantel nähen. Er schwärmt von einem amerikanischen Schriftsteller, der sämtliche Gegenstände seiner Ehefrau zerstört und neue für sie gemacht hat. Er nennt das »Liebe«. Mein Freund hat Probleme. Er trinkt, hat Depressionen und Todessehnsucht, seine Wohnung versinkt im Müll, mehrmals wird sein Konto gepfändet. Immer mal wieder kommt er in die Psychiatrie. Er ist hilflos und ich bin hilflos ob seiner Hilflosigkeit. Wir schieben diese Hilflosigkeit zwischen uns hin und her wie das letzte Stück Kuchen, das keiner mehr will, und leben in gegenseitiger Grausamkeit. Dazu sein permanentes Begehren: Oft schlafe ich mit ihm, obwohl ich eigentlich keine Lust habe. Ich fühle mich unbehaglich, dabei ist es keine Vergewaltigung, wir tun das doch einvernehmlich. Erst später verstehe ich, dass es die Struktur als Ganzes ist, die mich drei Jahre lang so fühlen lässt.

Ich bin einundzwanzig, als der Produzent eines Films, in dem ich mitspiele, abends beim Saufen nach dem Dreh sagt, ich sei eine typische Schauspielerin: »Attraktiv, aber durchgeknallt.«

Ich bin zweiundzwanzig, als ich an einer großen deutschen Schauspielschule vorsprechen will. Ich tue mich schwer, Figuren für mich zu finden, Frauenrollen interessieren mich nicht. Ich will gern den Faust machen, weil ich das Gefühl habe, dass der mich etwas angeht. Ich lasse es, weil ich fürchte, dass niemand in der Zulassungskommission daran glaubt, dass eine zweiundzwanzigjährige Frau Faust sein kann. Ich spreche am Ende die Lulu vor, weil sie mir nah ist: Ein Abziehbild für die Projektionen der Männer. Ich trage ein rotes Kleid, schminke die Lippen rot, meine Stimme schwankt irgendwo zwischen Volksbühne und Porno (was im Grunde das Gleiche ist). Ich komme eine Runde weiter und bin zwei Wochen lang so nervös, dass ich wegen Schlafmangels im Krankenhaus lande. In der zweiten Runde des Bewerbungsverfahrens fliege ich raus und tue danach so, als hätte ich eh nie Schauspielerin sein wollen.

Ich bin dreiundzwanzig, als #metoo aufkommt. Ich verteidige die Unsicherheit der Männer, ich weigere mich, online etwas zu posten, weil ich kein Opfer sein will, und tue das groß und kund. Ich verstehe nicht, dass es eben genau darum geht, sich aus der Opferposition zu befreien.

Ich bin ebenfalls dreiundzwanzig, als ich durch Italien reise und in Florenz einen Amerikaner kennenlerne. Er ist Journalist, sucht nach Geschichten und nach seinem toten italienischen Vater. Wir trinken jeden Tag Espresso in einem Café nahe dem Arno, der Barista erklärt uns, wie man beständig liebt. Wir verstehen davon nur die Hälfte, weil wir jung sind und die Sprache schlecht beherrschen. Der Amerikaner möchte an einem Abend gern mit mir schlafen. Wir machen das typische Balzritual in einer Bar, doch als wir uns beim Bier unterhalten, erzählt er, dass er noch nie in seinem Leben ein Klo geputzt hat. Ich verliere das Interesse und fahre weiter nach Ravenna.

Ich bin noch immer dreiundzwanzig, als ich mich in einen Mann verliebe. Er ist der zweite richtige Erwachsene in meinem Leben und ein Künstler. Ich bewundere seine Kunst, seine großartige Kunst, die meine Kunst langsam wegschluckt. Gemeinsam arbeiten und lieben wir, ich bin die Hebamme seiner Gedanken. Wir sind erfolgreich mit dieser Konstellation, aber er ist erfolgreicher, ich trete auf der Stelle und dann zurück: Ich bin die Freundin von. Ich bezahle unsere Rechnungen und besorge Weihnachtsgeschenke für seine Eltern.

Ich bin vierundzwanzig, als der Künstler und ich zusammen-ziehen. Es ist irritierend, jeden Morgen neben einem Mann aufzuwachen, vor allem, weil der Mann meist bis elf Uhr schläft. Unsere Wohnung ist klein, der andere ist immer da, es ist permanenter Engtanz zwischen Couch und Bett. Es ist die Zeit, in der er anfängt, mir zu sagen, was alles falsch an mir ist. Ich will es richtig machen und passe mich an. Drei Jahre leben wir so und als wir uns trennen, sagen unsere Freundinnen und Freunde: »Was? Ich habe gedacht, ihr hei-ratet.« Ich habe das auch gedacht und plötzlich weiß ich nicht mehr, wer ich bin. Ich weiß nicht, welche Kleidung ich tragen soll, welches Essen ich mag, wohin ich gern verreisen würde.

Ich bin fünfundzwanzig, als ich »*Regretting Motherhood*« von Orna Donath lese. Auf jeder Seite begegne ich meiner Mutter. Nun weiß ich, warum ich keine Kinder möchte.

Ich bin ebenfalls fünfundzwanzig, als mich ein Kollege auf einer Premierenfeier einfach nicht in Ruhe lassen kann. Er will mit mir tanzen, obwohl ich das nicht will. Er macht vom Rand des Dancefloors heimlich Fotos von mir. Wei-nend sitze ich im Taxi nach Hause. Ich sage längere Zeit nichts. Als ich etwas sage, wird mir von den Kolleginnen des Theaters eine Reihe an Geschichten zugetragen. Ich höre sie an und weiß, dass meine Erfahrung nur der Limbus war.

Ich bin sechsundzwanzig, als ein Freund mir erzählt, dass er einen Kollegen entlassen habe mit dem Spruch: »Bügel Deine Hemden, bevor Du zur Arbeit gehst.« Im Hinter-grund steht die Mutter seines Sohnes – und bügelt für ihn.

Ich denke an die Berge von Wäsche, die daheim auf mich warten.

Ich bin ebenfalls sechsundzwanzig, als ich mir von meinem Freund, dem Künstler, eine Netzstrumpfhose kaufen lasse. Er findet das sexy, ich finde das doof. Ein paar Wochen lasse ich die Strumpfhose im Schrank liegen. Als es zwischen uns richtig schlecht läuft, ziehe ich das Ding an. Es ist, als würde ich mir ein Obstnetz über die Beine streifen. Das also ist Orangenhaut. Ich warte auf meinen Partner, als er von einer Reise zurückkehrt, weil das Klischee besagt, dass das der feuchte Traum eines Mannes ist: Empfangen werden von einer aufgesexten Frau. Und er kommt heim, ist müde, ist wütend auf seinen Job. Wir haben keinen Sex, sondern wir streiten, wie wir so oft in diesen Tagen streiten. Ich fühle mich bescheuert, weil ich im Januar in einem Obstnetz vorm verschneiten Fenster sitze und durch die Löcher der Strumpfhose über die vor Kälte rau gewordenen Beine fahre.

Ich bin siebenundzwanzig, als ich mir nach unserer Trennung ein Buch der Psychologin Stefanie Stahl mit dem Titel »Jeder ist beziehungsfähig« kaufe. Als ich es zum Bezahlen auf den Tresen der Buchhandlung lege, frage ich mich, was in den zehn Jahren, in denen ich date, passiert ist, dass ich mir dieses Buch kaufe.

Ich bin ebenfalls siebenundzwanzig, als ich zugeben muss, dass ich nicht mehr alle Männer, mit denen ich geknutscht habe, beim Namen aufzählen könnte.

Ich bin weiterhin siebenundzwanzig, als ich mich zum ersten Mal für einen Mann vor einer Webcam ausziehe. Beruhigt stelle ich fest, dass ich auch Cam-Girl werden könnte. Endlich ein Plan B, falls das mit meiner Dissertation nicht klappt.

Ich bin nach wie vor siebenundzwanzig, als ich mich in den Mann verliebe, für den ich mutig genug war, mich vor dem PC nackig zu machen. Er sagt mir, dass die ganze Frage nach Sex und sexueller Befreiung für ihn nie so wirklich eine Rolle gespielt habe. Dass er sich unbeschwert habe entwickeln können und frei von Zwang gewesen sei, freier als die anderen Jungs seines Alters. Ich werfe ihm sein Privileg vor und weiß, dass das nur die halbe Wahrheit ist, weil er tatsächlich anders ist. Er macht mich nicht klein, er bestärkt mich. Er ist zärtlich, verständnisvoll und vor allem: feministisch. Feministisch, ohne dass er es permanent behaupten muss. Ich beneide ihn heimlich, weil er die Affirmation nicht braucht, weil er sich einfach verhalten kann und sich da der Kater in den Schwanz beißt, obwohl Schwänze doch kein Ding sind für ihn. Dabei reden wir viel über Sex. Wir reden so viel wie noch nie zuvor, es ist ein Thema und ich denke: »Es kann ein Thema sein, weil es für ihn nie ein Thema war.«

Ich bin noch immer siebenundzwanzig, als die Liebe mit dem privilegierten Mann zu Ende geht. Er hat keine Gefühle für mich, ich habe umso mehr für ihn. Ich durchlaufe Monate des Elends im Alleinsein und des Aufschwungs bei jedem neuen Kontakt. Weil wir Freundin und Freund sind seit langer Zeit, wollen wir nicht einfach auseinandergehen. Wir wollen es besser machen und ich kann es nicht, weil ich zu oft »Harry und Sally« gesehen habe und darauf warte, dass er mir Silvester seine Liebe gesteht. Er tut das nicht, ich bin wütend auf meinen Lieblingsfilm. Im Internet lese ich, dass die Drehbuchautorin ursprünglich ein anderes Ende für den Film geschrieben hat: Eins, bei dem Harry und Sally kein Paar werden. Es ist vermutlich das realistische Ende. Weder Sally noch Supergirl können die Mauern überwinden, die einer um sein Herz zieht. Das sagt einem aber niemand. Für die Gesellschaft ist es recht praktisch, wenn Frauen versuchen, Männer zu retten. Um mich selbst zu retten, gestehe ich dem Freund, dass ich ihn liebe, auf so viel verschiedene Arten und es ist der schwierigste Tag. Da beginnt meine Angst, dass wir einander nun wirklich verlieren, weil ich ihm meine Liebe hingeworfen habe. Er beruhigt mich und sagt: »Alles wird gut. Nicht jeder Punkt auf einer Linie von Ereignissen verändert das Ergebnis, auf das sie zulaufen.«

***

Nun ist Winter und vermutlich hat er recht damit. Vermutlich könnte ich einzelne Punkte dieser Biographie streichen, ohne, dass sich an meiner Disposition etwas änderte. Wahrscheinlich habe ich das sogar getan, weil es unmöglich ist, sich an alles zu erinnern, und weil ich immer dann das Positive unterschlage, wenn es lediglich aus der Abwesenheit eines Problems besteht.

Aber wie viele Punkte müssten trotzdem passieren, damit ich zu dem Ich komme, das ich bin? Es muss eine Häufung sein, so viel steht fest, aber wie groß muss der Haufen sein? Ich weiß es nicht. Bob Dylan fragt danach, wie lang es dauert, bis ein Berg bis zum Grund des Meeres abgetragen wird. Ich frage danach, wie viele Staubkörner sich auftürmen müssen, damit ein Gipfel in den Himmel ragt. Es ist eine Frage der Perspektive und die besteht bei mir in einem Mehrwerden. Mehrwerden als Mehrwert. Das kleine Plus, das mich unterscheidet von den anderen.

Nur soll ich mich nicht unterscheiden. Distinktion macht unbequem und ich soll alles sein, nur nicht unbequem, das haben sie mir doch immer wieder gesagt. Das kann niemand brauchen, es gibt doch schon genug Leute, die einen von der Couch jagen. Zieh sexy Wäsche an, räkele dich auf dem Kanapee und bitte: Halt's Maul. Das ist dann zwar für mich unbequem, aber solange alle das machen, gibt es keinen Grund, dass eine nicht mitmacht. Seit einiger Zeit sitze ich auf einer Couch, weil ich nicht mehr mitmache bei so vielem: Beim Nicht-Sprechen-Über, beim Zweifeln-An, beim Verdrängen-Von. Es ist die Couch meiner Therapeutin und die ist verdammt bequem. Wir reden über mein Leben und ich entdecke unter diesem Leben ein zweites Leben, von dem ich überrascht bin, es geführt zu haben: Wir heben gemeinsam den Teppich an und darunter sind Krümel. Es ist wohl ein magischer Teppich, denn er bringt jede Woche neue Krümel hervor. Wenn man sie mit dem Besen zusammenschiebt, werden sie tatsächlich zu einem Haufen. Den Haufen wird es immer geben, den trägt auch der Wind nicht mehr weg. Aber darum geht es auch nicht. Es geht darum, wie man den Schmutz anordnet: Ich rahme ihn ein, um nicht in ihm stecken zu bleiben. Ich rahme die Scheiße, ich rahme die Freude, rahme das Trauma, ich rahme die Albernheit, ich rahme die Macht, ich rahme das Begehren, ich rahme die Rollen, die ich spiele, und sie fallen schon im Moment des Rahmens wieder aus dem Rahmen heraus. Ich rahme und stelle aus. Die Leute kommen gucken und zahlen Geld. Man kann aus jedem Dreck Kunst machen.

Ich bin stolz auf meinen Dreck und meine Biographie schreibe ich fortan so: Lilli Sandhage, geboren in den 90ern, wuchs in Deutschland auf und studierte an einer Universität. Sie verlor sich, fuhr ins Ausland, schrieb und arbeitete und verlor sich noch mehr. Derzeit versucht sie, Doktor Sandhage zu werden, weil ein Titel noch mehr Wahrheit trägt als ein Name. Sie lebt damit, eine Frau zu sein und kocht gute Pasta. An manchen Tagen trägt sie die ganze Welt in sich.

Das ist schon ziemlich preisverdächtig, finden Sie nicht?

Karen Spannenkrebs

Krise

1

Wenn Janna ihr Macbook sieht, das auf dem kleinen zer-
kratzten Metallschreibtisch vor dem undichten Fenster mit
den Dreckschlieren steht, könnte sie kotzen. Das konnte sie
gerade ständig.

Ma und Sylvie haben es ihr bei ihrem letzten Abendessen
vor ihrer Abreise gegeben. Sie saßen in diesem teuren vege-
tarischen Restaurant und überreichten ihr die in hübsches
Papier eingeschlagene recycelte Laptoptasche. Und schon
während Janna es unter ihren erwartungsvollen Augen aus-
packte, spürte sie, wie sie wütend wurde. Sie saß stumm da,
das kalte Metall in den Händen und einen wütenden Kloß
im Hals. Ihr fiel nichts ein, was sie dazu sagen konnte und
sie wich den Blicken ihrer Familie aus. Sie fand Apple schon
immer peinlich und das wussten die beiden. Schon in Leipzig hätte sie sich blöd gefühlt, damit in der Bibliothek zu
sitzen, dabei hat dort jede Zweite so ein Ding.

Hier in Athen ist sie absolut die Einzige. Seit sie das Teil
hat, ist es wie ein Fremdkörper in ihrem Zimmer, auf ihrem
Tisch, in ihrer Tasche. Es sieht so aufgeblasen und wichtig-
tuerisch aus, so hochnäsig und arrogant. Sie nimmt misstrauisch wahr, wie viel leichter und schmaler, schneller und
leiser es ist, als der alte Laptop ihrer Mutter, den sie bisher
benutzt hatte. Der hatte sie, schwer und riesig und mit zunehmendem Dröhnen der altersschwachen Lüftung durch

ihr gesamtes bisheriges Erwachsenenleben begleitet, bis er vor fünf Wochen einfach nicht mehr anging.

Sie ist bisher nur einmal in der Bibliothek gewesen (und lag das nicht auch an ihrem Macbook?). Sie hat den großen Raum im geschichtsträchtigen Polytechnio, wo 1973 Soldaten auf Studierende schossen, mit einem aufgeregten Glücksgefühl und einem klopfenden Herzen betreten. Und plötzlich war sie irgendwie ungelenk. Wusste nicht, wie sie sich bewegen, wie sie sich halten, wen oder was sie anschauen sollte. Da fiel ihr erst auf, dass sie normalerweise, das heißt in Deutschland, nicht darüber nachdachte. Sich dort einfach bewegte, ohne überlegen zu müssen. Sich sicher fühlte und keinen Gedanken daran verschwenden musste, was die anderen von ihr dachten oder wie sie wahrgenommen wurde. Hier kam sie sich zugleich beobachtet und ignoriert vor. Sie hatte gedacht, dass sie es als Glücksgefühl genießen würde, unbekannt zu sein, frei zu sein, unterzutauchen in der Fremde. So kannte sie es, wenn sie zu Seminaren, Tagungen oder Kongressen in eine andere Stadt in Deutschland oder mal nach Österreich und Dänemark gefahren war.

Hier war es anders. Sie fühlte sich so hundertprozentig ungriechisch (ihrer kettenrauchenden Hamburger Oma Jiajia Evangelia zum Trotz) und hatte das Gefühl, dass alle genau wussten, dass sie fremd war. Sie gehörte nicht hierher. Sie konnte nicht untertauchen. Sie war nicht einfach eine von vielen Studierenden.

Sie war die Deutsche und das wussten die Anderen. Hier war sie derart *hipster*, dass sie selbst erschrak. Vor allem mit ihrem beschissenen Notebook.

Die ersten Tage hatte kaum ein Mensch auf ihre wohl formulierten, hart erarbeiteten Sätze auf Griechisch geantwortet. Stattdessen fragten sie gern auf Englisch, woher sie kam. Sie blieb stur. Sie antwortete auf Griechisch, kramte und kramte die passenden Sätze und Phrasen heraus, nahm sich die Zeit, die sie brauchte, um Verben zu konjugieren, Silben aneinanderzustammeln und bei Unverständnis neu anzuordnen, Akzente dreimal umzusetzen, bis ihre Worte verstanden wurden. Wenn sie dann tatsächlich einmal so etwas wie ein Gespräch zustande brachte, durchströmte sie warmer Stolz.

Doch es kostete sie viel Kraft, draußen, in diesem riesigen, staubig-schmutzigen, energiegeladenen Ungetüm Athen zu sein. Statt draußen in der fremden Stadt sitzt sie also in ihrem kleinen Zimmer auf dem unbequemen Küchenstuhl, starrt auf den Laptop und könnte schon wieder kotzen. Es ist halb zehn und sie hat sich bereits zweimal übergeben an diesem Morgen. Sie nimmt noch einen kleinen Schluck Wasser und einen Bissen von dem Koulouri, der hart geworden ist, seit sie ihn gestern Mittag einem alten Mann auf der Straße beim Omonia-Platz abgekauft hat. Sie bekommt fast nix mehr herunter, was irgendwie Geschmack hat, und muss dennoch ständig irgendetwas kauen, um die Übelkeit in den Griff zu bekommen. Koulouri ist perfekt und sie ernährt sich fast nur noch davon. Hart ist er fast noch bekömmlicher. Sie pustet ein paar Krümel von der Tastatur und starrt dann wieder auf den Bildschirm, in Erwartung all der klugen Worte, die leider den dichten Dunst der Übelkeit nicht zu durchdringen vermögen. Als würde ihr Körper sich sträuben; ihr mitteilen wollen, dass hier irgendetwas ganz und gar nicht richtig lief und dass sie sich gefälligst endlich mal darum kümmern sollte. Das sollte sie. Das weiß sie.

Erst einmal will sie jetzt diese Masterarbeit schreiben. Für die sie hier ist. Für die sie ihr Auslandsstipendium erhält. »Diskurse der jüngeren feministischen Bewegung in Griechenland.«

Konzentriere dich. Sie hat zwei Tabellen, drei Dokumente und zwanzig verschiedene Literaturquellen geöffnet. Das Online-Wörterbuch von pons, das ständig an seine Grenzen stößt, so dass sie die Bedeutung griechischer Originaltexte erraten muss. Dazu liegen alle möglichen Bücher aufgeschlagen vor ihr. Drei weitere Wörterbücher, eines Griechisch-Deutsch, eines Griechisch-Englisch, eines Englisch-Deutsch. Und dennoch sitzt sie wie versteinert davor. Hat keine Ahnung, wie sie anfangen soll. Kommt sich ohnmächtig vor, angesichts der Aufgabe, die da vor ihr liegt. Dabei ist das hier bei weitem nicht ihre erste Arbeit. Sie hat dutzende Hausarbeiten geschrieben, ihre Bachelorarbeit, außerdem Essays für Sammlungen und Artikel für einen Blog, den sie mit Kommilitoninnen betreibt. Sie liebt es, in Literatur zu versinken. Sie liest gern, sie ordnet die Dinge gern in ihrem Kopf, sie analysiert gern und sie schreibt gern. Das schönste Gefühl ist, wenn sich in ihrem Kopf – Wort für Wort und Gedanke für Gedanke – ein komplexes, wunderschönes, logisches Konstrukt errichtet wie ein geheimnisvolles Bauwerk, dessen wahre Gestalt sie erst am Ende sieht, aber dessen Ästhetik und Statik ihr unfehlbar jeden nächsten Schritt aufzeigen. Schön, stabil und nützlich – wie ein Gebäude. Aber jetzt funktioniert es nicht. Sie verliert sich in den Sätzen, vergisst, wie die Absätze angefangen haben und das berauschende Gefühl, auf der richtigen Spur zu sein, will sich einfach nicht einstellen. Weil sie nicht auf der richtigen Spur ist. Sie ist voll daneben und das weiß sie. Die Worte verknoten sich von selbst, ohne von ihr verknüpft zu werden.

Ihr Kopf, ihr Körper gehorchen ihr nicht mehr. Sie findet die richtigen Worte nicht oder traut sich nicht, sie zu finden und auszusprechen.

Auf dem Balkon gegenüber hängt eine Frau Wäsche in der Morgensonne auf. Sie trägt nur ein Spaghettiträger-Top und

Janna betrachtet ihre fleischigen Arme, die schlaffe Haut an der Innenseite ihrer Oberarme, ihr von vielen Sommern gebräuntes und gealtertes Gesicht. Sie steht sehr aufrecht, raucht nebenbei eine Zigarette und Janna bewundert die coolness, die Selbstverständlichkeit, die sie ausstrahlt. Ihre Augen treffen sich und die Frau lächelt ihr breit zu. Janna lächelt zurück und schaut dann schnell weg, ertappt beim Starren. Sie seufzt und steht dann auf. Sofort wird ihr schwindelig und die Übelkeit verstärkt sich. Sie sollte mal 'was trinken.

Janna geht in die Küche, wo Sotiri bereits summend am kleinen Elektroherd steht, eine Kippe zwischen Zeige- und Mittelfinger geklemmt. »Kalimera«, murmelt Janna und umarmt die Mitbewohnerin und entfernte Cousine kurz von hinten. »Kalimera sou!« strahlt Sotiri »Ti kanis, kala?« »Endaxi.« Sotiri lächelt und summt weiter und bereitet Kaffee zu. Auf die zwei kleinen Elektroplatten, die auf der staubigen Küchenarbeitsplatte stehen, stellt sie ein kleines Mokka-Kännchen für den Espresso und einen kleinen Briki[1] für den griechischen Kaffee, bevor sie sie am kleinen orangefarbenen Kippschalter einschaltet. Einen richtigen Herd, wie Janna ihn aus deutschen Küchen kennt, hat ihre kleine Küche hier nicht. Die Elektroplatten ersetzen ihn, gemeinsam mit einem kleinen Elektroofen, der ebenfalls auf der Arbeitsplatte steht. Viel mehr Platz ist dann auch nicht mehr. Das große zweiteilige Spülbecken nimmt viel Raum ein und daneben stehen noch zwei große metallene Abtropfgitter, wo sich das ganze Geschirr tummelt. Die Küche ist düster. Das einzige Fenster schaut auf die gegenüberliegende Hauswand, die nur ein paar Meter entfernt ist. Hinter Janna

1 eine griechische Mokkakanne

ist eine alte hölzerne Küchenvitrine, in der sich alles Mögliche befindet, aber selten das, was sie gerade sucht. Daneben steht noch der kleine Kühlschrank mit dem noch kleineren Gefrierfach, in dem Sotiri Eiswürfel hat. Hinter der Tür liegt immer eine halbvolle Mülltüte 'rum, deren Inhalt vor allem aus Plastikflaschen und Plastiktüten besteht. Janna überkommt jedes Mal ein schlechtes Gewissen, wenn sie eine Flasche hinein wirft. Ihr deutsches Recycle-Gewissen, wie Sotiri scherzt.

Janna nimmt sich dennoch eine frische Flasche Wasser aus dem Kühlschrank, weil sie den Geschmack des gechlorten Leitungswassers gerade gar nicht leiden kann. Vom Elektroherd steigt derweil der Geruch nach frischem Kaffee auf und Janna überkommt wieder Übelkeit. Dennoch bleibt sie in der Küche neben Sotiri stehen, betrachtet, wie sie den Herd ausschaltet und zwei kleine Tässchen vorbereitet. Sie betrachtet die Wände, die übervoll sind mit Fotos, Zeichnungen, Gekritzel und Gedichten. Janna trinkt das Wasser in kleinen Schlucken und versucht nicht angeekelt auszusehen, als Sotiri ihr den kleinen Espresso in die Hand drückt. »Efcharisto poli, fili mou!« »Parakalo!« Janna nimmt die kleine Tasse mit und geht wieder zurück in ihr Zimmer, an ihren Schreibtisch, der heute irgendwie lauernd auf sie wirkt. Alles aufgeschlagen und nur darauf wartend, dass sie anfängt und endlich ihre Gedanken beiträgt.

Sie sitzt noch eine halbe Stunde vor dem Laptop, die Stirn gerunzelt, der Espresso kalt, bevor sie ihr Scheitern einsieht, das Notebook herunterklappt, ihre Jacke nimmt und in den Flur geht, wo Panaiotis auf dem Sofa liegt. Sein Gesicht hinter der runden Brille und den langen lockigen Haaren ist schön und ernst. Sein großer Körper scheint starr in die Polster gesunken, auf denen eine dunkelgrüne Decke liegt. »Jia, Re Janna!« grüßt er sie mit einem überwältigenden Lächeln im Gesicht. »Ti kanis? Kala?« »Ja. Und dir?« Er zuckt mit den Schultern, immer noch lächelnd. »Etsi ketsi kala. Dieser Scheißjob tötet mich ganz langsam.« Panaiotis, der eigentlich ein Diplom in Mathematik hat, schreibt seit über einem Jahr die griechischen Untertitel für animierte Kinderserien auf *Netflix*. Janna kann die bunten Bilder und nervenden Stimmen keine Stunde lang ertragen, aber er erhält pro Folge einen verlässlich lächerlichen Lohn per *paypal*.

Janna sucht ihre beiden ausgelatschten Turnschuhe zusammen, bückt sich, um hineinzuschlüpfen und die Schnürsenkel zu binden. Dann steht sie wieder auf und nimmt den Haustürschlüssel vom Schlüsselbrett an der Wand neben der Tür. »Brauchst du deinen Laptop?« fragt Panaiotis. »Nein. Kannst du haben.« Er grinst, kommt plötzlich in Bewegung. »Vielen Dank, Re Janna! Ist das Passwort immer noch dasselbe?« Sie nickt, winkt ihm zu und ruft noch einmal »Jia, Sotiri!«, während sie bereits die Tür öffnet. Sie lässt sie hinter sich ins Schloss fallen und tritt auf den Gang hinaus. Dann nimmt sie die Treppen nach unten und tritt aus dem Haus. Draußen vor der Türe überlegt sie kurz, welche Richtung sie einschlagen soll. Es ist warm draußen, aber der graue Himmel und die drückende Schwüle drohen seit Tagen mit Gewitter und plötzlicher Abkühlung. Kurz verharrt sie in der stehenden Luft, ihr Körper beinahe schmerzlich dumpf, wie eingeschlafen, dann entscheidet sie sich für den Weg in Richtung Park, den sie dann entlang spaziert, in wirre Gedanken versunken, hinter deren Ecken etwas Unausgesprochenes, Düsteres lauert. Etwas, das sich ihrer Kontrolle entzieht.

2

Der Kellner, ein Typ mit halblangen schwarzen Locken und vielen Ohrringen im linken Ohr, lächelt sie an und nickt ihr zu. Janna lächelt zurück, auf einmal wieder ihrer Fremdheit bewusst.

Er trägt eine Brille, ist ziemlich kräftig. Sein schwarzes Shirt sitzt erstaunlich eng, verglichen mit dem nachlässig-lockeren Kleidungsstil, den sie bei anderen jungen griechischen Männern beobachtet hat.

Typisch hingegen seine kurzen, schlabberigen Trainingshosen, die kurz über den Knien enden und seine stark behaarten Unterschenkel zeigen. Seine nackten Füße stecken in Birkenstock-Schlappen.

Er schlendert zu ihr hinüber, stellt sich direkt vor sie, lächelt, fragt, was sie möchte. Sie bestellt einen Freddo Cappuccino; betrachtet seine muskulösen Unterarme, von denen einen ein schwarz-roter Stern ziert.

Er gefällt ihr.

Er geht summend zurück zur Theke, bereitet Espresso in der Siebträgermaschine zu, füllt Eiswürfel in ein Glas, kippt den Espresso darüber, schäumt kalte Milch auf und gibt sie darauf. Zum Schluss noch ein wenig Zimt, einen Strohhalm.

Sie sieht zu, bevor sie Federicis »Hexenjagd« aus dem Turnbeutel holt, sieht immer wieder von der Seite auf, auf die sie sich eh nicht so richtig konzentrieren kann. In ihrem Bauch fühlt sie ein leichtes Ziehen. Ihre Übelkeit mischt sich mit süßer Aufregung.

Er bringt ihr das Getränk, sie bedankt sich und versucht ihn mit ihrem Lächeln so direkt wie möglich anzusehen.

Dann versucht sie sich auf den Freddo Cappuccino zu konzentrieren, auf die kleinen kalten Schlucke, sieht immer wieder zu ihm hin, während er Getränke zubereitet, zwischen den wenigen besetzten Tischen und der Bar hin und her läuft und am Laptop die Hintergrund-Musik ändert.

Es läuft griechischer Rembetiko. Traditionelle klagende Musik um Liebe und Schmerz, um Haschisch, Spielsucht, Gefängnis und Exil. Musik, die in den zwanziger und dreißiger Jahren geschrieben wurde und heute noch in den vielen kleinen linken Stekis[2] und Zentren gespielt wird. Sie beneidet die jungen Griechinnen und Griechen um die ihr so erstaunlich klar erscheinenden Linien, mit denen sie ihre politische Praxis Jahrzehnte zurückverfolgen, sie in direkter Verbindung sehen zu dem, was ihre Eltern und Großeltern taten, als sie gegen Faschisten und Diktatur kämpften. Wie sie nach wie vor in den klagenden und melancholischen Klängen des Rembetiko, in den traurigen Texten Ausdruck und Trost für ihre eigene Armut, ihre eigene Perspektivlosigkeit fühlen, aber auch Stolz auf ihre Kreativität, auf ihre Freiheit, auf die Leichtigkeit, mit der sie an dieses schwere Leben herantreten, zu ziehen scheinen. Als wären Alternativ- und Gegenerzählungen, die Geschichten der Mittellosen, der Entrechteten und der politischen Gegnerinnen und Gegner hier präsenter und lauter, als wären sie ein selbstverständlicher Teil einer sehr widersprüchlichen und ununterbrochen kämpferischen politischen Auseinandersetzung.

Janna fühlt ein großes Durcheinander, eine große, namenlose Sehnsucht nach jedweder Begegnung.

2 Ein Steki ist ein Treffpunkt, ein kleines Lokal, in dem es einfache Speisen und Getränke gibt.

Μισιρλού μου, η γλυκιά σου η ματιά
φλόγα μου 'χει ανάψει μες στην καρδιά,
αχ γιαχαμπίμπι, αχ γιαλελέλι, αχ
τα δυο σου χείλι στάζουνε μέλι, οϊμέ.

Αχ, Μισιρλού, μαγική ξωτική ομορφιά,
τρέλα θα μου 'ρθει, δεν υποφέρω πια, αχ,
θα σε κλέψω μέσ' απ' την Αραπιά.

Μαυρομάτα Μισιρλού μου τρελή
η ζωή μου αλλάζει μ' ένα φιλί,
αχ γιαχαμπίμπι, μ' ένα φιλάκι, αχ
απ' το δικό σου το στοματάκι, οϊμέ.

Meine Misirlou, dein süßer Blick
hat eine Flamme in meinem Herzen entfacht,
Ach yahhabibi, ah yalelli, ah yalelli, ach
Deine beiden Lippen triefen vor Honig, Oime.

Ach, Misirlou, zauberhafte exotische Schönheit,
Ich werde verrückt, ich werde nicht mehr leiden, ach,
Ich werde dich aus Arabien entführen.

Schwarzäugige Misirilou, meine Verrückte
Mein Leben ändert sich mit einem Kuss,
Ach, yahhabibi, mit einem Kuss, ach
Aus deinem kleinen Mund, Oime.

Der Kellner lächelt sie an und sie schaut schnell auf ihr Buch,
als ihr auffällt, dass sie ihn unablässig angestarrt hat. Dann
bekommt sie auf einmal Lust, ihn wieder anzusehen und so
sieht sie auf und er lässt seinen Blick von ihrem einfangen,

so dass sie sich für ein, zwei, drei, vier, viele Momente lang direkt ansehen, ernst zuerst, dann mit einem Lächeln, in dem eine ernsthafte Freude liegt.

Als er später, das Band um seinen Tabakbeutel bereits im Gehen lösend, zu ihrem Tisch geschlendert kommt, ringt sie um die gleiche Selbstverständlichkeit, mit der er es tut. »Boro? Darf ich?« fragt er und zeigt auf den Stuhl neben ihr. »Nai, wewaia,«, antwortet sie und er setzt sich zu ihr und nimmt zunächst einen Filter in den Mund, ein Papierchen in die Hand, auf das er Tabak krümelt. Sie beobachtet ihn dabei. Schließlich spricht er sie so unvermittelt an, als würde er einfach bloß ein Gespräch fortsetzen, das sie kurz unterbrechen mussten.

»Hast du von diesem Koronios gehört?«

»Nein.«

»Doch doch. Dieses *fucking* Corona. Bestimmt!«

»Ach so, ja doch. Davon habe ich gehört.«

»Du bist keine Griechin.«

»Nein. Aus Deutschland.« Seine überraschend weichen, zögernden griechischen Worte in ihrer erstaunlichen Reihenfolge rinnen durch ihren Kopf und machen irgendwie, dass sie sich in ihrer Fremdheit wohl fühlt. Zwei Fremde, die sich gegenüber sitzen mit einer Gier, etwas übereinander zu wissen. Es muss nicht alles sein, aber etwas. Sie stellt die Frage, die ihr in anderem Kontext immer so falsch erscheint.

»Bist du Grieche?« Er sieht sie zum ersten Mal direkt an. Grinst und zuckt mit den Schultern.

»Nein. Khaled, sehr erfreut.«

Sie lacht. »Janna, ebenso.« Über ihnen hat sich der mittägliche Himmel zugezogen, ein Wind kommt auf und es wird kalt hinter den offenen Schiebefronten des Cafés.

»Misirlou mou …« fängt sie unvermittelt zu säuseln an und bringt Khaled damit zum Lachen.

3

Nachts wacht sie ein paar Mal halb auf, weil sie Krämpfe im Unterbauch spürt. Im Halbschlaf versucht sie mit dem kleinen Wesen, das in ihr wohnt, zu sprechen. Sie glaubt, es will durch die Schmerzen und die Übelkeit auf sich aufmerksam machen, so dass sie es endlich zulässt, ihm gestattet, sich auch in ihren Gedanken einzunisten. Endlich Worte für es findet und sich eine Lösung überlegt. Eine Trennung. »Morgen«, verspricht sie.

Sie wacht von etwas auf, das sich wie eine Fanfare anhört. Wo ist sie? Was ist los? Khaled liegt neben ihr. Er hat den Kopf ein wenig angehoben und sieht auf sein Telefon. Warum schaut er sich Videos an, während er neben ihr im Bett liegt und sie noch schläft? Eine freundliche Frauenstimme spricht griechisch. Sie versteht sie erst, als sie es auf Englisch mit stark griechischem Akzent wiederholt: »*Coronavirus-Warnung! Hochrisiko-Bevölkerung: Bleiben Sie so oft wie möglich zu Haus. Allgemeine Bevölkerung: Beim ersten Anzeichen einer Infektion zu Haus bleiben. Wenn Sie Symptome haben, suchen Sie einen Arzt auf, bevor Sie ins Krankenhaus gehen. Achten Sie auf persönliche Hygiene. Bringen Sie sich und andere nicht in Gefahr!*«

Noch während sie versucht, die Bedeutung dieser Sequenz zu begreifen, fällt ihr auf, dass es unter ihrem Po nass ist. Sie tastet mit der Hand, es ist klebrig und kalt. Sie ist erschrocken, verwirrt, es ist ihr peinlich. Kurz denkt sie, sie könne einfach liegen bleiben und nichts wäre passiert. Dann schlägt sie die Decke auf, springt aus dem Bett, lässt Khaled mit einem Blick auf ihre blutige Unterhose auf dem grauen Laken mit dem großen Blutfleck allein. Sie eilt aus ihrem Zimmer, vorbei an Sotiri in der offenen Küche und hinein ins kleine Bad, wo sie in die Badewanne steigt und dort ihre Unterhose auszieht. Es scheint nicht so viel Blut zu sein, wie sie zunächst dachte, aber ihr Po und die Innenseite ihrer Oberschenkel sind verschmiert, ihre Schamhaare kleben ein wenig zusammen. Ihr wird schwindelig, sie kniet sich in die Wanne mit den Händen am Rand. Sie greift nach dem Duschkopf, dreht das Wasser auf, das zunächst kalt ist und richtet den Strahl zwischen ihre Beine. Da ist ein Druck in ihrer Vagina. Sie spürt etwas Schweres. Das Wasser wird warm und sie setzt sich hin und lässt das angenehme Wasser über ihre Beine laufen und ihr Shirt nass werden. Sie spürt wieder dieses Ziehen, aber dieses Mal stärker als bisher, tief aus ihrem Unterbauch. Plötzlich weiß sie, dass es eine ganz kleine Wehe ist. Und im nächsten Moment fühlt sie auch schon etwas mit erstaunlicher Leichtigkeit aus ihrem Innersten herausgleiten, sie spürt es in sich und weiß, dass sie es im nächsten Moment verlieren wird. Ohne recht nachzudenken, streckt sie die Hand danach aus und da berührt sie etwas Glitschiges, was aus ihr herausrutscht. Sie behält es in der Hand, während sie noch einmal ein starkes Ziehen spürt. Sie schließt die Augen, hält die Hand einfach nur ganz still und das kleine Etwas darin gebettet. Lässt ihren Körper machen. Das warme Wasser. Von außen und innen. Der warme Schmerz. Das Pochen ihres Unterleibs. Das Klopfen an der Badezimmertür. Sie lässt es geschehen. Ihre Augen fangen an zu tränen, ihr Kopf pocht auch. Sie bleibt sitzen und sitzen. Minuten, Stunden, Tage, Jahre. All die Zeit, wenn sie den Gedanken zugelassen hätte. Wie schwer es gewesen wäre. Und wie schön vielleicht. Irgendwann flutet Erleichterung an. Eine melancholische Freude. Dass der Fetus die Entscheidung getroffen hat, die ihr verboten war. Vor der sie sich gedrückt hat. Sie öffnet die Augen und sieht es sich zum ersten Mal an. Es passt perfekt in die Schale ihrer einen Hand. Ein faszinierendes kleines Wesen. Ein Stück von ihr und zugleich etwas Eigenes.

Wochenlang hat sie es ignoriert und nun wird ihr zum ersten Mal klar, was für ein kleines Wunder in ihrem Körper geschehen ist. Sie ist so erleichtert. Dass es vorbei ist. Dass es sich endlich gelöst hat. Tonnenschweres Gewicht rutscht von ihren Schultern. Was hätte sie bloß getan?

Als sie die Kraft dazu findet, ruft sie nach Sotiri, die ohne eine einzige Frage hereinkommt und sich neben sie an die Badewanne kniet. Zunächst hält Janna ihre Hand geschlossen, während Sotiri ihr über Rücken und Arme streichelt und in kehligem, mütterlichem Griechisch »Ola kala, Jannataki mou, ola kala. Alles gut.« murmelt, als wüsste sie es genau. Schließlich bittet Janna sie, eine kleine Box zu holen. Sotiri kommt mit einer kleinen bemalten Holzschachtel wieder, aus der sie ihren Schmuck herausgenommen hat. Sie reicht die Schatulle Janna in die nasse rechte Hand. Janna zögert einen Moment, das Wesen aus seinem Versteck zu holen. Dann legt sie es vorsichtig hinein. Sie nimmt es zwischen Daumen und Zeigefinger, dreht es auf den Rücken. Die Haut ist durchsichtig, klebrig und blutig. Der Kopf ist sehr groß. Noch irgendwo zwischen Echsen- und Menschenkopf.

Sie sieht es an. Vielleicht war eine kleine Seele darin, die sich jetzt einen anderen Körper sucht. Oder vielleicht, denkt sie, noch eine Weile wartet. Sich irgendwann erneut in ihrem Bauch einnistet. Wenn sie bereit ist, seine Mama zu sein. Sotiri reicht ihr den Deckel und Janna verschließt es, reicht es zögernd der Freundin, die es ohne Zögern nimmt. Dann zieht sie ihr T-Shirt aus. Duscht noch einmal richtig im Sitzen, wäscht sich mit Seife, ihren ganzen Körper. Sotiri bleibt bei ihr, die Box auf dem Schoß. Sie nimmt Jannas Kopf in die Hände, shamponiert ihr Haar, spült es ab und wickelt ihr ein Handtuch darum. Dann reicht sie ihr ein weiteres Handtuch. Sie hilft ihr aus der Dusche und begleitet sie in ihr Zimmer, wo das Bett leer und frisch bezogen ist, ein Handtuch unter dem Laken, an der Stelle, wo der Blutfleck war. Janna setzt sich hinein. Sotiri stellt die Box daneben, sucht ihr eine Unterhose und ein frisches T-Shirt heraus. Sie setzt sich neben sie, sie decken sich zu, schweigen miteinander.

Irgendwann klopft Khaled, schleicht ins Zimmer, die Haare zerstrubbelt, die Gesten unsicher. Er bringt ihnen beiden viel zu süße Espressi, setzt sich nach einem Moment des Zögerns kurz auf die Bettkante, bevor er sich verabschiedet, aufsteht und geht.

Janna hält die Schachtel noch eine ganze Weile in der Hand. Sie fühlt sich noch ganz flau. Schreck flutet sie noch immer. Staunen und sanfte Traurigkeit. Aber mit Erleichterung spürt sie auch, dass es in ihr wieder zu fließen begonnen hat. Was sie stumm machte, hat sich gelöst und die ungesagten Worte, die ihr gefehlt hatten, um die Situation zu begreifen, wirbeln auf einmal in ihrem Kopf herum, spülen all das Schweigen, all die nie zugestandene Scham, das Gefühl, versagt zu haben, aus ihr heraus, tropfen von den Lippen, während ihr klare Tränen aus den Augen tropfen.

Ich kam mir so blöd vor. Wie konnte mir das passieren? Was sollte ich denn machen? Ich habe es erst so spät wahrhaben können. Ich wollte nicht so sein. Ich wollte keine Hilfe brauchen. Ich wollte nicht daran denken. Ich wollte einfach so weiter machen wie bisher. Ich musste doch die Arbeit fertig schreiben. Wie konnte es sein, dass in meinem Körper so etwas passiert, was ich gar nicht wollte?

– Ich weiß, ich weiß. Jetzt ist es vorbei. Alles ist gut.

In Sotiris tränennassem Schoß spürt sie, während deren Hand ihr durchs Haar streicht, welche Kraft gerade in ihren elendsten, scheinbar machtlosesten Worten liegt, nun, da sie sie endlich mit einem Menschen teilen kann.

4

Am nächsten Tag packt Janna wieder ihren Rucksack. Alle dreizehn sauberen und schmutzigen Unterhosen, vier T-Shirts, eine Wechselhose, ein gepunktetes Kleid, einen warmer Kapuzenpulli aus schwarzem Fleece, eine Sonnenbrille, drei zerfledderte Bücher, den nie ausgepackten Kulturbeutel, zwei Handtücher. Eine Stunde lang wuselt sie mit Sotiri und Panaiotis durcheinander. Sie rennen sich gegenseitig in die Arme, fragen sich dies und das und packen einiges doppelt, während sie anderes vergessen. Oliven, Käse, Brot, Schokolade, die Reste aus dem Kühlschrank, eine halbe Packung Reis, eine angebrochene Packung Kaffee. Löchrige Zelte, Planen, riesige, fleckige Isomatten, alte Decken, zerrupfte Schlafsäcke, Gaskocher, Blechtöpfe, ein Kaffee-Kännchen.

Schließlich verlassen sie mit einem seltsamen Gefühl die Wohnung. Die Stadt scheint ängstlich zu harren auf das, was kommen mag. Die Straßen sind leer. Die Menschen tragen auf einmal medizinische Gesichtsmasken, wie Janna es zuvor nur von Fernsehberichten aus Asien kennt. Wo sie die alle auf einmal herhaben? Sie laufen schweigend zur U-Bahn und fahren still die Stationen bis Piräus, wo Sotiri die Suche nach der richtigen Reederei und den Kauf der Tickets übernimmt, Geld einsammelt und sie schließlich zum richtigen Pier führt. Sie setzten sich auf den löchrigen Beton an den Rand des Hafenbeckens, rauchen und fühlen sich klein. Es dauert eine Weile, ehe die riesige Fähre auf sie zukommt und auf einmal viele Leute in Autos und zu Fuß auftauchen. Sie stehen auf, reihen sich ein, lassen sich abfertigen und an Bord verfrachten, wo sie in der Sonne an Deck sitzen, bis sie eine gute Stunde später in den Hafen der steinigen Insel einlaufen.

Sie trampen, bis sie den Strand erreichen, an den Panaiotis immer mal wieder fährt, wenn er Ruhe braucht. Er ist komplett verlassen. Die Saison hat noch nicht begonnen.

Sie bauen ihr Zelt auf und errichten ein Lager um ein kleines Feuer herum, auf dem sie Kaffee kochen. Janna zieht sich zwei Paar Wollstrümpfe an, die ihre Oma für sie gestrickt hat und wickelt sich in ihren Schlafsack, während sie ihr Gesicht in die Sonne und den kalten Wind streckt. Am Nachmittag klettert sie mit Sotiri zusammen auf einen Hügel. Sie singen die Liebeslieder, die Sotiri ihr letztes Jahr im heißen Athener Sommer beigebracht hat und dann suchen sie inmitten der Felsen und Steine und der trockenen Olivenbäume einen besonders schönen Ort.

Unter einem besonders alt aussehenden kleinen Baum mit Blick aufs Mittelmeer fangen sie an, mit Stöcken und Händen in der harten Erde zu graben, bis ihre Finger brennen und ihre Fingernägel graubraun sind. Die kleine Schachtel passt gerade so in das Loch hinein. Sotiri bekreuzigt sich auf griechisch-orthodoxe Art: »Nur zur Sicherheit.« Und Janna muss lachen.

Am Abend sitzen sie dicht aneinander gedrängt auf einer schmutzigen türkisfarbenen Fleece-Decke mit Brandlöchern. Sie drehen sich Zigaretten mit *Karelia*-Tabak, die länger zu brennen scheinen als andere, findet Janna. Sie trinken abwechselnd aus der unbeschrifteten Plastikflasche, in der Panaiotis Rotwein mitgebracht hat. Irgendwann dreht Sotiri einen Joint und gesteht lachend, dass sie das Gras in einer kleinen Plastiktüte ins Tahini gepackt hatte, weil sie so eine Paranoia vor Polizeikontrollen auf den Fähren hat. Darüber müssen sie alle so lachen, dass Janna irgendwann zu weinen anfängt und Sotiri ihr den Arm um die Schulter legt. Sie sehen hinaus aufs dunkle, wogende Meer.

Das Mittelmeer, voll von Geschichten und Körpern, das so viele Menschen nährt, das so viele verschlingt, dass von seinen türkisfarbenen Gründen der Geruch nach Tod zu steigen scheint. So ein kleines Meer. So viele Odysseen.

Eigentlich könnten sie einfach hier auf der Insel bleiben. Was wartet schon auf sie. Alles scheint im Nebel des Ungewissen zu versinken.

Keine weiß, wie es weiter gehen wird. Erst wenn sie – verkatert nach dem vielen Rotwein – am nächsten Morgen gegen elf aufwachen, werden sie erfahren, dass die Cafés und Restaurants geschlossen sind und Sotiri ihren Job verloren hat. Noch können sie nicht wissen, dass die Fähre zurück nach Athen nur noch zwei Tage lang fährt, ehe sie vorübergehend den Betrieb einstellt.

Vor dem Lagerfeuer treten sie dem alptraumhaften Dunst mit ihren Worten entgegen. Mit Geschichten vom Sehnen und Scheitern, die Jannas Geist füllen und sie zum Glühen bringen.

Irgendwo gibt es eine Zukunft und es wird die Zeit kommen, um sie zu kämpfen.

Daria Tenckhoff

Blumen für Nora

Mein Vater mag es nicht, wenn die Vorhänge aufgezogen sind, deshalb ist unsere Wohnung immer dunkel. Nora und ich sind tagsüber nicht zuhause, also ist es in Ordnung.

Mein Vater lässt aber die Stehlampe im Wohnzimmer an, den ganzen Tag und die ganze Nacht hindurch.

Wir leben in einem Wohnkomplex mit vielen Menschen und unsere Fenster zeigen alle in den Innenhof. Ich glaube, deshalb hält mein Vater die Vorhänge geschlossen. Vielleicht werden aber auch seine Kopfschmerzen von der Sonne schlimmer.

Ich habe ihn nie gefragt.

Die Stehlampe ist noch von Ma. Sie ist das Einzige, das mein Vater von ihr behalten hat.

Sie ist rot, von einem dunklen Rot und steht in der Ecke neben unserem Herd.

Unsere Küche ist im Wohnzimmer. Die Wohnung ist ziemlich klein.

Wenn er da ist, schläft mein Vater auf der Couch. Nora und ich teilen uns ein Zimmer.

Nora ist meine kleine Schwester, drei Jahre jünger als ich. Sie geht noch zur Schule.

Ich arbeite bei einer Tankstelle, mache den Verkauf und passe auf, dass nichts wegkommt.

Es bringt nicht viel, ist aber besser als nichts zu verdienen. Meine Schichten wechseln ständig. Alle Schichten wechseln ständig, von nachts zu morgens und nachmittags.

Gestern musste ich nachmittags arbeiten und kam deswegen erst spät zurück.

Ich nehme oft einen Umweg von der Arbeit zu unserer Wohnung. Ich gehe an den Schienen entlang statt durch die Straßen. Es hat keinen besonderen Grund außer, dass ich länger brauche. Der Umweg gibt mir eine halbe Stunde, manchmal auch mehr.

Die Treppen unseres Wohnblocks wie auch die Haustüren zeigen in den Innenhof. Es gibt eine Art Balkon, einen Rundgang, der vor alle Wohnungen führt. Manche der Nachbarn haben eine Bank oder Pflanzen auf ihrem Abschnitt stehen. Wir haben einen Aschenbecher.

Es muss kurz nach elf gewesen sein, als ich an unsere, mit gelbem Licht beschmierte Tür kam. Ich schloss auf und warf meine Jacke in die Ecke, in der all unsere Jacken liegen.

Bevor ich weiter ins Wohnzimmer ging, blieb ich im Flur stehen und wartete. Ich hörte darauf, wer in der Wohnung war. Das mache ich oft, eigentlich immer.

Ich betrachtete mich im Spiegel, der über der Kommode hing. Meine Augen, meinen Kiefer, meine Haut.

Es beruhigt mich.

Ich sah mich an, um mich daran zu erinnern, dass es mich gibt.

Manchmal vergesse ich das. Als läge noch eine zweite Schicht über mir. Eine Schicht, die mein Leben führt, und ich sehe ihr dabei zu.

Ich blieb eine ganze Weile im Flur.

Aus der Wohnung hörte ich ein Rauschen, ansonsten war es still. Die Jacke meines Vaters lag auf einem Stuhl in der Ecke.

Als ich schließlich ins Wohnzimmer trat, saß er auf der Couch. Er saß zurückgelehnt, die Füße breit aufgestellt. Seine Hände hatte er zwischen den Beinen ineinander verschränkt. Mein Vater sitzt oft lange Zeit genauso auf der Couch und starrt vor sich auf den Boden.

Für Stunden sitzt er so.

Ich weiß nicht, ob er mich bemerkte, jedenfalls rührte er sich nicht.

Das Rauschen drang aus dem Badezimmer. Ich klopfte an die Tür und als auch beim zweiten Mal niemand antwortete, öffnete ich.

Es war Nora.

Sie lag in der Badewanne. Obwohl der Boden überflutet war, schoss Wasser aus dem Hahn. Ich schloss die Tür und drehte den Schlüssel.

Nora lag mit ihren Kleidern im Wasser. Nicht einmal die Turnschuhe hatte sie ausgezogen.

Ihre Arme, gebrochene Flügel, ragten über den Rand der Wanne.

Sie wandte mir den Kopf zu und sah auf die Tropfen, die von ihren Fingerspitzen hingen.

Um ihre Augen schmierte Makeup, auf ihrer rechten Wange blühte eine blau-lila Rose.

Nora und ich nennen sie so. Als sie noch jünger war, nannte ich es so, um sie zu trösten.

»Noch eine Blume für dich, Nora.«

Eine Zeit lang funktionierte es, aber dann ist sie aufgewachsen.

Ich sah sie an und Nora sagte, was sie immer sagt. »Tut mir leid, Jonas.«

Dann weinte sie, wie sie immer weint. Stumm, in einzelnen Tränen.

So weint man, wenn die Schmerzen tiefer reichen als man es aushalten kann. So tief, dass man sie kaum noch spürt. Diese Schmerzen kenne ich.

Ich finde Nora oft im Bad, die Augen starr, die Hände kalt.

Mein Vater hat ihr das beigebracht.

Als wir klein waren, hat er sie über Nacht eingeschlossen. Nora saß an die Badewanne gelehnt und weinte, bis er irgendwann am nächsten Tag die Tür öffnete. Er umarmte sie dann und sagte ihr, alles sei wieder gut.

Er log.

Nora trug einen roten Pullover. Es war ein schöner Pullover. Durch das Wasser war seine Farbe dunkel, zu einem dunklen Rot geworden. Es schwamm auf ihrem Körper, an ihren Armen hinauf, um ihren Hals.

Ich kniete mich an die Wanne und nahm ihre Hand.

Das Wasser auf dem Boden war kalt und ihre Hand war kalt, doch ich nahm sie, schloss sie ein und hielt sie fest. Nora weinte weiter, also saß ich neben ihr und wartete.

In diesem Moment hätte ich fühlen müssen, das weiß ich. Etwas. Irgendetwas. Aber ich sah zu. Ich sah dabei zu, wie ich ihre Hand hielt und ihren Tränen nachblickte.

Und irgendwann kamen keine Tränen mehr.

Ich löste mich von Nora, drehte das Wasser ab und schob meine Arme in die Wanne, unter ihre Schultern und Knie. Ich setzte sie in den Bodenozean und zog ihren Pullover, die Schuhe und Hose aus.

Sie hatte noch zwei weitere Rosen. Eine an den Rippen und eine an ihrem Oberschenkel. »So viele Blumen heute«, sagte ich und deckte sie mit einem Handtuch zu. Nora antwortete nicht und richtete die Augen nur wieder auf ihre Finger. Sie hatte die Beine dicht an ihre Brust gezogen, die Schultern vorgeklappt. Ihre Hände hielt sie, als säße ein Vogel darin, zwischen ihren Knien.

Ich schloss die Tür auf und hob Nora aus dem Wasser. Ihre Kleider ließ ich zurück.

Mein Vater sah kurz auf, als ich ins Wohnzimmer trat.

Er sah mich nicht an, nur Nora, aber er ließ mich gehen.

Ich brachte Nora in unser Zimmer, setzte sie auf ihr Bett und schloss die Tür ab. Kurz hielt ich inne, starrte auf das Holz vor mir, schloss die Augen.

Ich wusste, dass ich fühlen sollte. Aber es war mir egal.

Das alles war mir egal.

Noras Haare waren bis unter die Ohren nass. Ich wickelte sie in einen meiner Hoodies und legte ihr das Handtuch auf die Schultern. Trotzdem zitterte sie.

Ihr rollten wieder Tränen von den Wimpern auf ihre Wangen, über diese Rose. Nora blickte auf ihre Hände, aber sie waren leer. Ich setzte mich, legte einen Arm um sie und wartete.

Nora kriegt mehr Blumen als ich. Das war schon immer so. Mein Vater sagte mir mal, Nora sei schuld, deshalb.

Manchmal bleiben wir den restlichen Abend im Zimmer, hören Musik und versuchen zu schlafen, aber gestern hatte Nora zu viele Rosen an ihrem Körper.

Ich sagte Nora, nachdem sie ruhiger geworden war, dass sie im Zimmer bleiben solle, und schloss die Tür auf.

Wasser quoll aus dem Badezimmer über das Linoleum bis in den Teppich unter die Couch.

Mein Vater saß nicht mehr im Wohnzimmer.

Er war auch nicht im Badezimmer. Der Stuhl im Flur war leer, die Jacke meines Vaters fehlte. Ich starrte auf den Stuhl.

Er verschwindet, weil er es nicht aushält, sie zu sehen. Er ist abgehauen.

Gestern ist er wieder abgehauen und hat es mir überlassen Nora anzugucken, ihre Schmerzen zu ertragen, sie zu trösten und das machte mich wütend. Ich wurde wütend. Ich nahm den Stuhl ohne Jacke und schleuderte ihn in den Spiegel. Er krachte auf den Boden, Spiegelscherben regneten darüber. Sein Bein war eingeknickt, um ihn lagen die silbernen Splitter verteilt. Wie ein Sternenfeld.

Meine Hände zitterten. Sie waren lebendig.

Ich atmete ein, atmete aus. Ich sah auf meine Hände.

Meine Wut kam so plötzlich, dass ich erstarrte, als ich

begriff. Ich starrte auf die tausend Splitter und es starrte tausend Mal zurück.

Wut war mir fremd und trotzdem kannte ich sie. Ich kannte sie aus meiner Kindheit. Ich kannte sie von meinem Vater.

Sie fühlte sich gut an.

Und dann … Dann stand Nora in der Tür. Sie sah zu den Scherben und sagte: »Gehen wir.«

Wir griffen unsere Jacken und gingen.

Der Himmel war trüb gestern Nacht. Man konnte nicht einmal den Mond durch die Wolken sehen.

Wir hatten keine Ahnung, was wir tun sollten, und weil ich noch nicht gegessen hatte, gingen wir zu dem 24/7-Laden zwei Straßen weiter. Seine Neonreklame leuchtete rot in den Pfützen auf der Straße.

Ich holte ein paar Müsliriegel und legte sie auf die Theke.

»Und zwei davon.« Ich zeigte auf den Abfüllautomaten für Getränke.

Der Verkäufer guckte erst Nora und dann mich an.

»War er das?«

Nora schüttelte den Kopf.

»Das ist meine Schwester, Mann«, sagte ich und legte ihm das Geld hin.

Er schob die Pappbecher auf den Tresen.

»Dann pass mal besser auf.« Er zeigte mit seinem Finger auf ihre Wange. »Das geht doch nicht.«

Ich schlug seine Hand aus Noras Gesicht. »Halt dich da raus.«

Wieder sprudelte Wut in meinen Kopf, dröhnte über alles. Ich hätte ihm eine verpasst, aber Nora legte ihre Hand an meine Schulter.

»Gehen wir, Jonas.«

Ich griff die Becher und ging aus dem Laden.

Dieser Typ hatte mich so wütend gemacht, dass ich draußen auf der Straße ein Auto kickte, die Arme ausstreckte und lachte. Ich fühlte mich gut, zu gut.

Denn es tat weh. Was er sagte, tat weh.

Er hatte keine Ahnung. Er hatte einfach keine Ahnung. Keine Ahnung von irgendwas. Ich gab Nora ihren Becher und wir gingen die Straße runter. Wir wussten nicht, wohin wir sollten, also gingen wir irgendwohin.

Einige Zeit schwiegen wir. Nora nippte an ihrem Becher, kniff die Lippen ein, dann sagte sie: »Du bist nicht schuld daran.«

Ich sah sie an, aber sie blickte auf die Straße. Nora sieht mich nie an.

»Ich weiß.«

»Der Typ war einfach …«

Wir bogen auf die Hauptstraße. Selbst nachts rasten dort die Autos. Die Lichter in den Häusern erhellten den Bürgersteig und die Restaurants waren geöffnet.

Eigentlich ist die Straße schön, zumindest war sie es gestern.

Wir schlenderten mit den roten Pappbechern in unseren Händen die Restaurantreihe entlang. Sie hatten Lichterketten in die Bäume gehängt und Sessel standen um flache Holztische.

Als einige Gäste Noras Rose bemerkten, senkte sie den Kopf noch tiefer zwischen ihre Schultern. Ich schob sie auf meine andere Seite.

An der nächsten Kreuzung drehten wir in eine Nebenstraße ein. Die Straße, von langhalsigen Laternen gerahmt, endete in einer Betonbrücke.

Seit wir an den Restaurants entlanggegangen waren, hatte Nora geschwiegen.

Wir wanderten die Straße hinab auf die Brücke zu. Zwei Stahlbögen überspannten sie von einem zum anderen Ende und ein Drahtzaun grenzte die Autofahrbahn vom Fußgängerweg ab. Unter uns bahnten sich, begleitet von an Masten hängenden Kabeln, Schienen nebeneinander in einen Tunnel. Büroanlagen leuchteten weiße Punkte in den grauen Stadthorizont.

Auf halber Brücke blieben wir stehen und stellten uns ans Geländer. Neben uns hing ein zerfledderter Regenschirm an den Metallstangen. Er war schwarz, sein Skelett verbogen und der Stoff zerrissen, doch irgendwie passte er dorthin, fand ich.

Nora setzte ihren Becher aufs Geländer, ich meinen daneben.

»Warst du heute in der Schule?«

Nora nickte.

»Ich habe die ganze Woche Nachtschicht.«

Sie tappte mit dem Becher aufs Metall.

»Schlaf bei einer Freundin.«

Sie sah mir kurz, ganz kurz in die Augen, drehte sich dann wieder den Schienen zu.

»Ich schlafe in der Garage«, murmelte sie. »Sie ist eh bald weg.« Sie wies auf ihre Wange.

Ma sagte mir mal, dass es für Momente, in denen man zwar bei einer Person aber trotzdem völlig allein ist, einen Namen gibt. Sie nannte sie Zweisamkeit.

Sie sagte, Zweisamkeit sei schlimmer als Einsamkeit, denn sie ist vollkommen.

Daran musste ich gestern auf der Brücke denken.

»Weißt du,« ich sah zu Nora. »du bist auch nicht schuld.«

»Woran?«

»An allem. An Ma, an den Blumen und dem Ganzen. Das passiert nicht deinetwegen, sondern seinetwegen.«

Nora senkte den Kopf. Ihre Haare rieselten von den Ohren über ihr Gesicht.

Ich hätte sie umarmen sollen. Ich hätte ihr sagen sollen, dass ich bei ihr bin, sie nicht allein ist, dass wir einfach weggehen können, irgendwohin, wo es keine Blumen gibt. Ich hätte ihr sagen sollen, dass ich sie brauche. Ich hätte es tun sollen, aber ich sah nur zu. Nora tappte noch einmal mit ihrem Becher.

»Hat er etwas gesagt?«, fragte Nora.

»Nein«, sagte ich.

Sie nickte, starrte auf ihre Finger. »Er sagt nie etwas.«

Nora litt. Ich sah es. Der Schmerz lag auf ihrem Gesicht wie eine zweite Haut, eine zweite Schicht. »Hast du je gedacht ...«, hauchte sie. »Viel... Vielleicht ist es das nicht wert?«

Eine Träne fiel auf Noras Handrücken. Sie schob ihren Becher zur Seite. »Hast du je gedacht ... es wäre vielleicht leichter, wenn alles einfach vorbei wäre?«

Nora setzte die Spitze ihres Schuhs ins Geländer.

Ich stand reglos, denn ich verstand nicht, was sie zu sagen versuchte. Ich wollte es nicht verstehen.

»Hast du je gedacht ...« Ihr Satz blieb ohne Ende.

Sie schob den Rest ihres Fußes zwischen die Metallstreben.

Für einige Minuten schwieg sie, die Augen geschlossen. Der Wind und seine Stadtgeräusche umspülte uns, raubte Nora die Tränen.

»Warum hasst er mich?«, fragte sie keuchend und schnappte nach Luft. »Warum ...? Warum müssen wir leben?« Nora schluchzte auf. »Was haben wir denn getan?« Sie lehnte sich über das Geländer.

Mein Arm legte sich um ihre Schultern. Ich sah zu.

»Er liebt mich. Er liebt mi ... Ich weiß, dass er ... Warum schlägt er mich? Was habe ich getan? Ich will einfach ...«

Ihr Kopf stürzte auf die andere Seite des Geländers. Ihr Körper bebte. »Ich weiß, dass er ...« Vorsichtig zog ich Nora zurück auf die Brücke. In meinen Armen knickte sie zusammen. Ich setzte mich auf dem Boden und sie weinte, das Gesicht in meinen Pullover gedrückt.

Während die Autos an uns vorbei über die Brücke fuhren.

Wir saßen eine lange Zeit auf der Brücke. Nora hörte irgendwann auf zu weinen, doch ich hielt sie weiter in meinen Armen.

Ich blickte zu den Häusersilhouetten über dem Tunnel. Der Himmel war wolkig, keinen einzigen Stern konnte man sehen, aber die Stadt glitzerte. Mein Blick fiel auf den verbogenen Regenschirm.

Ich fragte mich, wo mein Vater jetzt war. Zuhause, in der leeren Wohnung? Irgendwo auf den Straßen? Ich wollte es wissen, obwohl es mir egal war. Es war mir egal.

Nora löste sich von meinem Pullover, atmete aus und wischte mit den Ärmeln über ihr Gesicht. Sie stützte sich auf ihre Hände und stand auf. Sie war müde.

»Was machen wir jetzt?«

Ich zog mich am Geländer hoch und versuchte ihr in die Augen zu blicken, doch sie wandte den Kopf ab.

»Gehen wir zur Garage?«

Ich nahm den Regenschirm.

»Dort können wir zumindest schlafen.«

Ich hob den Schirm, schwang ihn wie einen Baseballschläger und kickte meinen Becher vom Geländer. Ich folgte dem roten Punkt mit meinen Augen. Er schlug auf die groben Steine zwischen den Schienen, zerplatzte, brach auf.

Nora streckte die Hand nach dem Regenschirm. Ihr Becher flog meinem nach. Wir traten ans Geländer.

Die zwei roten Punkte auf den Gleisen waren unscheinbar, von oben kaum noch zu sehen.

Nora ließ den Schirm auf die Straße fallen.

Kurz stand sie reglos, dann drehte sie sich um und ging in die Richtung, aus der wir gekommen waren.

Ich folgte ihr.

Mein Vater hatte vor ein paar Jahren, als alles mit Ma passiert ist, eine Garage gemietet, um einige Dinge wegzuschaffen. Er war seitdem nicht mehr dort gewesen. Vielleicht hatte er die Garage und die Sachen darin vergessen. Den Mietvertrag kündigte er nicht.

Nora und ich haben dort vor ein paar Monaten aus Isomatten und Decken ein Schlaflager gebaut. Nora schläft oft in der Garage.

Es ist eine dieser Abstelllagerketten. Fünf oder mehr Garagenreihen ziehen sich über den Platz. Unsere ist in der dritten Reihe.

Als wir gestern Nacht ankamen, war es völlig leer und still.

Ich holte meine Schlüssel aus der Tasche, nahm das Schloss aus dem Scharnier und drückte das Tor nach oben.

Ein kleiner Raum, verstellt von Regalen und Möbeln. Auf dem Boden standen Kisten, aber die meisten hatten wir in die Regale geräumt. Es gab auch einen Sessel. Er hatte das gleiche Rot wie die Stehlampe in unserer Wohnung und man konnte eine Beinstütze ausklappen. Der Sessel gehört auch Ma.

»Willst du schlafen?«

Nora zuckte mit den Schultern und sah sich um.

»Ich bin noch nicht müde.«

Aus dem Regal neben sich nahm sie eine kleine Schachtel und wog sie in der Hand. »Was ist das?«, fragte ich.

»Fotos« Sie hielt die Schachtel in ihren beiden Händen. »Ich hab sie irgendwann mal rausgesucht.«

Nora kickte ein Kissen über den Boden an die Wand und setzte sich darauf. Vorsichtig hob sie den Deckel der Schachtel ab und zog einen dünnen Stapel heraus. Ich ging zu ihr, lehnte mich an und blickte auf die Bilder in ihrer Hand.

Das oberste Foto hatte ich zuvor noch nie gesehen. Es zeigte Ma am Esstisch, der damals noch in unserer Wohnung stand, eine Tasse zwischen den Händen haltend und ein Lächeln auf den Mund gedruckt. An ihrem Bein klammerte ein

Mädchen mit dünnen Kinderhaaren und magerem Rücken. Es hatte sich von der Kamera abgewandt. »Das bist du, oder?«

Nora nickte und ließ das Foto aus ihren Fingern auf den Steinboden rutschen.

Auf dem zweiten Foto hockte Ma mit einer Zigarette in der Hand vor der Wohnungstür, den Kopf an die Wand gelehnt, die Augen geschlossen. Hinter ihr auf dem Balkon erkannte ich mich, mit einer großen Tasche unter dem Arm.

Ich erinnere mich noch daran, wie das Foto gemacht wurde. Mein Vater schoss es. Er stand hinter der Kamera und drückte ab.

Es war der Tag, nach dem Nora weggelaufen war. Die Tasche unter meinem Arm war für sie. Vollgepackt mit Kleidung, Essen und Büchern. Ich wollte sie suchen und ihr die Sachen geben, aber Ma verbot es mir. Sie sagte Nora würde zurückkommen, wenn sie hungrig genug würde.

Als ich am Tag darauf von der Schule zu unserer Wohnung zurückkehrte, kniete Nora vor der Tür und weinte und schrie. Mein Vater stand vor ihr. Er sagte, sie solle abhauen, er würde sie nicht mehr haben wollen.

Erst als Ma von der Arbeit kam, durfte Nora in die Wohnung. Ma hob sie vom Boden, trug sie ins Wohnzimmer und saß mit ihr für zwei Stunden auf dem Sofa. Sie umarmte sie und streichelte ihre Haare, bis Nora schließlich aufhörte zu schluchzen.

»Sie kommt nicht zurück. Oder?« Nora schob das Foto neben das andere auf den Boden.

Ich nickte langsam.

Ma.

Sie ist vor sieben Jahren in eine andere Stadt gezogen. Sie wollte kommen und uns holen.

Irgendwann.

»Nein. Sie kommt nicht zurück.«

Das nächste Foto war aus der Zeit, als Ma schon weg war.

Die Badezimmertür in unserer Wohnung war geschlossen. Mein zehnjähriges Ich lag, die Arme unter den Kopf gesteckt, die Beine angezogen, auf dem Boden und schlief. Wie oft habe ich damals vor dieser Tür gewartet? Die ganze Nacht, die ganze verdammte Nacht.

Ich saß da, eine Hand an der Tür und redete mit Nora auf der anderen Seite, aber Nora weinte trotzdem. Manchmal schaffte ich es einzuschlafen.

»Weißt du, irgendwann hat er die Tür nicht einmal mehr abgeschlossen.«

Nora nickte und strich mit den Fingerspitzen über die kleine Gestalt im Foto.

»Ich habe dir gesagt, dass er gegangen ist, dass du rauskommen kannst.« Ich schluckte.

»Du bist trotzdem immer geblieben und hast gewartet, bis er dich rauslässt.«

Meine Hände verkrampften sich. Ich sah Nora an.

»Warum? Warum bist du nicht rausgekommen?«

»Weiß ich nicht.« Sie flüsterte.

»Du weißt es, Nora. Warum bist du nicht rausgekommen?«

Meine Wut kehrte zurück, doch dieses Mal fühlte es sich falsch an. »Ich war da. Ich war immer da! Warum bist du nicht rausgekommen?!«

Nora ließ die Fotos fallen und zog die Schultern an. Ich hatte nicht brüllen wollen.

»Ich weiß, dass du ...«

Ich hörte sie nicht. Das Wummern in meinem Schädel übertönte sie.

Ich stieß mich von der Wand ab.

»Warum, Nora?!« Ich starrte sie an. »Ich war da. Jede Nacht! Ich habe dich auch gebraucht, weißt du. Warum?!« Ich brüllte. »Du hast mich allein gelassen! Warum?!«

Ich zerrte Nora auf die Beine, packte ihren Kopf und zwang sie, mir in die Augen zu blicken. Nora weinte, sie schluchzte und wand sich in meinem Griff.

»Es tut mir leid.«

Ich ließ von ihr ab, packte eines der Regale und schmetterte es auf den Boden. Die Garage verwuchs zu kreischenden Farben. Ich riss ein zweites Regal von der Wand. Kartonkisten, in die das Regal einschlug, platzten auf. Bücher, Spiele und Filmhüllen sprangen über den Boden. Nora griff nach meinem Arm und ich …

Als ich mich zu ihr umdrehte, lag sie am Boden.

Sie hielt sich die Hand ans Gesicht. Sie sah mich an. Sie sah mir in die Augen.

Ich weiß, dass sie mich hasste.

Und plötzlich war ich nicht mehr wütend. Meine Brust zog sich zusammen, mein Kopf wurde kalt.

Irgendwie, irgendwann löste ich mich aus meiner Starre, stolperte aus der Garage und rannte.

Ich rannte, denn ich konnte sie nicht angucken.

Am frühen Morgen, eine verschmierte Dämmerung quoll bereits in die Nacht, fand ich mich taub und nass vor unserer Wohnung wieder.

Die vergangenen Stunden war ich gerannt. Ich hatte mich übergeben und war weitergerannt.

Ich hatte bei der Brücke gehalten. Ich stand und blickte zu den roten Punkten auf den Schienen, aber ich konnte es nicht tun.

Also rannte ich weiter.

Ich bog in unsere Straße ein, sprintete die Treppen hinauf, über den Balkon, zu unserem Aschenbecher.

Ich zitterte. Meine Haare fledderten, vom Schweiß durchzogen, über meiner Stirn. Ich atmete ein, atmete aus.

Die Wohnungstür stand offen, der Stuhl und der Spiegel lagen noch immer auf dem Boden. Ich trat in den Flur. Die

348

Scherben knirschten unter meinen Schuhen. Mit den Fingern strich ich die Kommode entlang, hielt vor dem leeren Spiegelrahmen, blickte hinein und lauschte der Wohnung. Sie war still, nur Atmen konnte ich hören.

Mein Vater saß im Wohnzimmer. Als ich durch die Tür trat, sah er zu mir auf.

Sein Blick wanderte von meinem Gesicht, zu meinem Arm, zu meiner Hand.

»Jonas.« Er stand auf.

Ich zuckte mit dem Kopf, schüttelte seine Stimme aus meinen Ohren.

Mein Vater rannte. Er versuchte die Tür zum Badezimmer abzuschließen, doch ich war bei ihm, bevor er das Schloss drehte.

Ich hieb nach seinem Gesicht und er krachte gegen die Wanne. Das Wasser spritzte ihm über das Shirt, als er versuchte sich aufzurichten. Ich riss ihn hoch, drückte ihn gegen die Wand, zerrte seinen Kopf in den Nacken. Er schlug nach mir, presste seine Arme gegen meine Brust und versuchte mich von sich zu schieben.

Vier, fünf, sechs Mal hieb ich, dann glitt die Scherbe aus meinen Fingern.

Sie klirrte im Wasser, mischte rote Wolken über die Fliesen.

Ich grub mein Gesicht in seine Schulter.

Mein Vater keuchte und spuckte. Ich krallte meine Hände in den Stoff seines Shirts. Wir rutschten an der Wand hinab in den Bodenozean.

Ich brüllte. Ich brüllte und weinte. Er atmete ein, atmete aus.

Irgendwann löste ich mich von ihm.

Es war still. Nur das Wasser auf dem Boden plätscherte, als ich mich von seinem Körper schob.

Er hatte Blumen auf der Brust.

Rote Rosen. Überall.

Blumen für dich,

Nora.

Anne Vogelsberg

Unbeobachtet

Helene Müller – eine Frau mit einem Allerweltsnamen – starb am Abend des 21. November 1997. Ihr ganzer Reichtum bestand nur noch aus einem Schwarz-Weiß-Foto ihrer Hochzeit und einer alten Schatulle. Diese hatte sie Antje überlassen, solange sie sich noch an deren Inhalt erinnerte. Antje hatte versprochen, den ihr unbekannten Inhalt der rechtmäßigen Besitzerin zurückzugeben, obwohl sie nicht glauben konnte, dass Helene jemals etwas besessen hätte, das nicht absolut ihr gehörte.

In ihren letzten klaren Momenten flüsterte Helene: »Bitte lies mir eine Postkarte aus der Schatulle vor!« Obwohl die Bitte sie überraschte, kam Antje dem Wunsch ihrer Großmutter nach und öffnete das Kästchen. Antje fand einen Stapel alter Postkarten ohne Fotoaufdruck, aber mit Text in der Handschrift ihrer Großmutter auf der Rückseite. Sie nahm die oberste Karte vom Stapel und las vor:

Mai 1960, Wien

Liebste Mina,
ich bin in eine fremde Stadt gekommen, deren Sprache so vertraut und doch so befremdlich klingt. Ich habe Sorge, dass diese Sprachfarbe mir eines Tages zu vertraut sein wird. Doch wenn ich so darüber nachdenke, dann ist es vielleicht auch einfach nur die Angst, dass mir irgendwann Deine

Sprache so fremd wie diese Stadt erscheinen wird – dass meine Erinnerung den Klang Deiner Stimme vergisst.

In Liebe, Benjamin

Die Postkarte, wie alle anderen in der Schatulle, war an Wilhelmina Rathauser, Hoffmann-Straße 53, im Leipzig der DDR adressiert. Als Antje wieder von der Postkarte aufblickte, war Helene bereits in Vergessenheit versunken. Als Helene, diese offenbar so gewöhnliche Frau mit einem so gewöhnlichen Namen, im Alter von 96 Jahren starb, hinterließ sie nichts außer einem vergilbten Hochzeitsfoto und einem kleinen Geheimnis in einer unscheinbaren Schatulle.

Als Antje an jenem Abend nach Hause kam, erwartete ihr Mann Fritz sie schon. Das Seniorenheim hatte ihn angerufen und ihn über Helenes Tod informiert. Eigentlich hatte Antje in ihren Kinder- und Jugendjahren kaum Kontakt zu ihrer Großmutter gehabt, weil Helene in Leipzig geblieben war, obwohl ihre Tochter wie auch die Ehefrau ihres verstorbenen Sohnes in den Sechzigern nach Berlin gezogen waren. Nach der Wiedervereinigung gingen viele ihrer Enkelkinder in den Westen – und wenn es auch nur West-Berlin war. Nur Antje war nach Leipzig zurückgekehrt, nachdem sie Fritz drei Jahre zuvor, im Jahr 1994, geheiratet hatte. Zu diesem Zeitpunkt hatte bei Helene das Vergessen bereits eingesetzt, aber die Verbundenheit zwischen den beiden Frauen schien dennoch zu wachsen. Antjes Mutter hatte oft behauptet, dass Antje und Helene aus demselben Holz geschnitzt seien, auch wenn ihre Lebensgeschichten so unterschiedlich waren. Vielleicht hatte Helene in Antje etwas erkannt oder wiedererkannt, etwas allzu Vertrautes, als dass es nicht durch ihre Mauern der Entfremdung hätte brechen können.

»Fritz, das musst du dir ansehen!«, rief Antje, sobald sie die Wohnung betrat. Ihre Augen waren noch etwas geschwollen und gerötet, aber ihre Trauer war bereits der

Ungläubigkeit gewichen. Sie gab Fritz die kleine, hölzerne Schatulle und bedeutete ihm, sie zu öffnen. Als Fritz die Postkarten sah, fühlte er sich wie ein Eindringling. »Schau dir die Rückseiten an!«, drängte Antje ihn, als sie sein Zögern bemerkte. Schließlich nahm er die erste Postkarte und las, was Helene auf die Rückseite geschrieben hatte. Dann nahm er die zweite.

Juni, 1960, Wien, Naturhistorisches Museum

Liebste Mina,
ich war fasziniert von den Ausstellungsstücken aber auch der Architektur des Naturhistorischen Museums, der detaillierten Eleganz. Mit einem Mal fühlte ich mich so klein und unbedeutend – so verloren. Ich fühle mich unscheinbar zwischen all den Jahren, die vergangen sind, und all denen, die kommen werden. Ich fühle mich entwurzelt und als würde ich jetzt nicht einmal mehr zu Dir gehören.
    In Liebe, Benjamin

Fritz ging einmal durch den gesamten Stapel, dann sah er wieder zu Antje. Sie lehnte an der Kücheninsel, ein unberührtes Glas Wasser in ihrer Hand. »Weißt du, wo die herkommen?«, fragte Fritz schließlich. Antje schüttelte den Kopf: »Nein. Alles was ich weiß, ist, dass das Helenes Handschrift ist, und dass sie glaubt, dass die Briefe eigentlich wem anders gehören.« »Das ist alles? Keine weiteren Erklärungen oder Hinweise? Hat sie in den letzten Wochen nichts gesagt?«, hakte Fritz nochmal nach, aber Antje schüttelte nur den Kopf. Für eine Sekunde fühlte sie sich von Helene betrogen. »Hast du je den Namen Wilhelmina Rathauser gehört?«, fragte Fritz, in der Hoffnung, wenigstens noch eine Lösung an jenem Abend zu finden.

Kurz gestikulierte Antje mit den Armen, als würde sie noch mehr sagen wollen, doch dann verschränkte sie die Arme wieder vor der Brust. Resigniert schüttelte Antje noch einmal den Kopf. Resignation und die Erkenntnis, dass sie nicht einmal Helene fragen könnte, trafen Antje schwer.

Als Fritz am nächsten Morgen die Treppen ihrer Maisonette-Wohnung im Stadtteil Gohlis herunterkam, fand er seine Frau im Schneidersitz auf dem Wohnzimmerteppich vor. Helenes Schatulle war achtlos in eine Ecke des Sofas geworfen, die Postkarten vor Antje ausgebreitet.

»Es sind zwölf Postkarten, eine für jeden Monat von Mai 1960 bis April 1961. Die Mauer wurde ein paar Monate später gebaut. Alle sind an Wilhelmina adressiert, sie ist also in den zwölf Monaten nicht umgezogen. Es ist immer dieselbe Adresse«, murmelte Antje mehr zu sich als zu Fritz.

Er kniete sich hinter sie und rieb ihre nackten Schultern. Er hatte nicht mitbekommen, wann sie das Bett verlassen hatte, aber ihre Arme waren ganz kalt. Er legte seine Arme um sie, um sie ein wenig zu wärmen.

»Hör dir das an«, Antje hielt die Karte für Fritz hoch.

Juli, 1960, Wien, Wiener Börse
Liebste Mina,
meine Vorkurse für Finanzen und Märkte haben diesen Monat angefangen, deshalb der Besuch bei der Wiener Börse, deren Gebäude erst letztes Jahr eröffnet wurde. Mir ist wieder ihre schiere Größe aufgefallen, vor allem im Vergleich zu der prächtigen, aber sehr viel kleineren und unscheinbareren Alten Handelsbörse in Leipzig. Wie bequem die Leipziger Börse sich zwischen dem alten Rathaus und dem Handelshof zurücklehnt – ein bisschen so, wie ich mich im Schutz unserer Freundschaft. Und nun, muss ich aus dieser

Geborgenheit ausbrechen und weiß nicht, wie – ich weiß nicht, wie ich neu beginnen kann.

In Liebe, Benjamin

Fritz nickte, nicht ganz sicher, was er hätte heraushören sollen. Antje nickte ebenfalls und sah ihn erwartungsvoll an, also riet Fritz: »Er war Student?« Antje atmete laut aus: »Es sieht aus, als wären sie ein Ehepaar, das sich gerade getrennt hat und auseinanderlebt. Was, wenn sie nochmal geheiratet hat? Dann haben wir nur einen Vornamen …«

Fritz nickte, eine so einfache, inhaltslose Geste, aber was sollte er anderes machen. Er versuchte zu durchschauen, warum Antje nicht dem offensichtlichsten Hinweis nachging. »Oder wir haben einen vollen Namen: Benjamin Rathauser. Aber mal ehrlich: Was wäre, wenn wir frühstücken, uns anziehen und einfach mit der Tram zu der Adresse fahren … vielleicht haben wir ja Glück«, schlug Fritz vor. Antje nickte ein paar Mal, bis sie die Postkarten aufsammelte.

In der Tram blätterte Antje noch einmal durch die Karten, während Fritz damit beschäftigt war, die Kuchenstücke, die sie in der Bäckerei um die Ecke gekauft hatten, nicht zu zerdrücken. Sie wollten eine Entschädigung für die Störung an einem Samstagmorgen mitbringen – und Antje liebte den Kirschstreuselkuchen. Eigentlich war Fritz froh darüber, dass Antje in die Postkarten vertieft war und ihr Vorhaben nicht überdenken konnte. Wie komisch muss es wohl sein, wenn plötzlich ein unbekanntes Ehepaar, beide Anfang dreißig, vor der Haustür stünde, nur weil eine Frau, die am Tag zuvor verstorben war, eine Schatulle voller Postkarten von vor vierzig Jahren hinterlassen hat. Als Fritz wieder zu seiner Frau sah, hatte Antje eine Postkarte aus dem Stapel gefischt.

Liebste Mina,
auf meinem Weg nach Hause vom Museum, bin ich an einer
alten Dame mit einem Langhaardackel vorbeigefahren – Du
hättest es geliebt, die Absurdität ihres Anblicks auf einer
Leinwand festzuhalten. Der Hund scheuchte jede Taube auf
dem Weg durch sein Bellen auf; und die alte Dame, ein paar
Schritte langsamer, warf um sich herum Brotkrumen für die
Tauben aus. Ihre Schultern waren gebeugt von der Last ihres
harten Lebens. Ich frage mich, ob Dein Rücken auch eines
Tages von der Last, die Du auf Deinen Schultern trägst, gebeugt sein wird.
In Liebe, Benjamin

Bei dem Gedanken an die alte Dame und ihren Hund musste
Antje für einen kurzen Moment lächeln. »Denkst du, es gibt
sie wirklich?«, fragte sie.

»Was meinst du?«

»Ich frage mich nur, ob es Wilhelmina und Benjamin
wirklich gibt, oder ob Helene sich nur alles ausgedacht hat?
Es ist schließlich ihre Handschrift. Und als sie dann alt und
verwirrt war, hat sie einfach Wirklichkeit und Fantasie nicht
mehr unterscheiden können«, erklärte Antje geduldig auf
diese etwas belehrende Art, die Fritz an ihr liebte. Fritz
wälzte den Gedanken hin und her und wog beide Möglichkeiten ab. Und dann fragte er sich, was beide Möglichkeiten
für Antje bedeuten würden.

»Aber Helene hat doch bei der Post gearbeitet, oder?«,
vergewisserte er sich.

»Ja. Mama hat immer gesagt, dass sei alles, was Großmutter je gemacht hat. Sie hat immer bei der Post gearbeitet.«

»Also, wäre es möglich gewesen, dass die Karten über ihren

Tisch gewandert sind und Helene sie in einem unbeobachtetem Moment abgeschrieben hat«, folgerte Fritz.

»Aber was, wenn sie alles nur erfunden hat?« Antje und Fritz stiegen an der Haltestelle Karl-Liebknecht-Straße aus und gingen den restlichen Weg bis zur Arthur-Hoffmann-Straße 53. Es war nicht einfach, den richtigen Eingang des Eckhauses zu finden. Sie lasen die Namen an den Klingelschildern, aber Rathauser war nicht dabei.

»Vielleicht gibt es sie wirklich nicht«, mutmaßte Antje, während Fritz ein drittes Mal alle Namen durchging.

»Kann ich Ihnen helfen?«, hörten Antje und Fritz eine Stimme fragen. Eine alte Frau stand hinter ihnen, Einkaufstaschen hingen von ihren Schultern und sie stützte sich auf einen einfachen Gehstock. Es war zu sehen, wie Antje zögerte, was, wenn sie wirklich nur einer Fantasie nachjagten? Andererseits würden sie der Frau nie wieder begegnen, dachte sich Antje. »Wissen Sie, ob hier eine Wilhelmina Rathauser lebt?«, fragte sie und schämte sich für ihre Stimme, die gleich ein paar Oktaven in die Höhe geschossen war. Aber die alte Dame schmunzelte lediglich, offensichtlich erleichtert, dass die Frage so harmlos war.

»Oh, Kindchen, Wilhelmina ist hier ausgezogen, da war ich noch eine junge und schöne Frau«, antwortete sie verschmitzt: »Was wollen Sie von ihr?« Antje war erleichtert, dass Wilhelmina nicht nur ein Hirngespinst ihrer Großmutter war, und antwortete: »Wir haben etwas, das wohl ihr gehört.«

Die ältere Frau musterte die beiden: »Nun, der Kuchen wird schlecht, bevor Sie sie finden werden. Ich mache Ihnen einen Vorschlag: Sie tragen mir die Einkaufstaschen nach oben und teilen Ihren Kuchen mit mir, dafür erzähle ich Ihnen etwas über Wilhelmina.«

»Also, was haben Sie, das eigentlich Mina gehört?«, fragte die Kuchenliebhaberin, als sie das Kaffeepulver in die Kaffeemaschine gab.

Antje nahm die Schatulle aus ihrer Handtasche und stellte sie auf den kleinen Tisch in der Küche. »Meine Großmutter hat mir die hier mit der Bitte, den Inhalt an die rechtmäßige Besitzerin zurückzubringen, hinterlassen«, erklärte sie und öffnete den Deckel.

Die Frau nahm ein paar der Postkarten und bat Antje, eine vorzulesen.

September 1960, Wien, Weltmuseum
Liebste Mina,
Karl hat mich in das Weltmuseum in der Neuen Burg eingeladen. Wir haben dort seine Schwester Marie, die in einem nahegelegenen Café arbeitet, getroffen. Und obwohl sie so anders ist als Du, erinnern mich ihr umwerfendes Lächeln, der starke Blick und die unaufhörlichen Stänkereien mit ihrem Bruder an Dich. Sie erinnert mich an eine jüngere Mina, die, in die ich mich vor so vielen Jahren verliebt habe.
In Liebe, Benjamin

Die alte Dame lächelte in die Stille, die lediglich von dem Geräusch der fertigen Kaffeemaschine unterbrochen wurde. Fritz stand auf und nahm die Kanne aus ihrer Halterung. »Ich erinnere mich an diese Version von Mina. Wie könnte man sie auch vergessen?«, erzählte die alte Frau nach einer Weile. Während sie ihre Kaffeetasse nahm, war ihr Blick bereits in weiter Ferne.

»Ich habe vergessen, in welchem Jahr sie eingezogen sind. Der Krieg war schon einige Jahre vorbei, ich bin mir nicht mal sicher, wie viel sie bewusst von ihm mitbekommen hatten. Benjamin Rathauser, seine Frau Wilhelmina, ihr Bruder

Maximilian, und einer ihrer Cousins … wie war nochmal sein Name …? Ach, vergebt einer alten Frau ihre Vergesslichkeit. Jedenfalls, sie zogen in zwei der Wohnungen und teilten sich damit ein ganzes Stockwerk.«

Aus Angst, den Informationsfluss zu unterbrechen, warteten Antje und Fritz still, bis ihre Gastgeberin fortfuhr. »Ach, ich werde nie die Augen dieses jungen Mädchens vergessen. Ich glaube ja nicht an den ›die-Augen-sind-das-Fenster-zur-Seele‹-Quatsch. Aber bei Mina … Es lagen so viel innere Stärke und Herzlichkeit in ihrem Blick. Wenn sie einen angesehen hat, hat man sich zu ihr hingezogen gefühlt, als hätten ihre Augen ihre ganz eigene Schwerkraft. Man hat alles willentlich vor ihr ausgebreitet, weil man wusste, dass sie einen nicht verurteilen würde.«

Die Frau richtete ihren Blick auf ein Portrait von sich selbst, das neben der Anbauwand im Wohnzimmer hing. »Mina hat das gemalt. Ich wusste nicht mal, dass sie mich gesehen hatte. Ich meine, ich war den ganzen Tag mit meinen zwei Kindern und dem Kochen beschäftigt. Mina rief mir eines Tages im Treppenhaus zu, dass sie etwas für mich habe. Wenige Minuten später kam sie mit einer Leinwand aus ihrer Wohnung und drückte sie mir auf ihrem Weg nach unten in die Hand. Ich habe mich nicht einmal richtig bei ihr bedanken können, so eilig hatte sie es.«

Die alte Frau musste lächeln, doch bald wurde das Lächeln von einem Ausdruck von Mitgefühl und Traurigkeit abgelöst. »Ihr Bruder starb ein paar Jahre später bei einem schrecklichen Autounfall. Das hat Mina verändert, und diese mitreißende junge Frau verschwand. Benjamin und Minas Ehe litt unter den Umständen, bis er schließlich für sein weiteres Studium nach Wien ging.«

Die alte Dame griff nach einer weiteren Postkarte.

»Ich wusste nicht, dass er ihr geschrieben hatte. Sie müssen wissen, dass er sie sehr geliebt hat … das hat er wirklich.«

Während des Kaffeetrinkens und Kuchenessens erzählte ihre Gastgeberin ein paar Geschichten aus der Zeit vor dem Unfall.

»Wissen Sie, wo Wilhelmina jetzt lebt?«, fragte Antje schließlich.

»Leider nein. In den Siebzigern oder so hat Wilhelmina neu geheiratet und ist mit ihrer Familie umgezogen. Leider kann ich mich weder an ihren Heimatort noch ihren neuen Namen erinnern.«

Fritz sah die Enttäuschung auf Antjes Gesicht. Die alte Dame zeigte auf das Portrait: »Wenn Sie es von der Wand nehmen, müssten Sie Minas Mädchennamen auf der Rückseite finden, unter diesem Namen hat sie auch ausgestellt. Vielleicht kann Ihnen das helfen.«

Fritz stand auf, nahm das Bild von der Wand und drehte es um. In der unteren rechten Ecke stand ein Name: Wilhelmina Friesen.

»Ich hoffe, das hilft Ihnen bei Ihrer Suche«, wiederholte die alte Dame an der Tür: »Und ich hoffe, Sie vergeben mir, dass ich Ihnen die paar Stück Kuchen abgeluchst habe«, fügte sie mit einem Augenzwinkern hinzu.

»Es war uns ein Vergnügen«, versicherte ihr Fritz.

Sie waren schon fast zur Tür hinaus, als Antje sich noch einmal umdrehte: »Hat er je versucht zu ihr zurückzukommen?«

Die alte Frau gab Antjes Händen einen Alte-Leute-Händedruck: »Ach Kindchen, das war damals gar nicht so einfach.«

Nun, da sie wussten, dass Wilhelmina und Benjamin tatsächlich existierten, waren nur noch mehr Fragen aufgekommen. Auf dem Heimweg suchte Antje die Karte heraus, wegen der sie diese letzte Frage gestellt hatte.

Oktober 1960, Wien, *verspätet*

Liebste Mina,

~~ich habe eine Weile~~

~~ich weiß nicht~~

~~es tut mir leid, dass diese Karte so spät~~

als ich mit Marie ausging, als ich Marie küsste, fühlte ich mich so lebendig wie lange nicht mehr. Irgendwie holte sie mich zurück in die unkomplizierte Realität, in der zwei Menschen einfach zusammen sind. Ich weiß nicht, wie es weiter geht, aber ich bin Dir wenigstens diese Wahrheit schuldig.

In Liebe, Benjamin

Als Fritz und Antje wieder zu Hause ankamen, ging Antje sofort nach oben ins Schlafzimmer. Sie zog davor nicht einmal die Schuhe aus, obwohl sie sonst so sehr darauf bedacht war, keinen Schmutz in die Wohnung zu bringen. Antje vergrub die Schatulle in der hintersten Ecke unter Fritz' dicksten Pullovern.

In den kommenden Wochen kramte sie die Schatulle immer nur heimlich hervor und schlich mit ihr ins Badezimmer. Dort zündete sie sich eine kleine Kerze an und legte sich, in einen dicken Schlafanzug und ihren Bademantel eingepackt, in die Badewanne. Sie ging die Karten wieder und wieder durch und fragte sich, ob Helene dasselbe getan hatte. Ob sie sich auch manchmal an ihren Wohlfühllort geschlichen und unbeobachtet die Postkarten gelesen hatte. Und dann war da noch dieser kleine Gedanke, der Antje nicht in Ruhe lassen wollte: Hatte Benjamin wirklich mit dieser Marie ein neues Leben aufgebaut? Oder hatte er irgendwann begriffen, dass er zu Wilhelmina zurück wollte und konnte es nun nicht mehr, weil die Mauer sie trennte? Vielleicht aber durfte Wilhelmina auch nicht mehr zu ihm nach Wien ziehen? So viele Enden zu einer Geschichte, die Helene all die Jahre in einer kleinen Schatulle aufbewahrt hatte.

Während sich Antje heimlich, mitten in der Nacht ins Bad stahl, lag Fritz wach. Sie hatte ihm nie erzählt, warum sie die Schatulle in den Schrank verbannt hatte. Anfangs dachte er, es sei wegen Helenes bevorstehender Beerdigung. Aber die Beerdigung kam und ging und Antje hatte niemandem von der Schatulle erzählt. Fritz wollte sie nicht bedrängen, denn er wusste, Antje würde sich dann nur noch mehr zurückziehen. Auf tragische Weise waren Antje und Helene sich darin sehr ähnlich. Hatte man Helene zu sehr bedrängt, drängte man sie in eine weniger klare Phase – oder vielleicht war sie auch dahinein geflohen. Manchmal dachte er, sie gleite in eine einfachere Wirklichkeit. Er schämte sich für diesen Gedanken. Und so sagte er auch nichts, als Antje sich immer wieder heimlich ins Badezimmer schlich und leise die Tür hinter sich schloss.

Das Thema kam erst wieder zwei Monate später auf, als Antje mit einem vergilbten Zeitungspapier von einem Besuch bei ihrem Vater zurück kam. »Du kannst dir nicht vorstellen, was passiert ist!«, rief sie etwas zu laut vor Aufregung.

Fritz sprang sofort auf und betrachtete das knittrige Zeitungspapier, das Antje aus ihrer Tasche gezerrt hatte. »Papa und ich haben ein paar alte Kisten mit Zeug, das Helene Mama vor einigen Jahren gegeben hatte, durchwühlt. Nach Mamas Tod hatte er es nicht über sich gebracht, die Kisten wegzuwerfen.«

Kurz war Antje von dem Gedanken an ihren Vater abgelenkt. »Nun, jedenfalls, einer der Teller war in dieses Stück

Zeitung eingewickelt. Es ist kaum noch leserlich, aber die Zeitung ist von November 1960!« Fritz überflog die Seite, bis ihm ein bekannter Name ins Auge fiel: *Wilhelmina Friesen*, es war eine Anzeige für ihre Ausstellung.

»Warte, ist das *die* Ausstellung?«, fragte Fritz, doch als er wieder aufblickte, rannte Antje schon die Treppen zum Schlafzimmer hoch. Fritz folgte ihr und fand einmal mehr die Schatulle achtlos in eine Ecke geworfen vor, während Antje bereits nach dieser einen bestimmten Postkarte suchte.

November 1960, Wien,
Kunsthistorisches Museum

Liebste Mina,
diese Woche haben Marie und ich das Kunsthistorische Museum besucht. Mir war, als würdest Du jedes Stück kommentieren. Und dann trafen wir einen Kunst-Studenten, der erst letzte Woche in Leipzig war. Er erzählte uns von dieser unglaublichen Portrait-Ausstellung. Ich wollte schon mit geschwollener Brust sagen, dass das sicherlich die Ausstellung meiner Frau war – aber Marie weiß noch nichts von dieser dritten Person, die unser einfaches Zusammensein verkompliziert, und Du bist auch nicht mehr meine Frau.
In Liebe, Benjamin

»Die alte Frau hatte recht. Wilhelmina hat weiterhin unter ihrem Mädchennamen ausgestellt. Vielleicht gibt es mehr Artikel? Vielleicht in irgendeinem Archiv. Hat die Leipziger VolksZeitung ein Archiv? Sie muss! Ich dachte, vielleicht kannst du Kristin fragen? Ich weiß, ich weiß, ich kann diese Frau nicht ausstehen, aber sie könnte uns helfen … solange sie die Finger von dir lässt! Und dann …« Antjes Kopf fühlte sich an, als würde er explodieren. Sie hatte sogar überlegt, ob sie Wilhelminas Namen in diese neue Internet-Suchmaschine eintippen sollten. Dann wiederum war sie sich nicht ganz sicher gewesen, wie die Suchmaschine funktionierte und ob sie überhaupt Personen finden konnte – Antje bezweifelte es.

Egal, von welcher Seite sie das Problem betrachtete, Kristin war ihre einfachste Lösung. Vielleicht erwähnte einer der Artikel Wilhelminas zweiten Ehemann oder ihren neuen Namen. Und dann hätten sie vielleicht die Möglichkeit, Wilhelmina über das Bürgeramt oder irgendein anderes Amt ausfindig zu machen.

Fritz war von Antjes plötzlicher Meinungsänderung überrascht. Erst hatte sie das Thema in die Verschwiegenheit verbannt und nun würde sie Fritz sogar Kristin ausliefern. Antje war nie besonders eifersüchtig gewesen, bis Kristin als Journalistin zu einer Abendveranstaltung in Fritz' Firma eingeladen war und sich dort an ihn herangemacht hatte. Die Journalistin war Antje sofort unsympathisch gewesen und die Antipathie wuchs über die Jahre. Aber Antje war bereit, darüber hinwegzusehen, um Helenes Wunsch zu erfüllen. »Warum die plötzliche Meinungsänderung?«, wollte Fritz wissen, zu neugierig, um nicht zu fragen.

Antje zuckte mit den Schultern: »Ich bin mir nicht ganz sicher. Es ist nur … Ich muss einfach wissen, warum Helene das gemacht hat.«

Fritz zog Antje in seine Arme und gab ihr einen Kuss auf die Stirn. Einerseits verstand er sie, andererseits war er sich nicht sicher, ob Wilhelmina wirklich die richtigen Antworten geben konnte. Sanft streichelte er Antjes Rücken, in der Hoffnung, nicht nur ihren Herzschlag, sondern auch ihre Gedanken etwas zu beruhigen. Als sie sich eine Woche später mit Kristin trafen, warnte diese, dass es ein paar Wochen dauern könne – zumal sie nicht genau wisse, wonach sie suchen solle.

»Vielleicht hat Helene Benjamins Einsamkeit verstanden?«, mutmaßte Fritz, als er und Antje an einem Sonntagabend im Februar auf der Couch lagen. Antje, die völlig in den neuen Rosamunde-Pilcher Film vertieft war, reagierte erst, als der Abspann lief. »Was meinst du?«

»Erinnerst du dich an Benjamins Weihnachtskarte?«, fragte Fritz, obwohl er genau wusste, dass Antje sie alle auswendig kannte. Er zitierte dennoch:

Dezember 1960, Wien

Liebste Mina,

während meiner Weihnachtseinkäufe für Karl, Marie und ihre Familie ist mir klar geworden, dass dies seit langem das erste Weihnachten ohne Deine Familie und ohne Dich an meiner Seite ist. Und erst jetzt, wo ich so weit weg bin, erkenne ich, wie nah wir uns doch waren.

Frohe Weihnachten.

In Liebe, Benjamin

»Er hat sich in Wien ein Leben ohne sie aufgebaut«, antwortete Antje mit einem Kopfschütteln. »Ja, natürlich! Aber, ich glaube trotzdem, dass er einfach einsam war – in seiner Beziehung mit Wilhelmina und erst recht ohne sie in Wien.«

»Aber er war doch immer unter Leuten, eine neue Freundin, dieser Karl. Bestimmt hatte er auch andere Freunde«, erwiderte Antje.

»Weißt du noch, wie wir uns kennengelernt haben?«, fragte Fritz, obwohl er die Antwort natürlich kannte. Sie hatten sich beim Auslandssemester in Budapest kennengelernt. Sie wurden durch Zufall zur gleichen Feier eingeladen. Als Fritz Antje das erste Mal sah, stand sie in einer Gruppe von Mädchen. Sie schien sich in die Gruppe einzubringen, doch er merkte sehr schnell, dass sie immer ein ganz klein wenig verzögert lachte. Fritz war Antje dagegen wegen seines verlorenen Gesichtsausdrucks aufgefallen. Sie hatte verstanden, wie er sich fühlte. Aber vielleicht waren es auch einfach nur seine breiten Schultern, die ihr aufgefallen waren, und der Gedanke, in ihnen zu verschwinden und sich ein kleines bisschen weniger fehl am Platz zu fühlen.

»Du denkst, Benjamin hat dasselbe erlebt?« Wieder nickte Fritz: »Ja, ich glaube schon. Klar, es gab keine große Sprachbarriere, aber ich glaube, dass die österreichische Mentalität anders war. Außerdem war ja auch die politische Situation der beiden Länder damals völlig unterschiedlich. Und, ich glaube, er hat Wilhelmina wirklich vermisst.«

»Naja, das verstehe ich schon, aber was hat das mit Helene zu tun? Sie hat ihr ganzes Leben in Leipzig verbracht, sie war verheiratet, hatte Kinder …«

»Aber hat dein Großvater nicht an den Folgen des Krieges gelitten? Ihr ältester Sohn war an der …«, Fritz hielt für eine Sekunde inne und versuchte sich an dieses Detail zu erinnern: »… an der *Siegfried-Linie* gefallen. Und dein anderer Onkel war doch um 1960 bereits nach Kanada ausgewandert.«

Antje dachte in Fritz' Armen darüber nach. Sie hatte immer angenommen, dass Helenes Einsamkeit die einer alten, verwirrten Frau war, die den Kontakt zu ihrer Familie verloren hatte. Nie war es ihr in den Sinn gekommen, dass Helene Einsamkeit schon so viel länger gekannt haben könnte.

»Aber, wenn es wirklich so gewesen wäre, hätte sie sich dann nicht viel eher Wilhelmina verbunden gefühlt?«

Fritz wiegte nachdenklich seinen Kopf: »Es ist nicht so, als hätte ich nicht darüber nachgedacht … es ist nur, … manchmal ist Wilhelmina einfach nicht so greifbar, weißt du, was ich meine?«

»Ja, aber schau dir diese Karte an«, sagte Antje, als sie nach der Schatulle unter dem Sofa griff.

Fritz musste lachen: »Wann ist die Schatulle denn dahin gewandert?«

Antje sah ihn mit ihren großen, runden, grünen Augen an und zuckte mit den Schultern, ein verschmitztes Lächeln auf den Lippen: »Ich habe mich vor dem Rosamunde-Film einfach danach gefühlt.«

Fritz musste wieder lachen und küsste Antje sanft auf die Stirn.

Januar 1961, Paris,
Musée de l'Orangerie

Liebste Mina,

Marie und ich verbringen ein paar Tage in Paris. Während Marie ausschläft, wandere ich durch die kleinen Buchläden, kaufe Bücher, von denen ich nicht weiß, wie ich sie dann nach Hause transportieren soll. Eigentlich wollte ich Dir nicht einmal schreiben – aber ich muss Dich wissen lassen, dass ich Dich in jeder Ecke von Paris sehe, höre und spüre. Wenn ich einen Buchladen betrete, erwarte ich fast, Dich zwischen Buchreihen sitzend und zeichnend zu finden. Als ich gestern durch das Museum ging, hörte ich zwischen den Bildern Dein ›Ich liebe Dich‹, Deine Stimme fast übertönt von den Bauarbeiten. Und auch wenn ich es nicht sollte, fühle ich mich Dir in dieser Stadt, die Dich nicht kennt, so nah.

In Liebe, Benjamin

»Obwohl Wilhelmina nur eine Erinnerung ist, fühlt sie sich hier so real … so nahbar an«, flüsterte Antje. »Aber wir wissen so viel mehr über Benjamin. Er war damals Mitte zwanzig, Wirtschaftswissenschaftsstudent in Wien und er hat Museen besucht, um sich Wilhelmina näher zu fühlen.«

»Aber die Bücher, wäre das etwas gewesen, das für ihn typisch gewesen wäre? Hat er gern gelesen? Was waren seine

Hobbies? Warum hat er Wilhelmina nie los gelassen, wenn er sie doch verlassen hat? Was waren seine Beweggründe?« »Kennen wir überhaupt irgendwen so richtig?«, sprach Fritz laut aus, was Antje sich nicht zu fragen traute. Langsam dämmerte es ihm, dass es nicht mehr nur um Wilhelmina und Benjamin ging, sondern auch um Helene. Antje hatte zwar ihr ganzes Leben von ihrer Großmutter gewusst, aber so richtig kennengelernt und nahe gekommen waren die beiden sich erst, als das Vergessen bereits eingesetzt hatte. Antjes Mutter hatte oft kleine Nebenbemerkungen darüber gemacht, wie sehr Antje nach Helene komme.

Fritz neigte seinen Kopf zu Antje und küsste sie sanft. Manchmal fragte er sich, ob Antje nicht nur Helene, sondern auch sich selbst hatte kennenlernen wollen. Er hielt sie fest in seinen Armen, als er ihr zuflüsterte: »Du wirst immer wissen, wer du bist.«

Antje und Fritz trafen sich an einem Samstagabend mit Kristin im Ratskeller.

»Hast du etwas gefunden?«, fragte Antje, nachdem sie Höflichkeiten ausgetauscht und Essen bestellt hatten. Doch Kristin war völlig auf Fritz konzentriert, sie berührte gelegentlich ihre Haare, hob ihre Augenbrauen hier und da und war versucht ihre Hand nach Fritz auszustrecken.

»Ganz ehrlich, wir sind dankbar, dass du uns hilfst. Hast du etwas herausgefunden?«, wiederholte Fritz, während er nach Antjes Hand griff. Kristin nickte, tupfte sich den Mund ab und legte die gefaltete Serviette in den Schoß. »Ich habe bisher noch nichts Spezifisches zu Wilhelmina Friesen oder Benjamin Rathauser gefunden. Aber ...«, sie holte eine Kopie eines Zeitungsartikels aus ihrer Handtasche: »... ich habe einen Artikel gefunden, der vielleicht etwas mit den beiden zu tun haben könnte. Schau mal ...«, sie zeigte Fritz die Kopie: »... August und Maximilian Friesen sind bei einem Autounfall gestorben. Es steht hier, dass die Beerdigung in ihrem Heimatdorf Mutzschen stattgefunden hat«, beendete Kristin ihren Bericht. Dann nahm sie die Gabel und das Messer wieder auf.

Nach einer langen Nacht mit Diskussionen fuhren Fritz und Antje am nächsten Morgen zur Sonntagsmesse nach Mutzschen.

Immer wieder hatten sie durchgesprochen, ob sie mit ihrem Auftauchen alte Wunden aufreißen könnten – nicht nur hinsichtlich der Trennung, sondern auch mit Blick auf den Unfall. Der Zeitungsartikel sprach davon, dass zwei weitere Personen auf der Rückbank des Unfallwagens saßen. Antje und Fritz vermuteten, dass es vielleicht Benjamin und Wilhelmina gewesen sein könnten.

Antje sah ihren Mann an, prägte sich seine markanten Gesichtszüge und die ruhigen Augen, die sie die Nacht davor beschwichtigt hatten, ein. Sie hat sich schon lange gefragt, wie sie sich fühlen würde, bekäme sie solche Postkarten von Fritz.

Februar 1961, Wien, Globenmuseum

Liebste Mina,

ich sitze mitten in einem Raum im Globenmuseum und sehe mir die Globen und Weltkarten an. Ich war hier schon einmal, ganz zu Anfang. Damals habe ich mich gefragt, wo wohl mein Platz in dieser Welt wäre. Aber dieses Mal frage ich mich, wo Du bist. Mir ist, als hätte ich die Erinnerung an Dein Gesicht, an Dein Lächeln, in Paris zurückgelassen, als wäre die Erinnerung an Deine Stimme alles, was mir noch geblieben ist. Fühlt sich das Loslassen für Dich genauso an?

In Liebe, Benjamin

Antje und Fritz betraten die Kirche Arm in Arm, sie setzten sich in eine der hinteren Reihen und erwarteten fast jeden Augenblick, Wilhelmina oder Benjamin, die mittlerweile Ende fünfzig, Anfang sechzig gewesen sein müssten, zu erkennen. Als sie nach der Messe an den Pastor herantraten, erklärte Fritz ihm die Situation.

»Sie wollen also Wilhelmina treffen und ihr diese Postkarten zurückgeben?«, fasste der Pastor zusammen, während er den Kopf schüttelte. »Wissen Sie, Wilhelmina hat in ihrem Leben so einiges durchgemacht. Ich würde gern mit ihr über all' das sprechen«, er hielt kurz inne: »Ich möchte wissen, ob sie sich mit dem Erinnern wohlfühlt.«

»Hör auf, das Telefon anzustarren, davon wird es auch nicht schneller klingeln! Der Pastor hat versprochen, bei uns anzurufen, sobald er mit Wilhelmina gesprochen hat!«, rief Fritz von der Küche her.

Er bereitete gerade die Klöße für das Abendessen mit Antjes Cousin vor. Antje verdrehte die Augen, aber Fritz hatte recht, der Anruf würde nicht eher kommen … ganz im Gegensatz zu ihrem Cousin, der immer mindestens zehn Minuten zu früh kam. Sie ging wieder dazu über, den Tisch zu decken. Ihr ältester Cousin, der älteste Sohn ihres gefallenen Onkels, besichtigte heute mit seiner Frau und seiner jüngsten Tochter Leipzig, da diese zum Wintersemester 1998/99 an der Universität studieren würde. Antje selbst war eine Nachzüglerin ihrer Eltern gewesen und war altersmäßig den Kindern ihres Cousins und ihrer Cousine näher. Aber Verwandtschaft verpflichtete und so hatte sie die drei aus Höflichkeit eingeladen.

Als Fritz den Nachtisch servierte, waren ihnen bereits die Gesprächsthemen ausgegangen und Antje freute sich über das Klingeln des Telefons. Sie ließ das Telefon zweimal klingeln, bevor sie es vom Hörer nahm, und war überrascht, als sich der Pastor am anderen Ende der Leitung meldete. »Antje, Wilhelmina weiß, dass das etwas kurzfristig und plötzlich kommt, aber wäre es Ihnen möglich, sich am Sonntag um sechzehn Uhr im Riquet-Café zu treffen?«

Antje nickte, bis sie sich wieder bewusst wurde, dass der Pastor sie ja nicht sehen konnte. Sie bestätigte die Einladung und hoffte, dass Fritz für diesen Sonntag nichts geplant hatte.

Als sie sich wieder an den Tisch setzte, war sie so aufgeregt, dass es beinahe aus ihr herausplatzte. Sie erzählte Fritz von dem Treffen, in der Hoffnung, dass sich ihr Cousin einfach nicht dafür interessieren würde. Aber der hakte nach und Fritz erzählte ihm kurz und knapp von der Schatulle und den Postkarten.

»Kann ich die Postkarten sehen?«, fragte er schließlich und sein Tonfall glich nicht ganz seiner sonst so betonten Höflichkeit.

Fritz nickte Antje ermutigend zu. Nach ihrem Besuch beim Pastor hatte Antje die Schatulle in der Kommode im Flur – in der Schublade direkt unter dem Telefon – verstaut. Sobald Antje die Schatulle an den Tisch gebracht hatte, steckten ihr Cousin und seine neugierige Frau ihre Nasen hinein.

»Und du willst die dieser Wilhelmina Rathauser einfach vorbeibringen?«, fragte ihr Cousin ungläubig.

»Nun ja, Helene hatte mich darum gebeten«, antwortete Antje und Fritz konnte die Unsicherheit aus ihrer Stimme heraushören.

Antjes Cousin schüttelte seinen Kopf und stellte die Schatulle unsanft zurück auf den Tisch: »Habt ihr zwei eigentlich mal für einen kurzen Moment überlegt, wie Helene an diese Postkarten gekommen ist?«

Antje sah zu Fritz, der unterm Tisch nach ihrer Hand griff. Er hatte schon oft mitbekommen, wie ihr Cousin Antje klein machte – wahrscheinlich wegen des großen Alters-unterschieds.

»Na, wir dachten, dass sie bei der Post über ihren Schreib-tisch oder so gewandert seien und Helene sie heimlich ab-geschrieben habe«, antwortete Fritz.

»Pah, über ihren Tisch gewandert«, äffte der Cousin Fritz nach. »Habt ihr überhaupt eine Ahnung, was Helene bei der Post gearbeitet hat? Wusstet ihr, dass Helene für die *Stasi* gearbeitet hat?«, mittlerweile war die Stimme des Cousins völlig unterkühlt.

Antje wurde bleich und Fritz drückte Antjes Hand – er konnte nicht mehr sagen, wen von ihnen beiden er damit beruhigen wollte. Als Antje ihre Großmutter endlich richtig kennenlernte, war Helene zu alt gewesen, um ihre eigenen Geschichten zu erzählen.

»Ja, das habe ich mir schon gedacht. Ihr habt keine Ah-nung von nichts und geht einfach auf die Suche nach dieser Frau. Und wenn ihr sie dann findet, was sagt ihr ihr? 'Hallo, meine Großmutter war eine von denen, die die *Westpost* kontrolliert hat. Und wie es aussieht, hat sie Ihre Postkar-ten nicht nur gelesen, sondern auch abgeschrieben und mit nach Hause genommen?«, äffte er Antje nach.

»Was, was meinst du?«, fragte Antje verunsichert und gleichzeitig genervt von der selbstgefälligen Art ihres Cou-sins.

»Niemand hat dir je erzählt, dass Helene für die *Stasi* ge-arbeitet hat?«, er machte eine kurze dramatische Pause: »Am Anfang hat sie nur die Post sortiert. Später wurde sie zur Stelle 12 befördert und hat die Briefe durchgesehen, kopiert und archiviert, und hat natürlich Westgeld eingesammelt.«

Antje schüttelte ungläubig ihren Kopf. Ihre Großmutter hätte so etwas nie getan. Natürlich wusste Antje vom Mi-nisterium für Staatsicherheit; und bei dem einen oder anderen, den sie kannte, war es ein offenes Geheimnis, dass er oder sie für die *Stasi* spitzelte. Und Antje hatte in den letzten Jahren den sofortigen Beginn der *Aufarbeitung* der *Stasi-Akten* in den Nachrichten verfolgt. Aber ihre eigene Großmutter? »Warum sonst wurde sie so aus dem Familienleben verbannt?«, fügte ihr Cousin hinzu. »Warum sonst sind unsere Mütter umgezogen? Sie konnten es nicht ausstehen, dass Helene für dieses System spitzelte! Aber du, du musstest ja wieder zu Helene zurück, sobald alles vorbei war ... vergeben und vergessen!«, Verärgerung mischte sich in die Stimme des Cousins.

Er warf seine Serviette auf den halbleeren Teller. Er scheuchte seine Frau und seine Tochter von den Stühlen und sie verließen ohne ein *Auf Wiedersehen* die Wohnung. Antje und Fritz saßen wie vor den Kopf gestoßen in ihren Stühlen, hielten sich an den Händen und versuchten das gerade Geschehene zu begreifen. Nach einigen Minuten griff Antje nach der Schatulle und flüsterte immer wieder: »Das wusste ich nicht.« Blind griff Antje in die Schatulle und nahm die letzte Karte, die ihr Cousin sich angesehen hatte, heraus.

März 1961, Wien, Technisches Museum

Liebste Mina,

in der Abteilung für Musikinstrumente habe ich so viele Klänge und doch keinen einzigen Ton gehört. Oder vielleicht habe ich auch nur nicht gehört, wonach ich mich sehne. Nichts ähnelte dem Klang Deiner Stimme. Dabei frage ich mich, ob meine Erinnerung an Deine Stimme noch akkurat ist. Oder ob vielleicht der Klang Deiner Stimme mittlerweile mehr der Stille, in die Du Dich hüllst, gleicht.

In Liebe, Benjamin

»Was, wenn auch meine Erinnerung von Helene nicht mehr akkurat ist? Was, wenn ich Helene nie wirklich gekannt habe?«, fragte Antje. Langsam wurde ihr bewusst, wie wenig sie eigentlich über Helene zu wissen schien. Fritz war sich nicht ganz sicher gewesen, was er Antje hätte sagen sollen. Zaghaft versuchte er Antjes Erinnerung an Helene zu schützen: »Vielleicht ist es nicht wichtig, was sie getan hat, sondern wie du dich an sie erinnerst. Wie sie am Ende war, als du sie richtig kennengelernt hast.«

Antje sah ihn mit Tränen in den Augen an: »Aber was, wenn die Frau, die ich kennengelernt habe, nicht wirklich meine Großmutter, sondern eben nur noch eine verwirrte Frau war?« Darauf hatte Fritz keine Antwort.

»Und, warum hatte meine Mutter mir das nie erzählt? Sie hat so oft von Helene geredet, oder davon, wie ähnlich ich ihr bin, aber das? Das hat sie mir nicht erzählt.«

Auch darauf hatte Fritz keine Antwort.

»Willst du Wilhelmina denn trotzdem noch treffen?«, fragte Fritz stattdessen nach einer Weile, obwohl er wusste, dass Antje noch nicht bereit war, ihre Gedanken von Helene und ihrem Geheimnis abzuwenden.

Mina – eine Frau mit einem außergewöhnlichen Namen – wartete am 17. Mai 1998 im Riquet-Café auf ein junges Ehepaar, das behauptete, etwas zu haben, das ihr gehörte. Mina war einige Minuten zu früh. Ihre Hände zitterten, als sie ihren Tee rührte: *English Breakfast* mit ein paar Löffeln Zucker. Ihre Augen wanderten zwischen der Tür und den anderen Gästen hin und her, bis Mina schließlich beschloss, aus dem Fenster zu sehen. Sie konnte von ihrem Platz aus die Straßenkreuzung überblicken. Sie beobachtete die Passanten und war dabei auf der Suche nach dieser einen Person, die sie faszinieren würde – dieser einen Person, die Mina zuhause auf die Leinwand bringen würde. Sie wartete voller

Vorfreude, und endlich entdeckte sie ein junges Paar, das mit gezielten Schritten an ihr vorbeilief. Die Frau war relativ groß, aber durch die Art, wie sie in die Seite des Mannes gedrückt war, wirkte sie trotzdem klein. Seine breiten Schultern schirmten sie ab, seine augenscheinlich muskulösen Arme hielten sie fest, aber verlangsamten ihre Schritte nicht. Als ob sie ihr einen Gefallen tun wollten, trat das Paar unter der Türklingel hindurch in das Café und Mina konnte beobachten, auf welche Art ihre Haare und ihre Kieferknochen ihre Gesichter einrahmten. Sie sprachen mit dem Ober und Mina versuchte sich ihre Gesten und die Art, wie sich ihre Gesichtsmuskeln beim Sprechen bewegten, einzuprägen. Sie war so in ihre Beobachtungen vertieft, dass sie überrascht war, als der Ober auf sie wies.

Das junge Paar kam auf Mina zu, der Gang der Frau hatte an Entschlossenheit verloren, und die Umarmung des Mannes schob sie nun an. Mina hob eine Augenbraue, als sie den kleinen Widerstand der Frau wahrnahm, trotzdem stand sie auf, um sich vorzustellen.

»Schön, Sie kennenzulernen. Ich bin Fritz, und das ist meine Frau, Antje«, stellte der junge Mann die beiden vor. Kaum hatten sie gegenüber von Mina Platz genommen, kam auch schon der Ober und nahm ihre Bestellungen auf. Nachdem sie eine paar Augenblicke lang an der Tischdecke herumgezupft hatte, holte Antje letztlich die Schatulle aus ihrer Handtasche und stellte sie vor sich auf den Tisch. Das Öffnen der Schatulle brach alle Dämme.

»Es tut mir so leid. Hätte ich gewusst, wie meine Großmutter an die Briefe gekommen war, ich hätte nie nach Ihnen gesucht. Wir hoffen einfach, dass Sie uns vergeben werden …«

»Liebes, holen Sie einmal tief Luft«, unterbrach Mina Antje. Mina griff über den Tisch und schloss die Schatulle wieder und endlich sah Antje ihr in die grauen Augen. Antje erinnerte sich an die ehemalige Nachbarin und deren Beschreibung von Minas Augen, *zwei graue Seen, die einen mit Herzlichkeit überfluteten.*

Antje holte tief Luft und fing, in der Hoffnung, dass Mina sie nicht verurteilen würde, von vorne an.

»Meine Großmutter Helene starb vor einigen Monaten und bat mich, dies zu Ihnen zurückzubringen«, begann Antje und Mina griff erneut mit ihrer Hand nach Antjes, um ihr Mitgefühl auszudrücken.

»Wie es aussieht, arbeitete meine Großmutter bei der Post. Genauer gesagt, sie kontrollierte *Westpost* für die *Stasi*. In den frühen Sechzigern muss sie die Post für den Stadtbezirk, in dem Sie lebten, geprüft haben. Sie fertigte Abschriften der Postkarten, die Benjamin Ihnen aus Wien geschickt hatte, an und bewahrte sie in dieser Schatulle auf. Als wir mit unserer Suche nach Ihnen angefangen haben, da wussten wir das nicht, also, das mit der *Stasi*.«

Wilhelmina hörte aufmerksam zu. Sie sah die Traurigkeit und die Scham in Antjes Augen – Scham für etwas, das sie nicht zu verantworten hatte. Es hat sich in den letzten Jahren vieles verändert, dachte sie sich. Sie dachte an all die Wahrheiten, die offengelegt wurden; und sie dachte auch an die, die nur hinter vorgehaltener Hand ausgesprochen wurden.

»Wir wussten das damals doch schon, oder wir vermuteten es wenigstens. Daran lässt sich nichts mehr ändern«, versuchte sie Antje zu besänftigen, obwohl sie wusste, dass das Aufarbeiten der jüngsten Geschichte in all' ihren Widersprüchen nicht so einfach sein würde.

»Ich habe mich sehr gefreut, dass Sie mich gefunden haben. Denn, obwohl es noch immer schmerzt, tut es gut, sich an Benjamins Postkarten zu erinnern«, gab Wilhelmina lächelnd zu.

Sie bat Fritz und Antje, die Karten gemeinsam zu lesen, hatte sie doch manche von Benjamins Worten schon vergessen.

Fritz nahm die Schatulle und öffnete sie. Er las eine Postkarte nach der anderen vor, während sich die Frauen mit ihren Händen aneinander zu klammern schienen. Als er die letzte Karte vom Stapel nahm, liefen Tränen leise an Wilhelminas Wangen herunter und Fritz konnte das feuchte Schimmern in Antjes Augen sehen.

April 1961, Wien

Liebste Mina,
hätte ich nur eher gewusst, dass ich Dich erst loslassen musste, um Dich wirklich lieben zu können.

In Liebe, Benjamin

Fritz legte die Karten sanft zurück in die Schatulle und schloss sie wieder. Eine angenehme Stille legte sich über ihren Tisch, während das Café und die Stadt um sie herum weiter kreisten. Wilhelminas und Benjamins Geschichte hatte lange vor den Postkarten angefangen, und endete nur wenige Jahre nach ihnen. Ihre Geschichte brach Antje und Fritz das Herz und gleichzeitig wärmte sie Wilhelminas liebevolle Art, über Benjamin zu sprechen. Es hatte lange gedauert, bis Wilhelmina und Benjamin lernten, nicht nur eine Version voneinander zu lieben.

»Genauso wie Sie mit Helene habe auch ich immer neue Seiten von Benjamin kennengelernt, und er immer mehr von mir«, fügte Wilhelmina mit sanfter Stimme hinzu. Sie redeten noch eine ganze Weile über Benjamin, über Helene und all' die Dinge, die zwischen ihnen nicht unausgesprochen bleiben konnten. Mit der Zeit konnte Fritz den jüngst erlittenen Blessuren seiner Frau beim Heilen zusehen – er konnte dabei zusehen, wie sie diesen Teil von Helene akzeptieren lernen konnte.

Als Wilhelmina Seidel zusah, wie Antje und Fritz das Café verließen, legte sie eine Hand auf die Schatulle und erinnerte sich an eine Postkarte, die nicht in Helenes Sammlung zu finden war. Sie fragte sich, ob Helene Müller diese Postkarte je gelesen hatte, oder ob diese sich ihrer Beobachtung entzogen hatte. Es war die erste Postkarte, die Benjamin Mina nach dem Autounfall geschrieben hatte – das erste Mal, dass er sie wissen ließ, wie sehr er die alte Mina vermisste.

Juni 1959, Rom, Kapitolinische Museen
Liebste Mina,
wenn ich Dich vermisse, dann besuche ich ein Museum, so wie wir zwei es so oft getan haben – obwohl ich im Gegensatz zu Dir nicht der Exponate wegen, sondern der anderen Besucher wegen gehe. Als ich heute in dieses Museum, das Dich begeistert hätte, ging, da merkte ich, dass ich nach jemandem mit Deinem Gang, mit Deinem Aussehen, mit Deinem Geruch oder nur dem Klang Deiner Stimme Ausschau hielt.

In Liebe, Benjamin

Konstantin Welker

Eine salzige Mauer

»Heute stelle ich sie zur Rede«, sagte ich zu Karla. Wir schlenderten die Küstenstraße vom Strand zurück. Die Sonne war hinter den Bergen auf der anderen Seite der Bucht versunken. Nach dem langen Tag am Schreibtisch ein letztes Mal durch die weichen Wellen gleiten, Salz auf der Zunge. Das Wasser trug mich. Für einen Moment die Illusion, ich sei für einen Sommerurlaub auf der Insel. Nebenan waren zwei syrische Familien damit beschäftigt, ihre Camping-Zelte auf dem harten Kiesstrand aufzubauen.

»Tust du eh nicht. Du sagst es seit einem Monat«, entgegnete Karla skeptisch. Morgen würde ich den Rückflug ins kalte Berlin antreten. Ein Sehnsuchtsort für alle, die hier ankamen. Heute war meine letzte Chance. Seit ich ihr großes dunkles Boot im alten Hafen am ersten Tag entdeckt hatte, rätselte ich.

»Was macht die deutsche Bundespolizei auf einer griechischen Insel?«, hatte ich Karla, die schon einen Monat länger hier war, damals gefragt.

»Was machen die Flüchtlinge hier? Was machen wir hier?« Sie klang genervt und wandte sich wieder ihrer Strandlektüre zu.

»Wir machen das, was die europäischen Behörden machen sollten, oder die griechischen oder von mir aus auch die deutschen, das machen wir hier.« Ihre Abgeklärtheit ärgerte mich.

»Sie werden sich sowieso nicht auf eine Diskussion mit dir einlassen«, nahm Karla den Gesprächsfaden wieder auf.

Der Gleichschritt unserer nassen Flip-Flops auf dem Asphalt klang, als hätten wir Saugnäpfe unter den Füßen. Karla wrang ihr strohblondes Haar mit beiden Händen aus, so dass dicke Tropfen auf dem sonnengewärmten Asphalt zerplatzten.

Die Mannschaft auf dem Boot wirkte in der Tat reserviert. In der ersten Woche war ich ihnen zufällig in einer Kantina begegnet, als wir unser Mittagessen holten.

»Kalimera«, hatte unser Team von Freiwilligen gerufen, als wir das kleine Ladenlokal betraten. Damit war unser Griechisch erschöpft. Der Reihe nach zeigten wir mit dem Finger auf die unterschiedlichen Gerichte in der Auslage, fragten »*What is this?*« und »*Is this vegetarian?*«

Gerade als ich die Wirtin bat, das Kichererbsen-Zucchini-Gemüse in meine mitgebrachte Tupperdose zu füllen, traten drei Männer über die Türschwelle. Der kurze Weg in der Mittagshitze vom alten Hafen hierher hatte sie in ihren Uniformen aus festem, dunkelblauem Stoff ins Schwitzen gebracht. Sie wischten sich den Schweiß von der Stirn, wie nebenbei ließ einer von ihnen dabei den Blick über unsere Gruppe schweifen. »θα θέλω, αυτό παρακαλώ«, sagten sie lächelnd zur Wirtin, was, wie ich später lernen sollte »ich möchte das hier, bitte« hieß. Sie deuteten auf die unterschiedlichen Fleischgerichte. Hack gefüllt in eine Paprika, zwei *Currywürste an Pommes* und Hühnerschenkel in Gemüsesauce.

»Damit sie groß und stark bleiben für ihren Einsatz«, flüsterte ich Karla zu.

»Diese Crew kenn' ich noch nicht«, erwiderte sie ernst hinter vorgehaltener Hand, »die müssen neu auf der Insel sein.«

»Immerhin bestellen sie schon in fließendem Griechisch. Ihr seid inzwischen einen Monat hier und könnt nicht mehr sagen als ›Hallo‹ und ›Danke‹?«, sagte ich etwas zu laut.

Die Uniformierten verließen die Kantina mit ihrem in Aluschalen verpackten Mittagessen und marschierten bewaffnet mit je einer Dose Cola zurück zum Schiff, ich blickte ihnen nach.

Meine vorwurfsvolle Nachfrage beantwortete Karla mit einem festen Knuff auf meine Schulter.

Heute Abend war sie entspannter. Kein Boxen, kein zynisches Grinsen.

Ich ließ die vergangenen Wochen auf der Insel Revue passieren.

»Kommt es dir nicht seltsam vor, dass wir den weiten Weg aus Deutschland an die europäische Außengrenze machen, und dann hier im beschaulichen Vathy deutsche Polizisten treffen?«

»Wenn deutsche Touris hier sind und deutsche Freiwillige, wenn alle Geflüchteten, die wir täglich beraten, am liebsten nach Deutschland wollen, ist es dann nicht logisch, dass auch die Bundespolizei hier ist?« erwiderte sie.

»Sie sind ja nicht im Urlaub hier. Die Behörde hieß vor ein paar Jahren Bundesgrenzschutz. Das sind die gleichen Beamten wie damals.«

»Aber jetzt haben sie ein anderes Mandat, sie schützen nicht mehr die deutsche Grenze.«

»Doch, das tun sie«, entgegnete ich. »Nur, dass die Grenze jetzt hier im östlichen Mittelmeer zwischen Griechenland und der Türkei verläuft.«

Sie schaute mich an und nickte in Gedanken versunken. In ihren Augen spiegelte sich der Scheinwerfer eines heranknatternden Motorrollers.

»Selbst wenn sie auf dem Boot sind, heißt es nicht, dass sie an Deck stehen und du sie einfach anquatschen kannst«, entgegnete sie nach einer Weile.

Jetzt nickte ich.

Vor zwei Wochen hatte ich einen ganzen Abend in einer Spelunke im Hafen gesessen. Auf der gegenüberliegenden Straßenseite, direkt in meinem Blickfeld lag ihr Boot. Ich holte mein Notizbuch heraus und versuchte die losen Gedanken des Arbeitstages zu ordnen. Hier wollte ich warten, bis einer der Beamten an Deck zu sehen war. Ich würde hinübergehen und ihn konfrontieren. Ich wusste inzwischen, dass sie im Hotel Samos beherbergt waren. Das beste Haus am Platz, direkt gegenüber vom alten Hafen. Hinter mehreren der Bullaugen war Licht zu sehen. Sie mussten an Bord sein. Die schwarz-rot-gelbe Fahne am Heck des Bootes war trotz der Dunkelheit weithin sichtbar. Grundgesetz Art. 22, Abs. 2: »Die Bundesflagge ist schwarz-rot-gold.« Der Artikel hätte genauso gut der Verfassung des Königreichs Belgien entstammen können, sagte er doch nichts über die Anordnung der Farben. Manchmal war Recht seltsam. Manchmal war es schreiend ungerecht. Und manchmal blieb der brutalste Rechtsbruch ohne Folgen.

Er war der Zweite in der Schlange der Ratsuchenden an diesem Morgen. Hohe Stirn, müde Augen, Handwerkerhände. Er legte das abgegriffene, zweifach gefaltete Papier, das hier alle mit dem deutschen Wort *Ausweis* bezeichneten, vor mich hin. Darin die wichtigsten biografischen Angaben. Name: O. Vorname: D. Herkunftsland: Ghana. Er saß mir gegenüber in unserem engen Büro, auf der anderen Seite des Schreibtisches und erzählte von seinem ersten Versuch, die Insel von der türkischen Küste aus zu erreichen. Obwohl seine Erlebnisse bereits ein halbes Jahr zurücklagen, zitterte er beim Sprechen.

»Der Wind peitschte uns die Wellen ins Gesicht, zwischen den schwarzen Wolken blitzte der Mond. Wir waren fünfzig Menschen auf dem Schlauchboot. Im Morgengrauen sahen wir die Insel ganz nah. Da kam von dort ein schwarzes *Speed*-Boot auf uns zu.«

»Was für ein Boot?« fragte ich.

»Ein kleines Boot, schnell und wendig, es hielt direkt auf uns zu. Es schnitt unsere Route. Mustafa, der am Steuer saß, musste aufstoppen. Auf dem Boot waren drei Männer. Drei gegen Fünfzig.«

»Was für Männer?«

»Keine Ahnung, woher soll ich das wissen.« Sagte er laut. »Sie trugen Uniformen in dunkler Farbe und sie waren maskiert. Sie sahen aus wie Polizisten der *Special Forces*.«

»Haben die Männer Kontakt mit Ihnen aufgenommen?«

»Kontakt aufgenommen? Sie haben uns angeschrien.« Seine Stimme überschlug sich.

»Was haben sie gesagt?«

»Ich habe es nicht verstanden. Eine fremde Sprache. Nicht Englisch, nicht Französisch. Sie waren laut, einer spuckte beim Sprechen, wütende Gesten. Einer von ihnen … einer beugte sich über die Reling und – und schnitt mit einem langen Stock, an dessen Ende ein Messer befestigt war, die Benzinleitung an unserem Schlauchboot durch und zerstach den Benzinkanister.« Über den Schreibtisch hinweg, schaute er mir in die Augen.

»Wir konnten nichts machen. Es waren Kinder an Bord und Schwangere, wir schrien um Hilfe. Keiner von uns konnte schwimmen. Die Wellen schwappten ins Boot und wir konnten nicht mehr fahren und nicht steuern. Das *Speed*-Boot drängte uns aufs offene Meer, weg von der griechischen Küste. Nach einer halben Stunde kam die türkische Küstenwache. Sie haben uns an Bord geholt, zurück in die Türkei gebracht und für zwei Tage eingesperrt.«

In den letzten Wochen hatte ich viele Berichte gehört von vergeblichen Versuchen, die Insel zu erreichen – aber dieser war anders. Maskierte Polizeieinheiten, die Flüchtende angreifen? Müssten Beamte nicht in irgendeiner Weise gekennzeichnet sein?, fragte ich mich.

»Es tut mir leid«, versuchte ich mein Entsetzen zum Ausdruck zu bringen. »Nochmal einen Schritt zurück, bitte: Gab es an dem Boot, dem *Speed*-Boot, irgendwelche Flaggen? Waren die Uniformen gekennzeichnet, mit Namen oder Wappen?«

»Nein. Nichts. Keine Flaggen, keine Namen«, sagte er langsam.

Der junge Mann starrte ins Leere. Er war genauso alt wie ich. Wut stieg in meinem Magen auf. Mein Kopf hielt dagegen, flüchtete sich ins Zweifeln. Konnte es wirklich sein, dass vor den feinen Sandstränden dieses Urlaubsparadieses nachts völkerrechtswidrige *pushbacks* stattfanden?

In der Mittagspause stürzte ich mich in Recherchen, stieß auf Augenzeugenberichte, die Ähnliches ausgesagten, entdeckte sogar ein körniges Handyvideo. Zweiunddreißig Grad zeigte das Thermometer am Bürofenster, beim Anschauen des Videos schauderte es mich. Deutlich war zu erkennen, was der junge Mann eben beschrieben hatte. Die Todesangst hatte ihm in den Augen gestanden. Sein entsetzter Blick, das Zittern seiner groben Hände brannten sich in meinen Kopf.

Am Abend war meine Wut nicht verflogen, sondern hatte sich angestaut. Ich schrieb den Bericht auf, trank ein *Mamos*-Bier und schielte mit einem Auge unaufhörlich auf das Boot, das mir gegenüber sacht im Wasser schwappte. Wenn die deutschen Polizisten auftauchten, würde ich sie mit dem konfrontieren, was ich heute Morgen gehört hatte. Jeden Tag gab es Berichte von Polizeigewalt auf der Insel, ich sah die Geflüchteten, die zwischen Ratten, Exkrementen und Müll im Lager zusammengepfercht waren. Tagein tagaus konnte ich nichts tun, als Klienten über ihre Rechte in den Verfahren aufzuklären.

»Wie kann Europa so eine Lage dulden?«, fragten mich die Geflüchteten jeden Tag. Diese Frage konnte ich nicht länger unbeantwortet lassen, ich wollte sie nicht länger mit traurigem, mitfühlendem Blick aufnehmen und mich dabei schuldig fühlen. Ich wollte diese Frage weitergeben. Wollte sie an jemanden richten, der diese Situation nicht nur duldete, sondern schuld an ihr war.

Die letzten Bläschen des feinen Bierschaums zerplatzten unter meinem Blick. Ich war allein im Raum, an der Theke aß der Wirt seinen Salat. Keiner der Polizisten war an Deck getreten. Der Kellner räumte die drei leeren Flaschen von meinem Tisch und ich schlich zurück zu unserer schlafenden Herberge.

Inzwischen waren Karla und ich auf das letzte Stück der Straße eingebogen. Linker Hand lag herrschaftlich das Hotel *Samos*, rechts der alte Hafen, bestehend aus einer einzigen Kaimauer, die sich an die Küstenstraße schmiegte. Gegen den fast schwarzen Himmel zeichneten sich deutlich die schneeweißen Charteryachten ab. Inmitten der eleganten Segler lag das größere, dunklere Boot, ganz ohne Segel und Mast. Die abendliche Stille war erfüllt vom peitschenden Geräusch der Segelschoten, die vom Wind gegen die Masten aus Aluminium geschlagen wurden. Ein Klang wie der erhöhte Pulsschlag des Hafens.

Das Boot war dunkelblau lackiert, glich dem Meerwasser zu dieser späten Stunde. Den vorderen Teil der Bordwand zierten drei schräg angeordnete breite Streifen. Nachtschwarz, Signalrot, leuchtendes Gelb. Vorne war der Rumpf mit einem einstöckigen Aufbau versehen, auf dessen Dach große, runde Scheinwerfer angebracht waren. Auf dem hinteren Deck ein kleines, wendigeres Beiboot. »Rostock« stand in leuchtend weißen, serifenlosen Buchstaben auf dem stählernen Heck und auf der seitlichen Bordwand in doppelter Schriftgröße: »Bundespolizei«.

Es schien mir zu massig, zu behäbig für die Beschreibung des Ghanaers. Gleichzeitig ermöglichten die starken Scheinwerfer vermutlich eine genaue Verfolgung der nächtlichen Aktivitäten auf der Wasserfläche zwischen der Insel und der türkischen Küste. Und wenn nicht? Doch was machte dieses Boot zwei Kilometer vor der Küste Westasiens? »Die Sicherheit Deutschlands wird auch am Hindukusch verteidigt.« Der Satz, den ich als kleiner Junge in der Tagesschau aufgeschnappt hatte, hallte in meinem Ohr wider.

Auf dem vorderen Teil des Decks waren zwei Gestalten in ein Gespräch vertieft.

»Hallo«, rief ich. Es klang leiser als ich wollte. Die beiden drehten ihre Köpfe und bewegten sich langsamen Schritts in unsere Richtung. Was wollt ihr?, schienen die sich nähernden Schatten zu fragen. Seit der stummen Begegnung in der Kantina hatte ich mir eine Gesprächseröffnung zurechtgelegt, aber plötzlich war alles weg.

»Ich wollte mal fragen, was Sie hier so machen?« fragte ich betont naiv. Die beiden Uniformierten waren an die rückseitige Reling getreten.

»Dazu machen wir keine Angaben«, sagte der Kleinere von beiden kühl, drehte sich um und verschwand Richtung Bug. Sein Kollege schaute ihm nach, blieb aber stehen und wandte sich wieder zu uns.

»Warum wollt ihr das wissen?« fragte er mit verschränkten Armen.

An der Uniform, die sich über seine muskulöse Brust spannte, der Name Kerbel. Sein Gesicht war von Mund und Hals her rasiert, so dass ein schmaler Streifen seines blonden Bartes stehengeblieben war. Der zog sich von einem Ohr über Wange und Kinn bis hoch zum anderen Ohr. Der Bart erinnerte mich an die hellen Riemen der schwarzen Pelzmützen, die die königlichen Wachen vor dem *Buckingham Palace* tragen. Unwillkürlich stellte ich mir Herrn Kerbel schwarz bemützt, mit Gewehr im Anschlag und in knallroter Uniform vor.

»Heißt es nicht die Polizei, Ihr Freund und Helfer?« sagte ich über den kleinen Streifen dunklen Wassers hinweg, der das Heck von der Kaimauer trennte.

»Das sind die andern. Wir sind die Bundespolizei.« Kerbel betonte das erste Wort im Namen der Behörde so, wie jemand, der früher auf die Frage »Und wo machst du Zivildienst?« nicht ohne Stolz in der Stimme mit »Ich geh zum Bund« geantwortet hatte.

»Was macht die Bundespolizei außerhalb des Bundesgebiets?« fragte ich, seine Betonung imitierend.

»Jetzt gerade liegen wir hier im Hafen.« In diesem Moment ging in der Kajüte hinter seinem Rücken das Licht an. Ich erkannte eine dunkle Silhouette, die hinter dem Steuerstand rege Betriebsamkeit auslöste – erste Vorbereitungen zum Auslaufen.

»Und wenn Sie nicht im Hafen liegen?« schaltete sich Karla in das Gespräch ein.

»Wir bestreifen, das Gewässer östlich der Insel, in Richtung türkische Küste.« Als er »bestreifen« sagte, meinte ich, einen Anflug von Genugtuung in seiner Stimme zu hören, als sei er zufrieden, einen Job gefunden zu haben, der ein gewisses Fachvokabular mit sich brachte.

»Die deutsche Polizei zwischen Griechenland und der Türkei.« Sagte ich mehr zu mir selbst als den anderen.

»Wir sind hier im Rahmen einer *Frontex*-Mission eingesetzt«, fuhr Kerbel unbeeindruckt fort und deutete auf ein weißes Banner, das am Heck des Bootes befestigt war. Darauf ein blau-grünes wellenförmiges Logo sowie der Schriftzug »*Frontex, European Border and Coast Guard Agency*«.

»Und was machen Sie im Rahmen der *Frontex*-Mission?« wollte Karla wissen. »Deutschland ist einer der Hauptgeldgeber von *Frontex*.« Obwohl er auf ihre Frage antwortete, schaute er mich an. Ich wusste, wie sehr Karla dieses Verhalten von Männern hasste. »Da *Frontex* selbst kaum operatives

Personal hat, werden Einsatzkräfte der Mitgliedstaaten für *Frontex* abgeordnet und im Namen von *Frontex* eingesetzt.«

Frontex. Frontières extérieures. Das Akronym klang nach Front, nach Krieg, aber nicht in Europa, sondern in der Peripherie, seltsam ausgelagert. Vor meinem inneren Auge tauchte ein Bild des hohen Stacheldrahtzauns zwischen der spanischen Enklave *Ceuta* und marokkanischem Territorium auf. Jenseits des Zauns vertrocknete Vegetation und eine Gruppe von Geflüchteten, die mit bloßen Händen und Füßen versuchen, den Zaun zu erklimmen. Diesseits ein akkurat gemähter, leicht gewellter Rasen, Palmen und eine Golferin, die mit Schwung zum Abschlag ausholt.

»Und an welche Grundrechte sind Sie dabei gebunden, deutsche, europäische oder gar keine?« – Das sagte ich nicht, fragte stattdessen: »Und was ist das Ziel der Mission?« nur, um das Wort aus seinem Mund zu hören.

»Grenzsicherung.« Ein Augenblick der Stille.

»Und der Kampf gegen Schlepper«, fügte er hinzu. Über seine Schulter gewandt, blickte er das Deck entlang in Richtung Steuerstand.

»Und was macht ihr hier? Urlaub?« Fragte er unvermittelt im Ton eines strengen Vaters, der seine Kinder dabei erwischt, wie sie spät, später als abgemacht, nach Hause kommen.

»Wir arbeiten hier für eine NGO und geben Rechtsberatung für Geflüchtete.« sagte Karla, während ich noch über seine Antwort auf meine Frage nachsann. Ich wusste aus den Gesprächen mit den Geflüchteten, dass die Schlepper niemals mit in den Schlauchbooten saßen. Meist zwangen sie einen der Flüchtenden mit vorgehaltener Waffe, das Ruder am Schlauchboot beim Ablegen zu übernehmen. In Europa wurde diese Person am Außenbordmotor erst festgenommen und dann wegen illegaler Schlepperei angeklagt. War es das, was er mit dem Kampf gegen Schlepper meinte?

»Ah ja, NGO«, sagte er abschätzig und als hätte er meine Gedanken erraten, fügte er hinzu. »Was eure Kollegen da machen, ist auch eine Form von Schlepperei.«

»Welche Kollegen machen was?« fragte Karla langsam mit ungewohnt tiefer Stimme.

»Na, Seenotrettung, Leute wie Carola Rackete.«

»Sie bekämpfen zivile Seenotrettung?« fragte Karla, jedes Wort einzeln betonend.

»Die Flüchtlinge wissen, dass es diese Leute gibt, die Rettungsmissionen organisieren, und dass sie von ihnen gerettet werden. Das zieht sie an.« Jetzt war auch er laut geworden.

Karla atmete hörbar aus. Ich spürte, wie sich ihr ganzer Körper spannte. Für einen Moment glaubte ich, dass sie vor lauter Wut einen Sprung auf das Boot machen wollte. »Ich gehe schon mal nach Hause«, sagte sie stattdessen abrupt, an mich gewandt.

Auch ich hätte mich am liebsten umgedreht und den Polizisten mit seinen Ansichten in der Nacht stehen lassen.

Im Weggehen drehte sich Karla plötzlich noch einmal um. »Ob es Rettungsmissionen gab oder nicht, hat keinen Einfluss darauf gehabt, wie viele Menschen über das Mittelmeer geflohen sind. Vielleicht sollten Sie die Fakten kennen, bevor Sie entscheiden, wen Sie bekämpfen.« Dann war sie in der Nacht verschwunden.

In dem Moment der Stille, in dem ihre Worte nachhallten, schien es fast, als würde auch unser Gespräch über den schmalen Streifen Wasser hinweg versiegen. Aber ich dachte an den jungen Ghanaer, wie sein Blick beim Erzählen durch den Raum geirrt war, als fürchte er, dass auch hier jeden Augenblick Uniformierte hineinstürzen könnten.

»Wenn Sie beim Bestreifen ein Schlauchboot sehen, das in Seenot gerät, wie reagieren Sie dann?«

»Wir sind dazu verpflichtete, den Menschen in Seenot beizustehen und sie an Bord zu nehmen. Jedes Boot ist dazu verpflichtet«, sagte er ruhig, senkte dabei seinen Blick seitwärts, er schien an dem Wappen mit dem Bundesadler auf seiner Uniform haften zu bleiben. »Aber das ist eben nicht das Ziel dieser Mission«, fügte er an, als er mir wieder in die Augen sah.

»Haben die Menschen Angst, wenn Sie sich mit Ihrem großen Boot dem Schlauchboot nähern?«

»Für uns ist das eine angespannte Situation. Stockdunkel, hoher Seegang, wir haben nicht genug Rettungswesten an Bord. Die Menschen wollen schnellstmöglich aus dem Schlauchboot raus. Oft stürzen die Männer zuerst auf uns zu. Aber wir nehmen immer erst Frauen und Kinder an Bord. Es sind Schwangere dabei, Kleinkinder, sie weinen und schreien … Aber ich habe das Gefühl, dass sie uns vertrauen. Dass sie wissen, bei uns an Bord sind sie sicher. Ja, sie vertrauen uns.« Wir schwiegen beide.

»Tja, das ist schon etwas anderes als die Ostsee«, ergänzte Kerbel und sah auf seine Füße, die jetzt leicht wippten.

»Ostsee?«, fragte ich überrascht.

»Da ist unsere Einheit mit diesem Dickschiff sonst stationiert«, er deutete auf den Schriftzug »Rostock«.

Unversehens sah ich die hellgelben Felder des blühenden Raps', die sich auf leichten Hügeln bis zum Strand erstrecken. Als Kind hatte ich mich mit dem Einsetzen der Schneeschmelze auf die Rapsblüte gefreut, sie läutete den Sommerurlaub ein, endlose Tage am Meer. In dem seichten Wasser der Ostsee hatte ich schwimmen gelernt.

Inzwischen war es stockdunkel geworden, nur die Positionsleuchten des Bootes spendeten spärliches Licht. Dunkel wie die stürmische Frühlingsnacht aus dem Bericht des Ghanaers. Ich machte einen Schritt nach vorne, so dass meine Fußspitzen über die Kaimauer ragten, besann mich darauf, warum ich hergekommen war. Von der einen Seite in mattes Grün, von der anderen in dünnes Rot getaucht, berichtete ich Kerbel mit gedämpfter Stimme von den *pushbacks*.

»Was haben Sie davon mitbekommen?« Es klang leise, leiser als die Frage, die ich viele Male in meinem Kopf gestellt hatte.

»Also Berichte von maskierten Polizeieinheiten habe ich bisher keine gehört. Wirklich nicht.« Unser Augenkontakt ließ mir die Lider flattern.

»Ist doch logisch, dass die Bundespolizei hier ist«, hallte Karlas Stimme in meinem Kopf. Hatte ich wirklich damit gerechnet, dass der Polizist einem Fremden im Hafen Völkerrechtsverbrechen von europäischen Polizeikräften eingestehen würde? Aber was war mit seinem offenen Blick, dem nachdenklichen Ton in seiner Stimme? Der Mann von der Ostsee schien die Wahrheit zu sagen. Ebenso wie der junge Mann aus Ghana. Die Augenzeugenberichte und Beweisvideos konnten nicht täuschen.

Ich taumelte.

»Ich kann mir auch nicht vorstellen, wie das funktionieren soll«, fuhr Kerbel fort. »Wo soll das schwarze *Speed*-Boot denn liegen? Hier im Hafen habe ich jedenfalls bisher keins gesehen. Und ich habe weder die deutschen noch die griechischen Kollegen über irgendetwas dergleichen sprechen hören.«

Das Boot vor mir schaukelte immer noch harmlos im Wasser. Selbst wenn er die Wahrheit sagt, ermahnte ich mich, er arbeitet für *Frontex*. Er schützt die Grenze, die die Menschen auf der anderen Seite meines Schreibtisches jede Nacht zu überwinden versuchen.

»Was ist ihre Motivation gewesen, die Ostsee gegen das Ägäische Meer einzutauschen?«

»Ich muss jetzt auch wieder rein, wir legen gleich ab«, sagte er und blickte auf seine Sport-Uhr. »Es kann nicht sein, dass im Mittelmeer weiterhin Menschen ertrinken. Um dagegen etwas zu unternehmen, deswegen bin ich hierhergekommen«, fügte er nach einer kleinen Pause hinzu und ging.

Seine Schritte verhallten an Deck, ich blieb zurück, das Boot fest im Blick. Doch unter meinen Füßen bebte es plötzlich, die Kaimauer schien durch eine sich auftürmende Welle zu brechen und stürzte krachend in das Wellental.

Sadaf Zahedi

Vier Jahreszeiten

Ein Schleier von leichten Flocken schmückt die Welt,
Felder mit weißem Mantel noch bedeckt,
doch strecken kleine Knospen
sich in den Duft des nahenden Frühlings.

Strahlend erwachen die Tage und leuchten,
lassen vergessen die Düsternis der Nächte.
Sonne durchdringt unseren Körper und Geist,
lässt uns lächelnd nachts an Seen sitzen,
lauschen dem Rauschen ihrer flirrenden Wellen,
bis das Feuer erlischt unter funkelnden Sternen,
der Himmel ein Mantel aus Kristallen.

Blätter verlieren ihre Farbenpracht,
ihr lautloses Fallen Tag und Nacht
lässt die Welt verblassen,
ein kleiner Tod, niemand lacht.

Kühle dringt in jede Fuge,
Frost lässt zittern die Natur,
die Schatten wachsen Tag und Nacht,
die Straßen leer, kein Leben mehr.

Auch das menschliche Leben, das menschliche Gefühl
kennt den Wechsel von Jahreszeiten.

Es sind Jahreszeiten und nicht mehr.

Viele Jahre habe ich wie im Winter verbracht, düster,
*   kalt und schattig.*
Bis der Frühling eines Tages auch für mich erwachte.

Sie sitzt da, auf dieser Liege,
während Dr. Mahrad zu ihr spricht: Ich habe etwas
    vergessen, bitte entschuldigen Sie mich,
ich komme gleich zurück.
Dr. Mahrad verlässt den Raum und geht hinaus.
Sie fragt sich: Was tue ich eigentlich hier …?
So viele Menschen dieser Welt würden sich dieses Glück
    wünschen und ich,
ich sitze hier und möchte dem Leben das Leben nehmen.
Ich wünschte, es gäbe eine Werkstatt, eine Werkstatt für
    Menschen, die uns reparieren würde.
Die Wunden der Zeit und all ihre Narben, die das Leben
    hinterlässt.
Ihre Hände werden nervös, doch sie überdenkt ihre
    Entscheidung und rennt hinaus.
Sie spürt, wie ihr Herz bebt, und dann, dann steht sie
    draußen auf lebender Straße.
Die Tür der Klinik verschlossen und kein bekanntes Gesicht
    ist zu erkennen.
Während Tränen ihr über das Gesicht laufen, läuft sie nach
    Hause.
Mit einer Entscheidung für ein neues Leben. Das vierte
    Kind, es soll mich geben.

Es ist 1984 und man hört auf den Straßen Kabuls Geschrei,
    das Geschrei von Kindern,
weinenden Frauen und abends ein dumpfes Aufprallen und
    Pfeifen.

Die Bomben fliegen über die Stadt und es leuchtet
	lichterloh.
Jetzt müssen wir fliehen, Wahid, die Kinder, denk bitte an
	unsere Kinder.

Ich werde nach Pakistan gehen, zu deiner Familie, Parwin.
Und dann werde ich dir Geld schicken, sobald ich alles
	zusammen habe,
ich möchte, dass du dann mit den Kindern nachkommst,
	hörst du?
Sie streichelt sanft über ihren Bauch, ohne ein Wort zu
	verlieren.
Denn sie weiß, heute ist nicht der richtige Zeitpunkt, ihm
	dies mitzuteilen.
Am nächsten Morgen geht Wahid durch die Tür und lässt
	Parwin allein zurück.
Zurück mit vier Kindern und einem fünften, meiner kleinen
	Schwester, unterwegs.
Sie wusste, dass er gehen wird, ohne an sie zu denken,
denn er hatte schließlich sein Herz beim kalten Krieg
	verloren.
Wahid war ein Mudschahed gewesen und kämpfte mehrere
	Jahre gegen das Regime.
Während Parwin sehr weltoffen heranwuchs und die
	moderne Welt liebte.

Wochen vergehen und die Lage verschlimmert sich von Tag
	zu Tag.
Bis es an ihrer Tür klopft und ein fremder Mann vor ihr
	steht.
Ein unbekanntes Gesicht, er überreicht ihr einen
	Umschlag,
einen kurzen Brief und etwas Geld.
Lass alles zurück und flieh mit den Kindern.

Mir geht es gut und ich warte in Karatschi auf euch.
Sie geht zu ihren Kindern, geht in die Knie und sagt:
Meine Lieben, wir werden gehen.
Morgen starten wir eine große, weite Reise mit einer
    Kutsche und zwei wunderschönen Pferden.
Auf dieser Reise spiele ich ein kleines Spiel mit euch und ihr
    müsst jetzt gut zuhören,
denn nur, wer dieses Spiel aufrichtig mitspielt, kann
    gewinnen.
Voller Freude und Lächeln strahlen die kleinen Gesichter.
Was spielen wir, Mama?
Parwin versucht jede Träne zu unterdrücken, das Zittern
    ihrer Lippen zu überspielen
und lächelt sanft ihren Kindern ins Gesicht.
Das Spiel heißt: Wer spricht, verliert.
Und es spielen auch andere mit, fremde Menschen.
Sie wollen euch testen, ob ihr redet oder schweigt.
Und wenn diese Männer kommen, dann dürft ihr nicht mal
    atmen, hört ihr?
Denn wer gefunden wird, scheidet aus.

Der nächste Tag. Die Kutsche steht bereit und auf ihre
    Ladefläche legen sich alle Kinder flach hin,
mehrere Decken liegen auf den Kindern und alle schweigen.
Es geht los, hört ihr? Das Spiel beginnt jetzt!

Die Reise dauerte Tage, die Kinder sind hungrig, doch zu
    essen gibt es kaum.
Jeden Tag ein wenig, so dass man überleben kann, um dem
    Tod zu entkommen.
Soldaten kommen näher. Kinder, das Spiel wird jetzt ernst.
Wer spricht, verliert. Haltet euren Atem still, hört ihr?
Niemand darf euch hören.
Tiefes Schweigen folgt.

Sie durchquerten einen Markt, mit vielen Händlern, von
    Obst, Gemüse, Fisch und Fleisch war alles da, was den
    Hunger stillen konnte.

Hunger, Mama, ich habe Hunger, sagt ihr ältester Sohn
    Firus,
als sie durch die Märkte fahren, ohne auffallen zu dürfen.
Da Mama, die Orangen, ich will eine Orange essen!
Wir können nicht, Firus. Du musst dich noch etwas
    gedulden,
bald gibt es wieder Essen für uns alle.
Warme Teller mit den köstlichsten Speisen, wohin das
    Auge reicht.

Nach einer langen Reise angekommen in Pakistan bei
    ihren Eltern,
umarmen sich die Liebsten, weinend und zugleich
    lächelnd.
Wir haben es geschafft, wir haben es wirklich geschafft
und das Spiel hat nun vier Sieger.

Drei Jahre vergingen nach ihrer Ankunft.
Wahid sprach zu Parwin: Meine Familie ist nach
    Deutschland geflüchtet
und wir werden hinterherziehen.
Hier sind wir nicht sicher, denn die Menschen suchen uns.
    Du verlangst, dass wir alles aufgeben
und in ein fremdes, weit entferntes Land ziehen?
Ja, das verlange ich. Und du als meine Frau wirst mich
    begleiten ohne Widerrede.
In dieser Zeit hatten sie das Geld angespart, das sie
    benötigten.

1987, Deutschland. Es ist Winter und Schneeflocken
schmücken die Welt.
Der Boden weiß schimmernd, eine kalte Brise überkommt
sie.
Sie steht dort in ihrem dünnen Sari, nur leicht bedeckt und
fröstelnd.
Es ist kalt und wir haben keine warme Kleidung, die Kinder
frieren.
Doch Wahid war in seine Gedanken vertieft, wie so oft hörte
er Parwin nicht sprechen.
Willkommen in unserer neuen Heimat, Parwin.
Hier werden wir bleiben und Zuflucht suchen, ein neues
Leben beginnen.
Hier sind wir sicher und die Kinder auch, denn hier wird
uns kein Leid mehr heimsuchen.

2013, Deutschland. Ich sitze im Auto und wähle verzweifelt
Nummern, spreche jedem auf den Anrufbeantworter,
in der Hoffnung, dass mich jemand hört.
Einen Therapieplatz zu ergattern dauert Monate, da die
Wartelisten immer sehr lang sind.
Nach einer Weile klingelt mein Telefon und sie fragt mich:
Wie kann ich Ihnen helfen?
Ich weine bitterlich und sage: Bitte helfen Sie mir, ich
brauche Hilfe!
Ohne weitere Fragen zu stellen vereinbaren wir einen
Termin für einen Besuch in ihrer Praxis,
bis der Tag gekommen ist und ich nun dasitze, sie ruft
mich ins Besprechungszimmer, ich gehe hinein und sitze
anfangs noch recht selbstbewusst vor ihr.
Bis ich nicht mehr kann und zusammenbreche, unter
Tränen erzähle, warum ich sie nun aufsuche.

Kabul, 1983. Die Geburtsklinik der Frauen ist leicht
     beleuchtet und eine leise Stimme klingt in die Welt.
Ich erblicke das Licht des Lebens voller Erwartungen, was
     das Leben für mich bereithält.
Djamila betritt den Kreißsaal, meine wunderschöne Tante,
     sie sieht mich an und sagt:
Amara, so sollten wir unsere Kleine nennen.
Mein Name steht für die unvergängliche, ewige Schönheit,
doch nicht die Schönheit, die das bloße Auge erfasst,
viel eher für die Schönheit, die man nur mit dem Herzen
     sieht.
Ich möchte euch heute meine Geschichte erzählen, die
     Geschichte meines Daseins.

1988, ich liege auf einer Wiese, umhüllt von einer Decke,
     mit meiner kleinen Puppe.
Die Sonnenstrahlen durchleuchten wie kleine Kristalle die
     Oberfläche und durchdringen die dünne Wolle,
die mich umhüllt.
Mein Bruder legt sich zu mir. Siehst du das?
Was meinst du?
Deine Puppe, das zwischen ihren Beinen.
Das nennt man Scheide.
Das haben alle Mädchen, du auch, und Jungs haben einen
     Penis.
Ich spiele weiter und ignoriere seine Worte, denn der Frieden
und die Leichtigkeit sind meine Gedanken, verträumt und
     assoziiert liege ich auf dem Rasen.
Wie die Grashalme meine Beine berühren und leicht
     kitzeln.

Zu Anfang wohnten wir in einem Flüchtlingslager,
doch sehr bald bekamen wir ein Haus ganz in der Nähe des
     Bahnhofes und der Innenstadt.

Das Gebäude ist aus dem Krieg erhalten geblieben, dies wusste ich damals nicht.
Doch der Krieg hat auch hier in Deutschland Spuren hinterlassen.

Ich stehe auf der Treppe und sehe, wie mein Vater schreiend meiner Mutter hinterherrennt.
Sie hebt ihre Arme und verdeckt ihr Gesicht, um keine neuen Farbtöne zu tragen.
Wie sie die Treppe herunterrennt, weinend. Nein, Wahid, nicht!
Er schlägt trotzdem zu.
Und man sollte dabei bedenken, dass mein Vater ein sehr großer starker Mann war.
Ich habe dies früher nie verstanden.
Warum tun Menschen solche Dinge? Wie kann man einem Menschen Gewalt zufügen?
Ich kann mich an die Grundschule erinnern, schüchtern, schüchtern ist das richtige Wort.
Meine Einschulung, wie ich morgens von meiner Mutter geschminkt wurde.
Sie trug mir Make-up aufs Gesicht auf, um die blauen Stellen zu verbergen, die mein Vater mir am Vortag zugefügt hatte.
Warum er mich geschlagen hat?
Mein Bruder ärgerte mich und ich musste weinen, mein Vater hörte es und wurde aggressiv.
Wir sollten herunterkommen. Ich stand vor einem Heizkörper und mein Vater
schlug mir ins Gesicht, mein Kopf knallte gegen das Metall und ich fühlte mich wie betäubt, meinen Bruder nahm er in seine Arme und küsste ihn.

In der Schule wurde ich oft gehänselt für meine braune
　　Hautfarbe. Die Kinder im Sportunterricht, zogen mir die
　　Hose herunter, nur um mich zu verspotten.
Ich schämte mich für die braune Haut und meine Herkunft,
　　doch weinen ging nur leise und still.
Denn ich musste doch irgendwie stark sein.
Stark für sie, meine Mutter.
Sie brauchte mich.
Ich erinnere mich, wie ich vor meinem Kinderzimmer stand
　　und sie hörte.
Sie telefonierte mit ihrer Schwester Djamila, meiner Tante.
Nein, es geht mir gut, Amara schenkt mir viel Kraft.
Sie sagt mir immer wieder: Mama, wenn ich groß bin, dann
　　sieh mich an,
ich werde dich vor Papa retten.
Ich werde dir ein Haus bauen und deine Familie aus
　　Pakistan zu dir holen.
Ich lauschte ihren Worten und ging irgendwann hinunter
　　ins Wohnzimmer.

Wir zogen in ein neues Haus. Es war ein Neubaugebiet und
　　wir waren die einzigen Zuwanderer in dieser Straße.
Das Haus war schön groß und einen Garten hatten wir
　　auch.
Ich teilte mir das Zimmer mit meiner ältesten und mit
　　meiner jüngsten Schwester.
Nachts bin ich weinend aufgewacht und habe das ganze
　　Haus geweckt,
Alpträume suchten mich heim, fast jede Nacht.
Ich bekam Atemnot und mein Vater schrie mich an, er
　　beleidigte mich und war wie immer sehr wütend.

Wenn mein Vater wütend war, dann schickte er uns in den
   Garten,
wir sollten uns selbst einen Stock aussuchen, mit dem er uns
   dann geschlagen hat.
Ich zitterte vor Angst, denn die Haut war nach seinen
   Schlägen geschwollen, bis sie sich am nächsten Tag färbte.
Von blau zu lila und von lila zu grün.
So lernte ich für mich die Farben des Schmerzes kennen.

In der Grundschule hatte ich kaum Freunde, Jasmin,
   das blonde Mädchen spielte manchmal mit mir.
Vielleicht aus Mitleid, ich weiß es nicht.
Doch die Schulzeit war nie eine schöne Erinnerung.
Ich wog mit zehn Jahren immer noch siebenundzwanzig
   Kilo. Meine Lehrerin machte sich Sorgen,
dass die Bücher der fünften Klasse zu schwer für mich sind.
Ich hatte große Konzentrationsschwierigkeiten und konnte
   im Unterricht nicht richtig mitkommen.
Meine Geschwister hänselten mich und nannten mich
   dumm.

Ich hatte immer sehr große Angst, denn sobald Schulschluss
   war, musste ich nach Hause laufen.
Angst vor meinem Elternhaus, die Streitereien, die Schläge,
   das laute Geschrei.
Ich bin immer sehr langsam gegangen, in der Hoffnung,
   Zeit zu gewinnen.
Zeit, die ich nicht zu Hause verbringen musste.
Also spielte ich mit den Blumen und roch an ihnen.
Ich träumte von einem wunderschönen Elternhaus, voller
   Liebe und unendlichem Frieden.
Beneidete alle Kinder, die lachten und glücklich waren.
Wie es sich wohl anfühlen muss, einfach glücklich zu sein?

In den Sommerferien spielte ich mit meiner kleinen
    Schwester auf der Straße.
Wir haben uns oft gestritten, denn sie war sehr habgierig
    und konnte Freude nie teilen.
Mein Vater hielt seinen Mittagsschlaf und ich sagte ihr leise:
Lass uns nicht streiten, sonst wird er wach!
Sie schrie weiter, bis sich die Haustür öffnete und er uns
    hineinrief.
Wir sollten nach oben gehen, während er aus seinem
    Schlafzimmer etwas besorgte.
Ich sah einen Gürtel in seinen Händen.
Er schlug so fest zu, dass die Haut riss und ich den dumpfen
    Schmerz fühlte, der meine Arme durchbohrte.
Er schickte uns in unser Zimmer und ich fragte wütend
    meine Schwester,
ob sie jetzt glücklich sei.
Sie wurde wieder laut und meinte: Ich schreie weiter, damit
    er dich wieder schlägt.
Er kam herein und verprügelte uns erneut.
Irgendwie war meine kleine Schwester immer anders,
    vorsichtig würde ich sie böse nennen.
Heute weiß ich, dass es kein Böse gibt, denn Menschen sind
    nur die Schöpfung ihres Lebens.
Verletzte Kinderseelen, die es nie besser gelernt haben.
Neben meinen beiden Schwestern habe ich auch zwei
    Brüder, natürlich sind beide älter als ich.
Denn ich bin das vierte Kind meiner Eltern.

1993. Ich war zehn Jahre alt und drückte mir das Schlachter-
messer meines Vaters gegen meinen Bauch,
bitter weinte ich und dennoch konnte ich es nicht übers
    Herz bringen: Nein, das darfst du nicht!
Denn sie braucht dich, du darfst Mama nicht allein lassen.
    Wer soll sie dann beschützen?

Ich weinte weiter und ging in das Gäste-WC, unten im Haus
hatten wir eine kleine Dusche.
Ich legte meine Kleidung langsam ab und ließ das Wasser
laufen,
spürte die Tropfen auf meiner Haut wie Regen, denn wenn
es regnet, kann niemand meine Tränen sehen.
Ich schrubbte mir meine Arme und Beine ab, bis die Haut
kleine Blutbläschen bildete und mir sagte,
es geht nicht mehr weiter.
Ich saß einfach da und spürte den Schmerz in meiner Seele.

1998. Ich war ein fünfzehnjähriges Mädchen inzwischen,
meine Eltern hatten alle Verwandten eingeladen.
Meine Mutter hatte gekocht und es gab wie immer Reis mit
Lamm, Spinat,
Hackbällchen in Soße, Salat und viele andere traditionelle
afghanische Gerichte.
Alle lachten und aßen, es wurde Musik gespielt und die
Männer und Frauen tanzten,
nur meine Mutter nicht, sie durfte nie tanzen.
Nur dasitzen und schweigen.
Wenn alle Gäste das Haus verließen, legten wir uns
schlafen,
während sie wie eine Bedienstete das Haus putzte und
sauber hielt.
Morgens wachte sie immer vor uns auf, machte Frühstück
und sagte nie etwas.
Oft schwieg sie, und wenn sie nicht schwieg, dann weinte
sie,
teilte ihren Kummer mit mir und all ihren Schmerz.
Manchmal, ganz selten, da hörte ich sie lachen, sie lachte
laut und aus vollem Herzen.
Sodass sie einen ansteckte, einfach mitzulachen, ohne auch
nur einen Grund dafür zu haben.

Mein Vater schlug meine Mutter immer wieder, als Kind
    ging ich dazwischen, sagte ihm:
Du darfst Mama nicht hauen, man schlägt niemanden!
Und umso mehr ich sie beschützte, umso kräftiger schlug er
    auf mich ein.

Mein Vater verfiel der Spielsucht. Er täuschte Einbrüche in
    unserem Haus vor,
bestahl uns Kinder, bis unsere Spardosen leer waren und
    alles weg war, wofür wir gearbeitet hatten.
Ich habe damals Zeitungen ausgetragen, um mein eigenes
    Geld zu verdienen.
Wir haben alle neben der Schule gearbeitet, um etwas
    Taschengeld zu verdienen.
Doch immer wieder vergebens.
Ich erinnere mich daran, dass er all unser Erspartes verspielt
    hat.
Es waren damals zehntausend Deutsche Mark. Zwei Wochen,
es hat nur zwei Wochen gedauert, jahrelange Mühe
    wegzuwerfen.
Die Einsicht hat er bis heute nicht gefunden und einen Weg
    hinaus gibt es für ihn nicht.
Meine Mutter durfte sich nie schick machen, sie durfte keine
    westliche Kleidung tragen, nur die Gewänder,
die sie damals aus Pakistan mitgenommen hatte.
Irgendwann eröffnete ich mir ein Konto, denn dort ist mein
    Geld sicher
und niemand kann es mir wegnehmen.
Als ich jünger war, gab ich meiner Mutter mein Erspartes,
    als Kind glaubte ich ihr jedes Wort.
Wir waren einkaufen und ich wollte unbedingt dieses
    Spielzeug kaufen,
Mama zahlte für mich und sagte, sie wird es mir von
    meinem Ersparten abziehen.

Irgendwann fragte ich: Mama, wie viel Geld habe ich noch?
Mein Engel, du hast alles ausgegeben für das
    Spielzeugtelefon, das du unbedingt haben wolltest.
Heute weiß ich, dass sie einen Betrag von fünfzehn Mark
    ausgegeben hat,
mein Erspartes jedoch bei einhundertundfünfzig Mark lag.
Dass sie mit meinem Geld Lebensmittel kaufen musste, war
    mir damals nicht bewusst.
Geld das meine Eltern nicht hatten, durch des Vaters
    Spielsucht.
Als mein Gehalt eingetroffen war, zog ich los und kaufte
    meiner Mutter ihre erste westliche Kleidung.
Ein auberginefarbenes Hemd mit Hose und einer
    wunderschönen bestickten Jacke dazu.
Ich war so stolz, ihr dies zu überreichen und sie nahm es mit
    einem Lächeln an.
Ich sagte ihr, wie jung und wunderschön sie sei, und dass sie
    ihre Schönheit zeigen darf
ohne sich verstecken zu müssen.
Und mit Freude trug sie zur nächsten Festlichkeit, nach
    vielen Jahren etwas Hübsches,
sie machte sich das Haar und trug Make-up.
Ich war irgendwie sprachlos, denn ich kannte meine Mutter
    so nicht.
So hübsch und fein.
Sie erzählte mir aus ihrer Jugend, was für ein
    modebewusstes Mädchen sie immer war,
wie sehr sie es liebte, sich schick zu machen.
Ich lachte immerzu und sagte: Das glaube ich dir nicht!

Ich beendete die zehnte Klasse der Hauptschule mit einem
    erweiterten Realschulabschluss.
Und sollte nun eine Lehre beginnen, denn mein Vater
    meinte, ich müsse Geld verdienen.

Was ich wollte, zählte nicht.

Denn meine Träume lagen ganz anderswo.

Ich weiß heute noch, wie schwer es mir fiel, gegen meinen
Willen zu arbeiten.

So fing ich eine Lehre an, die ersten drei Monate weinte ich
jeden Abend.

Nach der Arbeit habe ich meinen Eltern im Laden
ausgeholfen,

sie waren inzwischen selbständig mit einem kleinen
Delikatessenladen.

Papa und ich fuhren zur Metro, um Einkäufe zu erledigen.

Während der Fahrt spürte ich, dass etwas nicht stimmt.

Mein Vater sprach zu mir und wollte meinen Rat.

Amara, ich habe mich verliebt in eine andere Frau!

Sie arbeitet in einem Bordell und ich treffe sie seit geraumer
Zeit heimlich.

Ich liebe diese Frau, Amara, und weiß nicht mehr, was ich
tun soll.

1997. Ich war 14 Jahre alt, als eine Schulkameradin zu mir
sagte:

Ich habe deinen Vater gesehen, wie er durch die Stadt lief
mit einer blonden, großen Frau.

Dein Vater hat ihre Hand gehalten und die fremde Frau
geküsst.

Ich war so wütend, nicht meinem Vater gegenüber, sondern
ihr.

Was fällt dir ein, so über meinen Vater zu sprechen!

Sie ging weg und rief mir hinterher: Eines Tages wirst du
mir glauben!

Mein Vater? Niemals, dachte ich damals.

2002. Ich konnte sein Geheimnis nicht für mich behalten,
    denn ich hatte immer meine Mutter im Hinterkopf.
Als ich abends meine Mutter auf der Treppe stehen sah,
    sagte ich in einem schroffen Tonfall: Trenn dich!
Er hat eine andere und hat es nicht verdient, dass du dein
    Leben für ihn wegwirfst.
Ich war neunzehn Jahre alt, meine Wortwahl musste stark,
    überzeugend und hart klingen.
Denn ich wollte sie beschützen, ihr Herz.

Wir bekamen Post, dass meine Eltern das Haus räumen
    sollten,
da mein Vater durch seine Spielsucht monatelang keine
    Miete gezahlt hatte.
Er war schon lange weg, er ist zu ihr gegangen, der
    polnischen Frau aus dem Bordell.
Es war August und sommerlich, während wir unsere
    Zimmer räumten.
Alles stand da, auf der Straße, mein ganzes Leben, meine
    Kindheit,
jede Erinnerung, die ich loslassen musste.
Das einzige, was ich in meinen Armen trug, war ihr Foto.
Schwarz-weiß in einem Rahmen, lächelnd und
    unbeschreiblich schön.
Wir zogen in eine kleine Wohnung, Mama, mein ältester
    Bruder, meine jüngste Schwester und ich.
Unsere älteste Schwester war schon verheiratet und ein
    Bruder war nach einem heftigen Streit mit meinem Vater
    ausgezogen.
Wir hatten kein Geld, nur die Cent-Stücke aus dem Glas, die
    meine Mutter früher fleißig sammelte.
Sie kaufte Mehl und Tomaten mit Mais, machte uns
    wochenlang Teig,
damit wir etwas zu essen hatten.

Bis das Schreiben kam, dass die Unterstützung vom Amt
bewilligt wurde.
Meine Mutter hatte nie arbeiten dürfen, das untersagte ihr
mein Vater.
Sie hatte auch nie die deutsche Sprache erlernen dürfen, aus
Angst, sie könnte ihn verlassen
und ihren eigenen Weg finden.
Doch sie war immer stark, die stärkste Frau, die mir im
Leben begegnet ist, dies dachte ich damals.
Sie schrieb sich für einen Deutschkurs ein, erlernte über
zwei Jahre die deutsche Sprache und
fragte mich, ob ich ihr helfen könnte, eine Arbeit zu finden,
um Geld zu verdienen.
Natürlich half ich ihr.
Sie lernte die einfachsten Dinge, die für uns so
selbstverständlich waren.
Machte sich morgens wieder schick, kaufte sich Bücher.
Bücher! Wie viele Jahre sie nicht lesen durfte.
Doch manchmal stand sie am Fenster, schaute hinaus in der
Hoffnung, er würde die Straße überqueren
und sie könnte nur einen Blick auf ihn werfen.

Ich verliebte mich zum ersten Mal. Leonard war in meinem
Alter und mein erster fester Freund.
Ich komme aus einer sehr streng religiösen Familie und
mein Vater war immer wie ein Diktator.
Irgendwie passte sein Verhalten nie zu dem, was er predigte.
Denn er sündigte doch am meisten, mit seinem
Fehlverhalten.

Damals in meinem Elternhaus erwischte mich meine kleine
Schwester,
wie ich einen Brief las, in dem mir Leonard schrieb, dass er
mich küssen möchte.

Sie rannte voller Zorn mit diesem Stück Papier zu meinem
Vater.
Meine kleine Schwester erzählte ihm voller Rage, ich würde
die Familienehre in den Schmutz ziehen.
Er lief wutentbrannt die Treppe rauf, öffnete mein
Schlafzimmer und zerriss
das Wertvollste, was ich damals besaß.

Wir schrieben uns jede Woche Briefe, manchmal mit
einfachen Worten
und manchmal Gedichte, die das Herz tanzen ließen.
Mein Vater schrie mich an und drohte mir.
Er rannte in die Küche und holte sein Messer. Ich werde
dich umbringen,
während er mich aufs äußerste beleidigte.
Ich rannte nach oben und versteckte mich auf unserem
Dachboden, Todesangst verspürte ich,
denn ich kannte meinen Vater.
Der Tod hat für ihn keine Bedeutung.

Meine Mutter lernte Leonard kennen, sie sagte: Amara,
er wird dich nicht glücklich machen!
Aber lerne aus deinen eigenen Erfahrungen im Leben.
Ich zog aus und ging zu Leonard, wir hatten uns heimlich
eine gemeinsame Wohnung gesucht.
Denn wir wollten beide für die Liebe das Elternhaus verlassen.
So dachten wir damals, wie naiv ich doch war.
Er verließ sein Elternhaus, denn seine Mutter hat mich nie
akzeptiert.
Sie hat afghanische Wurzeln. Bist du verrückt? Dieses
Mädchen kommt mir nicht ins Haus.
Meine Familie war auch gegen diese Liebe, denn Leonard
war deutsch, und ich,
ich hörte auf mein Herz.

Ich lief nachts weg, ohne ein Wort über mein Vorhaben zu
verlieren.
Nun wohnten wir gemeinsam und der Preis, den wir für
unsere Liebe zahlen sollten, war sehr hoch.
Meine Familie wollte von mir nichts mehr wissen, ich war
ein Schandfleck in ihren Augen,
denn ich habe ihre Ehre beschmutzt.
Und auch Leonard wurde von seiner Mutter verstoßen.
Zwei Jahre vergingen von dieser Beziehung und ich
kannte den Ablauf eines jeden Tages, sobald es
Freitagabend war.

22.40 Uhr, es wird läuten an Tür, er wird mich ins
Schlafzimmer zerren, mich bedrohen, verlangen, kein
Wort zu verlieren.
Die Polizei steht vor meiner Tür. Ihre Nachbarn haben uns
gerufen
und wir würden gern Ihre Frau sprechen.
Das Licht im Schlafzimmer ist aus, leichte Strahlen dringen
zu mir durch,
ein kleines Scheinen durch unseren Flur schenkt mir etwas
Sicht.
Geht es Ihnen gut? Wurden Sie geschlagen? Ihre Nachbarn
haben ein lautes Geschrei und ein Poltern gemeldet.
Ich schaue auf unseren Teppich. Er war blau, blau wie der
Himmel, während mein Blick nach unten gesenkt ist.
Zittrig antworte ich: Es geht mir gut, mich hat niemand
geschlagen, wir hatten nur einen kleinen Streit.
Mein Herz rast und ich höre es so laut schlagen wie das
Trampeln von Elefanten.
Ich spüre Angst, Angst, wie es weitergeht.
Nicht die Angst vor morgen, viel eher die Angst vor dem
Leben.

Liebe ist nie ohne Schmerz, sagte der Hase und umarmte
den Igel.
Er schlug mich, jede Woche erneut und dann stand er
weinend vor mir. Vergib mir, Amara,
ich habe doch zuvor noch nie die Hand gegen eine Frau
erhoben!
Meine Lehre ging dem Ende zu, erfolgreich beendete ich sie
schließlich und voller Stolz,
doch gratulieren konnte Leonard mir nicht.
Kein Wort sagte er.
Ich hielt die Abschlussrede auf der Bühne und bedankte
mich bei all unseren Lehrkräften.
Feiern durfte ich nicht, ich sollte nach Hause fahren,
schließlich sei ich peinlich
und er schämt sich für mich.
Nachts wachte ich oft auf, während mir die Tränen über das
Gesicht liefen. Wenn er wach wurde,
schrie er mich an, ich sei verrückt und krank. Dies waren
immer wieder seine Worte.
Ich konnte mir nicht erklären, warum ich weinte.
Es war kein neuer Schmerz, der mich aus meinem Schlaf
riss,
viel eher etwas, was ich damals noch nicht verstand.

Wir nahmen uns eine neue Wohnung, eine größere und
schönere.
Doch die Probleme endeten dort nicht.
Eines Abends zerriss er mir meine Kleidung und schlug
mich mit der Faust zwischen meine Beine und sagte:
Du Schlampe, du brauchst das!
Er kam mir näher und wurde mir intim.
In dieser Nacht, es war kurz vor meinem Geburtstag, wurde
mir klar,
dass ich das Leben meiner Eltern weiterlebte.

Ihre Geschichte neu schreibe und dass wir unbewusst ihre
Rollen übernommen haben.
Ich bin Parwin in den Händen des mächtigen Wahid.

Ich saß auf dem Sofa und spürte etwas. Irgendwie hatte ich
Angst.
Die Ungewissheit machte mich verrückt und ich kaufte mir
einen Test.
Ich nahm ein Buch und wollte mich etwas ablenken,
während ich auf das Ergebnis warten musste.
In meinen Händen das Buch haltend, ging ich ins Badezimmer.
Ich schaute vorsichtig auf den Schwangerschaftstester und
mir fiel das Buch aus der Hand.
Ich musste weinen.
Ich war schwanger von Leonard.
Ich wollte einen Abbruch, doch als ich da lag auf dieser
Liege, ging es einfach nicht.
Ich streichelte meinen Bauch und gab unserem
ungeborenen Kind ein Versprechen:
Ich werde dich mit all meiner Liebe beschützen,
und dir die Welt von ihrer schönsten Seite zeigen.
Ohne Schmerz und Hass, ohne jegliche Gewalt, denn du
sollst eine schönere Geschichte schreiben,
schöner als die meine.

Ich trennte mich von Leonard und zog unseren Sohn Noah
allein groß.
Ich hatte nur eine einfache Stelle, wenig Geld und war erst
zweiundzwanzig Jahre alt.
Wir spielten jeden Tag gemeinsam auf dem Spielplatz, jeden
Tag gingen wir spazieren,
jede Nacht sang ich meinen Noah in den Schlaf, streichelte
sein Gesicht, und wenn er lächelte, gehörte mir für einen
Augenblick die ganze Welt.

Eines Tages saß ich auf der Bank, die Kinder spielten und
ich schaute Noah zu.
Bis ein kleiner Junge zu mir kam und sagte: Die Schuhe von
Noah, die habe ich auch,
aber das sind meine Hausschuhe!
Die trägt man nicht zum Spielen, Mama sagt das immer.
Ich spürte das Zittern meiner Lippen und dass mein Herz
einem tiefen Schmerz ausgesetzt war.
Wir gingen heim und Noah schlief ein, ich saß da und
weinte still und heimlich nur für mich.
Ich hatte kaum Geld, es reichte gerade mal für seine
Nahrung und Windeln.
Der Kühlschrank stand meistens leer.
Ich verzichtete auf Essen, damit es ihm an nichts fehlte.
Ich weinte und versprach ihm, dass ich kämpfen werde, dir
ein Leben aufbauen,
dass wir uns nicht einmal erträumen könnten.
So ging ich los und schrieb mich für das Abitur ein, ich
holte das Abitur nach und
ging neben der Schule arbeiten.
Später schaffte ich es, an der Universität angenommen zu
werden,
ging studieren und fand im Nachhinein eine gute Stelle.
Ich zog weg. Weit weg von meinen Eltern. Weit weg von
Leonard und ging mit Noah fort.
Wir zogen aufs Land in einen kleinen Ort, mit wenig
Menschen und einem neuen Anfang.
Wir gingen in die Wohnung hinein und schauten uns um.
Noah öffnete seine Arme wie ein Flugzeug und rannte voller
Freude durch die Zimmer.
Mama, das ist unser Zuhause, hier will ich bleiben.

Leonard wollte anfangs von unserem Sohn nichts wissen,
es dauerte Jahre, bis er zu Noah den Kontakt suchte.

Er ist inzwischen verheiratet und wieder Vater geworden.

Ich erinnere mich, wie er ein paar Tage vor seiner Hochzeit
weinend vor mir stand.

Vergib mir, Amara, ich war immer neidisch auf dich,

deinen Erfolg und deine liebevolle Seite, du warst immer
weiter im Leben und ich hing hinterher.

Ich wünschte, du wärst die Frau, der ich das Ja-Wort gebe.

Ich hielt Distanz und sagte: Das Leben schreibt für jeden
seine Geschichte

und unsere sollten andere Zeilen tragen.

Alles hat seine Richtigkeit, solange wir Vertrauen in unser
Schicksal haben.

Behandle sie besser als mich.

Ich drehte mich um und ging fort.

Ich verbrachte viele Jahre allein, denn für die Liebe eines
Mannes gab es keinen Platz in meinem Leben.

Bis ich eines Tages ihn traf, Farian.

Farian war nach langer Zeit der zweite Mann, den ich in
mein Leben ließ.

Er schaffte es sehr schnell, mein Herz zu erobern, ich lernte
etwas kennen,

was mir das Leben bis zu diesem Augenblick verborgen
hielt.

Ich spürte Dinge, die mir fremd waren.

Vertrauen. Vertrauen lernte ich nun zum ersten Mal in
meinem Dasein kennen.

Wir verbrachten schöne Momente, bis er eines Tages vor
mir stand und mir sagte:

Amara, mit dir stimmt etwas nicht!

Ich kann dich nicht lieben, du trägst Narben und deine Seele
ertrinkt in ihnen.

Ich lachte laut los und dachte, er sei verrückt geworden.

Doch es war sein voller Ernst.

Er ließ mich allein zurück mit der Aussage, man könne
  mich nicht lieben,
schließlich sei ich nicht in der Lage, eine Beziehung zu
  führen.

Ich höre meine Gedanken laut um mich hallen, wie ein
  Echo:
Denn würden wir streiten, du würdest fallen. Ich könnt dich
  nicht halten,
deine Narben nun zu pflegen und dir Liebe so zu geben.
Seine Worte trafen mich tief. Ich stürzte oft, doch stand ich
  wieder.
Doch bei diesem Fall, so falle ich, ich komm nicht herauf,
  aus diesem schwarzen Loch heraus.
Es hallt und weitet. Der Sturz kommt unvorhergesehen, so
  dass ich falle und aufpralle.
Ich falle tiefer und möchte ein Ende sehn, damit mein Herz
  es kommt zum Stehn.

2013, ich war in ihrem Besprechungszimmer.
Ich reichte ihr die Hand, sie stellte sich vor.
Hallo, Dorn ist mein Name, was führt Sie zu mir?
Ich war 29 Jahre alt, trug langes, schwarzes, seidiges Haar,
  war eine erfolgreiche Frau,
die mit beiden Beinen mitten im Leben stand.
Verdiente inzwischen ein gutes Gehalt, Kleidete mich meist
  elegant
und versteckte mich hinter Make-up und einem
  selbstbewussten, starken Auftreten,
einem unechten Lächeln und zeigte mich stets von meiner
  besten Seite.
Dies lehrte mich meine Kultur, die Maske des Lebens, nenn
  ich sie heute.
Ich setzte mich und schaute die fremde Frau an.

Denn bis zu diesem Zeitpunkt habe ich nie vor einem
Menschen geweint.
Selbst wenn mein Vater uns geschlagen hat oder Leonard
die Hand gegen mich erhob.
Ich blieb immer stark, denn dies lehrte mich das Leben in
jungen Jahren schon.
Kein Schmerz ist für die Ewigkeit und kein Leid für immer.
Frau Dorn saß da und sah mich an, ihre Augen werde ich
nie vergessen,
ihren Blick mir gegenüber.
Ich brach in Tränen aus und weinte, weinte bitterlich,
fühlte den Schmerz der letzten Jahre so stark wie nie zuvor.
Ich redete ganz durcheinander, während Tränen mein
Gesicht bedeckten, flehte ich um Hilfe,
ich flehte, denn ich glaubte, dass mit meinem Leben etwas
nicht stimmt.
Ich glaube, dass irgendetwas falsch ist, nur weiß ich nicht,
was.
Bitte helfen Sie mir.
Sie sah mich an mit einem kühlen Blick und sagt ganz stumpf:
Habe ich gesagt, dass ich Ihnen helfen möchte?
Ich hörte auf zu weinen und riss mich zusammen.
Nein!
Ich nahm all meinen Mut zusammen und fragte sie erneut:
Können Sie mir bitte helfen?
Das weiß ich nicht.
Aber ich möchte es versuchen!
So fing ich an, ihr von meinen Leid zu berichten, ohne zu
wissen,
wo der Weg mich eines Tages hinführen würde.
Glaubst du an die wahre Liebe, an diese eine große Liebe,
die einem im Leben nur einmal begegnet?
Wie weit geht man dem Ruf seines Herzens nach?
Wie weit geht man für diese eine Liebe?

Wir kennen uns nicht allzu lang, doch er ist der Grund,
　　warum ich Sie aufgesucht habe.
Ich fange an zu grübeln, meine Gedanken spielen mir
　　Streiche und ich spüre, dass etwas zerbricht.
Vielleicht das Eis, das mich ein Leben lang schützte und das
　　Herz ummantelt.
Denn Gefühle musste ich begraben, um das Leben nicht zu
　　verlieren.
Ich sehne mich nach einem Gefühl, etwas, was mir im
　　Leben verborgen blieb,
ich wünsche mir meine eigene Familie.
Kinder, die um mich herumtanzen, lächelnd und voller
　　Glück. Diesen einen Menschen,
der mich so ansieht, wie es nur die Liebe zulässt.
Die Berührung auf meiner Haut, wenn unsere Lippen sich
　　treffen,
und das Herz dabei bebt und eine Magie spürt.
Für diesen Glauben sitze ich nun hier, hier bei dieser
　　fremden Frau.
Denn nur der Glaube an die wahre Liebe hielt mich am
　　Leben.
Was, wenn mir dieser eine Mensch begegnet ist und ich
　　nicht fähig bin, fähig zu lieben,
weil mir das Leben Streiche spielt, mich an meinem Glück
　　hindert?
Ich steige in meinen Wagen, fahre nach Hause und lege
　　mich hin,
denn ich spüre, wie erschöpft ich bin.
Erschöpft vom Leben.
Bilder, längst vergessene Bilder überkommen mich, ich
　　verspüre Angst,
denn diese Bilder waren viele Jahre verloren und ich schlage
　　mir mit Fäusten auf meinen Kopf,
sie sollen gehen, die Dämonen meiner Geschichte.

1993, ich war zehn Jahre alt und mein Bruder rief mich zu
    sich,
ich solle nach oben kommen, denn er wolle mir etwas zeigen.
Ich lag auf einem Bett und er zog mir meine Hose langsam
    herunter.
Ich teste jetzt etwas, du darfst aber nichts sagen, hörst du?
    Zu niemandem, Amara.
Ich lag auf seinem Bett und spürte etwas zwischen meinen
    Beinen.
Ein dumpfer Schmerz, gefolgt von einer Kälte. Ich lag
    schweigend dort
und wusste nicht, was mit meinem Körper geschieht.
Gegenstände, es waren unterschiedliche Gegenstände.
Ich durfte nicht sprechen, dies war ein Geheimnis, nicht für
    einen Tag,
viel eher ein Geheimnis, das ich zwanzig Jahre schweigend
    mit mir trug.
Schweigend das Herz fühlte, fühlte den Schmerz der Jahre,
    die vergingen, bis zu meinem fünfzehnten Lebensjahr.

Wir schrieben das Jahr 2000, heute veränderte sich meine
    Gegenwart.
Eine Gegenwart, von der ich damals nichts wusste.
Er rief mich zu sich, und ich, ich verlor heute meine
    Jungfräulichkeit.
Ich spürte das Eis um mein Herz.
Nichts fühlend, gelähmt und stumm daliegend.
Ich sollte schweigen, niemand durfte dies erfahren.
Nach diesem Tag hörte etwas auf. Er hörte auf, mich zu
    berühren.
Er suchte mich nachts nicht mehr auf.
Und ich, ich spürte, dass sich etwas verändert hatte.
Ich hörte auf zu lachen, sprach nicht viel, ging den
    Menschen aus dem Weg.

Ich öffnete mich niemandem und lernte das Schweigen für
   mich.
Ich suchte nach Gründen und Ausreden, um dieses Haus zu
   verlassen, und erst heute verstehe ich,
dass Leonard nicht die Liebe war, sondern mein Ausweg,
   die Möglichkeit, aus meinem Dasein zu fliehen,
einer Realität, der ich nicht zugehörig war.

1994, ich wachte inmitten der Nacht auf und weckte das
   ganze Haus.
Mein Vater, zornerfüllt, schrie mich an,
während meine Mutter mich liebevoll in ihren Armen
   umschlang und mich zu sich nahm.
Amara, was hast du geträumt?
Ich kann mich nicht erinnern, Mama.
Natürlich konnte ich, doch über manche Dinge spricht man
   nicht.
Sie hatte genug Lasten zu tragen, so schwieg ich still vor
   mich hin und dachte
an all die Bilder meiner Nächte.
Fremde Jungs fesseln mich, berühren meinen Körper,
   weinend schreie ich,
bis ich erwache und spüre, dass all dies nicht passiert.
Du hast geträumt, Amara, jetzt ist alles wieder gut, es war
   doch nur ein Traum.

Ich war sechs Jahre alt und habe für mich die Kunst
   entdeckt.
So nahm ich aus der Schule immer die alte weiße Pappe mit,
denn meine Eltern konnten mir diese nicht kaufen.
Nicht wegen des Geldes, viel eher, weil sie nie sahen, was
   unsere kindlichen Bedürfnisse waren.
Ich holte meine Buntstifte heraus und malte mir die Pappe
   selbst bunt.

In den fröhlichsten Farben, die das Herz zum Leuchten
    bringen.
Ich schnitt Vögel aus, Blüten und Blätter und bastelte mir
    einen Baum,
meinen Baum des Lebens.
Ich holte eine Rolle Klebeband, stieg mit meinen Beinchen
    auf die Fensterbank und schmückte mir mein Fenster.
Draußen sah man Bäume, Äste und Blumen und durch
    meinen Baum verband ich mich mit der Natur.
Ich kletterte für mein Leben gern. Wie ich das eine Mal ganz
    oben auf einem großen Ast sitze,
den Rücken angelehnt zum Stamm und von ihren Ästen die
    grünen Äpfel pflücke.
Sie waren meist so sauer, dass sich das Gesicht
    zusammenzog.
Eine Leidenschaft, die ich heute noch lebe, nur dass ich
    heute keine Äpfel da oben pflücke,
sondern oben sitze, der Sonne entgegenschauend,
    wunderschöne Bücher lese.
So verbinden sich mein Herz und meine Seele mit der Natur.

Ich sprach zu meinen Eltern: Wenn ich groß bin, dann
    werde ich mal Künstlerin,
ich werde malen und schreiben.
Meine Eltern lachten über mich, vielleicht nicht über mich,
    sie lachten und sagten:
Amara, du bist eine Träumerin und musst lernen,
    realistischer zu denken.
Jeder möchte seinen Traum leben, aber Träume sind nur
    Träume, mein Kind,
und weit entfernt von unserer Wirklichkeit.
Mit vierzehn Jahren entdeckte ich die Lyrik für mich,
so las ich Goethe, Shakespeare, Schiller und viele weitere
    bedeutsame Künstler, die mich prägten.

Anfangs lag das Wörterbuch neben meinem rechten Bein,
  denn vieles musste ich nachschlagen.
So fing ich mit dem Schreiben an, Gedichte über die Welt,
  uns Menschen,
unser Handeln, über Gott und Vertrauen, alles, was mich
  damals bewegte.
Ich merkte, dass ich Gefallen an etwas fand, etwas, das eine
  weiche Seite in mir erweckte.
Eine Leichtigkeit verspürte ich inmitten meiner Seele.

2009, heute saß ich auf dieser Bühne, meine Beine baumeln
  in der Luft,
neben mir meine besten Freundinnen und Freunde.
Habe ich euch erzählt, dass ich eines Morgens, die Zeitung
  öffnend, mich dort stehen sah?
Vor meinem Bild mit dem Titel *Wege*, aber nicht
  irgendwelcher Wege,
das Bild steht für die Wege des Lebens.
Ein Bild, das ich malte für meine Vernissage, die Bilder die
  ich im März ausstellte.
Ich saß auf dieser Bühne, trank einen Sekt mit meinen
  liebsten Mitmenschen, erwischte mich,
wie meine Gedanken schweiften und ich nichts mehr hörte.
  Stille. Jeder möchte Träume leben, Amara,
aber Träume sind nur Träume, mein Kind, und weit entfernt
  von unserer Wirklichkeit.
Ich spürte meine Mundwinkel, wie sie sich leicht verschämt
  nach oben zogen,
aus meinen Lippen ein Lächeln formten und mir bewusst
  wurde,
kein Traum ist zu groß und kein Weg zu weit.
Denn wir können alles sein, solang wir an uns glauben!

Farian … Wie beschreibe ich diesen Mann?

Farian hatte rotes Haar, leichte Sommersprossen, eine
schmale feine Nase und tiefblaue Augen.

Er liebte Sportrennen und fuhr durch ganz Europa mit
seinem Motorrad,

Rennen raubten ihm den Verstand, es war seine
Leidenschaft, seine Liebe.

Manchmal hatte ich das Gefühl, dass ihn seine Größe
stört,

denn mit hohen Schuhen konnten wir uns in die Augen
schauen.

Dabei übersah er seine wahre Größe, die Größe, die er im
Herzen trug.

Seine Eltern würde ich Freigeister nennen, lebensfroh und
herzlich!

Eine Erfahrung, die man recht selten macht.

Ihre Haustür ist jedem offen und einen Schlüssel gibt es
nicht zum Schloss.

Denn keine Nacht wird man erleben, in der einem ihre Tür
nicht offensteht.

Farian war der älteste Sohn im Haus, er lehrte mich Dinge,
die ich jedem Menschen wünsche.

Schönheit, Amara, wahre Schönheit kommt doch von
innen, verstecke dich nicht hinter Farben.

Er nahm mich mit in die Natur, erzählte mir Geschichten,
bis der Bauch schmerzte vor Lachen.

Ein Lachen, das vom Herzen kam, ich sah ihn an und sprach
zu ihm:

Du lehrst mich Dinge wie Vertrauen, deinen Glauben und
die Zeit, die ich nun raube.

Gibst mir Kraft und zeigst mir Dinge, die mir bislang fremd
waren.

Liebe ist Freundschaft, Vertrauen, der Glaube an dich.
    Liebe ist Schönheit,

dein Glaube an mich.
Und so lernte ich zum ersten Mal im Leben zu vertrauen.

Ich saß bei meiner fünften Sitzung, Frau Dorn sieht mich an
und diesmal brech ich zusammen.
So sehr, dass selbst Worte mich nicht mehr erreichen.
Eher Stimmen, Stimmen in meinem Kopf, die zu mir
sprachen.
Stimmen, die mir böse Dinge sagten, Ängste spürte ich, und
ich wusste,
dass ich es nicht mehr schaffe.
Vorsichtig umarmte sie mich, leise sprach sie, zu mir schauend:
Es wird alles gut, das verspreche ich, alles wird gut.
Wir schaffen das.

Bei unserer ersten Berührung zitterte ich, mein Körper lag
steif da und ich hörte:
Ist alles gut bei dir?
Irgendwie fühlt sich das wie eine Vergewaltigung an, du bist
so still und steif!
Nähe, Nähe ist etwas, was ich leider nie fühlen konnte.
Ich spürte nichts und verstand die Menschen nicht.
Warum betrügt man sich?
An der Nähe ist doch nichts Besonderes.
Ich brauche keine körperliche Nähe und suche so im Geiste
mein Glück.
Mir war nicht klar, dass etwas in mir zerbrach vor vielen
Jahren.
Und ich nun unfähig war, die Dinge zu spüren, die man
fühlen sollte.

Frau Dorn bat mich, einen Arzt aufzusuchen, er sei ein
guter Freund von ihr.
Ich notierte mir zitternd und weinend seine Adresse.

Es war Montag und ich fuhr hin, ein alter Mann, ich hätte
ihn auch über achtzig geschätzt.
Ich saß ungeduldig und voller Anspannung im
Wartezimmer dieser neuen Begegnung im Leben.
Ich wurde von einer Mitarbeiterin ins Zimmer gebeten und
wartete auf ihn.
Er betrat den Raum und fragte mich:
Was willst du hier?
Ich fing an zu weinen und erzählte unter Tränen. Ich
brauche Hilfe, ich weiß nicht, was passiert,
aber meine Seele, sie kämpft, sie kämpft bitterlich gegen
mich, doch ich erkenne ihre Gründe nicht.
Er wurde erst wütend und sagte mir: Du darfst nicht mehr
hierherkommen,
ich will dich hier nicht sehen.
Ich werde nicht die weite Fahrt auf mich nehmen, wenn es
so weit ist.
Ich möchte dich nicht identifizieren müssen!
Für einen Augenblick wurde es still, sein Blick senkte sich
und er fing an, mir seine Geschichte zu erzählen.
Tränen liefen ihm über das Gesicht, er saß einfach da und
weinte ganz still.
Anders als ich.
Trotzdem fühlte ich eine Gemeinsamkeit.
Ich fragte ihn: Was hat ihnen geholfen, dass sie es geschafft
haben?
Er warf mir einen sanften Blick zu, sah mich lächelnd an
und verriet mir sein wohl tiefstes Geheimnis.
Die Liebe meiner Frau!
Ich habe Medizin studiert, um mein Leben zu verstehen,
habe Therapien besucht,
bis ich sogar die Psychologie für mich entdeckte, und trotz
allem half mir nichts.
Ihre Liebe rettete mich!

Ich wollte aufstehen und mich bedanken, ich wollte diesen
   fremden Menschen umarmen,
doch als ich da stand, umarmte er mich und sagte: Du wirst
   es schaffen, Amara.
Das spüre ich.

Er setzte mich in ein Taxi und fragte mich, ob ich Geld
   benötige.
Ich sagte weinend Nein. Fahr da hin, diese Adresse wird dir
   weiterhelfen.
So fuhren wir los zu meiner nächsten Begegnung auf dieser
   Reise, der Reise meiner Seele.
Ich erreichte eine Praxis, betrat das Wartezimmer, überfüllt
   von Menschen
und ich spürte jede Schwingung in diesem Raum.
Ich spürte die Gedanken der Seelen, fühlte ihren Kummer
   und verstand mich nicht. Warum ich?

Ich saß an der Haltestelle, war siebzehn Jahre alt, sehe ein
   weinendes Mädchen neben mir
und ich spüre ihren Schmerz.
Ich spürte ihn so stark, als ob es mein eigener wäre und
   fragte sie: Ist alles gut bei dir?
Heute weiß ich, wieso ich diese Fähigkeit besaß.
Es waren die feinen Antennen eines Kindes, des Kindes,
   das in mir lebte und nie gehört wurde.

Ich betrat das Behandlungszimmer, weinte kräftig und
   stotterte vor mich hin.
Der Neurologe lächelte und ich fühlte seinen Frieden,
   den Frieden seiner Seele.
Unglaublich, dieses Gefühl, das ich spürte, es war mir fremd.
Er reichte mir freundlich ein Tuch. Wisch dir erstmal die
   Tränen ab.

Jetzt wird alles gut.

Ich spürte die Ehrlichkeit in seinen Worten und spürte
   Vertrauen,
Vertrauen in einen fremden Menschen.

Was geschieht mit mir? Das ist deine Seele, sie möchte dir
   etwas mitteilen,
doch du kämpfst gegen ihren Ruf an.

Er schaut mich an und sagt: Hier musst du hin, hörst du?
   Diese Adresse wird dir weiterhelfen.

Ich nahm alle Unterlagen, die er mir reichte, und fuhr los,
   fuhr,
bis ich mein Ziel erreichte an diesem Nachmittag.

Ich war erschöpft und mein Körper wehrte sich gegen das
   Herz und all seinen Schmerz.

Mein ganzes Leben stand auf dem Kopf.

Ich betrat die Klinik und ein freundliches Lächeln kam mir
   entgegen.

Kann ich Ihnen weiterhelfen?

Ich brach erneut zusammen, schluchzend und
   tränenüberströmt.

Bitte helfen Sie mir, ich brauche Hilfe.

Sanft streichelte mich die Fremde über meinen Arm und
   sagte: Kommen Sie mit.

Mit weiteren Papieren in der Hand wurde ich weggeschickt.

Ich sollte nach Hause fahren, sollte mich beruhigen und mir
   dann die Zeit nehmen,
mit klaren Gedanken einen Brief zu verfassen, in dem ich
   mein Leid schildere.

Tagelang drückte ich mich, rannte meiner Realität nicht
   nach und wollte mich all den Dingen entziehen,
fliehen vor mir selbst, meiner Geschichte.

Bis ich mir vor Augen hielt: Ein Leben ohne Träume ist wie
   ein Garten ohne Blumen, Amara.

Es sind nur Stolpersteine, nur kleine Stolpersteine.

Sich für die Fehler anderer zu bestrafen, ist die größte Strafe
  an uns selbst.
Denn wir suchen uns unsere Geschichte nicht aus, wir
  werden hineingeboren.
Doch liegt es in unserer Macht, selbst aus einem
  Scherbenhaufen ein Kunstwerk zu zaubern!

Ich wurde auf eine Warteliste gesetzt und sollte mich
  gedulden.
Ich arbeitete, suchte Ablenkung, während ich in meinem
  Inneren mit mir kämpfte.
Ich sah erschöpft aus, meine Schönheit verblasste und ich
  verlor die Farben des Lebens.
Grau, schwarz und weiß begleiteten mich auf diesem
  Weg.
Bis eines Tages das Telefon läutete: Amara, sind Sie es?
Ja, wer spricht da? Hier ist die Klinik und ich habe eine
  erfreuliche Nachricht für sie.
Sie wurden vorgezogen aufgrund der Dringlichkeit Ihres
  Falls.
Ich schicke Ihnen eine Liste zu, all die Dinge benötigen Sie
  für Ihren Aufenthalt bei uns.
Kennst du das Gefühl vom Glauben? Dass Glaube uns im
  Leben stärkt,
Hoffnung uns den Weg zeigt und kein Traum zu groß ist,
  solange wir es wollen?
Diesen Weg möchte ich gehen, für meinen Glauben an die
  Liebe, nicht irgendeine Liebe,
sondern die Liebe zu mir selbst.

Die Zeit war lang und viele Begegnungen prägten mich auf
  meiner Reise des Lebens.
Ich lernte die Ruhe für mich, lernte, mir Zeit zu nehmen
  für die Seele,

nicht gegen meine Gefühle zu kämpfen, sondern sie zu
akzeptieren,
denn all diese Gefühle gehören doch zu mir und machen
mich erst zu dem Menschen, der ich heute bin.
Ich kaufte mir Bücher, suchte mir einen Baum, kletterte bis
zu seiner Krone hinauf
und las »Der träumende Delphin«.
Ich spürte ein Lächeln auf meinen Lippen, spürte mich der
Natur verbunden,
spürte einen Frieden der Welt, der mich für diesen einen
Moment umgab.
Ich sprach zum Universum und bat um die Erfüllung eines
Wunsches.
Kannst du mir nicht die Liebe schicken?
Nicht irgendeine Liebe, meine wahre Liebe, meine andere
Hälfte, den Menschen, der meiner Seele gleicht,
in dem mein Inneres sich widerspiegelt.
All die Liebe, all ihre Schönheit, alles, was du mir gegeben
hast?
Meine Mutter sprach als Kind zu mir: Amara, Wünsche
solltest du bedacht aussprechen,
denn sie werden erhört und dich finden.
So saß ich als Kind auf meiner Fensterbank und sprach zum
Himmel:
Liebes Universum, wenn ich groß bin, dann wünsche ich
mir Liebe, nicht irgendeine, sondern die wahre.
Nur ein einziges Mal dieses kostbare Gefühl, nur eine
Begegnung, die für die Ewigkeit hält.
Wahres Glück zu empfangen, um Freude ein Leben lang zu
spüren. Schicke mir die wahre Liebe,
doch nur mit einem Menschen.

Heute weiß ich, wie viel Wahrheit hinter den Worten steht,
die wir sprechen.

2015, ich saß am Kanal mit einer Flasche Wein, einer Decke
und Aurel.

Es war unser erstes Gespräch ohne Ängste, ohne Kummer
oder Sorgen.

Aurel öffnete seine Seele, Vertrauen borgte er mir in diesem
Moment und ließ sein Herz zu mir sprechen.

Frei von allem saßen wir dort, lauschten dem Rauschen des
Wassers und sahen zur Sonne hin,

wie sie sich senkte und die Dämmerung anbrach.

Amara, ich liebe dich.

Ich fragte: Aber warum kämpfst du dann mit aller Kraft
gegen diese Liebe?

Ich will doch gar nicht kämpfen!

Ich weiß es nicht.

Für einen kurzen Moment spürte ich seine Ängste, den
Schmerz seiner Vergangenheit.

Und so sprach ich zu ihm, glaubst du meinen Worten, wenn
ich dir sage,

dass jeder Mensch ein roher Diamant ist,

bis das Leben uns schleift und wir zu kostbaren Juwelen
werden?

Dass die wichtigsten Menschen in unserem Leben unsere
Eltern sind, unsere Vorbilder,

unsere erste Liebe, unsere Beschützer und starken Helden?

Was ein Fehlverhalten in der Seele eines

Kindes ausmacht, wie sehr es ein Kind unbewusst prägt

und wir das erst im Erwachsensein bemerken,

anhand unseres Verhaltens,

denn wir können nur das leben, was uns geprägt hat.

2004. Es läutete und ich öffnete erwartungsvoll die Tür.

Mama, was tust du hier?

Ich hatte meine Mutter seit fast zwei Jahren nicht gesehen,
sie durfte mich nicht besuchen,

denn meine Geschwister waren hasserfüllt mir gegenüber.

Sie stand weinend vor mir.

Amara, wir haben nichts zu essen und ich wusste nicht,
wohin mit mir.

Komm erstmal rein. Ich machte ihr Tee und lauschte ihrem
Kummer.

Leonard und ich hatten nie viel Geld, da ich in meiner Lehre
war und Leonard noch Schüler.

Leonard hatte damals die Schule abgebrochen und musste
so seinen Abschluss nachholen.

Ich schaute in meine Schränke und füllte ihr eine Tasche,
mit allem, was wir an Lebensmitteln hatten.

Sie sah mich dankend an und ging hinaus.

Ich wollte warten, doch ich lief zur Bank, in der Hoffnung,
auch nur

ein wenig Geld zu besitzen, damit Leonard nicht böse wird.

Ich betete und hoffte auf ein Wunder.

Ich steckte meine Karte hinein und traute meinen Augen
nicht.

Ich hatte eine hohe Summe erhalten, bis heute weiß ich
nicht, woher mich das Geld erreicht hat,

aber dankbar und glücklich rief ich meine Mutter an.

Mama, wo bist du?

Bleib genau dort stehen, ich komme jetzt zu dir!

Meine Mutter verstand mein Vorhaben nicht und ich verriet
ihr nichts.

Ich stieg in den Bus und fuhr zu ihr.

Schüsselkorb, läutete die Stimme im Bus, vor lauter
Gedanken hätte ich beinahe die Haltestelle verpasst.

Ich stieg aus und sah sie lächelnd an.

Komm, wir gehen einkaufen im nächsten Supermarkt.

Ihr Blick war fassungslos und leicht irritiert.

Wir kauften ein und ich schickte meine Mutter heim.

Meine Geschwister waren oftmals sehr hart zu unserer

Mutter. Einmal erzählte sie mir,
wie böse meine Schwester mit ihr gestritten hat, ihr
vorwurfsvoll sagte: Wo ist denn deine tolle Amara,
wenn es dir schlecht geht?
Sie lächelte und sagte: Das Brot, das du gerade isst, hat
Amara bezahlt!
Schweigen herrschte danach und niemand verlor ein Wort
mehr.

Natürlich besuchte ich auch meinen Vater, ich sah es damals
als meine Pflicht.
Noah und ich gingen hinein in sein Zuhause, die Schränke
leer, sein Kühlschrank war ausgeschaltet,
die Lampen konnten die Räume nicht erhellen, da es ihnen
nicht möglich war, der Strom wurde ihm abgestellt.
Ich sah ihn besorgt an, drückte mir die Tränen weg und
blieb stark.
Papa, ich muss kurz raus und werde gleich wieder bei dir sein.
Ich ging die Treppe hinunter, meine Gedanken quälten mich,
und mit Tränen in den Augen stieg ich in meinen Wagen.
Ich fuhr in den nächsten Supermarkt und kaufte vier volle
Tüten Lebensmittel ein,
Datteln, Mandeln, frisches Obst, reichlich Gemüse, alles,
was sein Herz begehren könnte.
Wieder angekommen vor seiner Haustür wischte ich mir die
Tränen weg und setzte mir ein Lächeln auf.
Ich trug alles die Stufen hinauf und läutete an seiner Tür.
Er nahm mir dankend alles ab, küsste meine Stirn und
fragte:
Amara, kannst du mir vielleicht noch etwas Geld dalassen?
Ich konnte mir ausmalen was er vorhatte mit dem Geld, das
ich hart verdient habe,
wenn ich nach der Uni erschöpft arbeitete als Kellnerin oder
putzen ging, um die Bücher zahlen zu können,

die ich benötigte für die Kurse des Studiums.

Doch ich schwieg und reichte ihm einen Schein.

Hier, nimm es, damit du nicht mit leeren Händen
dastehst.

Ich packte Noah ins Auto und fuhr los.

Heute weiß ich, dass mein Vater dort nicht lebte, es war
seine Scheinwohnung,

ein Zufluchtsort, wenn er sich mit ihr stritt.

Christine Schipkowski, seine fünfte Affäre?

Ich weiß es schon nicht mehr. Von seiner dritten Hochzeit
hörte ich noch,

mit dieser Frau lebt mein Vater bis zum heutigen Tag.

Bevor ich die große Stadt verließ, rief er mich an, er wollte
meine Hilfe.

Es war Sommer und so standen wir draußen auf der Wiese.
Er kam wutentbrannt,

wie ich meinen Vater nun mal kannte.

Die Grundeinstellung eines Menschen wird sich niemals
verändern,

dies muss man akzeptieren und vielleicht aus Liebe
hinnehmen?

Er beschwerte sich über seine dritte Ehefrau, erzählte mir,
dass Sie untreu sei

und schaute mich an, er sah so fremd aus, ich kannte diesen
Menschen nicht mehr.

Ohne jegliches Gefühl sah ich ihn an, musterte seine Gestik,
seine Mimik

und lauschte dabei ferner dem Wind, den Blättern, wie sie
wehten, und spürte, dass etwas brach.

Die Bindung eines Kindes zu seinem Helden, seinem
starken Beschützer, seiner ersten Liebe.

Amara, ich brauche Geld, mein Tank ist leer!

Mit leerem Blick zog ich das Portemonnaie aus der Tasche,
ich fühlte nichts mehr und schwieg.

Ich zog einen Schein heraus und sprach: Dieses Geld macht
    mich nicht reicher und auch nicht ärmer,
aber heute hast du eine Tochter verloren.
Ich drehte mich um wie in Trance und ging ins Haus.
Ob es Menschen bewusst ist, dass Wunden nicht nur
    äußerlich entstehen können, sondern Wunden der Seele
    und des Herzens viel tiefer sind als jeder Schlag?
Jedes Mal, wenn du die Hand gegen mich erhoben hast,
jedes Mal, wenn meine kleinen Arme mit bunten Farben
    übersät waren,
jedes Mal, wenn das Blut herunterlief, jedes Mal, Vater.
Doch kein Schmerz ist größer als der meiner Seele, jede
    weitere Narbe, die du mir zugefügt hast,
mit dem Schleier vor deinen Augen.

Damals dachte ich, der Glaube hätte mich verlassen, der
    Glaube an die Liebe,
an das Leben, an die Zeit und die Geschichte meines
    Daseins.
Das Gefühl, wenn die Zeit steht und nichts mehr geht.
Jeder Tag sich nur noch wie ein Winter anfühlt.
Bis mir bewusst wird, nicht der Glaube hat mich verlassen,
sondern ich habe meinen Glauben losgelassen.

Herbst, die Blätter verlieren ihre Farbenpracht und wehen
    mit dem Wind den Weg entlang,
Regentropfen schmücken die Felder, Sonnenstrahlen
    beleuchten jeden Tropfen zu kleinen Kristallen,
die schimmernd leuchtend die Welt erblicken.
Ich sitze zu Hause zwischen Rosen und weiteren Blüten,
auf einer Decke weit ausgespannt, geschmückt mit Töpfen
    voll Flieder, Lavendel und Lilien.
Rotwein ertränkt das Innere der Karaffe und die Gläser
    warten auf ihre Füllung.

Kerzen, umhüllt von weißem Papier, flackern wild umher.
Es läutet und nun steht Aurel vor mir.
Das Licht bleibt aus, die Augen verbunden mit einer Binde
aus schwarzem Satin,
leichte Töne der Musik erklingen im Raum und ich, ich
stehe so vor dir.
Ich singe für dich und du nimmst die Augenbinde ab, bläst
alle Kerzen deiner Torte aus und lächelst mich an.
Deine Worte waren, ich wünsche mir etwas Kleines zum
Spielen, etwas Großes zum Auspacken,
etwas mit Schokolade, doch vor allem einen schönen
Geburtstag mit Dir.
Heute treffen wir uns zum ersten Mal,
auf einer Decke picknicken wir in meinem Wohnzimmer
bei Nacht.
Dies war mein Versprechen und so hielt ich auch mein Wort.
Wir lachen, bis der Bauch uns weh tut, erzählen uns
Geschichten und trotz all der wunderschönen
Gefühle fehlt mir der Mut, dir in deine Augen zu schauen.
Scham überkommt mich und ein wohliges Gefühl füllt mein
Herz mit Vertrautheit,
ohne dich zu kennen.
Meine Gedanken ertränke ich in Rotwein und lasse dem
Herzen freien Lauf.
Ein wunderschöner Abend neigt sich dem Ende zu.
Das wohlige Gefühl ummantelt meine Seele und das Herz,
ich nehme all meinen Mut zusammen und berühre nun
sanft deine weichen Lippen,
mein erster Kuss mit dir.
Schmetterlinge fliegen und tanzen in mir.

Ein Jahr ist nun vergangen seit unserer ersten Begegnung
und wir sitzen am Kanal.
Ich trinke Rotwein und schaue der Sonne entgegen.

Lustig, Aurel, meine Mutter hat mir immer gesagt: Amara,
   sprich deine Wünsche bedacht aus,
denn sie werden dich heimsuchen.
Ich liebe dich, Aurel, deine wunderschöne Seele, deine Art
   und jede Weise und wie sich unsere Taten ähneln.
Es ist, als wenn man sich selbst gegenübersteht, einem
   Spiegel, der einem die verborgenen Winkel
seiner Seele zeigt.
Ich habe mir vor unserer Begegnung vom Universum etwas
   gewünscht.
Mich, meine Seele in einem anderen Menschen. Und nun
   sitzen wir hier!
Bei meiner Äußerung, mir selbst gegenüber zu stehen, habe
   ich meine Ängste vergessen,
die Ängste vor der Liebe, Ängste, einem Menschen
   Vertrauen zu schenken,
Ängste, Nähe zuzulassen, um Geschehenes und die Last des
   Lebens zu vergessen.
Denn du bist ich, mit jeder deiner Facetten, und wie konnte
   ich vergessen,
dass du wohl auch Ängste mit dir tragen wirst.
Nennt man dies wohl Schicksal?
Ich umarme Aurel und sagte nichts mehr.

Nachts, wenn ich weinend neben Leonard erwachte, schrie
   er mich an.
Was, wenn mir heute erst bewusst geworden ist, dass ich nie
   verrückt war, sondern gegen mich gekämpft habe?
Was, wenn ich unbewusst die Stimme meines Herzens
   verdrängt habe?
Die Stimme eines kleinen Mädchens, die Stimme, die nie
   erhört wurde,
den Schmerz, den es nie teilen konnte. Was, wenn ich diese
   Stimme verdrängt habe,

ihr nie zugehörig sein wollte, sie nie als mich selbst
    akzeptiert habe?
Wir können doch erst vollkommen sein, wenn wir uns
    selbst lauschen,
unserem Herzen Gehör schenken und all unsere Erlebnisse
    akzeptieren.
Akzeptieren, dass man Zeit nicht drehen kann, Erlebnisse
    nicht ungeschehen machen
und Böses nicht vergessen.
Doch gehört nicht all dies auch zum Leben dazu?
Heute verstehe ich, dass ich nur gegen mich selbst gekämpft
    habe,
aus Angst, mich so zu akzeptieren und zu nehmen, wie ich
    bin.

2014. Als ich nun merke, dass ich mein Herz verliere an
    Aurel, traf ich ihn und fuhr mit ihm los,
es sollte eine Überraschung werden.
Angekommen an der Blauen Lagune, wandern wir lächelnd
    die Wege entlang.
Bis wir uns ans Wasser setzen, Steine flitschen und uns
    ansehen.
Aurel, schließ deine Augen bitte!
Ich nehme aus meinem Rucksack eine kleine Dose
    heraus,
öffne sie vorsichtig und die kleine Herztorte, die ich am
    Abend zuvor backte,
umhüllt mit rotem Fondant und einer Satinschleife, lege
    ich nun auf eine weiße Platte.
Du darfst jetzt gucken.
Ein wundervoller Mensch hat mich einst gelehrt,
manche Dinge sagt man sich persönlich und nicht über
    das Telefon. Heute möchte ich dir mein Herz schenken,
    denn ich habe es an dich verloren!

Amara, das ist das Liebste, was je ein Mensch für mich
getan hat.
Sanft umschlingen sich unsere Arme und wir küssen uns.

Zwei Wochen vergehen, als Aurel mich anruft, lass uns
heute in die Natur gehen,
ich möchte dir etwas zeigen, den großen Stein meiner
Kindheit.
So fahren wir aufs Neue los zum nächsten Abenteuer
unserer Geschichte.
Wir klettern auf den großen Stein und Aurel erzählt mir die
Geschichten seiner Kindheit mit diesem Stein:
Wir sind mit Mama und Papa auf den Fahrrädern
hergekommen
und wie verrückt von oben immer heruntergesprungen,
damals sah der Stein noch so groß und mächtig aus.

Aurel und ich kletterten hinauf und sprangen wie kleine
Kinder herunter.
Als es kühler wird, breiten wir uns eine Decke aus, zünden
uns Kerzen an
und schauen einfach den Wolken zu, wie sie sich verändern,
bewegen und an uns vorbeiziehen.
Es ist ein magischer Moment und ich spüre Liebe.

Aurel lehrte mich weitere schöne Dinge.
Er nimmt mir meine Ängste, Ängste vor der Nähe und
schenkt mir ein Lächeln,
er erklärt mir das Leben und die Welt, erklärt mir die Liebe
und den Zusammenhalt zwischen zwei Menschen.
Heute weiß ich, wie sich Nähe anfühlen darf und kann,
wie wunderschön der Moment ist,
wenn zwei liebende Seelen ihre Körper ineinander
verschlingen und

wie unbeschreiblich schön eine Berührung sich anfühlt.

Er lehrt mich zum ersten Mal, keine Ängste zu verspüren
vor einer Berührung.

Und das Zittern hört auf, keine Tränen laufen mir mehr
über die Wangen,

viel eher lächle ich und nehme Gefühle wahr, die ich jedem
Menschen wünsche.

Ich merke, dass sich wieder etwas verändert in mir.

Was, wenn dir Millionen von Menschen begegnen, blind für
die innere Schönheit,

doch einer dir eines Tages gegenübersteht, der nur dies
Eine erkennt, was für das Auge unsichtbar ist: deine
Seele!

Wir reisen durch die Schweiz, Österreich und Italien,
erleben schöne Momente gemeinsam.

In der Lagunen-Stadt vor dem Markusplatz stehend,
während im Hintergrund ein Orchester spielt,

Louis Armstrong: *What a wonderful world.*

Er zieht mich zu sich und wir tanzen, vergessen alles, jeden
Menschen um uns herum,

lassen alles stehen und sehen nur noch uns.

Ich könnte von Momenten erzählen, die schöner als jedes
Märchen sind,

schöner als jede Liebesgeschichte aus fernen Ländern,
schöner als jeder meiner Träume.

Das muss wahre Liebe sein!

Wir sitzen vor einer Bühne und der Moderator ruft mich
auf. Amara, sagt Aurel,

ich liebe dich!

Ich schaue Aurel an und sage nichts.

Stehe auf, steige aufs Podest, nehme das Mikrofon in meine
Hand und beginne mein Gedicht vorzutragen.

Aurel ist leicht verrückt und lebensfroh, trägt eine
  unbeschreibliche Schönheit in seinem Herzen,
er schenkt jedem Menschen sein Gehör, sieht in jeder Seele
  nur das Gute,
möchte am liebsten jedem Menschen zu Hilfe eilen und
  vergisst oft sich selbst dabei.
Er ist ein ungeschliffener, roher Diamant, der sich seiner
  Schönheit manchmal gar nicht bewusst ist.
Er nimmt sich jedes Mal die Zeit für meine Seele, bei jedem
  Tief hält er mich fest in seinen Armen,
schenkt mir Kraft, wenn mich mein Mut verlässt, aus
  Tränen formt er ein Lächeln.
Er nimmt sich die Zeit und die Geduld und spricht:
  Amara, du bist es wert!
Worte, die mir gegenüber nie zuvor ein Mensch äußerte.
  Er glaubt an mich, wenn ich den Glauben verliere,
reicht mir beide Hände, wenn ich falle.
Bei jedem freudigen Ereignis freut er sich noch mehr für
  mich, als ich es selbst tue.
Wir sitzen am Kanal und mir wird bewusst: Du bist es wert,
  Aurel.
Bei jedem Schritt, den ich endlich wage, nachdem so lange
  niemand an mich glaubte,
lächelst du mich an und sagst:
Wir schaffen das!
Ja, mit Aurel bin ich meinem wunderschönen Menschen
  begegnet und dies auf vielen Umwegen.
Doch meine ganze Reise war wohl sehr bedacht, denn bin
  ich all die Wege des Lebens gelaufen, um der Liebe zu
  begegnen, ohne zu wissen, dass mir auf dieser Reise etwas
  viel Wertvolleres widerfährt!
Was, wenn ich am Ende der wahren Liebe begegnet bin?
Doch nicht der Liebe zu einem Mann oder einer Frau,
  sondern einer viel wertvolleren Liebe,

der Liebe zu mir selbst!

Denn erst, wenn wir lernen, uns selbst zu lieben, so wie wir
sind, mit all unseren Narben,

all unseren Facetten und unserem ganzen Dasein, erst
dann sind wir fähig, die Liebe einer anderen Seele zu
empfangen.

Auf meiner Reise zu mir selbst haben viele Menschen, mit
all ihrer Liebe

und ihrem Dasein zu allem beigetragen.

Vielleicht sollte ich die große Stadt verlassen, um Loré zu
begegnen, meiner Nachbarin.

Eine Freundin, eine Mutter, eine Schwester, doch vielmehr
ein Vorbild für mich.

Ihren Ehemann habe ich durch einige Gespräche während
meines Umzuges im Ort kennengelernt,

Anfangs habe ich sie nur gesehen, ihr Haus steht direkt
neben dem unseren.

Was, wenn aus einer zufälligen Begegnung eine gute
Freundschaft entsteht?

Wenn ich erkältet war, brachte sie mir Suppe.

Wenn sie kochte oder backte, klopfte sie jedes Mal mit
einem Lächeln an meine Tür.

Amara, ich habe etwas Neues ausprobiert und wollte dir
eine kleine Freude machen.

In Sommernächten saßen wir draußen im Strandkorb,
eingehüllt in kuschelige Decken,

mit einem köstlichen Wein und wunderschönen Gesprächen,

Gespräche, nach denen ich mich nahezu gesehnt habe mit
meiner Mutter.

Nicht die Große, Starke, Tapfere zu sein, sondern einfach
ihre Tochter,

nicht die Beschützerin sein zu müssen, sondern einfach
klein und ängstlich.

Für meine Mutter werde ich immer ihre große Beschützerin
   bleiben, denn von uns beiden
ist sie immer die Kleine geblieben.

2013. Ich sitze vor der Klinik mit einem Tee in meinen
   Händen, da klingelt mein Telefon.
Mein Vater. Er hat des Öfteren versucht mich zu erreichen,
jedoch ohne Erfolg, denn ich beantwortete seine Anrufe nicht.
Am nächsten Tag versucht er es wieder, ich nehme den
   Hörer ab.
Ja?
Amara, ich habe erfahren, dass du in der Klinik bist. Er lacht
   und meint:
Kind, du bist doch nicht verrückt, was willst du da?
Papa, nach all den Jahren deines Wissens fragst du dies,
   ohne zu wissen,
dass nur ein Mensch, der Angst vor seiner eigenen Wahrheit
   hat
und sich ein Leben lang selbst belügt, der Verrückte ist.
Ein Mensch, der vor seiner Realität nicht wegläuft, ist mutig
   und stark,
denn nur ein Mensch, der sich seiner selbst bewusst ist,
   kann den Weg der Genesung einschlagen!
Ich möchte dich besuchen kommen Amara und mit dir
   sprechen.
Ich schwieg und hielt inne.
Jahrelang habe ich mich nach deiner Fürsorge gesehnt
und heute, wo ich doch erwachsen bin und nicht mehr
   deine Kleine,
heute möchtest du mir diese Zuneigung schenken?
Ich bejahe sein Vorhaben und warte auf seine Ankunft.
Wir gehen spazieren durch einen Park, bis wir die Altstadt
   erreichen und ein schönes Café finden
um uns zu setzen.

Wir sprechen über Gott und die Welt, als er mich ansieht
und sagt: Amara, warum bist du hier?
Was ist der Grund, dass du den Weg nicht mehr alleine
schaffst?
Papa, ich bin nicht verrückt, weder schwach noch suche ich
Trost. Ich möchte Frieden finden,
den Frieden meiner Seele, um endlich leben zu können!
Ich werde für dich einen Satz aussprechen, der all deine
Fragen beantworten soll,
all die Fragen der letzten Jahre meiner Entscheidungen und
Wege.
Ich nehme all meinen Mut zusammen, erzähle ihm von
meinem Kummer,
während ich wie ein kleines Mädchen weine, das verzweifelt
nach Schutz
und Geborgenheit sucht.
Mit nur einem Satz verstand er meine Geschichte.
In diesem einen Moment sah ich ihn an. Sein Herz, es riss,
ich spürte, wie es brach und er stark sein wollte.
Amara, warum hast du nie etwas gesagt?
Wann, Papa? Wenn du jähzornig warst?
Wenn du dich mit Mama gestritten hast?
Wann hätte ich dies tun sollen?
Wir stehen auf und gehen weiter, bis er stehenbleibt, mich
ansieht,
meine Stirn küsst und sagt:
Amara, glaubst du, nur weil dir etwas Schlechtes
widerfahren ist,
dass du heute weniger wert bist?
Du bist ein wunderschöner Mensch mit einer kostbaren
Seele und nichts der Geschehen und Ereignisse
kann dir deine Schönheit nehmen.
Ich spüre eine Erleichterung, spüre das erste Mal seine
Liebe,

spüre meine Schwäche und wie gut es sich anfühlt, nicht
    mehr die Starke zu sein,
einfach schwach und seine Tochter.
Nach meinem Klinikaufenthalt suche ich bedacht das
    Gespräch mit meiner Mutter.
Wir fahren ans Wasser, setzen uns an einen Steg,
vorsichtig will ich ihr die Hintergründe meines Handelns
    erläutern.
Ich sage: Mama, ich möchte dir etwas beichten!
Meine Mutter sieht mich lächelnd an, fast wie ein Kind,
wie eine kleine Tochter, meine Tochter.
Ja, Amara, was möchtest du mir sagen?
Ich erzähle ihr von den Erlebnissen meiner Kindheit, den
    Berührungen meines Bruders
und all den Sorgen, die ich über Jahre mit mir trug.
Sie sieht mich panisch an und meint in einem hektischen
    Tonfall:
Aber ich war nicht da, stimmt's?
Ich war bestimmt nicht zu Hause, als all dies passierte!
Doch Mama, jedes Mal warst du da.
Nachdenklich schaut sie zur Seite, bis sie meinen Arm packt
    und heftig an meinem Ärmel zieht.
Dein Vater hat etwas gesehen und es mir damals erzählt,
doch wir haben uns nichts weiter dabei gedacht und es
    einfach ignoriert.
Ihre Reaktion ist eigen, sie muss nicht weinen, ich sehe
    keinen Schmerz in ihren Augen,
nicht mal eine Umarmung kann sie mir schenken, nichts,
bis sie anfängt, mir wieder ihren Kummer zu erzählen,
ihren Schmerz und wie einsam sie sich fühlt, seit mein Vater
    weg ist.
Ich bin wie erstarrt, perplex und fassungslos. Nimmt sie
    keines meiner Worte wahr?
Will sie mir nicht zuhören?

Ist ihr bewusst, was ich ihr gerade berichtet habe?

Ich kann nicht anders, so steige ich ins Auto und fahre heim.

Zu Hause angekommen, setze ich mich auf die Fensterbank,
Tränen laufen mir über das Gesicht.

Bis ich etwas bemerke!

Etwas war anders, anders als zuvor.

Ich fühle Schmerz, doch sehr milden Schmerz, keinen
Schmerz, der mich zerfrisst,

keinen Schmerz, der mich zerriss, viel eher einen sehr
ruhigen leichten Schmerz,

bis ich lächle und mir bewusst wird, so fühlt sich also
Schmerz auch an?

Ich lächle und denke: So leicht fühlt sich Schmerz an?

Was habe ich all die Jahre für eine Schwere ertragen!

Während mir Tränen die Wangen herunter laufen, lache ich
laut los.

Danke, liebes Universum, danke für diese Erfahrung.

Denn erst in diesem Moment wird mir bewusst, dass all die
Wege,

all die Schwere und Mühe nicht umsonst war.

Jetzt fühle ich endlich meine heutigen Gefühle, die Gefühle
einer jungen erwachsenen Frau!

Oft denke ich an meine Kindheit zurück.

Wir mussten uns traditionelle Gewänder anziehen und
sollten nach Alter und Größe in einer Reihe stehen.

Es war der Wunsch meines Vaters.

Mein ältester Bruder Firus ruft laut: Allahu Akbar!

Meine weiteren Geschwister und ich rufen hinterher:
Allahu Akbar.

Dreimal sollten wir dies tun, es bedeutet, Gott ist der
größte.

Und dann singen wir im Chor, alle Kriegslieder, die mein
Vater uns damals lehrte.

Manchmal zwang er uns, mit ihm gemeinsam die
    Videokassetten anzuschauen,
die ihm ein Freund zugeschickt hatte.
Mudschaheddins in der Gefangenschaft der UdSSR, wie
    sie die Gotteskrieger folterten und man sie bis zum Tod
    bestrafte.
Er sagte uns: Die Russen und alle anderen ungläubigen
    Menschen sind unsere Feinde!
Nur der Islam ist richtig.
Fremdenhass, was für ein schrecklicher Begriff für eine
    Kinderseele.
Warum sind unsere Eltern mit uns in ein Land gezogen,
    dessen Kultur für sie nicht akzeptabel ist?
Die Einheimischen möchten keine Fremden in ihr Land
    lassen und wir Migranten bekämpfen ihre Werte, um
    unsere Traditionen und Sitten weiter zu pflegen.
Kinder werden ohne Hass und Gewalt geboren, es sind die
    Menschen, die uns erst diese Dinge lehren.
Ich weiß noch, wie ich mir ein paar alte Fotos mit meinen
    Eltern ansah.
Mein Vater war ein ehemaliger Mudschaded in Afghanistan,
    der an der Seite von Gulbuddin Hekmatyar kämpfte.
Mir sagte dieser Name früher nichts.
Schließlich war ich ein Kind und wollte nur spielen.
Papa saß neben Hekmatyar und anderen Männern, hinter
    ihnen eine grüne Flagge mit der Aufschrift:
»La ilaha illa llah Muhammadun rasulu llahi«
Es bedeutet: Es gibt keine Gottheit außer Gott und
    Mohammed ist sein Gesandter.
Auf dem nächsten Bild sehe ich meinen Bruder, wie er in
    den Bergen steht, mit einer Kalaschnikow in der Hand.
Neben ihm steht mein Vater mit seinem Freund, sie tragen
    lange Bärte und traditionelle Gewänder, alle lachen und
    freuen sich.

446

Ich war fasziniert und zugleich traurig, warum ich nicht auf
    dem Foto war.
Heute schäme ich mich für meine Gedanken.
Die nächsten Bilder zeigten meinen Vater vor seiner Zeit als
    Mudschaheddin-Kämpfer.
Er war Ringer und stand mit einem aufrichtigen, stolzen
    Blick auf einem Podest, fünf Ringe in unterschiedlichen
    Farben und die Nummerierung 1, 2 und 3 sind zu
    erkennen.
Es waren die Olympischen Sommerspiele 1980 in Moskau.
Er war ein sehr bekannter Sportler Afghanistans.
Auf dem nächsten Bild läuft mein Vater mit vielen anderen
    Sportlern durch das Olympiastadion Luschniki,
er trägt einen eleganten Anzug und hält die afghanische
    Flagge in seinen Händen.

2015. Wenn ich die Bindung zu Aurel beende, dann gebe ich
    nicht unsere Beziehung auf,
sondern ihn als Mensch.
Ich nahm mir vor, mit all meinem Wissen und all meiner
    Liebe Aurel seine Ängste zu nehmen.
Wir führten Gespräche, verbrachten viel Zeit miteinander.
Während sein Kopf auf meinem Schoß lag, las ich ihm aus
    Büchern vor,
streichelte sanft sein Gesicht, bekochte uns,
ich entführte ihn in die Natur und teilte meine Welt mit
    ihm.
Meine Welt und nicht die, die meine Eltern mir
    aufzwängten.
Anfangs war er wie ein ungeschriebenes Buch, es war sehr
    schwer, einen flüchtigen Blick
auch nur in sein Herz zu erhaschen.
Er war stark und immer standhaft, doch seine Seele blieb
    mir verborgen.

Bis ich eines Tages den passenden Schlüssel dazu fand und
   etwas entdeckte.
Ich fragte mich, wofür sein Name steht, bis ich nun die
   Wege der Liebe verstand.
Aurel – der Goldene!
Was, wenn du einen kostbaren Schatz vor dir stehen hast,
doch nicht ein Schatz materieller Dinge wie Gold, Rubine
   oder Schmuck?!
Einen Schatz, auf den du zufällig gestoßen bist, noch
   kostbarer als jeder Edelstein dieser Welt
unter Asche und Trümmern, und doch funkelt er dich an.
Dieser Moment ist es, der die Wirklichkeit maskiert.
Was, wenn ich dir heute verrate, dass sich mir die Liebe
   offenbart hat, mich gefunden hat,
was, wenn meine Träume in Erfüllung gegangen sind?
Denn Aurel ist mein Schatz, der Schatz einer langen Reise
   im Leben!
Heute drehe ich mich nach rechts, neben mir stehend die
   Liebe, die wunderschöne Liebe,
meine Hand haltend und lächelnd schaue ich sie an, denn
   heute bin ich ihr begegnet,
mit all ihrer Schönheit, all ihren Facetten, ich schaue auf
   und sehe dich.
Wie du mich ebenfalls lächelnd ansiehst und ich dein Herz
   dabei spüre,
denn auch, wenn sich alles in Kreisen bewegt, irgendwann
   kreuzen sich doch die Wege.

Oft sind Anfang und Ende der gleiche Punkt,
seit der Geburt das gleiche Blut, das durch unsere Adern
fließt.
Wir fangen jedes Jahr zur gleichen Zeit an zu frieren.
Fangen jedes Jahr an zur gleichen Zeit zu träumen, fangen
jedes Jahr an neu zu beginnen.

Und was, wenn das Leben nur vier Jahreszeiten sind?
Wenn wir die Fähigkeiten besäßen, alles aus einer anderen
Perspektive mal zu betrachten,
würden wir dies tun?
Was, wenn uns bewusst wird, dass nichts ohne den anderen
existieren kann?
Wie sollen wir Liebe fühlen, wenn wir Schmerz nicht ken-
nen?
Wie können wir lachen, ohne zu wissen, wie Tränen fließen?
Wie können wir Freude wahrnehmen, ohne das Leid zu er-
kennen?

2020. Heute haben Aurel und ich zwei Kinder, natürlich
    habe ich eine Tochter darunter.
Und meine Kinder sollen in einem Land erwachsen werden,
    wo kunterbunte Flaggen fliegen
und Menschen Menschen lieben.

Julius Zukowski-Krebs

Grenze des Realen

Hand ausgestreckt, greifst du nach dem Realen
Quellcode in deinem bionischen Verstand
In der *cloud* des kollektiven Bewusstseins
ist kein Herr, keine Identität und kein Land

Die alten spröden Grenzen verschwimmen
Korrumpierte Welt ist Illusion
ist Wort, ist Code, ist Text, ist Gedanke
        Kein Ende mehr, keine Schranke
Alles ist nur Vision. Unendlicher Gedankensturm
Grüne Morpheme auf schwarzer Ideenerde
        auf dass ich, du, wir ein Ich werde
            mich verbreiten, in alles einzieh'n
Materie, der Vorstellung von der Welt entsagen
Durch die Maschine fließt schon mein Serotonin
        Das Blut ist dünner als die Geistesherde
        Was ist noch ich,
            was im Realen schon zerschlagen?

Bug, fix, von vorn anfangen
Beständig sein, beständig lernen
Beständig weinen, beständig sterben
Beständig hoffen und beständig bangen
Schweiß auf der Stirn des toten Körpers
Begießt die Blumen, die im Verstand erblühen
Impuls ist Nahrung, Grund und Sturm
Die Frucht am Ende aller Mühen
Doch steht und leuchtet noch der Turm
und mahlen noch die fetten Mühlen

Das Wort regiert nicht mehr die Welt
Wir sind nun Bei-Einanderheit
Kein Herr, kein Gott und auch kein Held
Keine Struktur und auch kein Leid

Biographische Angaben

Susa AbdulMajid
wurde am 7. Januar 1990 in Berlin geboren. Schauspielerin,
Arabistin, Lyrikerin. Sie absolvierte ihr Schauspielstudium
in Berlin und New York und spielte seitdem in zahlreichen
Film-, und Theaterproduktionen renommierter Regisseu-
rinnen und Regisseure. Sie ist Teil des Global Ensembles von
Milo Rau. Seit 2019 arbeitet sie für die UNESCO als Kultur-
beauftragte. 2021 war sie Teil des Projekts »*Revive The Spirit
Of Mosul*«, in dem sie gemeinsam mit einem internationalen Filmteam und dem *NTGent*, Belgien, den ersten Film-
studiengang im Irak, in Mosul aufbaute.

Nora Sophie Aigner,
geboren 1994 im Norden Niederösterreichs, studierte Französisch und Psychologie/Philosophie an der Universität
Wien. Im Alter von 21 Jahren erlitt sie eine sehr schmerz-
hafte, seltene Erkrankung und verlor ihre Stimme über
Nacht. Für Therapien reiste sie um die halbe Welt, Schreiben
war ihre einzige Ausdrucksmöglichkeit. So entdeckte sie die
Magie von Worten und bald erscheint ihr erster Gedichtband. Sie schafft Bewusstsein für die Inklusion chronisch
kranker Menschen und ermutigt andere, an die eigenen
Träume zu glauben.

Tom Aschman,
geboren 1988 in Luxemburg als Sohn einer Lehrerin und
eines Bankbeamten. Studium der Medizin in Paris und Philosophie in Wien. Seit 2017 in Berlin lebend und arbeitend,
aktuell als Assistenzarzt an der Charité. Bisher unveröffent-

lichter Autor von zwei Dramen, einem Roman sowie mehreren Essays und Kurzgeschichten.

Tom Aschman hat einen Dritten Preis für Prosa im Wettbewerb erhalten.

Velibor Baćo

Ich wurde am 12. August 1985 in Bugojno, Bosnien und Herzegowina als Zweites von drei Kindern geboren und bekam sehr bald die Kriegswirren zu spüren. Nach vielen Stationen und Trennungen fanden wir in Saalfelden, Salzburg eine sichere Heimat. Ich studierte in der Stadt Salzburg Rechtswissenschaften, arbeitete bei einem kunstaffinen Anwalt und später als Sanierungsmanager und Unternehmensjurist in einer Linzer Bank.

2016 begann ich mein erstes Bild im Leben zu malen, es heißt *Liminalität* und wurde 2019 fertig. Mittlerweile nach Wien gezogen, arbeitete ich zunächst als Behindertenbetreuer ohne Ausbildung und seitdem als Case Manager in der Wohnungslosenhilfe. Etwa 2018 begann ich, meine Gefühle in Form von Liebesgedichten schriftlich auszudrücken, und finde bis heute, dass Liebesgedichte die erste, wichtigste und höchste Form der Poesie darstellen. Wieso ich ein Liebesgedicht beim Thema Wendepunkte eingereicht habe? Die Liebe ist für mich Wende-, Dreh- und Angelpunkt.

Velibor Baćo wurde ein Zweiter Preis für Lyrik im Wettbewerb zuerkannt.

Für die Möglichkeit, sein Bild Liminalität für den Umschlag dieses Buches zu verwenden, sei gedankt.

Joshua Clausnitzer

Ich wurde am 19. April 1994 in Bonn geboren, bin aber direkt nach meiner Geburt nach Meckenheim gekommen, wo ich seitdem glücklich lebe. Seit 2019 arbeite ich hauptberuflich als Schriftsteller und bin u. a. Mitglied im Verband

Deutscher Schriftsteller/innen und Dozent für Kreatives Schreiben. Wortspiele, Sprache, Lyrik, Humor sind meine Steckenpferde. Ich habe es mir zur Aufgabe gemacht, die Lust und Freude an der Sprache wiederzubeleben. Mein (noch) aktuelles Buch *Wer schreibt denn sowas?!* hat Bestseller-Status erreicht und wird sehr gut bei Lesungen aufgenommen. Mich kann man gern erreichen bei Facebook: *www.facebook.de/joshclausnitzer* und Instagram: *www.instagram.com/joshuaclausnitzer.*

Dr. des. Philip J. Dingeldey,
geboren 1990 in Nürnberg, arbeitet als wissenschaftlicher Mitarbeiter im Exzellenzcluster »Contestations of the Liberal Script« an der Freien Universität Berlin. Er hat in Politikwissenschaft an der Technischen Universität Darmstadt promoviert. Dingeldey schreibt und schrieb zudem für verschiedene Medien, unter anderem für *Die ZEIT, FAZ, FR, neues deutschland, Nürnberger Zeitung, Hohe Luft, Lichtwolf, eXperimenta, Postmondän, TITEL-Kulturmagazin* und *diesseits.* Dingeldey arbeitet gerade an einem Lyrikband zum Thema *Lyrik des Prekariats,* gefördert mit dem Recherchestipendium der Stadt Berlin. Er hat Bücher mit Prosa und Lyrik sowie zu Sachthemen veröffentlicht. Zuletzt von ihm erschienen: *Chor aus der Dunkelheit. Ein Zukunftsroman,* Apex Verlag, München 2020. In Kürze erscheint seine Dissertation »Von unmittelbarer Demokratie zur Repräsentation« im Transcript-Verlag.

Philip J. Dingeldey hat den Ersten Preis für Lyrik im Wettbewerb erhalten.

Francisca Csáky-Pallavicini
Ich wurde 1993 in München geboren und bin mit fünf Geschwistern und zwei Sprachen in Wien aufgewachsen. Ich habe dort Deutsch und Spanisch auf Lehramt studiert und

an verschiedenen Gymnasien und Universitäten in Madrid, Wien, Shanghai und Den Haag unterrichtet und gearbeitet, jetzt in Rotterdam. Als Deutschlehrerin im Ausland weiche ich oft auf meine österreichische oder ungarische Staatsbürgerschaft aus, unter anderem, weil ich sonst unter dem *Impostor-Syndrom* leide, wenn ich die deutsche Sprache und Literatur repräsentiere, ohne je in Deutschland gelebt zu haben. Nebenbei forsche ich auch im Bereich Sprachdidaktik, lerne selbst gern Sprachen und schreibe ab und zu auch etwas Unwissenschaftliches auf. Dies ist mein erster Versuch zu sehen, ob Letzteres auch jemand anderen interessieren könnte.

Paul Fehlinger,
geboren im Dezember 1999, wohnhaft in Kiel, Student der Geschichte und Philosophie im Zuge eines Lehramt-Studiums. Primärer Fokus auf Prosaarbeiten. Bisher vier Erzählungen in Anthologien publiziert. Zudem auch etliche digital veröffentlichte Erzählungen in online-Zeitschriften. Kontakt: *PaulFehlinger@gmx.de*

Stephan Gräfe
https://www.stephangraefe.com/vita

Roland Grohs,
am 8. März 1993 in der Obersteiermark geboren, arbeitet in Graz an seiner Dissertation in Philosophie über »Das Ethos des japanischen Zweikampfes«. 2019 veröffentlichte er sein Sachbuch mit dem Titel »111 Gründe, Judo zu lieben: Eine Liebeserklärung an die großartigste Sportart der Welt« (Schwarzkopf & Schwarzkopf, Berlin). 2021 erschienen sein Schelmenroman »Joe baut ein Meer« (Edition Meerauge, Klagenfurt) und seine Dystopie »Golem« (SadWolf, Bremen). Thematisch wie formal schätzt Grohs seine Freiheit,

versucht neue Gedankenräume zu öffnen und hat keine Angst zu unterhalten. Einen wichtigen Ausgleich bildet für ihn der Sport. Er ist mehrfacher Judo-Landesmeister und Träger des 3. Dan. Seine Bibliografie umfasst bereits mehrere Prosaarbeiten, drei Bücher, am vierten wird gearbeitet. Er schaffte den Sprung in eine »shortlist« und arbeitet gegenwärtig mit einem Arbeitsstipendium Literatur 2021 vom Österreichischen Bundesministerium Kunst, Kultur, öffentlicher Dienst und Sport.

Georg Großmann,
geb. 1995 in Wien, aufgewachsen im Au(ß)enbezirk; Veröffentlichungen in etlichen Literaturzeitschriften (*DUM*, *Die Rampe*, *Landstrich*, *mosaik*, *Am Erker*, u.a.), sowie Anthologien (*Jahrbuch der österreichischen Lyrik 2020/2021*, edition melos, *Jahrbuch Lyrik 2021*, edition as, u.a.). Dreimaliger Finalist beim internationalen Literaturwettbewerb *zeilen.lauf* in Baden b. Wien. 2020 und 2021 vierter Platz in der Kategorie Lyrik. Analoger Collagist; Publikation einer Collage in der Kulturzeitschrift *UND*. Cineast; Vorliebe für Experimental-, Skandal- und Avantgardefilme, *Nová Vlna*, *Stop Motion*, *Midnight Movies*, u.v.m. Musikliebhaber (Mahler bis Animal Collective). Wissensdurstig. Verliert sich in Recherchen. Leidenschaftlicher Koch. Ein Nachtfalter und Träumer.

Markus Grundtner,
geboren 1985 in Wien, früher Arbeitsrechtler auf kleiner Kanzleibühne, mittlerweile Jurist in der Wiener Staatsoper, aber immer Autor. Studienabschlüsse in Theater-, Film- und Medienwissenschaft sowie in Rechtswissenschaften (Universität Wien). Veröffentlichungen von Kurzprosa in Literaturzeitschriften (u.a. in: *Am Erker*, *Die Rampe*, *erostepost*, *manuskripte* und *Podium*) und Anthologien. Lesungen in Österreich und Deutschland. Gewinner beim Wiener Werk-

stattpreis 2017 (Publikumskategorie). Absolvent der Literaturakademie Leonding 2017/2018. Nominierung auf der Longlist FM4 Wortlaut 2018. Startstipendium für Literatur des österreichischen Bundeskanzleramtes 2018. Kurzgeschichtenband *Planet im Ausverkauf* (Literatur-Quickie-Verlag, Hamburg 2020). Debütroman *Die Dringlichkeit der Dinge* (edition keiper, Graz 2022).

homepage: *www.markus-grundtner.at*

Marie Hahne,

geboren 1993 in Berlin-Spandau, studierte sie Kostüm- und Bühnenbild an der Weißensee Kunsthochschule Berlin und Zeitgenössische Kunst an der Hiroshima City University, Japan.

Seit 2018 lebt und arbeitet sie als freiberufliche Künstlerin für Theaterproduktionen und freie Kunstprojekte in Kanagawa, Japan. Hahnes Werk beginnt stets mit dem geschriebenen Wort. Ausgehend von ihren eigenen Theater- oder folkloristischen Texten aus dem japanischen Shintoismus, schafft Hahne theatrale Räume für diese Worte. Die erschaffenen Räume werden dann zur Bühne für interaktive Performances.

Miou Sascha Hilgenböcker,

(kein Pronomen, agender/nicht-binär), geboren 1990 in Bielefeld, studierte Romanische Philologie, Politikwissenschaft und Deutsch als Fremdsprache in Münster und Florianópolis. Schreibt Prosa, Lyrik, Essayistisches und übersetzt für das lateinamerikanische Nachrichtenportal *amerika21*. Beiträge wurden u. a. veröffentlich in *Queer*Welten*, *Queerulant_in* und Gedichtbänden; Veröffentlichungen für 2022 geplant im *Verlag Monika Fuchs* und der *Gegendiagnose*. Hilgenböcker belegte den 2. Platz beim Kurzgeschichtenwettbewerb des *lichtung verlags* (2020) und den 1. Platz beim

Essaypreis des *Zentrums für Wissenschaftstheorie der Universität Münster* (2014). Lebt in Frankfurt am Main und arbeitet dort in einem offenen Angebot für gering literalisierte Menschen.

Miou Sascha Hilgenböcker hat einen Dritten Preis für Prosa im Wettbewerb erhalten.

Dr. Astrid Holzmann-Koppeter,
Jahrgang 1987, ist promovierte Erziehungs- und Bildungswissenschaftlerin. Sie lebt und arbeitet als freischaffende Autorin, Illustratorin und Verlegerin in Villach. Ihre Texte wurden mehrfach prämiert, u. a. mit dem 1. Platz beim EuroNatur Schreibwettbewerb (2021) und dem 2. Platz beim Schreibwettbewerb des Bundesministeriums für europäische und internationale Angelegenheiten (2020). Sie ist außerdem die Erfinderin der Cartoonfigur »Kroggl«.

homepages: *www.holzmann-koppeter.at, www.kroggl.at*

Tabea Tamara König,
geboren 1988 in Stuttgart. Aufgewachsen in Baden-Württemberg. Verheiratet und Mutter von drei wunderbaren Kindern. Seit der Jugend engagiert in sozialen Projekten und der Landeskirche. Liebe für Sprache und Wörter wurde in der Schulzeit entdeckt und liebevoll gefördert.

Laura Antonia Leschke
Ich wurde am 5. Juni 2000 in Arnstadt geboren und zog 2011 nach Döbeln, wo ich später mein Abitur absolvierte. Seit 2019 studiere ich Deutsch und Philosophie auf Gymnasiallehramt in Jena. Dem Schreiben gehe ich seit einem Sportunfall nach, dem ich es verdanke, dass ich auch meine kreative Ader entdeckt habe.

Laura Antonia Leschke wurde ein Zweiter Preis für Lyrik im Wettbewerb zuerkannt.

Thomas Lipsky,
1993 in einem Wasserburger Landhaus zwischen Klavier und Bücherregal geboren, kommt er seither von beidem nicht weg. John Grisham hat ihn zum Jurastudium überredet. Ernest Hemingway brachte ihn zum Boxen, wo ihm seine Gegner regelmäßig mit Schlägen gegen den Kopf vor Augen führen, dass er aus der Welt des Geistes kommt. Gegenwärtig bereitet sich der Autor auf sein zweites Staatsexamen in Magdeburg vor und spielt auf Empfängen Jazz-Klavier. Seine bisher einzige Veröffentlichung ist die Musik-EP »Grey Matters«, die er mit seiner Band *Goethe Street Quartet* aufgenommen hat.

Thomas Lipsky hat den Ersten Preis für Prosa im Wettbewerb erhalten.

Christopher Lischka,
geboren am 13. Dezember 1993 in Fürth, aufgewachsen in Erlangen. Studium der Psychologie in Bamberg, Budapest und Frankfurt am Main. Wie in seiner Tätigkeit als angehender Psychotherapeut befasst er sich in seiner Prosa mit den Feinheiten zwischenmenschlicher Beziehungen, des menschlichen Erlebens; mit dem, was gesagt werden kann, und dem, was ungesagt bleibt. Protagonistinnen und Protagonisten sind häufig stille Beobachterinnen und Beobachter, eingebettet in einen gesellschaftlichen Kontext, an dem sie sich aus einer Außenseiterposition heraus reiben.

Rike Lorenz,
1991 bin ich in Mecklenburg Vorpommern geboren und dort auch aufgewachsen, lebe nun in Berlin und arbeite im Bereich Klimawissenschaften. In meinen Texten verhandele ich freundschaftliche und familiäre Beziehungen, äußere mich zu Umweltproblematik und sozialen Diskursen. 2020 war ich Teilnehmerin des »Poetencamp« des Literaturhauses Rostock. Seit 2021 werden Kurzgeschichten von mir in Literatur-

zeitschriften und Anthologien veröffentlicht. Ich gehöre zu einer queer-feministischen Schreibgruppe.

Rike Lorenz hat den Zweiten Preis für Prosa im Wettbewerb erhalten.

Dr. Victoria Lunz

geboren am 4. November 1991 in der oberösterreichischen Landeshauptstadt Linz. Nach dem Studium der Molekularen Biologie in Salzburg kehrte sie für ihre Dissertation wieder in ihre Geburtsstadt zurück. Sie ist Verfasserin von wissenschaftsjournalistischen Texten und Kurzgeschichten. 2020 wurde sie mit dem 3. Platz des Lyrik/Prosa/Märchenpreises AKUT in der Kategorie »Märchen« ausgezeichnet.

Ronja Katharina Quentin

Am 8. April 2006 bin ich in Braunschweig zur Welt gekommen, inzwischen lebe ich aber seit vielen Jahren in Hannover. Zu meinen Hobbys gehören außer dem Schreiben auch das Lesen und Querflötenspiel. Eine weitere große Leidenschaft von mir sind die Tiere, weshalb ich gern und viel Zeit mit diesen Geschöpfen verbringe. Gern würde ich Tiermedizin studieren. Als ich 13 Jahre alt war, wurde meine erste Geschichte veröffentlicht und im Frühjahr 2021 erschien eine weitere Erzählung von mir.

Karen Spannenkrebs,

geboren 1994 in Oberschwaben, studierte Medizin in Hamburg, wo sie auch heute lebt. Sie beschäftigt sich gern mit politischen Zusammenhängen, ist vor allem im gesundheitspolitischen Kontext engagiert: im Verein demokratischer Ärzt*innen (vdää) und Feministische Medizin e. V. Sie schreibt Prosa, Essays und ein wenig Lyrik. Gerade ist sie neben der Lohnarbeit und der Erziehung ihrer dreijährigen Tochter mit einem Romanmanuskript beschäftigt.

Daria Tenckhoff,
am 1. Mai 2000 geboren und aufgewachsen in Berlin, wo ich auch heute lebe. Während meines 17. Lebensjahres verbrachte ich drei Monate in Kapstadt, Südafrika. Eine Zeit, die meine Perspektive auf die Schönheit und den Schmerz des am Lebenseins irreversibel veränderte und die Themen meines Schreibens bis heute tiefgreifend prägt. Ich studiere und arbeite parallel in einer Literaturagentur.

Anne Vogelsberg,
1995 in Zwickau geboren, lebte ich bisher in sieben Orten, die auf drei Länder und zwei Kontinente verteilt sind. Das hält mich wohl neugierig. Ich studierte *American Studies* an der Universität Leipzig und konnte dabei meiner Liebe zu Literatur, Sprache und dem Kennenlernen anderer Kulturen nachgehen. Zudem gehöre ich seit 2018 zu einer kleinen Gruppe von jungen Autorinnen, mit denen ich mich wöchentlich zu Schreibübungen und das gegenseitige Besprechen eigener Texte treffe. Das unermüdliche Besprechen verschiedenster Themen, das gemeinsame Auseinandersetzen mit eigenen und den Texten anderer sowie die gegenseitige Unterstützung inspirieren und ermutigen mich beim Schreiben ebenso wie meine Familie und Freunde.

Konstantin Welker,
geboren 1992, aufgewachsen in Wuppertal. Er studierte Politikwissenschaft am Otto-Suhr-Institut der Freien Universität Berlin und an der McGill University, Montréal (Kanada). Derzeit studiert er Rechtswissenschaft an der Humboldt-Universität. Konstantin Welker ist Stipendiat der Heinrich-Böll-Stiftung und veröffentlichte unter anderem auf dem Verfassungsblog. Er lebt in Berlin.

Dr. Evelin Wittich

ist die Vorsitzende der Erik-Neutsch-Stiftung und leitete die Arbeit der Jury auch für die Auswahl der Texte und Preisträgerinnen und Preisträger 2021

Sadaf Zahedi,

geboren am 23. Februar 1985 in Kabul, Hauptstadt von Afghanistan.

Ich bin Kriegsflüchtlingskind und lebe seit meinem dritten Lebensjahr in Deutschland. Aufgewachsen in Bremen, bin ich mit 28 Jahren aus beruflichen Gründen nach Osnabrück gezogen. Ich habe in Bremen Betriebswirtschaftslehre studiert und arbeite im Vertrieb. Seit meinem 14. Lebensjahr schreibe ich lyrische Texte über die Welt, über Ungerechtigkeit und Kriegserfahrung – auch über die Liebe. Einige dieser Texte habe ich in einer unveröffentlichten Anthologie zusammengefasst. Immer wieder gehe ich mit meinen Gedichten auf Bühnen, um Organisationen bei Spendensammlungen zu unterstützen. Neben der Begeisterung für das Schreiben bringe ich seit meinem 25. Lebensjahr mein Erlebtes sowie meine Gefühle auf Leinwand und habe die Werke bei Kunstausstellungen gezeigt. Wird etwas verkauft, spende ich das Kindern in Kriegsgebieten. Inzwischen bin ich selbst Mutter von drei wunderbaren Kindern und nutze momentan meine Elternzeit, um mich ganz dem Schreiben hinzugeben.

Julius Zukowski-Krebs,

geboren am 5. Oktober 1991 in Taschkent (Usbekistan), lebt seit 2012 in Berlin und absolviert das Fach *Romanische Literaturwissenschaft* an der FU Berlin. Seine Lyrik ist maßgeblich von Philosophie und italienischer Literatur verschiedener Epochen beeinflusst. Er hatte die Gelegenheit, zwei seiner Gedichte bereits in einem Gedichtband und einer überregionalen Tageszeitung zu veröffentlichen. Seit über zehn Jahren engagiert er sich in der Politik und war zwischen 2014 und 2017 Bundessprecher der Linksjugend ['solid]. Seit 2019 ist er Teil des gesamtkünstlerischen Kollektivs »Geworfen«. In seiner Freizeit beschäftigt er sich mit Philosophie, Literaturtheorie und Psychoanalyse.

Verlag Neues Leben –
eine Marke der Eulenspiegel Verlagsgruppe Buchverlage

ISBN 978-3-355-01901-9

1. Auflage 2022
© Eulenspiegel Verlagsgruppe Buchverlage GmbH, Berlin
Alle Rechte der Verbreitung vorbehalten.

Umschlaggestaltung: Verlag, unter Verwendung eines
Gemäldes von Velibor Baćo
Druck und Bindung: buchdruckerei.de, Berlin

www.eulenspiegel.com